本书系：

国家自然科学基金重点项目（71332007）阶段性成果

国家社会科学基金重大项目（12&ZD199）阶段性成果

国家社会科学基金项目（13CGL020）阶段性成果

浙江工业大学中小微企业转型升级协同创新中心科研成果

浙江工业大学中国中小企业研究院重点资助项目科研成果

浙江省哲学社会科学重点研究基地——技术创新与企业国际化研究中心资助项目科研成果

我国中小企业技术源开发的
若干问题研究

汤临佳 池仁勇 方汉青 等著

人民出版社

责任编辑：吴炤东
封面设计：汪　阳

图书在版编目（CIP）数据

我国中小企业技术源开发的若干问题研究／汤临佳，池仁勇，方汉青 等著．—北京：
人民出版社，2016.12
ISBN 978－7－01－017025－1

I.①我… II.①汤… III.①中小企业－技术开发－研究－中国　IV.①F276.3

中国版本图书馆 CIP 数据核字（2016）第 299824 号

我国中小企业技术源开发的若干问题研究
WOGUO ZHONGXIAO QIYE JISHUYUAN KAIFA DE RUOGAN WENTI YANJIU

汤临佳　池仁勇　方汉青　等著

人民出版社 出版发行
（100706　北京市东城区隆福寺街99号）

北京中科印刷有限公司印刷　新华书店经销

2016年12月第1版　2016年12月北京第1次印刷
开本：787毫米×1092毫米 1/16　印张：26
字数：480千字

ISBN 978－7－01－017025－1　定价：80.00元

邮购地址 100706　北京市东城区隆福寺街99号
人民东方图书销售中心　电话：（010）65250042　65289539

版权所有·侵权必究
凡购买本社图书，如有印制质量问题，我社负责调换。
服务电话：（010）65250042

目 录

序 言 1

第一篇 中小企业技术源开发的理论基础与宏观解读

第一章 中小企业技术源开发的基础理论和实现路径 3
  第一节 中小企业技术源开发的三大理论问题 3
  第二节 中小企业技术源开发活动的五大路径 7
  第三节 新形势下中小企业技术源开发的政策环境 13

第二章 中小企业发展对经济增长的长期影响研究 25
  第一节 理论基础回顾与研究假设 26
  第二节 中小企业发展影响经济长期增长的实证分析：美国数据 29
  第三节 研究结果讨论与政策启示 37

第三章 中小企业技术创新投入的周期波动特征研究 40
  第一节 基础理论回顾与研究设计 40
  第二节 经济周期对中小企业技术创新强度的非对称影响：中国数据 44
  第三节 研究结果讨论与政策启示 48

第二篇　中小企业技术源开发的创新扶持政策问题研究

第四章　中小企业技术创新政策体系的国际比较与分析 53
  第一节　主要发达国家中小企业创新政策体系演变 54
  第二节　主要发达国家中小企业技术创新法律政策概览 58
  第三节　发达国家中小企业技术创新政策发展趋势 73

第五章　中小企业技术创新政策的支持方式创新 76
  第一节　中小企业技术创新政策的支持方式 76
  第二节　需求导向型技术创新政策：以创新券政策为例 82
  第三节　研究结论与政策启示 91

第六章　中小企业技术创新政策的支持领域创新 93
  第一节　创新政策支持的新兴技术创新领域 93
  第二节　新兴技术创新领域的政策支持体系：以智能制造领域为例 95
  第三节　研究结论与政策启示 104

第三篇　中小企业技术源开发的创新要素配置问题研究

第七章　区域创新要素的空间集聚模式演进 111
  第一节　创新要素空间集聚模式的理论基础 111
  第二节　创新要素空间集聚模式的演进机制 113
  第三节　创新要素空间集聚的实证研究：浙江省数据 116
  第四节　改善区域创新要素空间集聚的对策和建议 123

第八章　中小企业的创新要素嵌入与技术创新的关系研究 124
  第一节　核心理论基础回顾及梳理 125
  第二节　中小企业创新要素嵌入模型建构 133
  第三节　实证检验与结果讨论：浙江省数据 138
  第四节　完善中小企业创新网络构建的对策与建议 147

第九章　空间集聚下协同创新模式及中小企业参与机制研究 149
第一节　空间集聚理论和协同创新理论的理论交集 149
第二节　"创新走廊"的发展模式研究 153
第三节　"特色小镇"的建设思路和重要举措 164

第四篇　中小企业技术源开发的组织合作创新问题研究

第十章　跨组织边界的中小企业技术获取模式理论研究 183
第一节　中小企业技术获取模式的理论分析框架 183
第二节　国内典型中小企业技术获取模式 186
第三节　典型技术获取模式的对比及评价 190
第四节　技术获取模式的发展趋势展望 191

第十一章　中小企业与异质性大企业创新合作的机理研究 194
第一节　异质性要素匹配的合作创新机理 194
第二节　异质行业领先企业的合作创新机制 195
第三节　中小企业与异质性大企业的技术合作：西子联合集团的案例 205
第四节　研究结论及对策建议 211

第十二章　产学研合作模式创新及中小企业参与机制研究 213
第一节　产学研合作的基础理论 213
第二节　我国产学研合作的典型模式分析 215
第三节　中小企业在产学研合作中的参与机制 219
第四节　中小企业参与产学研合作的模式创新 221

第十三章　面向中小企业的公共性技术服务平台运行模式研究 223
第一节　公共性技术服务平台的功能定位和演化 223
第二节　全球公共性技术服务平台发展现状与模式总结：全球25家公共性技术服务平台数据 229
第三节　面向中小企业的公共性技术服务平台服务模式创新 233
第四节　全球公共性技术服务平台运行机制：发达国家典型案例分析 236

第五节 推进公共性技术服务平台在华合作的相关政策建议……………… 241

第五篇 中小企业技术源开发的企业能力培育问题研究

第十四章 科技型中小企业技术管理能力的动态演进………………………… 245
  第一节 基础理论整理及研究框架设计……………………………… 246
  第二节 科技型中小企业技术管理能力的关键要素识别…………… 249
  第三节 技术管理能力对科技型中小企业突破性创新的影响效应… 254
  第四节 理论成果及对提升我国中小企业技术管理能力的建议…… 256

第十五章 科技型中小企业创新能力要素评价………………………………… 258
  第一节 基础理论整理及研究框架设计……………………………… 258
  第二节 科技型中小企业创新能力的衡量方法……………………… 259
  第三节 科技型中小企业创新能力测度模型及评价：中韩对比数据… 261
  第四节 理论成果及对培育我国中小企业创新能力的建议………… 267

第十六章 中小企业技术采购战略的多要素期望模型及实证………………… 269
  第一节 基础理论整理及研究框架设计……………………………… 269
  第二节 技术采购的战略风险及其影响因素………………………… 271
  第三节 中小企业技术采购战略多要素期望模型的实证：
      西班牙企业数据……………………………………………… 277
  第四节 理论成果及对我国中小企业技术采购战略的借鉴………… 284

第十七章 中小企业多元管理目标与技术研发投入决策研究………………… 290
  第一节 理论背景和研究框架设计…………………………………… 290
  第二节 中小企业赢利目标和控制权目标的均衡关系及其作用机制… 292
  第三节 多元管理目标对技术研发投入决策的影响：西班牙企业数据… 297
  第四节 理论成果及对我国民营中小企业研发投入战略的借鉴…… 304

第十八章 中小企业技术管理人员聘用的战略分析…………………………… 309
  第一节 核心理论梳理及研究框架设计……………………………… 309

第二节 中小企业技术管理人员聘用的实证分析：美国企业数据 320
第三节 理论成果及对我国中小企业技术人员聘用工作的借鉴 327

第六篇 中小企业技术源开发的全球资源整合问题研究

第十九章 技术获取导向的跨国投资区位研究 333
    第一节 技术获取型企业跨国投资区位选择的基础理论 334
    第二节 理论模型设计及实证研究：中国对拉美国家投资数据 335
    第三节 理论成果及对中国企业"走出去"的对策建议 337

第二十章 投资经验对中小企业技术获取型跨国投资的影响 338
    第一节 基本理论推演与研究框架设计 338
    第二节 理论模型设计及实证：基于中国企业对拉美的投资数据 344
    第三节 理论成果及对中国企业技术获取型跨国投资的对策建议 352

第二十一章 跨国投资活动中的研发资源全球布局与战略运用 354
    第一节 核心理论回顾与研究假设 354
    第二节 研发资源的全球布局战略：中国对"一带一路"国家投资数据 357
    第三节 理论成果及对中小企业参与"一带一路"战略的对策建议 363

第二十二章 政策性银行对中小企业跨国技术合作的影响 365
    第一节 政策性银行对中小企业跨国技术合作的功能和作用 365
    第二节 中小企业技术合作的现实发展及需求对接：中、意数据 366
    第三节 政策性银行对跨国中小企业技术合作的功能和作用 369

第二十三章 产业国际分工、技术并购战略与跨国并购成败 372
    第一节 核心理论构建与研究框架设计 374
    第二节 产业国际分工下技术并购战略影响并购绩效的实证研究 377
    第三节 理论成果及对中国中小企业跨国技术并购的对策建议 384

参考文献 386

序 言

中小企业的健康发展推动了国家社会经济发展的诸多方面。截至2015年年末，全国工商登记的中小企业已超过2000万家，个体工商户超过5400万户，中小企业利税贡献稳步提高。以工业为例，截至2015年年末，全国规模以上中小工业企业达到36.5万家，占规模以上工业企业数量的97.4%；实现税金2.5万亿元，占规模以上工业企业税金总额的49.2%；完成利润4.1万亿元，占规模以上工业企业利润总额的64.5%。同时，中小企业提供了80%以上的城镇就业岗位，成为促进社会稳定发展的重要力量。随着新型工业化、城镇化、信息化、农业现代化的推进，以及"大众创业、万众创新"《中国制造2025》"互联网＋""一带一路"等重大战略举措的加速实施，中小企业发展将开启一个更加充满活力的新阶段。

中小企业技术创新问题关乎国民经济的发展活力和未来高度，需要秉承"开放、协同、合作、共享"的发展理念来开展技术创新活动。技术源问题已成为影响中小企业研发能力培育、产品层次跃升的制约环节，技术源开发工作对中小企业的整体创新绩效有显著影响，特别对于一些具备较好发展潜力或者急需通过创新来转型的中小企业，创新愿景常常由于寻找不到合适的技术创新源最终胎死腹中。中小企业如何寻找技术解决方案已成为理论阐释和实践应对的焦点，而协助和指导中小企业拓展更为广阔的技术源也成为各级政府职能部门的工作重点和工作难点。2016年7月，国家工业和信息化部发布了《促进中小企业发展规划（2016—2020年）》（以下简称《规划》），对我国中小企业在未来一个发展时期内如何提升创新能力、实现转型升级进行了整体部署。《规划》特别将提升中小企业的创新能力作为"十三五"期间工作的重中之重。其中，特别要增强科技型中小企业的创新带动作用，保持中小企业发明专利和新产品开发数量较快增长，培育中小企业的"新产品、新技术、新业态、新模式"不断涌现，培育一批可持续发展的"专精特新"中小企业。这也对我国中小企业在国家创新系统中发挥更加重要作用及历史使命作出了更为清晰的要求。

笔者所著的《我国中小企业技术源开发的若干问题研究》正是基于以上重要发展背景，旨在通过前沿理论研究、应用对策研究以及实证分析研究等，对我国中小企业如何提升技术源开发工作的效率提出理论指导。本书从五大理论点出发，全面系统地剖析中小企业技术源开发问题，通过综合使用美国、日本、德国、韩国、西班牙等二十余个发达国家的宏观政策资料、中观行业数据以及微观企业调查等素材，广泛开展国际比较研究。国外发达国家和地区的先行经验归纳整理与对比分析结果，为我国中小企业技术创新工程提供"他山之石"，将有助于回应部分中小企业技术源开发活动中的核心理论问题，查找良好的解决途径和方式方法，为实现我国中小企业快速、稳健的技术带动型增长方式，改善我国中小企业目前技术能力普遍低下的现状提供应对方案和解决途径，同时对提升我国中小企业技术创新工作绩效的目标提供政策参考。

本书的理论贡献和社会价值主要体现在以下两个方面：

在理论贡献方面，本书提出了关于中小企业技术源开发的一套较为系统化的概念与理论，提出了从创新政策引导、创新要素配置、组织合作创新、企业能力培育以及全球资源整合等五大途径来解决中小企业的技术缺失难题，并相应提出政策思路和对策。本书还围绕中小企业如何通过自身能力建设提升技术源开发效率问题，提出了科技型中小企业技术管理能力的理论观点，提出应面向技术开发的不同阶段，有针对性地培育技术识别能力、技术迁移能力和技术加工能力。相关研究在第十五届全国科技评价学术研讨会上做主题报告，获得大会优秀论文奖，该理论未来可能会对国家科技型中小企业的资格评定产生一定的理论价值，推动目前较为单一化的创新产出导向型指标体系向企业能力型指标体系不断完善。本书主要阶段性研究成果已公开发表在《新华文摘》《科研管理》《科学学研究》《经济理论与经济管理》《管理学报》《自然辩证法研究》《科学学与科学技术管理》、*Entrepreneurship Theory and Practice*、*Journal of Product Innovation Managment*、*Small Business Economics*、*Journal of Convergence Information Technology* 等国内外优秀期刊上。这些研究成果不仅明确为中小企业的技术源开发工作提供了理论指导，而且为深化中小企业技术能力进而更好实现转型升级目标打下科学研究的基础。

在应用对策方面，本书将创新政策引导对于中小企业技术源开发的理论分析结果与政策实践紧密联系起来，特别是围绕国家提出的"中国制造2025""大众创业、万众创新""特色小镇"建设、"中小企业区域创新生态系统"等政策内容，经过广泛调研后整理形成研究报告，为政府决策部门提供了政策参考。相关研究成果已有多篇发表在《科学学与科学技术管理》《人民论坛·学术前沿》《浙江经济》等学术期刊上，并被《浙江日报》理论版、人大复印材料《创新政策与管理》等转载引用。本书的部分研究成果先后形成了6篇专题研究报告，提出了一系列有较强针对性的政策建议，关于"智能制造"的研究报告提交政府部门研阅并获得浙江省常务副省长袁家军的批示，关于"创新走廊"的研究报告提交政府部门并获得前浙江省省长李强的批示，关于"特色小镇"建设的研究报告提交政府部门并获得浙江省代省长车俊、常务副省长袁家军的批示。多份研究报告被浙江省发改委、浙江省经信委、浙江省中小企业局、浙江省科技厅、浙江省中小企业协会等政府职能部门采纳及应用。另外，部分研究成果较好支撑了来自于国家多个部委的委托研究课题，包括工信部委托重点课题"发挥中小企业在创新链中的作用，推动大众创业万众创新"、科技部委托重点软科学项目"鼓励和促进科技型企业开拓拉美市场走出去的政策措施研究"、外交部委托的"一带一路"产能合作专项课题、国家开发银行委托的中意经贸合作等课题项目，为我国中小企业"走出去"整合全球创新资源，开展技术创新活动提供了一定的理论支撑。

本书是国家社会科学基金重大项目（12&ZD199）、国家自然科学基金重点项目（71332007）以及国家社会科学基金青年项目（13CGL020）的阶段性成果，为浙江工业大学中国中小企业研究院、中小微企业转型升级协同创新中心、技术创新与企业国际化研究中心重点资助出版的科研成果。全书由汤临佳、池仁勇、方汉青负责出版策划、组织和统撰工作。参加本书各章节内容编写的成员有（以姓氏笔画数为序）：文武、方汉青、池仁勇、汤临佳、吴宝、刘道学、张宓之、程聪、郭元源等，感谢范彦成、李翱、范瑾瑜、方雅婷、俞西泠、李婷婷等助理研究人员的努力工作。汤临佳负责对全书进行统稿工作。

本书在研究和撰写过程中，一直得到教育部社科司、国家工业和信息化部中小企业司、中共浙江省委办公厅、浙江省政府办公厅、浙江省经济和信息化委员会（原浙江省中小企业局）、浙江省工业和信息化研究院、浙江省中小企业协会、世界工业和技术研究组织协会（WAITRO）等国内外有关组织机构的大力支持，对本书充实内容、收集资料、完善数据等工作作出很大贡献，在此一并表达笔者诚挚的感谢。

同时，还要感谢人民出版社经济与管理编辑部吴炤东同志及其专业团队的辛勤工作，他们为本书的出版付出了诸多心血和努力，他们严谨的态度和专业的操作保证了本书的顺利出版。

尽管本书内容是笔者在中小企业技术管理领域近十年潜心研究的成果，但是由于中小企业技术源管理工作面临着复杂而多变的外部环境，有越来越多的热点难点需要得到理论阐释，加之编撰本书时间紧张，难免存在不足。本书中如有内容欠缺或其他不妥之处，敬请各位读者批评指正。

汤临佳

2016 年 10 月

第一篇 中小企业技术源开发的理论基础与宏观解读

  技术缺失是世界各国中小企业所面临的共同难题,党的十八大明确提出将解决"技术空心化"作为推进我国中小企业转型升级的关键问题之一。中小企业由于受到企业规模和创新资源的限制,创新模式与大型企业有着明显的区别度,必须秉承"开放、协同、合作、共享"的发展理念来开展技术创新活动。在这一过程中,如何协助和指导中小企业拓展更为广阔的技术源成为各级政府职能部门的工作重点和工作难点。本篇的核心观点正是基于以上重要发展背景所提出,主要理论研究目标设定为充分理解中小企业技术创新的基本特征,深入分析中小企业技术源开发活动的基础性理论问题,并分别以中国、美国等国的数据验证了中小企业发展以及中小企业技术创新投入对于国民经济的长期性发展、周期性发展、区域性发展等起到了显著的作用。

第一章 中小企业技术源开发的基础理论和实现路径

第一节 中小企业技术源开发的三大理论问题

我国中小企业群体庞大，对国民经济有着非常重要的贡献，各项主要经济指标占比工业企业数据的比例均达到五成以上。中小企业无法复制大型企业"大投资、大规模、大回报"的模式，因此创新发展成为提升中小企业竞争力的唯一路径。然而许多现实性问题一直困扰着中小企业管理者，资金不足、技术落后、人才匮乏等因素被认为是阻碍中小企业进行创新的"三座大山"。其中，技术问题已成为影响中小企业研发能力培育、产品层次跃升的制约环节，技术源开发工作对中小企业的整体创新绩效有显著影响，特别对于一些具备较好发展潜力或者急需通过创新来转型的中小企业，创新愿景常常由于找寻不到合适的技术创新源而最终胎死腹中，这些问题亟待理论阐释和实践应对。国外发达国家和地区的先行经验归纳整理与对比分析结果，将有助于回应部分中小企业技术源开发活动中的核心理论问题，查找良好的解决途径和方式方法，为实现我国中小企业快速、稳健的技术带动型增长方式，改善我国中小企业目前技术能力普遍低下的现状提供应对方案和解决途径。由此，本书具体从以下三个方面指出目前解决中小企业技术源开发的主要理论问题。

一、中小企业技术源开发的外部影响因素的识别、吸收和利用

中小企业技术源开发需要借助外力，通过整合各类创新资源实现技术知识的融会贯通，所以技术开发活动会受到大量外部因素的深刻影响。企业创新网络理论为分析

中小企业组织外因素提供了成熟的研究框架，池仁勇（2005）将政府、竞争对手、供应商、科研机构、高等院校等创新成员置于中小企业的创新网络中，中小企业的技术开发活动主要是在与以上创新结点的交互过程中推进的。本书分析认为中小企业技术源开发所受制的外部影响因素主要来自以下三个方面：

（一）中小企业与政府在政策服务方面的交互存在严重的信息不对称

中小企业的技术创新活动都是处于国家和地区的创新政策体系之下进行的，如果能够通过全面了解政策核心部件、政策引导方向和政策惠及方式，那么技术源开发工作可以实现"事半功倍"的效果。特别是在当前供给侧改革的大背景下，中央和各省级政府制定了更多面向中小微企业创新发展的扶持政策，精简了更多政策冗余，政策的精确化实施更具效果。中小企业如何将这些"政策红利"转化为开发技术创新源的不竭动力，已成为中小企业突破技术瓶颈的重要任务。

（二）中小企业与外部创新资源之间的融合存在严重的结构性缺失

创新资源在时间和空间的分布上存在着优化配置的问题，中小企业技术源开发的瓶颈之一就在于无法有效地参与配置这些外部创新资源。更进一步说，部分中小企业虽然有意识地将创新资源配置纳入企业本身的技术创新战略之中，但是由于识别创新资源属性和分配创新资源能力的不足，导致最终融合使用外部创新资源工作长时间处于一种低效状态。中小企业技术源开发前期搜索阶段包括扩大搜索范围和选择技术源类型两大工作，中期获取阶段包括技术源的交流谈判和合作引进技术源，后期利用阶段主要涉及整合内外部资源，衍生新的技术源以及带动企业自身的研发活动等工作。如何在以上不同的生命周期阶段中，利用好不同属性的外部创新资源，有效地将社会关系、技术知识、市场渠道以及人力资源等融合成一股高效的创新推力，是中小企业技术源开发管理的理论难题之一。

（三）中小企业与其他创新成员之间的协同创新存在严重的沟通障碍

中小企业常被视为大企业实现价值链整合的附属品，与外部科研、智力、中介等机构组织的合作关系亦不明确，对于外部创新资源的吸收能力不强，以上都是目前中小企业技术源开发所面临的严峻问题。现实中经常出现科技创新"两张皮"的问题，严重阻碍了中小企业利用优质技术源来开展创新活动，很多时候都是由于中小企业与其他创新成员之间的协同合作关系停留在浅层次状态，具体可能表现的形式包括中小企业与大企业的技术协同不紧密，与高校的产学研合作成功率较低，与技术服务机构的技术委托项目成果转化率低下,接受中介机构的精准服务度不足等,以上问题都需要首先从理论角度构建起解决机制和路径。

二、中小企业技术源开发的内部影响因素的分析、整合和优化

中小企业技术源开发问题同样受到企业自身因素的深刻影响。从企业资源观视角以及企业能力观视角出发来看,影响企业技术创新活动绩效的内部要素主要来自中小企业的技术战略制定、技术管理能力、技术研发投入管理、技术人员管理、技术采购管理等方面,同时也包括企业自身的属性因素,如企业年龄、企业所有权、企业管理方式、企业权力集中度、企业组织架构、企业所属行业、企业财务状况等等。值得注意的是,以上内部因素并非单独对中小企业技术源开发工作产生影响作用,而是形成综合的复合交互作用。所以中小企业需要识别自身的企业属性,在得到科学合理的分析结果基础上,综合作出技术战略决策。

(一)中小企业急需制定和管理技术源开发的战略导向

许多中小企业技术源开发活动缺乏合理战略的支撑,导致技术选择过程中出现随机性和短视性,这对企业技术创新能力的培育是不利的。大量实践也证明,中小企业继续按照粗放式的技术开发模式进行发展,将极大地制约企业未来的技术层次和赢利能力。所以,中小企业需要更早地制定适合企业自身的技术源开发战略,以此对企业的中长期技术发展道路进行规划和顶层设计。中小企业技术源开发战略制定的过程中,需要集中考虑企业技术开发目的、技术开发属性、技术开发方式衡量等多方面的战略要素。技术源开发战略的主要指标可以设定为技术先进度(如何决策技术领先和技术跟随战略)、技术契合度(如何判断与现有技术的吻合度)、技术成熟度(如何评估技术创新成功的风险性)等维度的框架性设计。

(二)中小企业急需分析和选择技术源开发的运行方式

在合理制定企业技术源开发战略的基础上,中小企业需要进一步在技术源开发的运行方式上克服目前普遍存在的模式单一、缺少科学分析评估等问题。中小企业受制于企业话语权较弱的因素,所以在采用技术合作、技术引进等开发模式过程中多处于对话弱势方,往往在付出较大经济代价的情况下却并没有能够从创新合作伙伴处获取有效的技术源支撑,这也是造成技术源开发活动低效甚至失败的重要原因。中小企业技术源开发的运行方式需要拓展更多的渠道,对常用技术开发方式进行有机的组合,

创新更多适合目前中小企业工作实际的方式方法等。分析技术源开发的运行方式可以设定以下一些主要指标，包括技术获取方式（如何决策采用自主开发、技术引进抑或合作开发方式）、技术源类型识别（如何决策采取技术导向、工艺导向抑或市场导向类型）等。

（三）中小企业急需培育和提升技术源开发的技术管理能力

技术管理能力是中小企业自身搜索技术信息，获取技术知识，提升技术实力的一种内化能力，这也是中小企业所有技术源开发活动能够高效运转的根本性原因。目前，我国大量中小企业在技术源开发的技术识别、技术引进、技术整合等三个环节工作中都显现出相应的技术管理能力低下的问题。这是一个普遍性问题，主要原因是中小企业普遍生存年限较短，自主创新活动的周期亦没有完整实现，所以无法有效将技术知识经过若干代新产品开发活动进行累积和固化。具体来说，这种能力上的不足在技术搜索阶段主要表现为技术识别能力不足，特别是对于所属产业前沿技术方向理解不足，对技术装备等物化载体的技术含量认识欠缺等；在技术获取阶段主要体现为技术迁移能力不足，现实表现为技术获取方式和载体单一且战略判断不足，技术购买的议价能力不强等；在技术整合阶段主要体现为技术加工能力的不足，包括对技术图纸的消化、对技术装备的改造、对技术操作的培训等方面的能力提升。

三、中小企业技术源开发的权变影响因素的判别、定性和调整

中小企业相比大企业来说，企业存在更多权变属性，面对外部竞争环境的激烈变化所体现出来的企业对策也更趋多元化。以上不确定性在创业初期展现更多的是决策灵活性的优势，但是从更长远的视角来看，决策随意性和不科学性所带来的负面效应则会被放大，甚至在中小企业转型过程中造成致命性伤害。所以如何去判别和定性权变因素对于中小企业技术源开发活动的影响，并作出动态战略调整，是中小企业技术创新能力演进提升路径的重要理论问题。

另外，近年来对于国外中小企业发展模板的借鉴正越来越被国内学术界和企业界所重视，但是需要特别指出的是，借鉴国外中小企业先行经验和成功模式需要结合现实性环境参数。国内外中小企业的技术源开发模式存在着很大差异，借鉴发达国家对照中国的发展模式需要具体考虑多项外生因素。重要的权变因素包括中小企业所有权属性、企业规模、金融约束、管理层级等权变变量对中小企业技术源开发与整体创新绩效之间起到的调节作用。

第二节　中小企业技术源开发活动的五大路径

基于以上对中小企业技术源研究三大理论问题的分析结果，指导中小企业通过有效的资源管理工作促进技术源开发工作的关键环节绩效，加强新型技术源建设以及培育有效的技术开发环境的"三管齐下"的综合治理方法。针对我国中小企业获取技术源面临的众多问题，提出以下五个方面的技术源开发路径，从而相应地提出促进中小企业技术源开发的有效政策，促进我国中小企业转型升级。

一、搜索和挖掘创新政策的内涵价值

中小企业有别于成熟的大型企业，拥有非常有限的创新资源，所以其技术开发工作特别依赖于所处的技术创新环境。发达国家的发展经验显示，国家针对中小企业建立起一套完整的政策体系，涵盖了中小企业初创到发展的方方面面，并就一些前沿技术发展方向作出了明确引导和扶持。但实践中大量中小企业由于政策信息不对称以及高昂的政策搜索成本，造成在"政策红利池"面前望而却步。而一部分善于寻找政策支持点，善于解读和利用有价值的创新政策的中小企业则收到了丰厚的创新回报，这其中就包括对于一些新技术、新工艺、新理念的获取、消化和吸收。所以，本篇内容作为总报告的开篇章节，明确提出中小企业能够从技术创新政策体系中汲取大量有益信息，有效地支持企业的技术源开发活动。中小企业在创新政策引导下进行技术源开发活动主要有以下三大内涵要点：(1)识别创新政策的内容体系；(2)了解创新政策的支持方式；(3)明确创新政策的支持领域。

以上三大内涵要点在应用逻辑上也存在前后互相关联性，对于中小企业管理者来说，"政策盲点"和"政策沼泽"是其无法有效接受政策信息的两大问题。政策信息接收过少则产生政策盲点，中小企业无法及时了解国家扶持中小企业的各项创新政策，从而导致政策无效；另外，政策信息接收过多则容易产生政策选择的黏滞性，中小企业深陷政策海洋中却不知所措，从而导致政策无效。所以，中小企业管理者需要首先从政策体系的层面了解国家对于中小企业的扶持政策主线和政策发展趋势，从而把握好政策利用的"度"。在此基础上，中小企业管理者需要进一步了解当前中小企业创新扶持政策的支持方式、支持领域上的变化和未来趋势。支持方式是政策有效实施的良好催化剂，能够实现"事半功倍"的效果。特别是近年来越来越多面向中小企

业实际需求导向的创新政策制定，对于广大中小企业受众群体来说是极大的政策利好，在有效对接这些创新政策的过程中需要更加重视其支持方式，并相应地调整企业自身的技术源开发战略和方式。最后，国家对于中小企业技术创新扶持领域的变化性较大，这就要求中小企业对政策热点的转换具备更加灵敏的嗅觉，并依靠组织柔性的竞争优势快速作出对策性战略，以期更好地利用好政策红利助力企业的技术创新活动。

二、布局和协同空间范围的创新要素

中小企业由于各种资源制约，需要从所处的创新环境中有效利用各类创新要素。在实际情况中，创新要素处于动态的流动和变化状态，如何在时间和空间维度上合理布局创新资源成为政府管理部门以及广大中小企业需要考虑的重要课题。从已有的现实数据分析结果来看，创新要素的时空配置以及动态演化存在不同的效率状态，中小企业需要综合考虑自身的企业属性以及在创新网络中的位置，动态调整企业的技术创新战略，以实现调动更多、更适合的创新要素参与企业的创新活动，从而推动中小企业自身的技术源开发活动。创新要素配置下的中小企业技术源开发活动需要考虑三个阶段的内容：(1) 创新要素的空间集聚过程对中小企业技术源开发的影响；(2) 中小企业构建创新网络过程中的创新要素嵌入问题；(3) 区域创新生态系统的构建以及中小企业的参与机制。

以上三个阶段性的理论问题也存在内部逻辑联系，主要表现为：首先，区域内各种创新资源是呈散落分布状态的，对于中小企业群体来说，技术信息的搜索能力较弱，所以依靠自身能力难以有效连接技术源。基于此，需要政府对创新要素的区域性分布形成更多的政策指向，帮助中小企业有效降低或者分摊技术源搜索的昂贵成本。实践工作显示，提高创新资源的集聚度可能是解决创新要素空间布局的一种重要方式，如加强创新资源的平台建设、创新信息的集成建设等，都能够实际为中小企业主动连接外部技术创新源提供更为畅通的渠道。其次，中小企业也需要从自身出发，主动引入各类创新要素，构建成熟的创新网络。创新网络的概念已被广泛认为是中小企业实现技术源开发的载体，网络的互通性和互惠性为中小企业提供了宽阔的技术源空间，网络的连接强度也直接影响了中小企业与网络上其他创新成员间达成合作的可能性。最后，构建区域创新生态系统是实现中小企业与大企业、科研机构、中介平台、上下游关联方等创新成员之间的良性创新氛围的高级形态，在这一过程中，中小企业的参与机制和方式创新都是有待深入挖掘的理论和实践难题。

三、搭建和促进外部机构的合作创新

当前中小企业的各种创新活动都处于开放式创新环境中，封闭独立的创新活动都是低效而落后的方式。过去十年中逐渐发展成熟的创新网络理论也是基于同样的理论出发点，认为中小企业需要突破组织边界，加强与外部创新结点的交互广度和深度，充分运用协同创新的理念来解决企业自身的技术创新问题。对于中小企业来说，重要的外部创新结点包括政府、大企业、高等院校、公共性技术服务机构等等。其中与政府形成的是政策支持关系，与大企业形成的是配套链条，与高等院校形成的是产学研合作，与公共技术服务机构形成的是技术服务项目，以上合作关系的形成都将为中小企业带来大量认识新技术、学习新技术以及应用新技术的机会。按照中小企业与不同类型创新结点之间的合作关系展开的，具体包括以下四个部分内容：(1) 中小企业跨组织合作创新的模式；(2) 中小企业与异质性大企业的合作模式；(3) 中小企业与智力机构的合作模式；(4) 中小企业与技术服务机构的合作模式。

中小企业与以上几类主要创新主体之间的合作模式也是呈现互补关系的。首先，中小企业围绕核心大企业进行技术合作创新的案例大量存在，而更多中小企业在此过程中扮演了产品供应链配套功能或者简单技术部件开发功能，而未能有效参与核心技术创新的环节。韩国等国的发展经验为中小企业与大企业的合作创新提供了一些创新思路，特别是由政府规制下的大、中、小企业合作模式值得借鉴。其次，中小企业需要与智力机构建立更为深层次的合作模式，主要包括高等院校、科研院所、智力咨询机构等，这主要需要克服的是合作不稳定的问题，对现存的"产学研"合作模式进行改良与创新，以实现技术合作项目的实效化。最后，中小企业与其他技术服务机构的合作模式则需要以更多的市场化思维方式，采用更多的互惠式合作方式进行开展，将技术开发活动分解为细分单元后进行技术委托或者开展技术合作项目。

四、培育和提升要素利用的企业能力

以上三部分内容分别从政策吸收角度、区域要素角度、组织合作角度讨论了中小企业如何有效利用外部创新资源开展技术源开发的问题，但归根结底这些都是"外因"。而企业自身对于政策的利用能力，对于要素的整合能力，对于外部组织的合作能力等决定以上外部创新要素能否真正被中小企业所吸收，并有效转化为技术开发成果，这种企业能力正是决定性的"内因"。解析中小企业的能力基础主要可以分为五大部分：（1）技术管理能力对中小企业技术创新活动的影响；（2）中小企业技术创新能力的要素维度评价；（3）中小企业技术采购战略的多要素期望；（4）中小企业技术研发投入的决定性要素；（5）中小企业技术管理人员聘用的决定性要素。

以上研究内容分别从两大视角来解析中小企业对技术源开发管理的"内因"问题。首先从企业整体能力观的视角出发，具体区分为企业技术管理能力和企业技术创新能力两大方面。技术创新能力的形成主要是基于中小企业长期从事技术创新工作的知识内化积累，其主要表现是一些物化指标，如新产品开发率、研发投入强度、高级技术员工比例等。技术管理能力也是伴随企业技术创新能力共同成长的一种企业能力，其主要表现为一些精神指标，如技术信息搜索能力、技术资源获取能力、技术知识整合能力等。技术创新能力和技术管理能力是一对孪生兄弟，对中小企业的技术源开发管理共同产生推动作用。其次从企业技术创新要素组成的视角出发，具体又可以划分为企业对外技术采购、企业对内技术研发投入以及技术管理人员管理三个方面。中小企业技术源开发工作一般是综合运用对外技术采购和内部技术研发两类基本方式的，长期单纯依赖外部技术会造成企业自主创新能力无法成长，而封闭式的内部技术研发则违背了开放式创新的基本原理。技术管理人员的聘任是以上两方面工作的人力基础，包括对外部技术的评估、技术引进的谈判，对内部研发资源的分配、科研人员的激励等多样工作使命的达成都依赖于技术管理人员的有效管理。

五、开拓和整合全球范围的创新资源

在当前经济和科技全球化的趋势下，研发资源作为科技竞争的核心要素已被世界各国视为增强科技创新竞争力的主要手段，所以，越来越多的中小企业开始重塑原有的创新发展战略，采取全球布局的举措来整合更多全球创新资源。我国中小企业在经历早期以获取海外自然资源、开拓海外市场为主要目的的投资之后，越来越多的企业开始以获取海外技术为投资目的。跨国公司之所以进行海外研发，其根本原因在于无法从企业内部获得维持竞争优势的持续资源，而为了保持这种竞争优势，企业必须不断从外部汲取知识并加以利用（Kogut & Zander，1992）。主要基于以下五个方面展开：（1）中国中小企业跨国投资的区位选择；（2）中国中小企业技术获取型跨国投资绩效问题及投资经验的双重影响；（3）跨国投资过程中的研发资源全球布局；（4）政策性银行在中小企业对外技术合作中的作用；（5）国际产业分工对跨国技术并购的影响机制。

以上五个方面内容基本上描述了目前中国中小企业在整合利用国际创新资源过程中的主要通道。首先，跨国投资仍然是目前中小企业直接获取国际创新资源的主要渠道，特别是基于战略性技术资源的跨国投资活动。在这一过程中，中小企业往往会遭遇"外来者劣势"以及"消化不良"的困境，从投资区域以及投资东道国来看，的确需要重视跨国投资的区位选择问题。同时，已有的技术投资活动经验也会对这一类跨国投资活动产生深远的影响作用，所以中小企业需要事先做好详尽的东道国投资研报。其次，对于部分具备较强国际技术开发战略的中小企业来说，全球研发资源的合理布局也是具有重大战略性意义的。特别是针对不同的技术开发领域和技术投资项目，设计和布局合理的投资东道国组合以及"负面"投资区域清单，将帮助中小企业规避大量投资风险和降低大量无效的投资成本。最后，跨国技术并购也是中小企业快速获取国外成熟技术知识的有效途径之一，但也伴随着巨大的并购失败风险。中小企业需要从国际产业分工和技术阶梯式转移的高度来看待跨国技术并购活动，并相应地制定更为完善和务实的技术并购预案。

本章提出了中小企业技术源开发管理的三大理论问题，并回应五大解决路径，基本阐述了全书的逻辑框架，对整体结构进行了编排。本书据此具体采用"基础理论研究→国内外现状研究与模式归纳→理论框架设计与研究假设提出→情境因素识别和综合理论模型建立→多国企业数据采集与实证分析→研究结果分析→政策建议"的研究逻辑思路，对中小企业技术源开发的理论问题进行了系统性梳理和分析。本书的逻辑框架如图1—1所示。

图 1—1 本书的逻辑框架、内容安排和数据支持

第三节 新形势下中小企业技术源开发的政策环境

一、"双创"1.0时代

李克强最早在2014年9月的夏季达沃斯论坛上公开场合发出"大众创业、万众创新"的号召,他提出要借改革创新的"东风",推动中国经济科学发展,在960万平方公里土地上掀起"大众创业""草根创业"的新浪潮,形成"万众创新""人人创新"的新态势。此后,他在首届世界互联网大会、国务院常务会议和其他场合中频频阐释这一关键词。每到一地考察,他几乎都要与当地年轻的"创客"会面,希望激发民族的创业精神和创新基因。

2014年12月3日,国务院常务会议上提出要通过政府放权让利的"减法",来调动社会创新创造热情的"乘法"。中国经济要转型升级,向中高端迈进,关键是要发挥千千万万中国人的智慧,把"人"的积极性更加充分地调动起来。

2015年年初,李克强在政府工作报告中正式提出:"大众创业、万众创新"。政府工作报告中做了以下表述:推动大众创业、万众创新,"既可以扩大就业、增加居民收入,又有利于促进社会纵向流动和公平正义"。在论及创业创新文化时,强调"让人们在创造财富的过程中,更好地实现精神追求和自身价值"。

表1—1 "两创"1.0时代国务院常务会议的重要决定

时间	会议内容摘要	扶持中小企业创新工作的相关内容
2013年10月25日	改革注册资本登记制度,放宽市场主体准入,创新政府监管方式,建立高效透明公正的现代公司登记制度,进一步简政放权,构建公平竞争的市场环境,调动社会资本力量,促进小微企业特别是创新型企业成长,带动就业,推动新兴生产力发展	部署推进公司注册资本登记制度改革,降低创业成本激发社会投资活力,鼓励创新型企业成长
2014年4月16日	为进一步促进高校毕业生、下岗失业人员、残疾人等重点群体创业就业,扶持小微企业发展,延长并完善支持和促进重点群体创业就业税收政策	部署落实2014年深化经济体制改革重点任务;延续并完善支持和促进创业就业的税收政策
2014年4月30日	把高校毕业生就业放在今年就业工作的突出位置,发挥市场作用、着力改革创新,优化就业创业环境,力争使高校毕业生就业创业比例双提高	确定进一步促进高校毕业生就业创业的政策措施

续表

时 间	会议内容摘要	扶持中小企业创新工作的相关内容
2014年5月21日	推动结构调整和产业升级,需要创业投资的助力和催化。改革政府投入方式,带动各方资金特别是商业资金用于创业投资,完善竞争机制,让市场决定创新资源配置,激励创新创业、扩大社会就业、促进创新型经济加快成长	决定大幅增加国家创投引导资金,促进新兴产业发展
2014年6月4日	按照《政府工作报告》确定的年内再取消和下放200项以上行政审批事项的部署,针对社会关切,继续下好改革先手棋,进一步推出新的有力举措,充分调动企业和社会创业创新创造的积极性,让政府更好归位、市场更大发力、群众更多受益	确定进一步简政放权措施,促进创业就业
2014年8月19日	要持续把简政放权、放管结合作为政府自我革命的"先手棋"和宏观调控的"当头炮",深挖潜力,不断向纵深推进,让市场主体"舒筋骨",为创业兴业开路、为企业发展松绑、为扩大就业助力,为经济社会发展增添新动力	决定推出进一步简政放权措施,持续扩大改革成效;部署加快发展科技服务业,为创新驱动提供支撑
2014年9月17日	加大对小微企业、个体工商户特别是在改革中"呱呱坠地"新生者的扶持,让它们在公平竞争中搏击壮大,推动大众创业、万众创新,也能增添社会活力和发展内生动力,促进经济稳定增长和民生改善	部署进一步扶持小微企业发展,推动大众创业、万众创新
2014年11月5日	从改革创新制度入手,以精简前置审批、规范中介服务,实行更加便捷、透明的投资项目核准为重点,把简政放权、放管结合向纵深推进,转变政府职能,建设法治政府、现代政府,放开企业手脚,营造鼓励大众创业、万众创新的良好环境	决定削减前置审批,推行投资项目网上核准,释放投资潜力、发展活力;部署加强知识产权保护和运用助力创新创业升级"中国制造"
2014年12月3日	加快创新驱动,以更大力度推进科技体制机制改革,在更大范围推广实施试点政策,用政府权力的"减法"换取创新创业热情的"乘法";推动高新技术产业成长,打造中国经济发展新动力,促进经济向中高端水平迈进	部署在更大范围推广中关村试点政策;加快推进国家自主创新示范区建设;决定加大对农村金融的税收支持,助力"三农"改革发展
2014年12月12日	简政放权是政府自身革命的"重头戏",是行政体制改革的关键,必须持续推进,进一步激发市场活力	确定新一批简政放权放管结合措施促进转变政府职能建设现代政府
2015年1月7日	针对群众反映较多的审批"沉疴",着力规范和改进行政审批行为,治理"审批难",是在不断取消和下放审批事项、解决"审批多"基础上,政府自我革命的进一步深化,是推进转变政府职能、简政放权、放管结合的关键一环,有利于提高行政效能,促进行政权力法治化,防止权力寻租,营造便利创业创新的营商环境,激发社会活力和创造力	确定规范和改进行政审批的措施

续表

时　间	会议内容摘要	扶持中小企业创新工作的相关内容
2015年 1月14日	设立国家新兴产业创业投资引导基金，重点支持处于"蹒跚"起步阶段的创新型企业，对于促进技术与市场融合、创新与产业对接，孵化和培育面向未来的新兴产业，推动经济迈向中高端水平，具有重要意义	决定设立国家新兴产业创业投资引导基金，助力创业创新和产业升级；部署加快发展服务贸易，以结构优化拓展发展空间
2015年 1月28日	顺应网络时代推动大众创业、万众创新的形势，构建面向人人的"众创空间"等创业服务平台，对于激发亿万群众创造活力，培育包括大学生在内的各类青年创新人才和创新团队，带动扩大就业，打造经济发展新的"发动机"，具有重要意义	确定支持发展"众创空间"的政策措施，为创业创新搭建新平台
2015年 2月6日	建立部门和地方协同联动的投资项目审批监管制度，是推进简政放权、放管结合的重要举措，可使政府管理更加规范高效，防止随意性和权力寻租，更好服务和方便群众，对促进投资、带动创业就业具有重要意义	部署改革政府投资管理方式和转变职能，便利投资创业规范市场秩序
2015年 2月25日	应对当前经济下行压力，保持经济运行在合理区间，积极的财政政策必须加力增效。要坚持创新宏观调控思路和方式，围绕以大众创业、万众创新打造新引擎，以扩大公共产品和服务供给改造传统引擎，加强定向调控，加大财税政策支持力度，用减税降费鼓励创业创新，带动社会就业和调节收入分配；推进包括重大水利工程在内的公共设施建设，扩大有效投资需求，推动结构调整和相关产业发展	确定进一步减税降费措施，支持小微企业发展和创业创新；决定提高中等职业学校和普通高中国家助学金补助标准，助力贫困学子和技能型人才成长
2015年 4月1日	发展电子商务等新兴服务业，是"互联网+"行动的重要内容，对于促进传统产业和新兴产业融合发展，减少流通成本，激励创业扩大就业，拉动消费，改善民生，增加金融活力，促进发展升级，具有重要意义。要创新政府管理和服务，积极支持电子商务发展，为其清障搭台，在发展中规范和引导	确定加快发展电子商务的措施培育经济新动力
2015年 4月8日	进一步实行结构性减税和普遍性降费，是坚持定向调控稳增长、调结构，精准发力促创新、扩就业的重要举措，可以更加充分发挥积极财政政策作用，进一步激发市场活力，聚焦经济运行中的新情况和企业面临的突出问题，大力清障减负，推动大众创业、万众创新持续蓬勃发展，增强经济发展动力	决定在全国范围清理规范涉企收费；下调燃煤发电上网电价和工商业用电价格；多措并举减轻企业负担支持实体经济发展
2015年 4月21日	大众创业、万众创新是富民之道、强国之举，有利于产业、企业、分配等多方面结构优化。面对今年就业压力加大的形势，必须采取更加积极的就业政策，大力支持大众创业、万众创新，把创业和就业结合起来，以创业创新带动就业	部署进一步促进就业鼓励创业，以稳就业惠民生助发展；通过《基础设施和公用事业特许经营管理办法》，用制度创新激发民间投资活力；决定清理规范与行政审批相关的中介服务，更好服务和便利群众

续表

时间	会议内容摘要	扶持中小企业创新工作的相关内容
2015年5月6日	今年要继续深入推进简政放权、放管结合,加快转变政府职能,破除阻碍创新发展的"堵点"、影响干事创业的"痛点"和市场监管的"盲点",为创业创新清障、服务	确定进一步简政放权,取消非行政许可审批类别,把改革推向纵深

资料来源:中华人民共和国中央人民政府网。

表1—2 "双创"1.0时代重要政策一览

发布时间	文号	标题	摘要
2013年5月30日	国发〔2013〕4号	国务院关于印发"十二五"国家自主创新能力建设规划的通知	为贯彻落实《中华人民共和国国民经济和社会发展第十二个五年规划纲要》《国家中长期科学和技术发展规划纲要(2006—2020年)》和《中共中央国务院关于深化科技体制改革加快国家创新体系建设的意见》(中发〔2012〕6号),引导创新主体行为,指导全社会加强自主创新能力建设,加快推进创新型国家建设,制定本规划。本规划主要涉及创新基础设施、创新主体、创新人才队伍和制度文化环境等方面
2014年2月18日	国发〔2014〕7号	国务院关于印发注册资本登记制度改革方案的通知	根据《国务院机构改革和职能转变方案》,为积极稳妥推进注册资本登记制度改革,制定本方案
2014年5月13日	国办发〔2014〕22号	国务院办公厅关于做好2014年全国普通高等学校毕业生就业创业工作的通知	要多方位拓宽就业渠道,结合产业转型升级开发更多适合高校毕业生的就业岗位,尤其要加快发展就业吸纳能力强的服务业,着力发展研发设计、现代物流、融资租赁、检验检测等对高校毕业生需求比较集中的生产性服务业,同时加快发展各类生活性服务业,拓展新领域,发展新业态,不断提高服务业从业人员比重
2014年7月8日	国发〔2014〕20号	国务院关于促进市场公平竞争维护市场正常秩序的若干意见	按照《中共中央关于全面深化改革若干重大问题的决定》精神、国务院机构改革和职能转变要求,就完善市场监管体系,促进市场公平竞争,维护市场正常秩序提出意见
2014年10月28日	国发〔2014〕49号	国务院关于加快科技服务业发展的若干意见	加快科技服务业发展,是推动科技创新和科技成果转化、促进科技经济深度融合的客观要求,是调整优化产业结构、培育新经济增长点的重要举措,是实现科技创新引领产业升级、推动经济向中高端水平迈进的关键一环,对于深入实施创新驱动发展战略、推动经济提质增效升级具有重要意义
2014年11月20日	国发〔2014〕52号	国务院关于扶持小型微型企业健康发展的意见	充分发挥现有中小企业专项资金的引导作用,鼓励地方中小企业扶持资金将小型微型企业纳入支持范围

续表

发布时间	文号	标题	摘要
2014年11月21日	国办发〔2014〕54号	国务院办公厅关于促进国家级经济技术开发区转型升级创新发展的若干意见	进一步发挥国家级经济技术开发区作为改革试验田和开放排头兵的作用，促进国家级经济开发区转型升级、创新发展
2014年11月26日	国发〔2014〕60号	国务院关于创新重点领域投融资机制鼓励社会投资的指导意见	为推进经济结构战略性调整，加强薄弱环节建设，促进经济持续健康发展，迫切需要在公共服务、资源环境、生态建设、基础设施等重点领域进一步创新投融资机制，充分发挥社会资本特别是民间资本的积极作用
2015年1月9日	国发〔2015〕4号	国务院关于2014年度国家科学技术奖励的决定	为全面贯彻党的十八大和十八届二中、三中、四中全会精神，大力实施科教兴国战略、人才强国战略和创新驱动发展战略，国务院决定，对为我国科学技术进步、经济社会发展、国防现代化建设作出突出贡献的科学技术人员和组织给予奖励
2015年1月12日	国发〔2014〕64号	国务院印发关于深化中央财政科技计划（专项、基金等）管理改革方案的通知	为深入贯彻党的十八大和十八届二中、三中、四中全会精神，落实党中央、国务院决策部署，加快实施创新驱动发展战略，按照深化科技体制改革、财税体制改革的总体要求和《中共中央国务院关于深化科技体制改革加快国家创新体系建设的意见》《国务院关于改进加强中央财政科研项目和资金管理的若干意见》（国发〔2014〕11号）精神，制定本方案
2015年1月26日	国发〔2014〕70号	国务院关于国家重大科研基础设施和大型科研仪器向社会开放的意见	为加快推进科研设施与仪器向社会开放，进一步提高科技资源利用效率提出意见
2015年1月30日	国发〔2015〕5号	国务院关于促进云计算创新发展 培育信息产业新业态的意见	为促进我国云计算创新发展，积极培育信息产业新业态，现提出意见
2015年3月11日	国办发〔2015〕9号	国务院办公厅关于发展众创空间 推进大众创新创业的指导意见	为加快实施创新驱动发展战略，适应和引领经济发展新常态，顺应网络时代大众创业、万众创新的新趋势，加快发展众创空间等新型创业服务平台，营造良好的创新创业生态环境，激发亿万群众创造活力，打造经济发展新引擎，经国务院同意，现提出意见
2015年5月1日	国发〔2015〕23号	国务院关于进一步做好新形势下就业创业工作的意见	大众创业、万众创新是富民之道、强国之举，有利于产业、企业、分配等多方面结构优化。面对就业压力加大的形势，必须着力培育大众创业、万众创新的新引擎，实施更加积极的就业政策，把创业和就业结合起来，以创业创新带动就业，催生经济社会发展新动力，为促进民生改善、经济结构调整和社会和谐稳定提供新动能。现就进一步做好就业创业工作提出意见

续表

发布时间	文号	标题	摘要
2015年5月7日	国发〔2015〕24号	国务院关于大力发展电子商务 加快培育经济新动力的意见	当前，我国已进入全面建成小康社会的决定性阶段，为减少束缚电子商务发展的机制体制障碍，进一步发挥电子商务在培育经济新动力，打造"双引擎"、实现"双目标"等方面的重要作用，现提出意见
2014年4月11日	财建〔2015〕458号	关于印发《中小企业发展专项资金管理暂行办法》的通知	为促进中小企业特别是小型微型企业健康发展，规范和加强中小企业发展专项资金的使用和管理，财政部会同工业和信息化部、科技部、商务部制定了本办法
2014年5月22日	人社部发〔2014〕38号	关于实施大学生创业引领计划的通知	为了贯彻落实党中央、国务院关于全面深化改革战略部署和促进高校毕业生就业创业工作要求，引导和支持更多的大学生创业，人力资源社会保障部、国家发展改革委、教育部、科技部、工业和信息化部、财政部、人民银行、工商总局、共青团中央决定，2014—2017年实施新一轮"大学生创业引领计划"
2014年1月15日	银发〔2014〕9号	关于大力推进体制机制创新扎实做好科技金融服务的意见	为贯彻落实党的十八届三中全会精神和《中共中央国务院关于深化科技体制改革加快国家创新体系建设的意见》（中发〔2012〕6号）等中央文件要求，大力推动体制机制创新，促进科技和金融的深层次结合，支持国家创新体系建设提出意见
2012年8月23日	证监会公告〔2012〕20号	关于规范证券公司参与区域性股权交易市场的指导意见（试行）	为落实2012年全国金融工作会议精神，规范证券公司参与区域性市场，促进区域性市场健康发展，防范和化解金融风险，维护市场秩序和社会稳定，根据有关法律法规和《国务院关于清理整顿各类交易场所切实防范金融风险的决定》（国发〔2011〕38号，以下简称38号文）、《国务院办公厅关于清理整顿各类交易场所的实施意见》（国办发〔2012〕37号，以下简称37号文），中国证监会在深入调研、广泛征求意见的基础上制定本指导意见
2014年10月8日	国知发管字〔2014〕57号	关于知识产权支持小微企业发展的若干意见	为贯彻落实《中共中央关于全面深化改革若干重大问题的决定》《国务院关于进一步支持小型微型企业健康发展的意见》（国发〔2012〕14号）精神，深入实施国家知识产权战略，切实做好《国家中长期人才发展规划纲要（2010—2020年）》中实施知识产权保护政策相关工作，激发小微企业创造活力，全力支持小微企业创业创新发展提出意见
2015年5月6日	财建〔2015〕114号	关于支持开展小微企业创业创新基地城市示范工作的通知	根据国务院关于促进中小企业健康发展的决策部署，财政部、工业和信息化部、科技部、商务部、工商总局决定，从2015年起开展小微企业创业创新基地城市示范工作，中央财政给予奖励资金支持
2015年5月7日	财办建〔2015〕34号	"小微企业创业创新基地城市示范"申报工作启动	根据财政部、工业和信息化部、科技部、商务部、国家工商行政管理总局（以下简称"五部门"）联合印发的《关于支持开展小微企业创业创新基地城市示范工作的通知》（财建〔2015〕114号），五部门决定启动"小微企业创业创新基地城市示范"申报工作

资料来源：中华人民共和国中央人民政府网。

二、"双创"2.0 时代

2015 年 6 月 4 日，李克强总理在国务院常务委员会议上提出扶持中小企业创业创新工作的"五点意见"，政策内容包括支持设立中小企业创业基金，支持创业企业利用金融工具进行创业融资，盘活旧有厂房等资产服务创业创新，简化和降低对创业企业人才流动和行政审批等限制等。该意见的实施标志着"大众创业、万众创新"进入 2.0 时代，有关扶持政策逐步向实践化、具体化和实效化转变，中小型创业创新企业的政策覆盖面得到进一步扩大和深化。

2015 年 8 月 15 日，国务院办公厅发布《关于同意建立推进大众创业万众创新部际联席会议制度的函》（国办函〔2015〕90 号）：国务院同意建立由发展改革委牵头的推进大众创业万众创新部际联席会议制度。联席会议不刻制印章，不正式行文，请按照国务院有关文件精神，认真组织开展工作。

2016 年 5 月国务院办公厅印发《关于建设大众创业万众创新示范基地的实施意见》（以下简称《意见》），系统部署双创示范基地建设工作。《意见》指出，为在更大范围、更高层次、更深程度上推进大众创业万众创新，加快发展新经济、培育发展新动能、打造发展新引擎，按照政府引导、市场主导、问题导向、创新模式的原则，加快建设一批高水平的双创示范基地，扶持一批双创支撑平台，突破一批阻碍双创发展的政策障碍，形成一批可复制可推广的双创模式和典型经验。

表 1—3 "双创"2.0 时代国务院常务会议的重要议题

时 间	会议内容摘要	扶持中小企业创新工作的相关内容
2015 年 6 月 4 日	一要鼓励地方设立创业基金，对众创空间等的办公用房、网络等给予优惠；二要创新投贷联动、股权众筹等融资方式，推动特殊股权结构类创业企业在境内上市，鼓励发展相互保险；三要取消妨碍人才自由流动的户籍、学历等限制，营造创业创新便利条件；四要盘活闲置厂房、物流设施等，为创业者提供低成本办公场所；五要简政放权、放管结合、优化服务更好发挥政府作用，以激发市场活力、推动"双创"	确定大力推进大众创业万众创新的政策措施，增添企业活力，拓展发展新天地
2015 年 9 月 16 日	把简政放权放管结合等改革推向纵深部署建设大众创业万众创新支撑平台，用新模式汇聚发展新动能确定扩大固定资产加速折旧优惠范围	建设大众创业、万众创新的支撑平台

续表

时间	会议内容摘要	扶持中小企业创新工作的相关内容
2015年10月14日	决定完善农村及偏远地区宽带电信普遍服务补偿机制，缩小城乡数字鸿沟；部署加快发展农村电商，通过壮大新业态促消费惠民生；确定促进快递业发展的措施，培育现代服务业新增长点	促进农村电商、物流快递行业的发展，支撑中小企业创业
2015年6月10日	决定将消费金融公司试点扩至全国，增强消费对经济的拉动力；部署促进跨境电子商务健康快速发展，推动开放型经济发展升级；确定支持农民工等人员返乡创业政策，增添大众创业万众创新新动能	明确推进财政资金统筹使用措施，更好发挥积极财政政策稳增长调结构惠民生作用
2015年6月24日	决定降低工伤和生育保险费率，进一步减轻企业负担；确定设立中国保险投资基金，以金融创新更好服务实体经济；通过《中华人民共和国商业银行法修正案(草案)》	部署推进"互联网+"行动，促进形成经济发展新动能
2015年7月15日	以改革释放创业创新活力；部署促进出口稳定增长的政策措施，在扩大开放中增强发展动力	决定再取消一批职业资格许可和认定事项，进一步释放社会创新活力
2015年8月26日	部署进一步清理和规范进出口环节收费，为企业发展减负；听取重点政策措施落实第三方评估汇报，狠抓政策落地助力经济发展；决定全面推开中小学教师职称制度改革，为基础教育发展提供人才支撑	国务院总理李克强主持召开国务院常务会议，确定加快融资租赁和金融租赁行业发展的措施，更好服务实体经济
2015年9月1日	确定调整和完善固定资产投资项目资本金比例制度，促进投资结构优化；部署推进分级诊疗制度建设，合理配置医疗资源方便群众就医；通过《中华人民共和国电影产业促进法(草案)》	决定设立国家中小企业发展基金，政府与市场携手增强创业创新动力
2015年9月16日	部署建设大众创业万众创新支撑平台，用新模式汇聚发展新动能；确定扩大固定资产加速折旧优惠范围，推动产业加快改造升级；决定全面建立困难残疾人生活补贴和重度残疾人护理补贴制度，强化民生兜底保障	听取政策落实第三方评估汇报，把简政放权放管结合等改革推向纵深
2015年12月9日	今后两年要以提质增效为重点，一是紧盯市场需求强化创新，改善供给增效益，建设央企专业化"双创"平台，推动优势产业集团与中央科研院所深度合作，对主要承担行业共性技术研究的科研院所探索组建科技集团。围绕新兴产业和关键技术发力攻关，发展"互联网+"等新业态	确定改革完善知识产权制度的措施，保障和激励大众创业万众创新

资料来源：根据中华人民共和国中央人民政府网资料整理。

表 1—4 "双创" 2.0 时代的重要政策一览

发布时间	政策文号	政策名称	摘　　要
2015 年 1 月 9 日	国发〔2015〕4 号	国务院关于 2014 年度国家科学技术奖励的决定	为全面贯彻党的十八大和十八届二中、三中、四中全会精神，大力实施科教兴国战略、人才强国战略和创新驱动发展战略，国务院决定，对为国家科学技术进步、经济社会发展、国防现代化建设作出突出贡献的科学技术人员和组织给予奖励
2015 年 1 月 12 日	国发〔2014〕64 号	国务院印发关于深化中央财政科技计划（专项、基金等）管理改革方案的通知	为深入贯彻党的十八大和十八届二中、三中、四中全会精神，落实党中央、国务院决策部署，加快实施创新驱动发展战略，按照深化科技体制改革、财税体制改革的总体要求和《中共中央国务院关于深化科技体制改革加快国家创新体系建设的意见》《国务院关于改进加强中央财政科研项目和资金管理的若干意见》（国发〔2014〕11 号）精神，制定本方案
2015 年 1 月 26 日	国发〔2014〕70 号	国务院关于国家重大科研基础设施和大型科研仪器向社会开放的意见	为加快推进科研设施与仪器向社会开放，进一步提高科技资源利用效率提出意见
2015 年 1 月 30 日	国发〔2015〕5 号	国务院关于促进云计算创新发展 培育信息产业新业态的意见	为促进中国云计算创新发展，积极培育信息产业新业态，现提出意见
2015 年 3 月 11 日	国办发〔2015〕9 号	国务院办公厅关于发展众创空间 推进大众创新创业的指导意见	为加快实施创新驱动发展战略，适应和引领经济发展新常态，顺应网络时代大众创业、万众创新的新趋势，加快发展众创空间等新型创业服务平台，营造良好的创新创业生态环境，激发亿万群众创造活力，打造经济发展新引擎，经国务院同意，现提出意见
2015 年 5 月 1 日	国发〔2015〕23 号	国务院关于进一步做好新形势下就业创业工作的意见	大众创业、万众创新是富民之道、强国之举，有利于产业、企业、分配等多方面结构优化。面对就业压力加大的形势，必须着力培育大众创业、万众创新的新引擎，实施更加积极的就业政策，把创业和就业结合起来，以创业创新带动就业，催生经济社会发展新动力，为促进民生改善、经济结构调整和社会和谐稳定提供新动能。现就进一步做好就业创业工作提出意见
2015 年 5 月 7 日	国发〔2015〕24 号	国务院关于大力发展电子商务 加快培育经济新动力的意见	当前，中国已进入全面建成小康社会的决定性阶段，为减少束缚电子商务发展的机制体制障碍，进一步发挥电子商务在培育经济新动力，打造"双引擎"、实现"双目标"等方面的重要作用，现提出意见
2015 年 5 月 6 日	财建〔2015〕114 号	关于支持开展小微企业创业创新基地城市示范工作的通知	根据国务院关于促进中小企业健康发展的决策部署，财政部、工业和信息化部、科技部、商务部、工商总局决定，从 2015 年起开展小微企业创业创新基地城市示范工作，中央财政给予奖励资金支持

续表

发布时间	政策文号	政策名称	摘　　要
2015年5月7日	财办建〔2015〕34号	"小微企业创业创新基地城市示范"申报工作启动	根据财政部、工业和信息化部、科技部、商务部、国家工商行政管理总局（以下简称"五部门"）联合印发的《关于支持开展小微企业创业创新基地城市示范工作的通知》（财建〔2015〕114号），五部门决定启动"小微企业创业创新基地城市示范"申报工作
2016年5月13日	国发〔2015〕35号	关于建设大众创业万众创新示范基地的实施意见	《意见》强调，要支持双创示范基地探索创新、先行先试，在拓宽市场主体发展空间、强化知识产权保护、加速科技成果转化、加大财税支持力度、促进创业创新人才流动、加强协同创新和开放共享等方面加大改革力度，激发体制活力和内生动力，营造良好的创业创新生态和政策环境

资料来源：根据 http://www.gov.cn/ 网站资料整理。

三、中小企业技术源开发对接"双创"政策环境

"大众创业、万众创新"为广大中小企业开辟了崭新的政策环境，提供了大量的创业创新元素，特别是在推动中小企业应用新技术、发展新业态、形成新模式的过程中起到了重大作用。首先，新技术的产业化进程加速。在"双创"政策的刺激下，近年来移动互联网、云计算、大数据、工业物联网、3D打印成型等一批新技术在企业层面得到应用，并孵化出大量科技创业小微企业，逐渐成长为行业内的中坚力量。其次，新业态的创新化进程加速。随着"互联网＋创业创新"概念的不断深入人心，互联网金融、互联网控制技术、互联网教育、互联网创意设计等一大批新名词正在催生一大批创业企业。"互联网＋"作为一种技术载体，对中小企业形成技术创新的核心能力起到了越来越有力的支撑作用。最后，新模式的更迭性进程加速。万众创新的理念激发了社会基层的智慧，大量创业企业开始尝试不同的商业模式。特别是在生活服务领域、智慧城市建设、能源管理、信息娱乐等方面，中小企业发挥了巨大的创新力，对传统旧有模式进行着一次次更替性的冲击。综合以上，中小企业技术源开发工作可以深度嵌入"双创"的工作实践中，对促进社会经济转型升级提供更多鲜活动能。

结合目前供给侧改革的不断深入，"双创"的政策红利正在持续不断地转化为真实的经济增长。中小企业如何利用好政策利好，积极突破技术创新瓶颈，落实做好技术源开发工作，将助力全国经济转型升级，是一项关乎国计民生的大事。具体可以参考以下四个政策着力点。

第一，以"大众创业、万众创新"为契机，精准对接我国消费市场"品质型短缺"实际，加强制造业中小企业创业创新的顶层机制设计。一是以中国制造2025、经济结构供给侧改革为契机，结合区域产业集聚发展新模式，充分利用"去产能、去杠杆、去库存"策略淘汰一批无法适应新消费市场需求的制造业低小散企业。紧紧围绕以消费者需求为中心，以创新驱动为引擎，提高产品制造标准与国际接轨，扩大增加中高端供给。二是进一步深化要素市场改革，强化市场机制在引导民营企业产品升级方面的作用，谨慎使用财政补贴、税费减免等行政化降成本政策。逐渐由支持民营中小企业降成本的政策导向转变为提升民营企业政策资源配置效率，通过政府政策精准服务供给引导中小企业转型升级，促进中小企业产品品质提升。

第二，以"大众创业、万众创新"为契机，强化企业"工匠精神"培育，推进中小企业技术能力和产品层次的共同升级。一是遵循创新集群发展规律，结合各省市特色产业发展实际，按照强链、补链、延链的要求，坚持"大项目带动"和"产业链招商"，促进中小企业产业"补短板"。二是鼓励中小企业在技术开发活动中实施"引进来""走出去"双管齐下，支持中小企业购买国外专利、专有技术等，加强技术引进、消化、吸收和再创新。鼓励中小企业通过各种方式到海外设立、兼并和收购研发机构，或者兼并重组创新能力强的小企业，提升本土产业链。

第三，以"大众创业、万众创新"为契机，构建中小企业开放融合、深度协同的人才聘用制度。一是以政府投资项目和公共服务项目为牵引，落实科技成果处置权与收益权改革政策，推进省级有关部门在地方民营企业密集区开展下放科技成果使用、处置和收益权改革试点，强化激励机制，激发人才到基层工作的动力。二是鼓励高校、科研院所的科技人员以兼职、技术入股等方式加盟民营企业，完善高校、企业与科技人员之间的利益分配机制，在省内高校、科研院所开展技术发明成果转让收益在民营企业、重要贡献人员和所属单位之间合理分配的制度改革试点。三是鼓励龙头企业积极融入全球市场网络，吸纳全球创新资源，推动人才、技术、资本、信息等创新要素跨界流动，加强产业链、创新链、资金链之间的有效协同，在更高层次上构建高端产品制造协同体系。

第四，以"大众创业、万众创新"为契机，开展专利、商标、版权等职能"三合一"的知识产权行政管理工作，提高中小企业知识产权保护行政效率。尝试建立产业/行业专利导航数据库公共服务平台，引导企业进行海外专利布局、储备和运营，大力培育发展知识产权密集型产品。同时鼓励产业内中小企业建立专利战略联盟，提高中小企业专利风险防控意识和应对能力。完善中小企业信用体系，加强中小企业产品质量信用体系与银行征信、税务等系统的衔接,对粗制滥造、非法"山寨"、侵害消费者权益的企业,要加大处罚和媒体曝光力度,营造公平竞争的市场环境,形成"重品质、讲品质、比品质"的社会氛围。

第二章　中小企业发展对经济增长的长期影响研究

经济增长通常是指在一个经济体产出的增加值，能够反映经济体生产物品、提供劳务的能力。经济增长理论认为中小企业（员工少于 500 人）能够通过增加就业、推动竞争、促进创新和知识溢出等手段刺激一个社会的经济增长，是经济增长的源动力所在。[①] 已有研究对中小企业推动区域经济发展的作用普遍认同，这其中包括民营中小企业与非民营中小企业，其主要区别在组织目标、资源、风险承担倾向以及投资视野上存在着不同，但是，目前对于民营中小企业在经济中的占比以及其对于经济增长贡献程度的研究还很少。因此，加深对民营中小企业如何影响经济增长的理解有助于民营中小企业的研究以及公共政策的制定。

基于已有文献对民营中小企业的研究，从知识经济增长视角，笔者研究了中小企业对美国州一级经济增长的影响。总体而言，笔者认为民营中小企业在国民经济中的比率将与经济增长存在倒 U 型关系。笔者从理论上分析了在民营中小企业和非民营中小企业同时存在的情况下，区域经济的增长是两者最优化的结果。持有民营中小企业与非民营中小企业同时存在比任何单一类型的企业会更有利于经济增长观点的学者认为，一定程度的异质性以及组织形式的多样性有利于区域经济生产潜力的发挥。从美国小企业发展中心（SBDC）项目、美国统计局以及美国经济分析局获取数据的分析结果都支持以上理论假设。

本章的研究对现有研究的贡献体现在以下三个方面：第一，将民营属性作为中小企业异质性的重要维度，并认为这会促进经济增长，这拓展了已有的知识经济增长理论。第二，笔者基于民营中小企业的促进作用以及局限性分析认为民营中小企业对经

[①] Acs Z. J., Szerb L.,"Entrepreneurship, Economic Growth and Public Policy", *Small Business Economics*, No.28, 2007.

济增长的影响既不是纯粹积极的也不是纯粹消极的，而是由在经济中的比例构成所决定的。第三，本章的研究结果拓展了现有的研究，认为民营中小企业与经济增长存在倒 U 型关系。总之，本章的研究有助于更好地了解中小企业属性结构在促进经济增长中的作用。

第一节　理论基础回顾与研究假设

许多研究表明，中小企业对经济增长有重要作用。[①] 而且，这些研究中经常强调中小企业在创造就业、战略灵活性以及在创新等方面与同行业大型企业间存在的差异，一个经济体中存在越多的中小企业，往往意味着越高的竞争力和经济增长率。

最近的研究表明，除了其固有属性会对经济增长产生直接影响，中小企业也可以通过与同类型或者大企业的竞争与合作对经济的增长产生间接影响。基于这一观点，学者们也开始认识到企业间知识的不对称和知识溢出的相互作用。[②] 知识的不对称性一般是指市场竞争者在知识存量以及对知识的识别和使用上存在的差异。知识溢出效应表明，在知识存量存在差异的市场，知识可以从那些高存量经济体向较低存量经济体溢出。[③] 也就是说，知识溢出效应可能会刺激中小企业产生竞争和实施创新。

诺特（Knott）进一步认为，众多小企业与大企业的同时存在带来了知识存量的差异，并且大企业较高的知识存量会溢出到小企业，从而提高研发生产率。[④] 事实上，大公司和小公司同时存在形成"最佳的比例"对于维持经济的可持续发展是非常重要的。然而这些研究大都关注于企业规模的差异性，对于其他层面异质性的关注较少，诺特指出，其他维度（如国家来源、功能性能力以及企业年龄）上的差异性也会导致市场竞争者间知识的不对称。这会推动知识在企业间的扩散（知识溢出）从而削弱市场领导者的地位，同时也会刺激知识创造的竞争。总体来说，经济中企业的差异性会

---

① Thurik R., Wennekers S.,"Entrepreneurship, Small Business and Economic Growth", *Journal of Small Business and Enterprise Development*, No.1,2004.

② Acs Z. J., Braunerhjelm P., Audretsch D. B., Carlsson B.,"The Knowledge Spillover Theory of Entrepreneurship", *Small Business Economics*, No.32,2009.

③ Agarwal R., Audretsch D. B., Sarkar M. B.,"The Process of Creative Construction: Knowledge Spillovers, Entrepreneurship, and Economic Growth", *Strategic Entrepreneurship Journal*, No.1,2007.

④ Knott A. M., "Persistent Heterogeneity and Sustainable Innovation", *Strategic Management Journal*, No.8,2003.

使得经济体更具创新性和竞争力,而这两者都会正向影响经济增长。本章将这一推理延伸到治理结构上的差异,特别是探讨民营中小企业的控制权问题如何改变知识创造的过程,从而促进国民经济的长期增长。

一、民营中小企业对经济增长的强化效应

中小企业对经济增长的增强或抑制作用取决于经济体中民营与非民营中小企业的混合程度。笔者将分析民营中小企业对企业绩效以及经济增长可能有的几个积极影响及其效果。

首先,民营中小企业中家族成员参与管理可以有效利用各类资源和资本,这些资源可以是人力资本、社会资本或者实物和金融资产,并且这些资源很难被非民营中小企业拥有或者模仿。最近的研究表明,夫妻组成的团队相对于那些由不相关伙伴组成的管理团队,更容易实现首次成功销售,[①] 这一规律对于大型金融投资也都是成立的。此外,家族的参与可以为企业提供维持生存的资本、增加经济的稳定性,尤其是在极端环境下。

其次,由于对跨代可持续发展的愿望,民营中小企业的发展往往看的更为长远,这会使民营中小企业在连续性、毅力以及自我控制上更有竞争优势。如果企业当下的需求能够与企业过去甚至是未来的发展相一致,企业通常会获得更高、更稳定的绩效。

最后,民营中小企业管理层对公司资产的使用也往往更加节俭,而且民营中小企业所有者(委托人)与管理者(代理人)属于同一个人或者同一个家族的,可以降低所有权与经营权的分离产生的代理成本。当前学者倾向于探究如何通过产品创新促进经济增长方式以及生产效率。[②]

二、民营中小企业对经济发展的迟滞效应

因为民营中小企业所具有独特的优势,过度依赖非民营中小企业的经济体的增长

[①] Brannon D. L., Wiklund J., Haynie J. M., "The Varying Effects of Family Relationships in Entrepreneurial Teams", *Entrepreneurship Theory and Practice*, No.1,2013.

[②] Chang E. P. C., Chrisman J. J., Chua J. H., Kellermanns F. K., "Regional Economy as a Determinant of the Prevalence of Family Firms in the United States: A Preliminary Report", *Entrepreneurship Theory and Practice*, No.3,2008.

可能会受到遏制,也就无法获得最优效果;因为家族式中小企业不是万能的,也存在一定的局限性。当经济体中不存在非民营中小企业时,其对经济的迟滞效应非常显著。因而,有学者认为经济体中不同类型中小企业进行一定程度的混合将有利于区域经济生产潜力的发挥。

一般来说,相比于非民营中小企业,民营中小企业更缺乏创新,这主要是由于惯性、专业人才的缺乏、现有产品和资产的情感维系、传统变革制约、不愿以家族名誉冒险、不愿意使用外部资本以及当很重视社会情绪财富保存时导致企业资源使用的低效率。正如卡尼(Carney)所研究的那样,当技术的发展成为企业成功的关键时,民营中小企业常常会陷入困境,从而阻碍经济增长。[1]

应当指出的是,当民营中小企业在经济中占据主导地位时,其迟滞效应(更少创新)就变得更加突出,这主要是由于以下原因造成的。一方面,由于不愿意创新,民营中小企业不太可能产生新的知识。事实上,民营中小企业往往停留在已有的传统套路和方法上,对新技术的出现反应也更慢。[2] 因此,当民营中小企业占主导地位时,企业间知识的不对称是非常有限的。另一方面,从知识视角看,民营中小企业的知识具有缄默、非汇编以及社会复杂性的特点,因而这些知识很难被竞争对手学习和模仿。[3] 此外,民营中小企业中,家族成员间的情感纽带以及公司强烈的认同感往往会限制员工(特别是家族内员工)的流动。综合考虑,即使民营中小企业间的知识存量存在异质性,但有限的知识流动导致企业间的知识溢出仍然不太可能。

三、民营与非民营中小企业间互动对经济发展的作用

考虑到民营中小企业对经济增长的增强和迟滞作用,人们本能地会认为民营中小企业在当地经济中合适的比率能使经济增长最大化。民营中小企业在应对经济波动时更具有弹性,并且通过家族参与方式获取人力、社会以及金融资本使其具有独特性,能够更好地克服由于环境动态性带来的劣势。所有权和控制权的结合也同样能够降低代理成本、增加可持续长期绩效的重要性,但是也为快速决策提供了更大的灵活性。另外,非

---

[1] Carney M., "Corporate Governance and Competitive Advantage in Family-controlled Firms", *Entrepreneurship Theory and Practice*, No.3, 2005.

[2] König A., Kammerlander N., Enders A., "The Family Innovator's Dilemma: How Family Influence Affects the Adoption of Discontinuous Technologies by Incumbent Firms", *Academy of Management Review*, No.3, 2013.

[3] Cabrera-Suarez K., De Saa-Perez P., Garcıa-Almeida D., "The Succession Process from a Resource-and Knowledge-based View of the Family Firm", *Family Business Review*, No.1, 2001.

民营中小企业具有更高的创新能力以及知识存量水平，而考虑到民营中小企业较弱的知识流动以及非民营中小企业中的一些障碍，非民营中小企业可以为家族中小型企业提供激励创新所需要的知识溢出，尤其是当他们的生存受到威胁的时候。理论上来说，在不连续技术的运用上民营中小企业要比非民营中小企业做得更好；研究也发现当绩效低于预期的时候，民营中小企业增加的研发投入会超过非民营中小企业。[1]

基于以上分析，民营与非民营中小企业有着互补的优势和劣势，并且他们的异质性会刺激创新和经济增长，因而笔者认为民营中小企业的比例与地区经济增长之间存在一个非线性的倒 U 型关系。

第二节 中小企业发展影响经济长期增长的实证分析：美国数据

一、研究数据来源

为了检验以上假设，本章收集了包括美国人口普查局、美国经济分析局以及国家生命统计系统等的二手数据。笔者用于估计民营中小企业在美国经济比例的数据主要来源于美国小企业发展中心。小企业发展中心遍布于美国的每个州以及美国其他区域，并且他们的客户群通常能够代表此类公司总体，因此，小企业发展中心的客户是研究民营中小企业的分布情况及其对当地经济影响较为合适的样本。笔者从小企业发展中心获得了 2005—2009 年的 50067 份调查问卷，有效问卷率约为 18%，其中排除了那些没有开展经营业务但是有反馈意见的共计 39963 个数据。为了测试潜在的非反应偏差，受访者根据回答问卷时间被划分为早期和晚期受访者。这些受访群体之间的 t 检验显示他们的差异无统计学意义，因此，可以认为有无反应偏差在本章中并不是一个重要问题。

需要注意的是，笔者根据各州层面以及年份层面的观察数据获取因变量。为了确保每一个州每年有足够数量的受访者，笔者为每个州年度观测值设定反馈阈值。例如，对于本章的主要分析，笔者剔除了观测样本中各州当年观察值少于 50 份完整数

---

[1] Chrisman J. J., Chua J. H., Pearson A. W., Barnett, T., "Family Involvement, Family Influence, and Family-centered Non-economic Goals in Small Firms", *Entrepreneurship Theory and Practice*, No.2, 2012.

据的样本。在剔除缺失观测数据后，笔者进一步分析获得了 121 个纵向的各州年度观测值。

（一）因变量

采用 2006—2010 年间各州每年人均生产总值（GSP，千美元）对数的差值衡量一个州每年的经济增长，这反映了区域经济的增长或下降。笔者在稳健性检验中还用到了人均 GSP 变化百分比和人均 GSP 绝对值。

（二）自变量

本章中核心自变量是每个州每年民营中小型企业的占比。进行这一分析必须要经过两步，因为任何公开的数据源都没有对企业所有权进行披露，即使是小企业发展中心也没有直接提供每个州每年民营中小企业占比的任何信息。因此，笔者使用美国小企业发展中心调查数据库中企业层面的数据来估计每个州每年民营中小企业的密集程度。[①]

第一步，笔者将每一家公司划分为民营或非民营中小企业。基于家族所有权、家族管理以及家族内部继承意愿这几个方面将民营中小企业从非民营中小企业中区分出来，将民营中小企业定义为家族控股最低 50%、至少一个家族管理者以及明显的家族内部继承倾向的企业。在后续的稳健性检验中，本章也将家族控制权在 50%—100% 的企业定义为民营中小企业。[②] 数据来源由小企业发展中心调查包含有关该公司的创始人和其他家族成员的控股比例问题、家族管理人员数量以及家族是否具有家族内部继承企业的意愿。

第二步，本章用民营中小企业占所有企业数量的百分比来计算每个州每年民营中小企业的比率作为自变量。为了获得每个州问卷反馈数量最佳的平衡以及可供分析样本的数量，本章选择那些每一年获取有效问卷超过 50 份的州进行分析，这样可以使州的数量以及每个州公司的数量最大化。为了测量自变量与因变量之间的周期性，本章采用了滞后一年的因变量进行分析，因此，自变量涵盖的时间范围是 2005 年到 2009 年。在经过以上两个步骤之后，发现民营中小企业在每个州的比例从 18.2% 到

[①] Chang E. P. C., Chrisman J. J., Chua J. H., Kellermanns F. K., "Regional Economy as a Determinant of the Prevalence of Family Firms in the United States: A Preliminary Report", *Entrepreneurship Theory and Practice*, No.3, 2008.

[②] Chrisman J. J., Chua J. H., Pearson A. W., Barnett T., "Family Involvement, Family Influence, and Family-centered Non-Economic Goals in Small Firms", *Entrepreneurship Theory and Practice*, No.2, 2012.

66.7%不等，平均占比43.7%，标准偏差为10.9%。基于已有的对民营中小企业的定义，这一占比是低于预期的。然而，在稳健性检验中放宽用于定义民营中小企业的标准后，民营中小企业的比例有所增加，结果与其他已有研究相类似。

随后，本章将民营中小企业占比的平方作为一个额外的自变量，以检验本章假设的民营中小企业比率与经济增长之间存在的非线性倒U型关系。

（三）控制变量

首先，一个州的人口规模可能会影响经济增长，因为更多的人口提供了更多的商业机会。所以，本章使用从美国人口普查获得的每个州每年居民人数度量该州当年的人口，并且采取自然对数进行处理。

其次，经济增长存在路径依赖，这意味着一个地区以前的经济状况可能会影响后续的经济增长。本章用各州2004年到2008年生产总值的自然对数控制经济的影响。为了不与本章对经济增长测量方式的重叠，本章采用基准年前1年的数据计算区域的经济状况（例如，经济状况是t–2年的人均州生产总值的自然对数，经济增长就是t期与t–1期人均州生产总值自然对数的差值）。

最后，服务业对经济的增长具有重要作用，对服务业的衡量是通过每个州每年服务业企业在中小企业中数量的占比测量的，这一数据是从美国经济分析局的数据库中获得的。区域经济的增长同样会受到金融业的影响，因为金融业会加速资本的流动，并且会以企业家风险资本的形式参与到产品创新和生产过程中。本章通过测量每个州银行业生产值占该州生产总值（GSP）的比重控制金融业的影响。有越来越多的学者意识到，在美国医疗健康业对区域经济变得越来越重要。[①] 此外，医疗健康能够反映区域社会福利事业的发展状况，因此，本章通过计算医疗保健业产值占该州生产总值（GSP）比重控制其影响。本章还通过测定公共行政支出占该州生产总值（GSP）的比重，控制政府行政管理对经济增长的潜在影响。总体来说，本章有意选择以上控制变量主要是因为他们反映了区域／时间在管理、制度和经济等方面显著的异质性。

（四）工具变量

由于反向因果关系以及潜在的因素可能会影响分析结果，因此有必要控制变量间

---

① Harkavy I., Zuckerman H., *Eds and Meds: Cities' Hidden Assets*, The Brookings Institution Survey Series Press, 1999, p.112.

的内生性。本章用以下方法来控制内生性：首先，在面板回归中将因变量与其他变量间滞后1年，这保证了因果关系的方向是本章假设的方向，从而降低关注变量内生驱动的可能性。① 其次，因变量测量采用的 t 和 t–1 是人均生产总值（GSP）自然对数的差值，本章有意将 t–2 期人均生产总值（GSP）的自然对数作为控制变量，这能够进一步降低反向因果关系带来的内生性的影响。最后，本章选择了三个与自变量（民营中小企业占比）有强相关性但是与因变量（经济增长）无关的工具变量，包括各州离婚率的变化、各州每年新移民人口数量占总人口数量的比例以及每个州每年非西班牙裔白人的比例。这三个变量与给定的区域内家族的类型和稳定性相关，因此与区域民营中小企业占比具有强相关性，进而与区域经济增长密切相关。

参照汉密尔顿（Hamilton）和尼克森（Nickerson）的研究，本章使用有工具变量的二阶段回归法。在第一阶段，三个工具变量以及控制变量被用于检验民营中小企业的比率。在第二阶段，因变量（经济增长）与民营中小企业比率、民营中小企业比率的平方以及控制变量进行回归。

表2—1 变量的定义及数据来源

名 称	定 义	单 位	来 源	时 间
经济发展	每个州 t 期和 t–1 期人均州生产总值对数的差值（按千美元计）	对数的差值（千美元）（稳健性检验中使用人均GSP百分比的变化）	美国经济分析局	2006—2010
民营中小企业比率	t–1 期小企业发展中心受访者中民营中小企业的比率，民营中小企业范畴为：家族控股最低50%，并且至少一个家族管理者以及明显的家族内部继承倾向的企业。在后续的稳健性检验中，本章也将家族控制权在50%—100%的企业定义为民营中小企业	百分比	小企业发展中心	2005—2009
人口	每个州 t–1 期人口数量	记录数	美国人口普查	2005—2009
经济条件	每个州 t–2 期人均州生产总值对数	人均对数（千美元）	美国经济分析局	2004—2008
服务业	每个州 t–1 期服务业企业的比例	百分比	美国经济分析局	2005—2009

---

① Hamilton B. H., Nickerson J. A., "Correcting For Endogeneity in Strategic Management Research", *Strategic Organization*, No.1, 2003.

续表

名称	定义	单位	来源	时间
金融业	每个州 t–1 期银行业生产总值占州生产总值比例	百分比	美国经济分析局	2005—2009
医疗保健服务	每个州 t–1 期健康产业生产总值占州生产总值比例	百分比	美国经济分析局	2005—2009
政府管理	每个州 t–1 期政府支出占州生产总值比例	百分比	美国经济分析局	2005—2009
工具变量				
离婚率的变化	每个州 t–1 期 t–2 期的离婚率差值	百分比差值	国家生命统计系统	2005—2009
迁移率	每个州 t–1 期移民比率	百分比	美国人口普查	2005—2009
种族	每个州 t–1 期非西班牙裔白人占每个州总人口的比例	百分比	美国人口普查	2005—2009

二、数据结果分析

本章使用的自变量、因变量和控制变量以及相关的测量方法，已在表 2—1 中进行了总结。表 2—2 中展示了每个变量的均值、标准偏差以及相关系数矩阵。由于数据的纵向结构，普通最小二乘回归可能会导致有偏估计。与普通最小二乘回归法相比，面板回归法更适用于分析纵向数据，因为它对从过去到现在的因果关系有更好的解释力。固定效应面板回归能够控制不可观测的截面特性，[①] 因而已经被应用在以往的对民营中小企业的研究中。因此，借助这一分析本章控制了横截面的固定效应。豪斯曼（Hausman）检验表明，固定效应和随机效应模型之间的差异无统计学意义（x^2=63.23，p 值 0.001）。因此，本章采用了更强大的固定效应面板回归进行分析。本章还使用了 Uber-White sandwich 检验（州一级的聚集）以控制潜在的序列相关和异方差。[②]

[①] Frye M. B., "Equity-Based Compensation for Employee: Firm Performance and Determinants", *Journal of Financial Research*, No.1, 2004.

[②] Arellano M., *Panel Data Econometrics: Advanced Texts in Econometrics*, Oxford University Press, 2003, p.235.

表2—2 描述性及相关分析

	Mean	S.D.	1	2	3	4	5	6	7	8
1. 经济增长	0.03	0.03	1							
2. 民营中小企业比率（%）	43.69	10.92	0.01	1						
3. 人口	15.03	0.99	−0.17	−0.11	1					
4. 经济状况	3.71	0.26	−0.12	−0.06	−0.24	1				
5. 服务业（%）	63.14	4.18	0.08	0	−0.14	0.2	1			
6. 金融业（%）	3.82	3.01	−0.01	−0.03	−0.01	0.12	0.03	1		
7. 医疗费用	7.18	1.41	−0.07	−0.01	0.03	−0.16	−0.39	−0.03	1	
8. 政府行政（%）	2.39	0.72	−0.03	0	−0.09	0.09	0.26	−0.2	−0.07	1

本章根据家族所有权、家族管理以及家族内继承意向这几个标准来区分民营中小企业，并且为了计算民营中小企业的比例，本章选用每个州每年50份样本作为最小临界值以保证样本的数量，在随后的稳健性检验中笔者放宽了这一标准。表2—3显示了二阶段回归分析的结果。在第一阶段，离婚率变化（B=-4.90，p<0.01）、迁移率（B=-4.22，p<0.05）以及种族（B=3.66，p<0.05）被证明对民营中小型企业占比具有很好的预测作用，这表明工具变量对内生性控制是合理的。

表2—3 描述性及相关分析

因变量	第一阶段	第二阶段
	民营中小企业比率	经济增长
自变量		
民营中小企业比率		0.01112**
民营中小企业比率平方		−0.00013***
控制变量		—
人口	200.68****	0.22
经济状况	0.84	−0.29*
服务业	0.27****	0
金融业	−0.27**	−0.0006
医疗服务	−0.41	0.001
政府管理	−1.3	−0.003
工具变量		
离婚率的变化	−4.90***	
迁移率	−4.22**	
种族	3.66**	
样本大小	121	121

续表

因变量	第一阶段	第二阶段
截面	45	45
周期	5	5
Within R^2	0.09	0.49
F—statistics	1.35****	2.44****

第二阶段，本章使用从第一阶段获取的民营中小企业的比例及其平方作为自变量，总体来说，模型的 R^2 为 0.49，并且模型显著（对数似然比 =536.44，F=2.44，$p<0.001$）。在控制变量中，过去的经济状况（B=0.29，$p<0.10$）与区域经济增长存在显著的负相关关系。假设 1 得到支持，民营中小企业的比例是积极和显著的（B=0.01112，$p<0.05$），而它的平方是负向显著的（B=-0.00013，$p<0.01$）。基于第一阶段对民营中小企业比率以及民营中小企业比率平方的计算估计，民营中小企业比率与区域经济增长倒 U 型拐点是 42.8%。

三、稳健性检验

本章进行了各种稳健性检验以确保本章的结果不是由于本章在样本中的设置所导致的一个伪结果。首先，本章改变了每一个州的最低受访者的数量。稳健性检验分析显示，当使用 40 个或 60 个受访者作为分界点时，结果与主结果具有相似性，并且支持了本章对家族中小型企业比率和区域经济增长之间倒 U 形关系的假设。其次，本章改变了经济增长的测度方法，采用 t 期和 t–1 期州人均生产总值（GSP）百分比变化替换了原有的州人均生产总值自然对数的差值。如表 2—4 所示，用 40、50 以及 60 作为最小样本量的结果与主要分析结果一致。同时本章还使用未调整的州人均生产总值作为因变量。这时，t–1 期以及 t–2 期州人均生产总值作为控制变量，进一步的结果与本章的主要分析结果同样是一致的。再次，本章采用民营中小企业比率的实际值而不是预测值检验了本章的基本模型。并且，无论是经济增长的测度（州人均生产总值百分比变化或者对数差）还是 40、50 和 60 的最低阈值，回归结果与本章的主要分析结果一致。最后，如前所述，本章使用 50%—100% 家族控股作为区分民营中小企业的唯一方法。这种方法强调与家族相关的权力、权威以及合法性，却忽视了家族对一般管理的参与以及家族内部传承的意图会对企业性质产生影响。但是，不论是那种经济增长测量方式，在每个州 40、50 以及 60 的最低样本阈值下，结果与本章的主要分析结果一致。

表 2—4 固定效应回归分析

因变量	t 期和 t−1 期人均州生产总值对数的差值		t 期和 t−1 期人均州生产总值百分比的变化		
	Response ⩾ 40	Response ⩾ 60	Response ⩾ 40	Response ⩾ 50	Response ⩾ 60
自变量 民营中小企业比率	0.01351***	0.01827****	1.351****	1.120***	1.833****
民营中小企业比率平方	−0.00016***	−0.00024****	−0.016****	−0.012***	−0.0240***
控制变量 人口	0.21	0.66	−23.9	−25.16	64.28
经济状况	−0.24*	−0.48****	−24.65*	−28.74**	−49.30****
服务业	0	0	0.04	0.08	−0.04
金融业	−0.001	−0.002*	−0.06	−0.06	−0.16*
医疗服务	−0.0003	−0.002*	−0.03	−0.09	−0.26*
政府管理	−0.004	−0.01	−0.39	−0.31	−0.69
样本大小	135	100	135	121	100
截面	45	42	45	45	42
周期	5	5	5	5	5
Within R^2	0.37	0.67	0.49	0.49	0.67
F-statistics	2.81****	3.57****	2.86****	2.49****	3.66****

本章研究内容试图探讨民营中小企业的比率对经济增长的影响。本章认为，民营中小企业的比例与经济增长间存在倒 U 型关系，并且本章的研究结果支持这一假设，民营中小企业在区域经济中有一个最佳的比例。本章的分析表明，民营中小企业未达到 42.8% 的比例时，该比例越大，对经济增长的影响越积极。然而，在超过这一临界点之后，随着民营中小企业的比例逐渐增多其对经济增长的减缓作用开始显现。这一结果表明，民营和非民营中小企业的一个均衡的组合可以最大限度地促进经济增长。

本章的论点是建立在知识经济增长的视角，即异质性如何会增加市场主体之间知识的不对称性，从而促进知识溢出和经济增长。对于现有的研究，本章的贡献主要在于探究了中小企业治理形式的差异性如何成为刺激经济增长的一个维度。此外，本章也为民营中小企业最佳水平刺激经济增长提供了一个证据。虽然以前的研究主要集中在民营中小企业如何有助于经济增长（就业、国内生产总值等），但是本章是首次探索其如何影响经济增长的机理。

第三节 研究结果讨论与政策启示

本章研究仍存在一些局限性，这不仅表明本章视角的局限性，同时也为未来的研究提供了机会。

首先，本章研究了中小规模民营中小企业的比例对经济增长的影响。事实上，由于在美国现成的数据库中没有关于民营中小企业的比例，本章从 2005 年到 2009 年间对小企业发展中心客户的年度调查中获取企业数据，然而不考虑样本规模的大小，本章凭借每个州每年一小部分企业数据估计了民营中小企业的比例。此外，本章的研究没有包括大公司，这可能会产生不同的动态和结果。例如，小企业和大企业会在创新活动以及获取技术熟练的人力资源等方面存在不同。[1] 默克（Morck）和杨（Yeung）[2] 也表明，与社会经济福利不同，大量的民营中小企业会拥有社会权利，并倾向于寻求政治寻租，这会减少而不是促进经济增长。因此，未来当学者们在探究家族参与如何影响经济增长时，可以考虑不同规模民营和非民营中小企业的角色。

其次，近年来，越来越多的民营中小企业研究者认识到民营中小企业间存在差异。[3] 然而，本章数据的性质使本章很难区分不同类型的民营中小企业在对经济增长影响时的不同。因此，未来的研究有必要探究不同类型的民营中小企业经济增长的贡献。家族通过不同的所有权和管理结构参与企业经营，会导致不同的行为和企业绩效，这可能反过来影响经济增长。例如，以前的研究表明，创始人领导的企业（其中一些也可能是民营中小企业）相对于隔代民营中小企业以及非民营中小企业有更好的表现。[4] 同样，其他研究也表明，随着时间的推移民营中小企业的前瞻性态度也会发生变化，如同企业年龄的功能一样。[5] 此外，正如本章以及一般民营中小企业研究中

---

[1] Freel M. S., "Strategy and Structure in Innovative Manufacturing SMEs: The Case of an English Region", *Small Business Economics*, No.1, 2000.

[2] Morck R., Yeung B., "Family Control and the Rentseeking Society", *Entrepreneurship Theory and Practice*, No.4, 2004.

[3] Chua J. H., Chrisman J. J., Steier L. P., Rau S. B., "Sources of Heterogeneity in Family Firms: An Introduction", *Entrepreneurship Theory and Practice*, No.36, 2012.

[4] Miller D., Le Breton-Miller I., Lester R. H., Cannella A. A. Jr., "Are Family Firms really Superior Performers?" *Journal of Corporate Finance*, No.5, 2007.

[5] De Massis A., Chirico F., Kotlar J., Naldi L. "The Temporal Evolution of Proactiveness in Family Firms: The Horizontal S-Curve Hypothesis", *Family Business review*, No.1, 2014.

所强调的那样，民营中小企业是不同的经济和非经济目标的集合。未来由经济与非经济目标驱动的民营中小企业的比例对经济增长的影响值得进一步研究。

再次，本章研究探讨了美国民营中小企业的比例对美国经济增长的影响。一般来说，本章认为这项研究的基本原则就是家族比例和经济增长之间的倒 U 型关系应该适用于所有经济体。然而，法律结构、经济发展阶段、文化以及其他因素的不同可能会影响民营中小企业的比例以及民营中小企业对经济的影响。因此，在不同国家复制本章的研究需要考虑以上权变因素的影响。

复次，参照昌（Chang）等人的研究，在这一纵向研究中本章以州为基本单位。[①] 然而，在州内部有可能存在重要的变量，如农村和城市之间的区别。因此，使用其他替代的分析单位可以获得其他重要的视角。

最后，推动经济增长是世界许多国家政府的首要任务之一。因此，这项研究对政策的制定有很强的影响。无论是在发达国家还是发展中国家，推动创业和经济增长的项目以及资金都正在增加。然而，宏观政策的驱动支持以及在中小型企业投资似乎是基于相似规模的企业有类似的发展需要和潜力这一假设。因此，公共政策计划通常根据规模（员工和销售营业额）或者行业细分潜在的企业。实际上，现有的支持项目将民营与非民营中小企业划分为一个"中小企业部门"。而这项研究表明，民营中小企业与非民营中小企业在经济方式上存在不同。本章的理论以及民营中小企业的比例对经济影响的证据能够提醒政策制定者在制定公共政策时需要考虑到非常普遍以及相关形式的商业组织的特质以及挑战。例如，民营中小企业追求不同类型的经济和非经济目标，而这些目标有时会存在冲突，有时又是互补的。这些目标更好地被理解和表达，会使决策者能够更好地提供支持民营中小企业增长的计划。如果当前系统不能识别中小规模民营中小企业的重要性以及他们的特殊需求，经济增长可能会受到不利影响。

总之，本章借鉴了民营中小企业和知识经济增长的相关研究，解释了中小企业对经济增长普遍存在的影响。结果表明：民营中小企业的比例与区域经济增长的比例呈倒 U 型关系。这与异质性刺激创新理论、经济增长理论以及促进和转变区域经济生产潜力需要各种不同类型企业的理论相一致，[②] 本章的研究表明，民营中小企业与非

[①] Chang E.P., Chrisman J.J., Chua J.H., Kellermanns F.K., "Regional Economy as a Determinant of the Prevalence of Family Firms in the United States: A Preliminary Report", *Entrepreneurship Theory and Practice*, No.32, 2008.

[②] Wennekers S., Thurik R., "Linking Entrepreneurship and Economic Growth", *Small Business Economics*, No.1, 1999.

民营中小企业的均衡组合比民营中小企业或者非民营中小企业占主导地位的经济结构要好。并且这具有理论价值和实践价值，未来需要进一步研究民营中小企业是如何影响他们的区域经济，特别是在经济衰退时政治领导者尝试使用有效的政策以刺激经济增长时。希望本章研究的内容能够对未来相关研究的深化带来一些基础和借鉴。

第三章 中小企业技术创新投入的周期波动特征研究

第一节 基础理论回顾与研究设计

宏观经济周期性波动是经济运行的常态,其对技术创新投入产生的影响是不容忽视的。改革开放后,在粗放型经济增长方式下,我国经济周期波动一直处于大起大落的状态,而这对技术创新强度的影响并未得到国内学者的足够重视。现阶段,我国正处于经济转型期,加大技术创新投入力度(技术创新强度)、提高自主创新能力,是实现经济增长方式由"粗放型"向"集约型"转变的关键,若忽视经济周期对技术创新强度的影响,仅依靠各种优惠措施提高技术创新强度,可能会弱化创新政策支持的效果。

继熊彼特(Schumpeter)[1]研究之后,经济周期对技术创新投入的影响引发国外学者极大关注。一部分学者基于机会成本假说指出,技术创新投入回报发生在远期从而不受现期经济波动显著影响,但其机会成本(用生产投入的边际产出衡量)在经济紧缩期会因负向冲击发生下降,为中小企业家投入研发活动提供激励,导致技术创新投入对生产性投入的跨期替代,从而技术创新投入逆周期变化。其中,松山(Matsuyama)在内生经济增长模型中引入资本积累,发现低增长时期生产性投资低而研发经费支出高,高增长时期生产性投资高而无技术创新投入。[2]沃尔德(Walde)假设社会资源因资本积累和研发活动边际产出的相对变化在两种活动间优化配置,得出研

---

[1] Schumpeter J. Business Cycles,*A Theoretical, Historical and Statistical Analysis of the Capitalist Process*, New York Toronto London: McGraw-Hill, 1939,p.112.

[2] Matsuyama K.,"Growing through Cycles in an Infinitely Lived Agent Economy", *Journal of Economic Theory*, No.2,2001.

发经费支出逆周期变化的结论。① 弗朗索瓦（Francois）和劳埃德（Lloyd）以质量阶梯模型为基础证明生产率的提高是顺周期的，而研发经费支出是逆周期变化的。②

中小企业是经济发展的创新源泉，约有70%的原始创新最初都是诞生在中小企业中，所以，中小企业技术创新投入强度对经济发展会产生深远影响。经济周期理论认为，企业微观层面的技术创新投入也会与大经济周期一样呈现周期性波动。然而，与机会成本假说的预期相反，大量以发达国家总量和行业数据为样本的实证研究均表明技术创新投入是顺周期变化的，其中，沃尔德和维德（Woitek）基于七国集团数据证明，人均研发经费支出和人均GDP正相关。③ 曲阳（Quyang）利用美国工业产出增长率度量经济周期，发现研发经费支出增长率顺周期变化。④ 为解释经验证据与机会成本假说的冲突原因，阿吉翁（Aghion）和曲阳等学者引入研发活动外部性、融资约束与金融发展水平等因素修正理论分析并指出，相对于其他投资活动，研发活动面临更严重的不确定性与信息不对称问题，易受到内外双重融资约束，顺周期的融资约束一方面使研发活动在扩张期更易获得融资，另一方面阻碍了紧缩期技术创新投入对生产性投入的跨期替代，导致技术创新投入出现顺周期偏向。⑤

国外关于经济周期影响技术创新投入的研究文献较多，但研究中既忽略了对中小企业技术创新强度周期特征的考察，也没有考虑关于经济周期各阶段对中小企业技术创新投入的影响力度是否不同，并且缺乏中国样本的文献支撑。鉴于此，本章研究内容将面向我国粗放型经济增长方式下经济周期不同阶段对中小企业技术创新强度的非对称影响。根据研究需要，本书将"扩张期"与"紧缩期"两个周期性指标引入计量模型，并对东部、中部和西部区域的中小企业技术创新投入情况分别进行考察与研究。

一、计量模型设定

为了研究经济周期不同阶段对中小企业技术创新强度的非对称影响，本章引入

---

① Walde K.,"The Economic Determinants of Technology Shocks in a Real Business Cycle Model", *Journal of Economic Dynamics and Control*, No.27, 2002.

② Francois P., Lloyd-Ellis,"Animal Spirits through Creative Destruction", *American Economic Review*, No.3, 2003.

③ Walde K., Woitek U., "R&D Expenditure in G7 Countries and the Implications for Endogenous Fluctuations and Growth", *Economics Letters,* No.1, 2004.

④ QuyangM.,"On the Cyclicality of R&D", *Review of Economics and Statistics*,No.2, 2011.

⑤ Aghion P., Askenazy P., BermanN., "Credit Constraints and the Cyclicality of R&D Investment: Evidence from France", *Journal of the European Economic Association*, No.5, 2012.

"扩张期"和"紧缩期"两个经济周期指标,建立技术创新强度周期性反应函数,参考安德森(Andersen)和尼耳森(Nielsen)①,谢攀和李静②的做法,将计量模型设定如下:

$$\Delta R\&D_{it}=\alpha+\beta_1 Gap_{it}\times Expansion_{it}+\beta_2 Gap_{it}\times Contraction_{it}+\beta_3\chi_{it}+\varepsilon_{it}$$

其中,$R\&D_{it}$表示i地区t时期的技术创新强度,即研发经费内部支出在中小企业主营业务收入中所占份额,$Gap_{it}\times Expansion_{it}$是扩张期经济周期指标,其中,$Gap_{it}$是产出缺口,$Expansion_{it}$是虚拟变量,表示经济扩张期,具体定义是:如果$Gap_{it}>0$,则$Expansion_{it}=1$,否则等于0。$Gap_{it}\times Contraction_{it}$是紧缩期经济周期指标,其中,$Contraction_{it}$表示经济紧缩期,具体定义是:如果$Gap_{it}<0$,$Contraction_{it}=0$,否则等于0。$\chi_{it}$是其他控制变量,$\varepsilon_{it}$是随机误差项。

二、数据说明

实证分析中,本书利用30个省区市中型工业中小企业的面板数据估计技术创新强度周期性反应函数,考察经济周期各阶段中型工业中小企业技术创新强度的周期特征,时间范围是2005—2014年,其中,中小企业研发经费内部支出及主营业务收入的数据来源于历年《工业中小企业科技活动统计年鉴》,各地区生产总值的数据来源于《中国统计年鉴》。表3—1是各变量描述性统计。

表3—1 各变量描述性统计结果

变量	含义	样本数	均值	标准差	最小值	最大值
GDP	国内生产总值	300	14151.49	12573.36	543.32	67809.85
R&D	中小企业研发经费内部支出/地区GDP	300	0.0057	0.0036	0.0001	0.0229
Gap×Expansion	扩张期经济周期指标	420	0.0103	0.0157	0	0.0762
Gap×Recession	紧缩期经济周期指标	420	0.0103	0.016	0	0.0893

---

① Anderson A. L., Nielsen W.,*Fiscal Transparency and Procyclical Fiscal Policy*, Working Paper, University of Copenhagen, 2007, p.32.
② 谢攀、李静:《劳动报酬、经济周期与二元劳动力市场——基于周期性反应函数的估计》,《数量经济技术经济研究》2010年第9期。

三、潜在产出与产出缺口的估计

根据经济增长率的高低、拐点、持续时间的长短来辨别经济所处周期阶段和经济周期的波动特征是经典的经济周期分析模式,[①] 这种方法不能准确反映经济所处周期阶段与总量相对波动幅度,而如果根据简单设定的临界值来进行判断,则有过大随意性,因此,本章使用产出缺口(实际产出与潜在产出的差额占潜在产出的比重)来度量经济周期所处阶段与总量波动幅度。

要估算产出缺口首先应测算潜在产出。目前,潜在产出的估计方法主要有"生产函数法"和"趋势估计法"两大类。前者计算过程较为复杂,不适用于面板数据,后者利用平滑工具将实际产出分解为趋势成分(潜在产出)和周期性成分(产出缺口),优势在于简便易用。HP 滤波因为建立在对实际产出趋势较为合理的描述基础上而得到广泛应用。本章采用消除趋势法中目前较为流行的 HP 滤波法,通过最小化(T 为样本期):

$$\sum_{t=1}^{T}(\ln Y_t - \ln Y_t^*)^2 + \lambda \sum_{t=2}^{T-1}[(\ln Y_{t+1}^* - \ln Y_t^*) - (\ln Y_t^* - \ln Y_{t-1}^*)]^2 \quad (3—1)$$

从而将现实产出的自然对数 $\ln Y_t$ 分解为长期趋势成分 $\ln Y_t^*$ 与周期性成分 Gap_t(产出缺口),后者计算公式为 $Gap_t = \ln Y_t - \ln Y_t^* = (Y_t - \ln Y_t^*) / Y_t^*$。

利用 HP 滤波器估算产出缺口需选择适当的平滑参数 λ。平滑参数取值 100 时,HP 滤波器则能更准确地刻画经济的长期增长路径,平滑参数取值 6.25 时,HP 滤波器则能更好地捕捉潜在产出的波动特点。根据研究需要,本章采用纳拉芬(Ravn)和尤利格(Uhlig)[②]与张连城和韩蓓[③]的建议,令平滑参数 λ 取值 6.25,根据公式(3—1)得到了我国各地区 2005 年到 2014 年的潜在产出与产出缺口,并根据产出缺口的符号对计量模型中的虚拟变量 Expansion 和 Recession 分别赋值。

四、估计方法

本章设计的计量模型中认为中小企业技术创新强度与经济周期有反向因果关系,

[①] 刘金全、刘志刚:《我国经济周期波动中实际产出波动性的动态模式与成因分析》,《经济研究》2005 年第 3 期。

[②] Ravn M., Uhlig H.,"On Adjusting the HP-Filter for the Frequency of Observations", *Review of Economics and Statistics*, No.2, 2002.

[③] 张连城、韩培:《中国潜在经济增长率分析》,《经济与管理研究》2009 年第 3 期。

会造成内生性问题,因此,本章采用动态面板数据进行处理。差分广义矩估计受弱工具变量的影响容易产生向下的大的有限样本偏差,而系统广义矩估计结合了水平方程和差分方程,并增加了一组之后的差分方程作为水平方程相应变量的工具,与差分广义矩估计相比有更好的有限样本性质,鉴于此,本书使用系统广义矩估计对技术创新强度周期性反应函数进行估计。

为保证结果的稳健性,本章遵循四个原则:(1)对随机误差项的二阶序列相关进行 Aerllano-Bond 检验,确定一阶差分方程的随机误差项不存在二阶序列相关;(2)对工具变量进行汉森(Hansen)过度识别检验,确定工具变量的有效性;(3)遵循拇指法则,尽可能使工具变量数不大于截面数;(4)遵循邦德(Bond)[1]提出的原则:如果滞后项的 GMM 估计值介于固定效应和混合 OLS 估计值之间,则 GMM 估计是可靠有效的,因为混合 OLS 估计通常会导致向上偏误的滞后项系数,而在时间跨度较短的面板数据中,固定效应估计则会产生向下偏误的滞后项系数。

第二节 经济周期对中小企业技术创新强度的非对称影响:中国数据

一、整体样本估计结果

本章采用三种方法对我国中小企业技术创新强度周期性反应函数进行估计,估计结果如表3—2所示。本章认为,表3—2第(3)列估计结果是稳健可靠的,理由是:(1) Aerllano-Bond 检验不能拒绝一阶差分方程的随机误差项中不存在二阶序列相关的原假设;(2)汉森检验不能拒绝工具变量有效的原假设;(3)工具变量数(23)不大于截面数(30);(4)滞后项的估计值介于 OLS 估计值与 FE 估计值之间;(5)根据第(3)列估计结果进行分析。

经济周期各阶段对我国中小企业技术创新强度有显著的非对称影响,我国中小企业技术创新强度逆经济周期变化:经济扩张期,实际产出每高于潜在产出1个百分点,中小企业技术创新强度下降0.0218个百分点,而经济紧缩期,实际产出每低于

---

[1] Bond S., "Dynamic Panel Data Models: A Guide to Micro Data Methods and Practice", *Portuguese Economic Journal*, No.2, 2002.

潜在产出1个百分点，技术创新强度上升0.0144个百分点。经济扩张期对技术创新强度的负向影响大于经济紧缩对技术创新强度的正向影响，两个经济周期指标的总和值为-0.0104，说明在长期中，持续的经济波动将对我国中小企业技术创新强度有显著的负效应，不利于提高技术创新强度。考虑到样本期内发生全球金融危机，本书加入年度虚拟变量控制金融危机对我国中小企业技术创新强度的影响。我国与美国、日本等受金融危机影响较大的国家经济往来密切，金融危机迅速通过贸易、投资等渠道影响我国实体经济，因此，在计量模型中加入虚拟变量Year2008。实证结果表明，金融危机对中小企业技术创新强度影响不显著，这可能是因为研发项目投入的连续性强，宏观经济波动对技术创新投入的影响较小。

表3—2 我国中小企业技术创新强度周期性反应函数估计结果

	（1）	（2）	（3）
回归方法	OLS	FE	Sys-GMM
R&D_1	-0.0544*** (38.67)	-0.3841*** (12.08)	-0.1765*** (11.95)
Gap×Expansion	-0.0133** (-2.28)	-0.009 (-1.63)	-0.0218** (-2.61)
Gap×Contraction	0.0069 (1.20)	0.0108* (1.96)	0.0144* (1.85)
Year2008	0.0001** (0.28)	-0.0002 (-0.66)	0.0023 (0.281)
常数项	0.0006*** (2.64)	0.0068*** (7.26)	0.0012** (2.47)
样本数	270	270	270
Prob>F	0.0000	0.0000	0.0000
AR（1）			0.002
AR（2）			0.143
汉森检验			0.089
工具变量数			23

注：括号中的数值是z统计量；***、**和*分别表示在1%、5%和10%水平上显著；R&DI_1、Gap×Expansion、Gap×Contraction是内生变量，其余是外生变量；OLS是混合回归，FE是固定效应，Sys-GMM是系统广义矩估计；为了满足工具变量数不大于截面数及工具变量的有效性，第（3）列对内生变量滞后一期进行分析。

二、分区域研究结果

动态面板数据要求时间跨度小于截面数，因此在对三个区域实际情况进行考察时并没有使用分区域面板数据，而引入Ease、Middle和West三个区域虚拟变量，使用区域虚拟变量与经济周期指标相乘的形式，考察区域差异和经济周期对中小企业技术创新强度的影响，估计结果如表3—3所示。本章认为表3—3第（3）列的估计结果是稳健可靠的，下面根据第（3）列估计结果进行分析。

表3—3 分区域估计结果

	(1)	(2)	(3)
回归方法	OLS	FE	Sys-GMM
R&D_1	0.0684*** (37.33)	−0.3808*** (12.06)	0.1015*** (110.51)
Gap × Expansion × East	0.0092 (0.96)	0.0203* (1.81)	−0.0114* (−1.84)
Gap × Contraction × East	0.0172* (1.74)	−0.0076 (−1.06)	0.0183*** (6.43)
Gap × Expansion × Middle	−0.0208*** (−2.64)	−0.0082 (−0.91)	−0.0244*** (−2.96)
Gap × Contraction × Middle	0.0105 (1.24)	0.0168* (1.72)	0.0117* (1.76)
Gap × Expansion × West	−0.0173** (−2.18)	−0.0213** (−2.33)	−0.0312*** (−3.94)
Gap × Contraction × West	0.0024 (0.33)	0.0012 (0.14)	0.0068* (1.84)
Year2008	0.0001 (0.33)	−0.0002 (−0.59)	0.0003*** (2.71)
常数项	0.0006*** (2.73)	0.0066*** (6.94)	0.0008*** (7.28)
样本数	270	270	270
Prob>F	0.0000	0.0000	0.0000
AR (1)			0.001
AR (2)			0.141
Hasen 检验			0.972
工具变量数			49

注：括号中的数值是 t 统计量；***、** 和 * 分别表示在1%、5%和10%水平上显著；R&DI_1、Gap × Expansion × East、Gap × Contraction × East、Gap × Expansion × Middle、Gap × Contraction × Middle、Gap × Expansion × West 和 Gap × Contraction × West 是内生变量，其余是外生变量；OLS 是混合回归，FE 是固定效应，Sys-GMM 是系统广义矩估计；为了尽量减少工具变量数并满足工具变量的有效性，第（3）列对内生变量滞后两期进行分析；因内生变量较多，在对计量模型估计中，本书适当放松了工具变量数不大于截面数的要求。

估计结果表明，我国各区域中小企业技术创新强度均逆周期变化。第一，从经济周期各阶段来看，首先，经济扩张对中西部区域中小企业技术创新强度的负向影响力度远远大于东部区域；其次，经济紧缩对东部区域技术创新强度的正向影响力度较大，而对中部和西部区域技术创新强度的提高作用相对有限。第二，经济周期不同阶段各区域技术创新强度均有非对称影响，东部、中部和西部区域两个经济周期指标的总和值分别为 0.0069、−0.0107 与 −0.0274，表明在长期中，持续的经济波动对我国东部区域中小企业技术创新强度有正效应，而对中西部区域中小企业技术创新强度有负效应，其中，这个负效应在西部区域更强。

三、估计结果讨论

中小企业技术创新投入受制于融资因素，经济周期通过融资约束的传导机制导致研发经费支出增长率顺周期变化。经济扩张期，投资回报率上升，金融机构愿意向经济主体提供资金支持，且中小企业有充裕自有资金投入研发，研发经费支出增长率提高；经济紧缩期，中小企业经营利润下降导致自有资金匮乏，同时，负向冲击影响银行准备金、紧缩信贷规模，并恶化中小企业资产负债表、减少其获得银行授信额度，融资约束增大，研发经费支出增长率降低。因此，受融资约束影响，研发经费支出增长率顺周期变化，结合我国中小企业技术创新强度逆周期变化的事实说明，经济扩张期，融资约束放松，中小企业研发经费支出增长率提高的幅度小于经济扩张幅度，技术创新强度下降；经济紧缩期，融资约束增大，中小企业研发经费支出增长率降低的幅度小于经济紧缩幅度，技术创新强度上升。

研究发现，持续的经济波动对中型中小企业技术创新强度有负效应，主要原因是我国金融发展水平较低，中小企业面临较强融资约束。研发活动需要大量资金的持续投入，融资约束程度较高时，流动性冲击导致研发活动中断甚至失败的概率较大，[①]降低了经济主体投入研发活动的积极性，同时，我国研发活动并非需求拉动，因此，经济扩张、融资约束的暂时放松并不会促使技术创新投入出现较大幅度提高，导致中小企业技术创新强度出现较大降幅；相反，经济紧缩期，融资约束增大使得研发经费支出增长率大幅下降，从而技术创新强度上升幅度较小。当融资约束程度足够高时，技术创新强度在经济紧缩期的上升幅度将小于其在经济扩张期的下降幅度，从而持续的经济波动将对技术创新强度产生负效应。

分区域看，首先，经济扩张期，中部和西部区域研发经费支出增幅较小，使其技术创新强度出现较大降幅，这是因为，中西部区域金融发展程度较低，中小企业面临的融资约束程度较高，其不会因融资约束的暂时放松而大幅提高技术创新投入。其次，经济紧缩期，东部区域因其相对发达的金融市场而受到融资约束相对较小，研发经费支出增长率仅出现小幅下降，从而技术创新强度有较大升高，中部和西部区域相反。研究还发现，持续经济波动对东部区域中型中小企业技术创新强度有正效应，而对中西部区域技术创新强度有负效应，这是各区域金融发展水平差异的结果。我国东部区域现已基本建立了相对较为完善、发达的金融体系，而西部区域金融发展仍然落后，中小企业面临较高融资约束。

---

① Aghion P., Angeletos G., Banerjee A., Manova K., "Volatility and Growth: Credit Constraints and Productivity-Enhancing Investment", *Journal of Monetary Economics*, No.3, 2010.

第三节　研究结果讨论与政策启示

我国中小企业技术创新强度逆周期变化，判断其作用机制，需进一步分析，因为两种情况均可导致技术创新强度逆周期变化，其一，机会成本效应导致研发经费支出与经济周期反方向变化；其二，研发经费支出增长率顺周期变化，但其变化幅度小于宏观经济波动幅度。图3—1是我国研发经费支出增长率与产出缺口协动图（左纵轴标记产出缺口，右纵轴标记研发经费支出增长率）。可以看出，经济周期各阶段，我国研发经费支出均保持正增长，而且绝大部分年份中研发经费支出增长率与经济周期同方向变化，即其是顺周期的。从图3—1还能发现，自2007年开始，我国经济波动幅度增大，但研发经费支出增长率并没有同比例变化，原因是，第一，国家创新体系构建以政府为主导，研发创新政策推动而非需求拉动，[①] 削弱了技术创新投入对经济扩张的反应；第二，2006年以来，我国相继出台了《国家中长期科学和技术发展规划纲要（2006—2010年）》等多项创新支持政策，大力促进技术创新投入，加之经济主体有平滑技术创新投入的倾向，[②] 2009年经济下行并没有大幅降低研发经费支出增长率。

技术创新投入受制于融资因素，经济周期通过融资约束的传导机制导致研发经费支出增长率顺周期变化。经济扩张期，投资回报率上升，金融机构愿意向经济主体提供资金支持，且中小企业有充裕自有资金投入研发，研发经费支出增长率提高；经济紧缩期，中小企业经营利润下降导致自有资金匮乏，同时，负向冲击影响银行准备金、紧缩信贷规模，并恶化中小企业资产负债表、减少其获得银行授信额度，融资约束增大，研发经费支出增长率降低。因此，受融资约束影响，研发经费支出增长率顺周期变化，结合我国中小企业技术创新强度逆周期变化的事实说明，经济扩张期，融资约束放松，中小企业研发经费支出增长率提高的幅度小于经济扩张幅度，技术创新强度下降；经济紧缩期，融资约束增大，研发经费支出增长率降低的幅度小于经济紧缩幅度，中小企业技术创新强度上升。

研究还发现，持续的经济波动对中小企业技术创新强度有负效应，主要原因是我国金融发展水平较低，经济主体面临较强融资约束。研发活动需要大量资金的持续投

---

① 孙玉涛、苏敬勤：《G7国家创新体系国际化模式演化及对中国的启示》，《科学学研究》2012年第4期。
② 杨兴全、曾义：《现金持有能够平滑企业的研发投入吗？——基于融资约束与金融发展视角的实证研究》，《科研管理》2014年第7期。

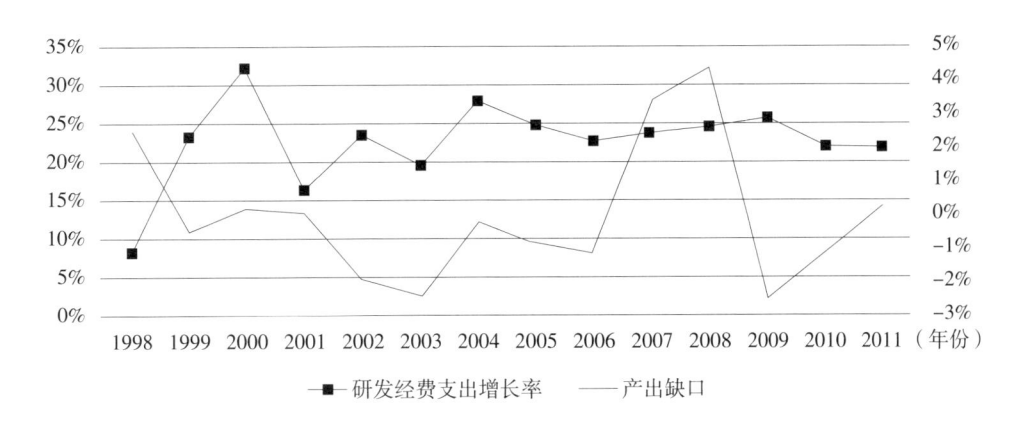

图 3—1 我国研发经费支出增长率与产出缺口协动图

入,融资约束程度较高时,流动性冲击导致研发活动中断甚至失败的概率较大,降低了经济主体投入研发活动的积极性,同时,如前文所述,我国研发并非需求拉动,因此,经济扩张、融资约束的暂时放松并不会促使技术创新投入出现较大幅度提高,导致技术创新强度出现较大降幅;相反,经济紧缩期,融资约束增大使得研发经费支出增长率大幅下降,从而技术创新强度上升幅度较小。当融资约束程度足够高时,技术创新强度在经济紧缩期的上升幅度将小于其在经济扩张期的下降幅度,从而持续的经济波动将对技术创新强度产生负效应。

分区域看,首先,经济扩张期,东部和西部区域中小企业研发经费支出增幅较小,使其技术创新强度出现较大降幅,这是因为,东部区域投资机会较多,经济增长较快时中小企业为获取更大短期利益倾向于将资金投入生产活动而表现出机会成本效应的特征,同时,西部区域因融资约束程度较高,经济主体不会因融资约束的暂时放松而大幅提高技术创新投入。其次,经济紧缩期,东部区域因其相对发达的金融市场而受到融资约束相对较小,中小企业研发经费支出增长率仅出现小幅下降,从而技术创新强度有较大升幅,中部和西部区域相反。研究还发现,持续经济波动对西部区域中小企业技术创新强度的负效应最强,这是各区域金融发展水平差异的结果。我国东部区域现已基本建立了相对较为完善、发达的金融体系,而西部区域金融发展仍然落后,经济主体面临较高融资约束。

近年来,许多研究表明,我国中小企业研发活动受政策性因素影响较大,税收优惠、财政补贴、政府直接资助等措施不同程度地促进了技术创新投入。[1] 长期以来,

---

[1] 戴小勇、成立为:《财政补贴政策对企业研发投入的门槛效应》,《科研管理》2014 年第 6 期。胡志国、严成 、龚六堂:《政府研发政策的经济增长效应与福利效应》,《财贸经济》2013 年第 9 期。

我国实施积极的创新支持政策且不断强调中小企业成为创新主体，研发经费支出中政府投入所占份额较缓慢下降，并未呈现出显著的周期性特征，因此，国家创新支持不是导致中小企业技术创新强度周期性变化的主要原因。

综上所述，本章采用1998—2011年30个省区市的面板数据与系统广义矩方法估计我国中小企业技术创新强度周期性反应函数，分析经济周期各阶段对技术创新强度的非对称影响，并对东部、中部、西部三大区域的具体情况分别进行考察，得到以下主要结论：我国中小企业技术创新强度逆周期变化，经济扩张对技术创新强度的负向影响力度大于经济紧缩对技术创新强度的正向影响力度。在长期中，持续的经济波动对我国中小企业技术创新强度有负效应，在对三大区域的现实情况研究后发现，这种负效应在西部区域最强，这是因为西部区域金融发展水平较低，经济主体面临融资约束相对较强。

本章的主要研究启示是：第一，持续的经济周期波动对中小企业技术创新强度有负效应，不利于长期经济增长，并通过"经济周期—技术创新强度"的自发循环机制①加剧两者波动，从这个角度看，通过扩张偏向的宏观经济政策②刺激经济增长的做法在长期中作用有限，而实行适度温和货币政策和财政政策，减少经济波动，促进经济长期稳定增长，有利于提高中小企业技术创新强度与长期经济增长速度。第二，我国应根据经济周期不同阶段合理定位科技政策，经济扩张期，加大东部和西部区域中小企业研发项目补贴和研发经费税前加计扣除等优惠政策力度，提高经济主体技术创新投入积极性，降低经济扩张对我国中小企业技术创新强度的负向影响；经济紧缩期，提高中部和西部区域创新贷款贴息力度，降低经济主体融资成本。第三，在长期中，中小企业创新支持政策应着力于缓解经济主体融资约束，通过鼓励资本市场与风险市场快速发展，增加融资渠道，并促进科技与金融结合。

---

① 经济波动导致研发强度周期性变化，引起创新活动引入频率的变化，加速宏观经济波动，继而加剧研发强度的周期性变化，构成一个自发循环机制。
② 方红生、张军：《中国地方政府竞争、预算软约束与扩张偏向的财政行为》，《经济研究》2009年第12期。

第二篇　中小企业技术源开发的创新扶持政策问题研究

　　本篇的核心观点主要认为，挖掘创新政策的内涵价值是中小企业技术源开发活动的重要依托。中小企业在创新政策引导下进行技术源开发活动主要有三大内涵要点：(1) 创新政策的内容体系；(2) 创新政策的支持方式；(3) 创新政策的支持领域。其中，内容体系是了解和利用创新政策的基础要件，支持方式则提高了政策适应的效率，而支持领域能够提供前沿的技术领域和投资视角。所以中小企业在保证较低搜索成本的前提下，如何高效地扫描现有技术创新政策，如何充分掌握最新的政策扶持方式，如何洞察前沿的政策支持领域都将大大提升企业有效利用创新政策的关键点。

第四章　中小企业技术创新政策体系的
国际比较与分析

中小企业的根本发展动力来源于创新，技术提升是构成中小企业竞争力的重要因素。然而许多现实性问题也在一直困扰着中小企业管理者，其中资金不足、技术落后、人才匮乏等因素被认为是阻碍中小企业进行创新的"三座大山"。另外，对于一些具备较好发展潜力或者急需通过创新来转型的中小企业，创新愿景常常由于找寻不到合适的创新源而最终胎死腹中。即便企业具备资金和创新愿景，但创新研发活动所具有的外部性、非排他性以及非敌对性，也导致企业往往缺乏动因从事创新研发活动。如果仅仅依赖市场机制运作，市场将无法保证足够的创新研发数量，且企业创新方向极易发生偏颇。而创新研发活动本身具备的高度不确定性，使得企业无法承受庞大的投资费用和高额风险。[1]

为了确保社会整体利益及保障市场的有序运作，政府应该借助政策工具，以刺激企业创新研发活动。[2] 中小企业创新政策作为国家对中小企业扶持政策体系中的重要组成部分，主要肩负着引领中小企业创新发展导向，提高中小企业创新投入力度，优化中小企业创新产出绩效以及保证中小企业创新成果转化等责任。据笔者统计，2008年1月至2012年6月期间国家各部委就发布针对中小企业创新政策多达94项，期间各地方性政策发布也超过千项，可见从中央到地方对中小企业创新管理的重视程度之高。目前对中小企业政策还缺乏梳理和评价性研究，特别是结合国际上发达国家的中小企业创新政策所积累了大量成功经验，相信进一步系统整理和分析可以对促进新形势下我国中小企业健康发展提供重要借鉴价值。本章研究内容将基于主要国家现行的

---

[1] Lall Sanjaya, Morris Teubal, "'Market-Stimulating' Technology Policies in Developing Countries: A Framework with Examples from East Asia", *World Development*, No.8, 1998.

[2] Stenbacka R., Tombak M.M., "Technology Policy and the Organization of R&D", *Journal of Economic Behavior & Organization*, No.4, 1998.

创新政策，小结现行创新政策的发展趋势，同时提出需求导向性创新政策的发展前景，这为我国创新政策的实施提供了一些务实性的建议。

第一节 主要发达国家中小企业创新政策体系演变

如何从"政策海洋"中获取有效、适用、有针对性的创新政策内容，并进行个性化政策解读和政策应用是摆在大量中小企业面前的一道难题。一些主要发达国家为了扶持中小企业化解技术获取等难题，促进其持续良性发展，制定了较为完整有效的法律政策体系。该体系主要以三个层面构成：第一个层面是保证和促进中小企业正常运行和发展的基本法律；第二个层面是支持中小企业发展的相关组织机构设置法律和政策；第三个层面是支持中小企业提升技术创新能力的相关政策。本章从主要发达国家中小企业创新政策体系演变和面向中小企业的主要创新法律来介绍中小企业法律体系。通过这些法律可以规范中小企业的行为，调整中小企业与国家、大企业之间的关系，保证经济活动的协调进行，促进国民经济的健康发展。

一、日本中小企业技术创新政策体系演变

日本政府针对本国中小企业发展的特点，采取了一系列扶持措施和政策，并通过立法予以确认。第二次世界大战后，日本政府注意通过法律手段鼓励和促进中小企业的发展，把保护中小企业利益、协调中小企业和大企业关系纳入了法律调整的范围，制定颁布了许多有关中小企业的法律。因此，日本是发达国家中中小企业立法最健全、最完善的国家之一。

政策是解决或预防问题的一种措施，在问题和措施之间存在着社会对问题的认识和相应对策的价值规范，它是政策理念和原则形成的基础。第二次世界大战后，日本中小企业政策理念也正是针对中小企业的特殊问题和社会对中小企业的价值观而形成的。第二次世界大战后，日本国民经济处于崩溃的状态，社会极度纷乱，那时政府最迫切需要解决的是人民生活必需品的生产和社会就业问题。而中小企业正是吸纳社会就业、丰富人民生活的主要力量。所以，发展中小企业，实现国民经济安定化自然成为战后日本经济政策的重要内容。但是，当时日本市场经济机制还不完善，战争时的物资配给统治制度下的"统制组织"仍然沿袭下来，形成了浓厚的市场垄断色彩。虽

然 1947 年出现了《反垄断法》，但是，中小企业参与市场竞争受到种种的限制。再加上中小企业本身的问题，如生产效率低、融资难、吸纳人才难和受大企业排挤等，中小企业新开业率很低、倒闭率很高。如果这些问题不能得到解决，中小企业发展环境就不能改善，那么，社会安定、国民经济的发展也就不可能实现。

在这种政策理念和第二次世界大战后经济与社会背景下，日本政府于 1946 年在经济安定部下设置了中小企业对策委员会。在该委员会的主要推动下，1947 年日本国会通过了《中小企业振兴对策要纲》，同年 5 月召开日本全国中小企业协议结成大会，11 月国会通过了中小企业厅设置法案。1948 年 8 月日本政府正式在通商产业省下设立中小企业厅，这标志着日本开始全面启动中小企业扶持政策。中小企业厅设置法案第一条和第三条的规定对中小企业厅在防止经济集中、反对市场垄断、振兴中小企业等方面具备重要职能。为了配合中小企业相关政策的实施，日本国会于 1950 年 12 月和 1953 年 1 月又分别颁布了《中小企业信用保险法》和《中小企业金融公库法案》，专门为中小企业的融资提供服务。但是，以上政策在实施过程中碰到最基本的问题是支持对象的界定缺乏依据。如果没有对中小企业的范围、扶持原则和目标做法律上的规定，实际操作时很容易出现混乱。因此，当时日本国内的中小企业法人团体要求制定中小企业基本法的呼声日益高涨。正好借助 1961 年《农业基本法》的颁布，1962 年日本社会党、民主党、自民党和政府分别提案设立《中小企业基本法》，国会经过充分辩论和在大阪与名古屋两市的公听会以后，对四个提案进行了修改。1963 年日本政府正式通过了《中小企业基本法》（法律 153 号），并于 1973 年 10 月、1983 年 12 月两次对该法案进行了修改和补充。1993 年面对广大中小企业对基本法再次修改的呼声增加，日本政府于 1999 年对《中小企业基本法》进行了第四次修改。

现行基本法包括 7 章 32 条，是日本中小企业政策的指导性法律，对中小企业的政策原则和目标做了法律规定，即日本中小企业的有关政策原则是从中小企业在国民经济中的重要使命出发，为促进国民经济发展，纠正制约中小企业发展的社会、经济不利因素，努力减少大、中、小企业之间的差距，改善中小企业生产和贸易条件，给予中小企业从业者的经济、社会地位以政策资助。政策的基本目标是培育中小企业的自主、公平竞争的能力。

而关于中小企业自身协作组织方面的立法，1946 年颁布的《商工协同组合法》、1948 年制定的《中小企业厅设置法》、1949 年颁布的《中小企业协同组合法》、1951 年制定的《中小企业信用金库法》、1957 年颁布的《中小企业团体组织法》等等，都进一步贯彻有关中小企业的指导扶持政策，规范中小企业的行为，调整中小企业与国家、大企业之间关系，保证了经济活动的协调进行，有力地促进了国民经济的健康发展。

截至目前，日本先后制定了 30 多部有关中小企业的法律，包括金融、技术创新、税收、公平竞争、破产防范等，形成了一套相对独立且较完整的中小企业法律体系，为支持中小企业的发展奠定了坚实基础。

二、韩国中小企业技术创新政策体系演变

从 20 世纪 50 年代开始，韩国政府为了促进中小企业的发展，采取了积极扶持的政策，相继制定和颁布了一系列法律法规，为各种政策措施的有效实施提供了法律保障和依据。如《中小企业基本法》《中小企业振兴法》《支持创立中小企业法》《支持中小企业结构调整和稳定管理专门措施的法案》以及有关中小企业出口、金融、税收等方面的法律法规。这些法律法规规定了中小企业的经营范围目标、支持政策的主要导向和管理，还对创立公司的支持体系（如孵化、间接减免税收、面向中小企业采购等）等做了专门规定。

韩国有关中小企业的立法，既与韩国的整个经济立法融为一体，又自成体系，非常系统、全面、完整。

1966 年 12 月 6 日，韩国颁布的《中小企业基本法》，界定了中小企业的范围、标准和政府对中小企业的基本扶持政策。在设置专门负责中小企业事务的行政机关、促进中小企业经营管理的合理化、提高中小企业技术水平、鼓励中小企业之间的协作、防止中小企业间过度竞争、确定中小企业规模和经营领域、改善中小企业的融资条件、保证中小企业设备的现代化、优先采购中小企业产品的制度、提高中小企业的国际竞争、减轻中小企业的税收负担等方面做了原则性规定。

由于《中小企业基本法》规定得过于原则，为了明确该法规定的一些事项，1983 年韩国总统发布了《中小企业基本法施行令》。

韩国虽然颁布了《中小企业基本法》，但由于韩国经济发展的重点是社会基础设施、出口产业以及重化学工业，所以中小企业的发展并不顺利。因此，在 1982 年 12 月 31 日，韩国又颁布实施了《中小企业振兴法》。该法明确规定了其立法宗旨是为通过实现中小企业的现代化，加强对中小企业指导，谋求中小企业的振兴和促进国民经济的发展。各章节分别规定国家优先扶持的行业领域、创业支援项目、协同化事业、指导及研修事业以及地方中小企业和民俗工艺产业等。

1975 年 12 月，韩国颁布了《中小企业系列化促进法》，用来增进母企业与承包企业之间的系列化，确定和规范母企业与承包企业之间的分工协作关系，增进相互利益，防止延付承包金，保护中小企业的利益，促进韩国经济发展。该法还规定

了政府主管部门如商工部、经济企划院等在促进中小企业系列化方面的职责，比如为了促进中小企业系列化，政府应当对中小企业提高长期低息融资以及行政上的支援。

韩国《中小企业基本法》为政府出台相关扶持政策奠定了基础，把扶持中小企业发展列入政府的预算，促进了中小企业发展。韩国中小企业扶持政策已经比较完善，各个政府部门都有相应的政策措施，中小企业政策总数量已经有近100项。

三、美国中小企业技术创新政策体系演变

立法是保障和促进美国小企业健康发展的重要手段。现行美国小企业立法已经比较健全，主要采取制定单行法律的办法，颁布了一系列专门的中小企业单项性法律，其中包括基本法《小企业法》(*Small Business Act*) 和其他多项专项法规，确定了小企业的法律地位、国家对小企业扶持的基本政策和管理措施等，奠定了美国小企业政策的基础。

1953年，美国颁布了专门针对小企业的《小企业法》，此法确定了小企业的法律地位、国家对小企业扶持的方向、领域、基本政策和管理措施等，成为支持小企业的基本法，为制定中小企业法律体系奠定了基础。美国关于小企业的立法思想体现了其对小企业的态度和认识水平，提出了"摆平竞技场"，即通过政府干预，从信息、管理、资金、技术咨询等多方面的配套服务对小企业进行保护、援助、指导和扶持，使之具有良好的发展环境。

1958年，美国在《小企业投资公司法》中设立了"投资小公司项目"，鼓励建立风险投资公司。美国的小企业管理局便是在此项目下注册，开始管理私有以及由私人运营的风险投资公司，与地方的保险公司和金融机构等共同向小企业提供风险资金，协助其融资，并授权小企业管理局制订和实施小企业投资公司计划，引导民间资金投向风险企业，促进美国风险投资业的发展。《小企业投资公司法》为美国小企业可能获得风险投资资金奠定了基础。

1982年，美国制定的《小企业技术创新法》规定，联邦政府有10个机构的研究与发展预算超1亿美元，必须执行"小企业技术创新研究计划"，将其授予小企业研究与发展经费逐渐提高预算总额的1.25%。规定政府主管部门给予中小企业创新开发技术从资金和技术上提供支持。

四、德国中小企业技术创新政策体系演变

德国政府一直注重从法律上支持、保护中小企业。为维护中小企业的发展权益和平等竞争的市场地位，自20世纪70年代以来，德国政府先后制定了《中小企业组织原则》《反对限制竞争法》《关于提高中小企业的新行动纲领》等法律，各州也相继制定了《中小企业促进法》，有力地促进了中小企业的快速发展。此外，在维护市场秩序、保证合同自由方面，有《民法典》和《商法典》等；在减轻中小企业税收、经济和社会负担方面，有《关于提高中小企业的行动计划》等。

1957年，德国政府颁布了《反对限制竞争法》，该法案是制定中小企业政策的纲领性法规。1974年，德国对《反对限制竞争法》进行修订，禁止大企业之间签订生产领域的卡特尔协议，而鼓励中小企业间开展合作，以增强中小企业抗衡大企业的能力。

德国政府为中小企业制定技术政策，如1977年颁布的《联邦政府中小企业研究与技术政策方案》，1978年颁布的《中小企业研究和发展工作设想》等。为了提高中小企业科研、技术开发和技术革新的能力，使现代化的先进技术尽快投入生产，使产品尽快达到国际市场需求的技术水平，全国建立了160个技术研究会，联邦政府科技部设立了每年6亿马克的"小技术企业参与基金"，为中小企业的高新技术研究和新产品开发提供贷款。同时，联邦政府对中小企业与研究机构合作开发技术和产品给予补贴，1994年大约有13亿马克。

第二节 主要发达国家中小企业技术创新法律政策概览

一、主要发达国家中小企业技术创新的基础法律

中小企业在各国的经济发展中扮演着重要的角色，也是各国政府重点扶持的对象。虽然各个国家的金融与科技体制不尽相同，企业融资制度也有很大差异，但相同的是无论是以资本市场融资为主导的英美国家，还是以银行融资为主导的德国、日本，政府都建立了相应的法律、政策以及社会服务体系来扶持科技型中小企业，激发科技人员创业创新的积极性。

对于大多数中小企业而言，充分了解和掌握本国的技术创新法律政策体系成为享

受政策红利的先决条件。以下是笔者通过网络、文献查询整理的各国主要的中小企业法律,具体情况如下:

表4—1 主要发达国家有关中小企业的基础法律

	法案名称	作　用
美国	《小企业法》(1953年)	基本法律,为中小企业法律体系奠定基础
	《小企业投资法案》(1958年)	成立小企业投资公司(SBIC)
	《小企业发展中心法》(1980年)	建立中小企业发展中心
	《机会均等法》(1964年)《退休人员收入保障法》(20世纪70年代后期)	允许养老基金有条件地进入投资领域
	《小企业经济政策法》《管理灵活法》《平等执行法》(20世纪80年代)《小企业贷款增加法》《国家证券市场改进法》(20世纪90年代)	拓宽小企业融资渠道
日本	《中小企业基本法》(1963年)	中小企业发展的纲领性法规,被称为日本中小企业宪法
	《商工协同组合法》《中小企业厅设置法》《中小企业协同组合法》《中小企业现代化促进法》《中小企业转产对策措施法》《中小企业技术源开发促进临时措施法》	相对独立、较完整的中小企业法律体系
	《商工组合中央金库法》《国民金融公库法》《中小企业金融公库法》以及《中小企业信用保险公库法》	支持中小企业融资
意大利	《扶持小企业创新与发展法》	确定扶持的目的、范围、方法手段、管理机构的设置及运作方式等问题
	《小企业法》《特别银行法》《中小企业基金法》《中小企业融资条例》	支持中小企业融资
德国	《反对限制竞争法》	建立执法机构,构造了促进中小企业发展的公共财政政策、金融政策、税收政策以及由相关公法和民商法构成的法治系统
	多数分州设立《中小企业促进法》	总结企业促进政策的得失,公示各项促进措施的开支情况,规划促进企业发展的方向和趋势
英国	《公司法》	中小企业发展的基本法规
	"改善付款状况"蓝皮书、迟延支付商业债务法案等	解决企业之间债务拖欠和任意违约的问题,以及确保中小企业资金正常周转的法案
	《财政法案》	有多种明确支持小企业的手段,包括政府直接投资或减免税收的相关条款

资料来源:笔者通过网络和文献收集、整理得到。

二、主要发达国家中小企业技术创新政策

在上述部分发达国家科技型中小企业发展政策比较中，笔者认为可以得到这样的启示：完整的中小企业政策性融资框架应当以立法为保障，由专门机构来运作，建立多种融资渠道；适合中小企业不同发展阶段的融资措施要在初创期提供政策性扶持基金、社区化金融服务、专业孵化和特定的风险投资；在成长期建立多层次的贷款，二板市场和风险投资；在成熟期完善资本市场。

（一）日本中小企业技术创新政策

日本中小企业能迅速持久发展，与日本政府对中小企业扶持政策是分不开的。日本是世界发达国家中中小企业政策最主动、最早制定、最稳定、最完善的国家之一，具有鲜明的特点，值得探讨和研究。

1. 重要政策

（1）技术开发政策

日本政府建立了各种技术咨询机构，帮助中小企业提高技术和管理水平。为帮助中小企业进行产品开发研究，日本政府建立了技术顾问制度，在全国各地设立了 200 多个公立工业试验所，9 所中小企业大学校，聘用技术上有丰富经验的专家、工程技术人员担任顾问，对提高中小企业产品的技术水平所存在的问题提出具体建议，并以"巡回技术指导事业"等形式派遣技术顾问到现场具体指导。同时积极促进中小企业管理现代化。

1992 年，日本政府针对中小企业劳动力不足的状况，推行"确保中小企业劳动力对策的技术开发"，倡导中小企业把其所必需的技术委托民间团体进行技术开发。同时创办公立"国际技术创造研究"试验研究机构，帮助中小企业有效利用国外研究机构及各种研究开发能力。为了增强中小企业的活力，创造出新的产业，通产省拨出资金，鼓励中小企业与政府系统的研究机构、大学等进行联合研究，并向中小企业普及研究成果。由国家出资的新能源产业技术综合开发机构和中小企业事业团提出的研究课题，委托中小企业开发实用性技术，帮助中小企业提高技术开发能力。此外，日本政府拨款 20 多亿日元，设立知识产权中心，促进专利技术的流通和中小企业引进专利技术，为专利发明者和中小企业牵线搭桥，提供专利技术查阅服务。日本中小企业的发展，与其重视技术开发密不可分。

（2）技术人才培养政策

技术人才战略由日本经济产业省和文部科学省负责，实施时间为 5 年。主要包括

大量培养实战技术人才计划、240万人终身教育计划和人才培养机构评价推进计划。目标是到2006年，培养精通信息技术、环境、生物、纳米材料等学科的尖端科技人才240万人，确保企业需求的具有实战能力的技术人才，从根本上改变大学现有教育体制。

日本实施科教兴国计划，从2002年6月开始实施大量培养科技人才的国家战略。首先是实行"240万科技人才综合推进计划"。该计划主要包括大量培养实战型科技人才计划、240万人终身教育计划和人才培养机构评价推进计划，旨在培养出大量企业需求的实用型科技人才，改变现有教育体制。其次是实行"21世纪卓越研究基地计划"。日本科学省每年选择资助50所大学的100多项重点科研项目，对每项科研项目资助5年。最后是实行"科学技术人才培养综合计划"。该计划有四个目标：培养富有创造性的世界顶尖科技创新人才；培养产业所需人才；创造能吸引各种人才，并使他们充分发挥才能的环境；建设有利于科技创新人才成长的社会环境。

(3) 技术向上政策

支撑日本经济的基础是高水准的制造技术，中小企业的技术水平又是这种高水准的重要体现。日本政府出台了技术向上政策来提升中小企业的技术层次，主要政策内容是通过都道府县地方政府和中小企业事业团对中小企业提供技术支援，具体包括技术研修、技术指导、技术开发、活跃地域科技事业和技术交流等技术服务。

第一，技术研修。首先是都道府县设置地方试验研究机构，为中小企业职工提供相关的技术研修。现有地方公共试验研究机构185家（如东京都立工业技术中心、大阪府立产业技术综合研究所、大阪市立工业研究所等），进行基础研究、提供应用技术知识培训等。对中小企业的技术培训一般是借助产业界、学校的技术力量和国家的补助。其次，中小企业大学为都道府县的公共试验研究机构的技术人员提供培训，如果地方公共试验机构不能解决，但对中小企业又很有必要的高难度技术知识，中小企业大学为中小企业者提供培训，对中小企业的技术培训一般是一个月或一个星期的课程，例如工业自动化、微机控制、工业设计和机电一体化等内容。

第二，技术指导。为了提高生产技术水平，原材料的试验、产品性能试验等是不可缺少的技术内容，但是这些试验仪器、设备使用频率相当低，让每个中小企业都购置仪器设备是一种浪费。因此，地方政府的公共试验研究机构购置相应的仪器设备、建设中试实验室，为中小企业服务。

第三，支援中小企业技术源开发。地方公共试验机构在国家试验机构的技术指导下开展工业技术的研究开发，研究开发的成果通过技术研修会推广普及。公共试验研究机构主要是针对一些单个企业没有能力进行研究开发的共同技术内容，如石油替代能源的技术开发、环境卫生技术研究开发等。政府还会为个别中小企业的研究开发活动提供支援。例如，对中小企业进行环境卫生技术研究开发、节能技术开发、福利技术研究开发和共性技术的开发活动提供经费补助和贷款担保等。

第四，开展地域技术创新活动。地方政府把地方的中小企业、相关联的团体、大学组织起来，形成技术网络，并牵头开展产学研连携活动，组织大规模技术开发项目等。

第五，技术交流。不同行业中小企业的技术交流也是很重要的，地方政府举办技术市场交流会，中小企业事业团举办全国的技术交流会，提供不同行业的中小企业交流信息。日本政府每年财政为推进中小企业国际技术交流约投入6300万日元。

第六，地域中小企业振兴政策。中小企业是地域经济活动的主要之所在，它是满足日益多样化的消费者需要、推动技术进步、吸纳社会就业的主要力量。因此，保证地域中小企业活力、发展地域中小企业是国民经济发展的最重要内容。日本于1992年制定了旨在促进中小企业发展的法律，即《中小企业集聚发展法案》（法44号）。

2. 政策特征

通过上文的分析，日本中小企业政策体系的基本特征可以概括为以下四个方面：

第一，每项政策的背景都是针对中小企业存在的问题。中小企业基本法的产生与形成就是在第二次世界大战以后日本工业正处于垄断的局面下，1947年出台了《反垄断法》，1948年成立了中小企业厅，之后出台了中小企业基本法；针对20世纪五六十年代初中小企业设备落后、经营管理不规范等问题，1963年出台了《中小企业近代化促进法》；到了20世纪80年代末，下包企业在日本工业生产中的作用越来越明显，尤其是机械、家电和汽车工业，大企业生产需要很多零部件加工企业的辅助，所以，在1970年年初日本出台了《下包中小企业振兴法》。但是，世界石油危机对日本经济产生严重影响，中小企业相继倒闭，1977年出台了《中小企业倒产防止法》；进入20世纪80年代，日本经济快速增长，中小企业为了跟上大企业的发展速度，必须进一步提高中小企业的产业层次和总体水平，1980年出台了《中小企业事业团法》，组建了日本中小企业事业团和中小企业大学校，以实施中小企业高度化事业和共济事业，向中小企业提供技术开发（1985年制定《中小企业技术源开发促进临时措施法》）和整体素质提高的支援。但是，进入90年代，日本劳动力日益短缺，3K[①]工种招工越来越困难，首当其冲的是中小企业的

---

① 3K工种主要指危险（Kiken）、肮脏（Kitanai）和吃力（Kitsui）的工种。

劳动力不足，为了保证中小企业的劳动力，1991年制定了《确保中小企业劳动力的雇佣管理改善法》。

第二，政策的基本原则是创造自由公平的竞争环境。中小企业基本法第一段这样描述中小企业在自由竞争中的作用："……在经济社会里，中小企业是自由、公平竞争原理的基础，她的经济、社会使命也是维持自由、公正竞争，确信这将继续对国民经济发展和国民生活的安定产生重要作用……"这个原则始终贯彻在日本中小企业政策体系。在金融上，中小企业与大企业相比，缺乏担保能力，政策给予贷款担保，鼓励中小企业合作、协同，为中小企业提供公共基础设施等。

第三，日本中小企业政策重点具有阶段性特征。20世纪60年代之前，日本的中小企业政策主要是为了促进形成中间团体组织和扶持中小企业融资，按时间顺序，在这段时期日本出台的法律有《工业组合法》(1931年)、《商业组合法》(1932年)、《商工组合中央金库法》(1936年)、《中小企业协同组合法》(1949年)、《国民金融公库法》(1949年)、《中小企业信用保险法》(1950年)、《商工会议所法》(1953年)、《中小企业金融公库法》(1953年)、《信用保证协会法》(1953年)、《中小企业信用保险公库法》(1958年)。20世纪60年代至80年代，日本中小企业政策的重点转向中小企业经营管理的扶持，相继出台了《中小企业近代化促进法》《中小商业企业振兴法》《下请(即下包)企业振兴法》《中小企业指导法》等。20世纪90年代以来，日本经济泡沫破裂，中小企业政策的重点侧重于国际化和活性化，鼓励中小企业参加国际竞争和高新技术创业，这段时间典型的政策有《促进特定行业中小企业出口，以适应经济结构的变化》(1993年)、《中小企业创造活动促进法》(1995年)，以鼓励中小企业开展技术创新，开拓高新技术产业。

第四，政策制定和实施的分工体系比较明晰。政府机关是形成和制定政策的主要部门，但政策的实施需要依靠中小企业的事业团体组织，全日本现有各种中小企业事业团体组织47家，分为事业协同、共济、信用协同、协业、商业振兴、企业合作等组织，这些组织是政府向中小企业贯彻政策的中间力量。例如，政府规范小规模企业经营管理，主要是依靠商工组织中央联合会，通过各个地方商工组织向小规模企业贯彻。在金融上，主要依靠政府办的四个事业法人机构，即中小企业事业团、商工组织中央金库、中小企业金融公库和国民生活金融公库。

(二) 美国中小企业技术创新政策

在美国的政策法规、文献资料或政府报告中没有"中小企业"这一称谓，与大企业相对的其他企业都称为"小企业"。小企业是指独立所有和自主经营，并在其经营领域不占支配地位的企业。美国小企业管理局规定，雇工人数不超过500人的企业为小企业。

1. 技术创新的综合性政策

美国的小企业在国民经济中的地位举足轻重，美国中小企业管理局直属总统办公室，主要是帮助中小企业融资、扶持中小企业技术创新。美国政府从小企业的整体出发，全方位、多角度地制定了扶持小企业发展的系统性政策措施。美国对小企业的扶持历经半个多世纪，已形成了比较有效、覆盖广泛的法律、政策体系，在机构设置健全度、政策扶持力度和社会化服务等方面都达到了较高的水平，有力地促进了小企业的发展。

(1) 政府采购政策保证小企业获得合理合同份额

政府采购在美国已经有200年的历史，政府通过对符合其产业政策的企业产品实行保护性购买，为了推动小企业发展，扶持小企业开展技术创新，通过价格优惠、合同份额等方式对小企业给予照顾。

美国政府是其国内最大的商品和服务消费者，其所有商品和服务的采购都要给小企业一定的比例。美国法律规定，联邦政府采购合同份额的23%必须给予小企业，并要求大企业将政府采购合同份额的20%转包给小企业。小企业管理局还通过"搁置购买""拆散购买"及提供"能力认证证书"等措施，努力为小企业从联邦政府的采购计划中获得合理份额的商品和劳务合同。如2006—2008年美国小企业获得政府采购合同金额分别为777亿美元、833亿美元、933亿美元。美国政府向小企业的采购政策也是鼓励竞争，以促进小企业创新。

(2) 通过合同委托研发项目直接向企业投入研发经费

美国政府以大量商业委托合同的方式，向企业直接投入研发经费，采购研发成果。目前，产业界的研究经费有12%来自联邦政府，其中大部分就是通过商业委托合同的形式提供的，军事工业是商业合同的最大支付者。1950年，美联邦政府的科研经费为27亿美元，其中超过一半的经费（14亿美元）支付给了企业。1990年，美联邦政府的科研经费为617亿美元，其中280亿美元给了企业，占总数的45%。

政府研发合同对提升企业技术实力的作用，往往远大于合同金额本身，这就是所谓的"倍增"效应。商业合同往往会创新出一个大产业。例如，互联网就是美国国防部为解决战争期间的有效通信问题而提出的一个军事合同，这一军事合同后来竟然发展成了现在的互联网。再如GPS全球定位系统和CDMA手机系统，也是起源于一项或几项军事合同。目前正使用的"美国边境出入系统"，同样是以商业合同形式研发出来的。

美国军工研发委托项目的成果,不仅为军事技术发展作出了贡献,而且,为广大小企业产生技术外溢效应,为小企业开展技术研发提供了技术和经费支撑。

(3) 税收减让政策刺激小企业增加科技投入

美国政府为激励小企业增加科技投入,对小企业的科技创新活动给予了多种税收优惠政策。如减少对企业新投资的税收、降低公司所得税率、推行加速折旧、实行特别的科技税收优惠、企业科研经费增长额税收抵免;为加快小企业设备更新,规定为小企业合理化而进行的设备更新准予特别折旧,为小企业购置现代化设备给予长期无息或低息贷款等,大大促进了小企业的创新和发展。

1981年美国国会通过了《经济复兴税法》,将与中小企业密切相关的个人所得税降低到25%,资本收益税下调到20%,25人以下的公司企业所得税按个人所得税缴纳;又于1978年、1981年连续两次降低中小企业长期资本收益的税率,从1970年的49%降到了1981年的20%。1986年,美国制定了《国内税收法》,该法规定一切商业性公司和机构,如果其从事研发活动的经费同以前相比有所增加的话,可获得相当于新增值20%的退税。如果个人从事已经商业化的研发活动,其投入同样可以享受20%的退税。1997年更是采取税收减免行动,在今后10年内对小企业将有数十亿美元的税收减让。减少投资所得税率有利于鼓励投资者投资小企业。2001年,根据《经济增长与减少税收法案》,布什政府允许小企业将更大数额的新增投资列入费用,该项政策10年内可为小企业节约70亿美元。

(4) 财政专项补贴政策支持小企业创新

美国政府对符合相关条件的小企业开展创新活动给予专项补贴。政府各有关部门按照一定的比例向小企业创新发展计划提供资金,用于援助小企业开展科技创新。

美国国会分别于1982年和1992年批准实施了小企业创新研究计划(SBIR)和小企业技术转让计划(STTR),这两项计划帮助保证国家的研究与发展资助直接面向小企业。小企业创新研究计划规定,联邦部门研发经费须拿出2.5%作为研发项目基金,资助有市场潜力的小企业。小企业技术转让计划也规定,联邦部门研发经费须拿出0.3%给小企业与非营利研究机构的技术转让项目使用。

美国政府早在1982年就设立小企业创新研究计划,每年政府出资8亿多美元无偿资助处于创业初期的科技型企业。

表4—2 美国小企业创新研究计划1983—1996会计年度的合同业绩

会计年度	第一阶段 申请数	第一阶段 契约数	第二阶段 申请数	第二阶段 契约数	合计契约金额（百万美元）
1983	8814	686	127	74	44.5
1985	9086	1397	765	407	199.1
1987	14723	2189	2390	768	350.5
1989	17233	2137	1776	749	431.9
1991	20920	2553	1734	788	483.1
1993	23640	2898	2532	1141	698.0
1995	20185	3085	2856	1263	981.7
1996	18378	2841	2678	1191	874.7
合计	236546	30750	25002	10675	6545.6
2000	17372	3138	2489	1323	118.7
2001	16666	3215	2566	1533	129.4
2002	22340	4243	2914	1577	143.5
2003	27992	4465	3267	1759	167.0
2004	30766	4638	3604	2013	186.7
2005	26003	4300	4180	1871	186.6
2006	24305	3836	3267	2026	188.3
2007	22278	3814	2912	1542	164.5
2008	22081	3626	3227	1771	178.4
2009	22444	4008	3352	1801	193.8
2000—2009合计	232247	39283	31778	17216	1656.9

资料来源：U.S.Small Business Administration, Office of Innovation Research & Technology, Annual Reports FY1983-FY2009。

2. 技术人才培养政策

为培养科技创新人才，政府各部门设立了各种培养计划。美国选择一批大学建立工程研究中心，让不同学科的工程技术人才集中在一起，共同研发国家和产业面临的重大课题。如美国海军设立的"青年研究员计划"，专门在一些大学和私人研究机构设立基金，培养最近5年获得博士学位的青年研究人员。国家科学基金会设立了"总统青年研究奖"，每年颁发200个名额，目的是将最优秀的人才吸引到国家急需的科学和工程领域中来。此项计划的最大特点是，其经费不列入国家科学基金会年度预算，而由国会直接拨款。

对于优秀技术人才来说，美国注重引进和留住国外科技创新人才，将全世界几百万的优秀人才吸引到美国来。其主要措施包括：

（1）长期执行有效的移民政策。美国《移民法》规定：每年至少为吸收国外各类人才保留14万个入籍名额。而且，美国并不要求归化入籍的外国移民放弃其原国籍，也不强制他们只能在其拥有的其他国籍和美国国籍中选择一个国籍。

（2）以H-1B技术工作签证法案引才。从1990年开始，美国实施专门为吸收外国人才的H-1B签证计划。1998年至2000年，每年约有11万名外国人持此类签证，进入美国的大学和高技术公司工作。2001年和2002年，美国政府根据市场需求，又将签证年发放量提高到19.5万个。"9·11"事件后，出于安全考虑，又将这类签证的年发放量保持在8.5万个。并且，特别保证在美国获硕士以上学位的外国人能尽可能地拿到这类签证。签证有效期为3年，还可再延长3年。在这段时间，只要过了"市场的淘汰关"，就足以让这些外国人拿到绿卡。也就是说，美国巧妙地利用签证，将真正有用的优秀人才留在了美国。

（3）让大批外国人才深深感受到，他们之所以来美国，不仅仅是追求丰富的物质生活，而是为了能充分地发挥自己的才能。为此，美国尽量创造出较之其他国家更加自由宽松的学术环境，提供丰富的信息资源，加上汇集多位学术大师，这营造了吸引人才的大环境。

3. 科技企业孵化器政策

科技企业孵化器（也称高新技术创业服务中心）是以促进科技成果转化、培养高新技术企业和企业家为宗旨的科技创业服务机构。其主要目标是通过将技术、诀窍、企业家才能与资本联结在一起为技术导向型企业的发展提供支持，促进技术向当地经济的扩散。

科技型孵化器有两种类型：一是以大学为基础，目的是开发前沿技术和具有前景的技术；二是针对一些产业部门的成熟技术，以追求高额利润。以大学为基础的科技型孵化器是通过企业与大学、政府的合作而建立起来的非营利的独立实体。它们直接或间接与大学相联系，而且都有共同的目标，包括为企业家提供培训基地，支持在大学研究成果的基础上建立起来的以技术为导向的企业。

美国科技型孵化器孵化的焦点是帮助创业者创造成功的企业，许多孵化器为在孵企业提供种子资金、中间融资或风险资金，税法允许投资者从某项投资中撤出资金而转到另一家公司中免缴资本利得税，从而促进孵化器开始阶段和早期阶段的投资。86.5%是非营利的，平均在孵企业14.5家。扶持的公司2万多家，为25万人提供就业机会。

美国的各级政府采取了相应的措施支持企业孵化器。1981年成立了美国商业部经济发展局（Economic Development Administration）直接对技术孵化器进行资助和补贴。建立了美国国家企业孵化器协会（NBIA），20世纪80年代中后期，美国大多数州通过了有关孵化项目的立法，政府对孵化器的支持转向系统化的全面支持。此外，美国税法允许投资者从某项投资中撤出资金，转到另一家公司中免缴资本利得税，使得孵化器能够得到各种赞助。政府与各种机构协作，使企业孵化器的功能扩展、深化，得到信息与网络等支持。

（三）德国中小企业技术创新政策

德国是世界上最发达的资本主义国家之一，为了促进中小企业快速发展，实现社会充分就业，德国政府和社会各界高度重视中小企业工作，经过几十年的持续努力，形成了一系列的扶持政策和促进措施。

德国中小企业服务体系日趋完善，逐步形成了以政府部门为龙头、半官方服务机构为骨架，各类商会、协会为桥梁，社会服务中介为依托，为中小企业提供全方位、系统性的有效需求服务，形成了颇具特色的社会化中小企业服务的组织机构框架和网络，并取得了显著成效。中小企业在保持德国经济稳定、持久、快速发展中，发挥着重要的支撑作用。德国的中小企业社会化服务体系逐步形成了以政府部门为龙头，半官方服务机构为骨架，各类商会、协会为桥梁，社会服务中介为依托的全方位构架，为中小企业在各方面提供全面的服务。

1. 综合性技术扶持政策

德国政府为了提高中小企业科研、技术开发和技术革新的能力，促进中小企业的技术创新和技术改造，制定了《中小企业研究与技术政策总方案》等有关文件，并设立专项科技开发基金，扩大对中小企业科技开发的资助。联邦研究部（BMBF）建立了"示范中心"和"技术对口的访问和信息计划"，为中小企业在技术转让方面提供帮助，向它们提供最新的研究成果和研究动态，帮助它们进行技术发行和技术引进。德国各级政府、金融部门和教育培训机构联手合作，在实践中逐步形成了全国中小企业孵化系统，建成了大量的高新技术企业孵化中心，拨专款实施政府资本参与计划，帮助中小企业抵御市场风险；扩建科研网络，加强产学研联合，推动和促进了高新技术产业化和中小企业高新技术化。

2. 中小企业科技转化政策

德国三分之二专利技术是由中小企业申请的，约有三分之一的研究开发项目在商业上得到应用。为帮助中小企业克服资金、人才和技术的困难，促进中小企业技术进步，国家给予了必要的扶持。首先，国家科学技术部、经济部等部门设立了中小企业开发促进资金，对中小企业科研开发人员费用和技术项目给予补助。经立项批准的，每人每天最高补助额可达到 3000 马克。其次，国家给予长期低息贷款。一是鼓励企业自身开发项目，职工 250 人以下的可得到占总投资 35% 的贷款支持；职工 250 人以上的可得到 25% 的贷款支持。二是鼓励企业加强国际、国内科研合作开发，与国外合作开发项目最高能得到 50 万马克贷款支持，与国内合作开发项目最高可得到 30 万马克的贷款支持。

德国政府为了指导、提高科技型中小企业研究、技术开发和技术革新的能力，使现代化的先进技术尽快投入生产，使产品尽快达到国际市场需求的技术水平，全国建立了 160 个技术研究会，联邦政府科学技术部设立了每年 6 亿马克的"小技术企业参与基金"，为中小企业提供高新技术研究和新产品开发项目贷款。

3. 中小企业技术人才培训政策

在人才培训方面，政府把提高中小企业的整体素质、增强经营能力作为发展中小企业的重要政策，并以法律的形式予以明确。制定了《职工技术培训法》，规定青年人必须参加技术培训，企业有义务提供青年工人技术培训的岗位。政府还在各州设有跨行业的培训中心，采取脱产、半脱产和业余培训等多种方式，为企业培养各类专门人才。经过多年的发展，德国已经形成了标准较为统一的双轨制职业培训制度。所谓"双轨制"或"双元制"技术培训，就是强制要求中小企业业主、企业管理人员和初创业者、各类技术工人和青年人，在从事某种专业技术工作时，必须先经过 2—3 年的培训，其中一半时间为理论学习，另外一半时间为企业岗位培训。这种"双轨制"的技术培训收到明显成效。

4. 中小企业技术信息公共服务政策

德国政府为中小企业建立了专门的网站和热线电话，中小企业可就融资和促进措施问题向联邦经济部的相关专家咨询。根据欧盟的倡议，德国建立了信息中心网络，中小企业可以在欧盟范围内得到各方面的生产和市场信息。联邦政府和各州政府通过各种咨询机构举办各种投资研讨会、信息交流会，为中小企业提供各种国内外市场信息咨询，并提供补贴。

各商会设在国外的办事处、驻外使领馆有义务将驻在国的信息报送给经济信息处。同时，政府还特别重视各种半官方和半民间的行业协会的作用，利用他们为中小企业建立信息情报中心，为企业提供信息和服务。如成立于 1951 年的联邦外贸经济信息处，服务对象主要是中小企业，其主要任务是收集各类信息，并将信息分析加工后传递给有关机构和中小企业，以带动促进联邦外贸的发展。通过这些机构和单位，联邦外贸经济信息处全面收集和处理国内外的经济发展政策和政治动态信息，并通过专业报纸、杂志、电子网页、资料片和服务电话等方式，为中小企业提供各类信息服务。

此外，政府通过举办各种活动让中小企业获得信息，如联邦政府和各州政府通过各种咨询机构举办各种研讨会、信息交流会，为中小企业提供国内外市场信息咨询，并提供补贴。组织中小企业参加国内外各种博览会和交易会，这样中小企业既可获得生产和市场信息，又可推销自己的产品，同时还可得到政府的一半补贴。

（四）韩国中小企业技术创新政策体系

从 20 世纪 60 年代起，韩国政府为了保护、扶持、引导中小企业发展，在制定了一系列法律法规政策的同时，还设置了相应的管理机构。依据法律规定，以政府部门为核心的各种支持和服务机构及行业组织等构成了韩国中小企业服务、管理体系的主要框架。主要有总统中小企业委员会、中小企业局、中小企业中央会等。1960 年，就在政府商工部内部设立了专门负责中小企业事务的中小企业科。

表 4—3 韩国现行中小企业技术创新政策

部处名	政策数	扶持类型				
		资金	租税	技术人才	提供信息	销路、其他
财政经济部	14	0	14	0	0	0
产业资源部	11	7	0	1	0	4
情报通信部	8	4	0	3	2	4
科学技术处	11	8	6	2	1	3
保健福利部	1	1	0	0	0	0
环境部	4	4	0	0	0	0
建设交通部	1	1	0	0	0	0
海洋水产部	2	2	0	0	0	0
农林部	1	1	0	0	0	0
行政自治部	1	0	1	0	0	0
中小企业厅	41	19	1	10	10	13
合计	95	47	22	16	13	24

资料来源：科学技术政策研究院：《中小企业技术创新促进方案研究》，2003 年。

目前，韩国的高科技中小企业大量涌现，其特征是以知识为基础，以创新为手段，通过开辟新市场争取生存空间。但是，韩国中小企业缺乏知识经济所要求的技术创新能力。为此，韩国政府实行多种多样中小企业技术创新政策，可以说韩国政府将可用的政策手段几乎都用于扶持中小企业技术创新。

1. 提供良好的技术创业服务

创新企业高风险、高回报，政府要做的就是降低他们的风险。韩国政府出台多项政策致力于降低企业创业创新风险、推动新企业的设立，尤其是鼓励年轻人开展创业，包括提供创业培训课程、设立商业俱乐部和在 5 所大学为新兴企业设立试验性的研究课程。建立了"中小企业技术交易所"、新兴公司顾问机构，提供技术开发资金和雇用优秀人才的财政补贴等为新兴企业提供更好的商业环境。

(1) 发挥创业孵化器的作用

创业孵化项目在韩国已有较长发展历史，旨在帮助潜在的企业家通过参加一段时间的企业启动和孵化，克服启动阶段的困难，降低创业风险。韩国政府通过中小企业管理局为那些有能力成为企业家或新中小企业的创立者提供支持，在部分大学和研究所进行企业孵化器的运作。这个项目设立的目的就是保证新设立的创业企业的生存和发展。

韩国中小企业管理局为大学中的企业家俱乐部提供经济支持，以鼓励学生将自主创业作为一个"职业选择"。目前，在 220 所大学中共有 520 个企业家俱乐部，学生会员数量达到 12000 人。此外，还有中学企业俱乐部。例如，BizCool 项目针对的是中学年龄段的学生，已在 80 所初高中进行试点，大约有 20000 名学生参与了这个项目，接受企业设立、企业管理和融资等方面的知识学习。

孵化中心提供设备支持、管理和技术扩展支持，以及金融扶持，当前，大约共有 300 家企业孵化器正在孵化约 4000 家中小企业，这些企业在场地方面得到了扶持，同时这些孵化器还提供专家咨询服务、市场营销培训和其他支持。

(2) 提供及时的信息服务

韩国建立了以中小企业管理局为主、有关部门相互联系的创业资源体系和网络，并通过"创业网"为创业者提供信息支持。在市、郡、区设立了创业窗口，对创业者给予咨询服务。

中小企业振兴工团还设立了"中小企业情报银行"，为信息情报力量不足的中小企业提供必要的信息情报，并从资金上支持中小企业建立现代化的信息情报系统。如对有关企业信息情报系统建设所需的设备和运行投资，提供年利息 7%、期限 8 年的贷款等。

(3) 简化创业手续

政府通过减少规定和简化流程，消除过去影响新设立公司发展的障碍。据称中小企业在设立前曾经需要完成 53 项审批。现在，这些步骤已经简化为一条龙企业设立审批程序。

(4) 加强产、学、研的联系

为了提高中小企业的技术水平，1993 年韩国实施了产、学、研相结合的技术开发地域组织制度，即由 10 个以上企业联合，共同将研究开发的项目委托给作为研究主体的大学，并参与研究过程而形成的组织制度。研究费用由中央政府、地方政府和中小企业共同负担。1995 年已有超过 40 所大学和 768 个企业参加这类组织。在政府的推动下，中小企业自身的技术研究开发力量也迅速增强。

2. 保证技术人力资源供应

韩国在人才培养方面，实行了一系列政策，包括旨在改善中小企业工作环境的政策、针对大学生的实习工作计划，以及年轻人雇佣计划、创业培训计划。总体而言，中小企业管理局已经实施了许多项目为中小企业吸引到更多人才。主要措施包括：

（1）通过科学技术教育体系改革，把创造性人才培养作为科学技术教育的目标，以培养科技后备军。

（2）通过提高大学科研质量和制订以研究为导向的研究生培养计划，来扩大高级科技人才培养，促进科技人才结构的提高。韩国 1974 年创办的大德科技园区拥有科研机构 55 个、大学 3 所，已经成为韩国科技发展的一支生力军。

（3）2001 年宣布实施"国家战略领域人才培养综合计划"，提高国家竞争力的 6 个战略领域投入力度，提高 22 万名在校学生和研究机构科技人员的水平，并培养 18 万名新人才。在光州、釜山、大邱、泉州、江陵等 5 个地方分别建设了与大德科技园区相似的科学基地。建立高科技园区不仅对科技发展和科技产业化具有重要意义，而且给大批中高级科技创新人才提供了就业和发展机会。

（4）注重海外高技术人才的引进，为此政府制订了"聘用海外科学技术人才制度"，对引进的高科技人才给予资助。韩国自 20 世纪 80 年代起加强科技外交，加强引进技术人才，通过科技合作壮大科技力量。韩国除了每年向美国派遣几千名留学生外，还有目的地选送专家和教授到美国学习科学技术。在与外国签订技术转让协议或在合资经营的同时，派出大批科技人员前往国外学习科学技术或请外国专家培训在本地工作的科技人员。

3. 扶持中小企业技术创新专项政策

韩国政府认识到未来经济的竞争将取决于中小企业的技术创新水平及其应用信息技术的能力。因此，韩国采取了一系列政策扶持中小企业创新，主要项目包括：(1) 中小企业技术源开发支援项目（KOSBIR），该项目建议韩国各级政府部门将公共研发经费的 5% 支持中小企业技术源开发。(2) 中小企业技术创新项目，该项目为那些能够进行自主研发的中小企业提供不超过其研发经费 75% 的补贴。(3) 为了帮助新技术实现商业化，国立研究所委托中小企业研发新技术，并保证它们将在一段时间内购买运用该技术的产品。(4) 工业—大学—研究院合作计划：为了增强中小企业技术创新能力，大学和研究机构与中小企业进行合作，共同开发制造业技术。（5）中小企业现场扶持计划：中小企业管理局为中小企业提供现场服务来帮助它们提高解决问题的能力。所提供的具体服务包括投资意见，关于法规问题的意见，确定和介绍可能的商业伙伴，帮助获得政府批文。（6）评估中小企业数字化水平：政府每年对中小企业的数字化水平进行评估，以监测数字化促进政策的效果，鼓励中小企业加大数字化投资，以及在中小企业提高数字化的意识。（7）创新型信息技术咨询：中小企业管理局选择一些大学或研究院所按照中小企业具体的数字化程度分类来提供定制的信息技术咨询服务。

第三节 发达国家中小企业技术创新政策发展趋势

随着全球化的深入和信息通信的高度发展，创新活动在近几年呈现新的发展趋势，从而要求各国创新政策也要进行与之相适应的调整。通常传统的创新政策在实施过程中始终存在一些局限，没有带来改进创新绩效和产量的理想水平。随着中小企业对创新需求方面的政策越来越关注，政策制定者开始加大此类政策的力度。创新需求政策旨在解决与创新市场引进以及市场扩散有关方面的问题，如生产者和消费者的信息不对称问题，新技术的高转换成本和高准入成本问题以及技术路径依赖问题等等。[①] 因此，在相对有限的政府支出预算分配条件下，创新需求政策如果能够有效地提升创新产品和服务的市场需求，那么这类政策相比创新供给政策而言，在提高创新方面更为有效。比如，创新导向的公共采购政策可以解决早创企业的风险资本供应问题，也可以帮助抵消中小企业在公共采购中的歧视问题，同时公共采购过程还可以加速社会所需技术的出现。本章发现目前各国创新政策主要呈现以下发展趋势：

一、非直接的技术创新支持政策运用增多

供给方面的创新政策变化趋势之一是非直接创新支持政策增多，尤其是越来越多的R&D税收抵扣方式的运用。为增加创新的私人投资，随着R&D税收抵扣方式运

---

① Kieron Flanagan, Elvira Uyarra, Manuel Laranja,"Reconceptualising the 'Policy Mix' for Innovation", *Research Policy*, No.5, 2011.

用的愈加成熟，各国的R&D税收抵扣量开始急剧增加。为了扩大创新政策的绩效，各国都采用了不同的方式，或改变R&D税收优惠政策以扩大受益范围，或降低税收减免核定标准，或者扩大税收减免企业的覆盖面。①R&D税收优惠政策的日益重要也部分反映了这类非直接的创新支持政策相对于那些直接的、具有特定目的性的支持政策来说，对私人部门和市场行为的破坏更小。

但是，非直接创新支持政策的比重增加以及R&D税收优惠等总量的增加，更容易导致各国之间关于税收的竞争，从而引起恶性后果，因此各国政府应该注意这个方面的问题。

二、技术创新支持方式的重心转向多层次

随着非直接创新支持政策的增加，传统的直接创新支持政策手段日益减少。同时，直接创新支持政策也开始为不同的政策目的而服务，如增加企业之间或者企业与科研机构之间的合作和知识转移、提升高科技新创企业的成长性、鼓励风险资本活动的发展，或者支持有关气候改变和环境等相关的创新活动等等。②直接的创新支持政策虽然在运用上相对比例减少，但由于此类政策工具允许政府解决企业创新过程中影响创新绩效的特定问题，或者可以直接促进具有高社会回报的特定领域的绩效，因此直接创新支持政策工具始终是各国提升企业创新的重要政策工具。

三、激发中小企业技术创新需求成为政策新方向

传统的注重供给的创新政策虽然具有一定的政策绩效，且近几十年来都在日益改进，但是这些创新政策对于怎样激发企业主动提升创新产出和创新绩效缺乏成效，并且，政府可自由支配开支的限制也激发政府以更少的开支来获得更多的创新绩效。③

由于创新过程中供给和需求之间的反馈关系的重要性越来越为人所关注，因此，各国也逐渐增加对于加强创新需求的政策来刺激创新需求的产生，如创新导向的公共

---

① Manuel Laranja, Elvira Uyarra, Kieron Flanagan,"Policies for Science, Technology and Innovation: Translating Rationales into Regional Policies in a Multi-level Setting", *Research Policy*, No.5,2008.
② Isabel Maria Bodas Freitas, Nick von Tunzelmann,"Mapping Public Support for Innovation: A Comparison of Policy Alignment in the UK and France", *Research Policy*, No.9,2008.
③ Jan Nill, René Kemp,"Evolutionary Approaches for Sustainable Innovation Policies: From Niche to Paradigm?", *Research Policy*, No.4,2009.

采购等等。① 在实践中，很多人都意识到，创新的一个最重要的问题不是缺乏知识或者技术，而是将这些知识或技术与市场结合以获取商业价值。这对于有主要公共产品的市场来说尤为如此，如环境产品和服务、特定的健康服务和其他公共和半公共服务市场。

四、连贯性技术创新政策成为政策主角

以往的创新政策多为解决某个具体问题出台，所以在政策的连贯性上往往有很大缺陷，常常形成政策的滞后性。近年来，特别是金融危机以来，对于扶持中小企业的政策提出了前瞻性与稳定性的新要求。当然，目前各国对于创新政策的影响力和绩效的评价是不完善的，但是人们已经致力于对某些R&D直接或非直接的创新支持政策，特别是其所带来的私人R&D支出变化的评价，结果显示连贯性的政策对于中小企业具有更强的扶持性。

---

① Maria Kapsali,"How to Implement Innovation Policies through Projects successfully", *Technovation*, No.12, 2011.

第五章 中小企业技术创新政策的支持方式创新

第一节 中小企业技术创新政策的支持方式

为了提升中小企业的技术创新能力，各国政府采取了一系列的直接或间接的创新政策来刺激中小企业开展创新活动。本章主要通过扫描来自荷兰、英国、比利时、加拿大、美国、日本、韩国等十多个主要发达国家和中国台湾地区在近年来出台的有关扶持中小企业的创新政策，系统分析这些创新政策的支持方式，发现按照不同侧重点可以主要归纳为以下六类政策支持方式。

一、基于R&D的直接资助政策

政府对研发活动的直接支持可以获得很高的外部性，或者更好的市场表现。因此政府通常集中资助最能满足公共政策目标，并可能获得最高社会回报的活动或部门。如美国对R&D资助的比例很高，并且这些资助通过政府购买手段集中于国防和航空产业两大部门；针对高科技研究和创新项目的合作资金，丹麦提出了国家先进技术基金项目（Danish National Advanced Technology Foundation），此项计划目前拥有16亿丹麦币的资金基础，用于投资具有明显商业潜力、技术转移潜力，并能增加公共部门的研究机构和私营公司之间合作机会的项目；为促进发明的产生和商业化，芬兰政府成立了"芬兰发明基金会"（Foundation for Finnish Inventions），加拿大政府也有类似的 NRC-IRAP 计划。①

英国的资金和资助计划（Matched Grant Funds）以贴息贷款方式或者夺标现金拨款方式（Outright Cash Grant）来资助企业特定的经营活动，同时其技术战略委员会（Technology Strategy Board）的投资用于支持商业以及驱动技术支持性的创新（Technology-Enabled Innovation）项目，以对技术研究、开发和商业化提供支持。另外，针对个人和中小企业，英国提供专门的"创新、研究和开发资金"（Innovation, Research and Development Grants）用于支持其研究和开发技术创新产品和过程。荷兰提出了创新信贷计划（Innovation Credit Scheme）来解决中小企业创新资金问题，针对处于正在创业或初期阶段的企业的技术创新产品发展项目，提供不超过项目开支的35%、最高限额500万欧元的资金资助；美国中小企业创新投资计划（SBIC）通过私人风险投资公司以贷款和股权投资形式向小企业提供25万美元至600万美元之间的投资；德国新技术企业资本运作计划（BJTU）通过扶持风险投资公司向小技术企业提供90%担保并提供最高100万马克、最长10年的无息再投资贷款；新加坡天使基金对注册未满一年、年收入低于100万新币的技术型、出口导向型和知识密集型风险企业提供不超过25万新币的资金支持。②

同时，多国政府也制定了相应的政策支持给中小企业提供资金担保，如英国小企业信贷组织计划（SFLGS）以英国贸工部为担保方，为企业向银行贷款提供担保；日本"畅通中小企业周转资金的特别贷款"等计划向知识密集型或准备创业的中小企业提供低息、长期、无抵押贷款，并提供企业债务担保的再保险，以缓解中小企业的资金紧张问题。③

二、基于财务的税收优惠政策

近年来，越来越多国家开始给中小企业提供财政奖励以刺激其对 R&D 的投资，目前最常见方式是税收优惠这种创新政策。税收优惠的主要基点是现有的研发能力

---

① 欧盟研究与发展计划署网站 http://ec.europa.eu/enterprise/policies/sme/index_en.htm，2012 年 3 月 15 日。加拿大亚伯达省政府官网 http://eae.alberta.ca/economic-development/technology/support/vouchers.aspx，2010 年 10 月 14 日。

② 欧盟官网 http://europa.eu/pol/rd/index_en.htm，2010 年 11 月 1 日。欧盟研究与发展计划署网站 http://ec.europa.eu/enterprise/policies/sme/index_en.htm，2012 年 3 月 15 日。新加坡标新局官网 http://www.spring.gov.sg/EnterpriseIndustry/TI/Pages/Overview.aspx，2012 年 10 月 30 日。

③ 英国西北地区发展署官网 http://www.bis.gov.uk/policies/economic-development/regional-support/rda-archive，2012 年 1 月 24 日。

（英国、挪威、丹麦等国）或者目前的机械和设备之上（加拿大、澳大利亚等国）。如加拿大在 2008 年提出持续二十年的科学研究与试验发展计划（SR&ED），对加拿大境内的个体企业（CCPC）实行现金退税或者税收抵扣：企业可以申请抵扣 300 万加币以内研发支出的 35% 以及超出 300 万部分的 20%；其他加拿大公司、独资企业、合资企业、信托基金可以获得符合要求的 R&D 支出的 20% 的投资税收抵扣。澳大利亚 2010 年推出 R&D 税收津贴，主要面向小型企业提供最高 2000 万澳元的可退还的税收抵扣，在税前亏损下可以抵扣研发支出的 45%；同时还规定，研发支出少于 200 万欧元的小企业在税前亏损的前提下可以申请税收补贴。①

此外，丹麦政府规定实验研发活动开支可以抵扣当年或 4 年内税收，对于特定的 R&D 支出实行 200% 的抵扣率；新西兰的 WBSO 计划（The Research and Development Promotion Act）针对产业和服务业的中小企业，通过降低研发相关劳动力的开支来激励企业进行研发；挪威的 skattefunn 计划为中小企业提供符合标准支出 20% 的退税；法国技术创业投资激励计划对投资于技术型初创公司的投资者实行税收优惠，并且投资损失可以进行税收抵扣，以支持技术型创业公司的投资；英国为中小企业提供的减免税为研发费用的 175%，且规定没有赢利的中小企业即可以选择将 175% 的税收减免留至赢利年，或者直接获得 24% 的合理研发开支的退税。②

三、基于创投的金融支持政策

近年来，西方各国政府开始加强面向新创型、技术导向型的中小企业的金融政策支持力度，主要有以下两种方式：一是直接的金融支持，如澳大利亚的 IIF 基金（the Innovation Investment Fund）和 ICP 计划（the Victorian State Government Smart SMEs Innovation Commercialization Program），芬兰的 FOF 成长基金、加拿大的创新风险资本基金（Alberta Innovation Venture Capital Fund）以及英国的创新投资基金（Innovation Investment Fund）；二是间接的金融支持。其中，间接的金融支持手段包括：第一，制定政策手段吸引国外风险资本和私人风险资本投资本国公司，如澳大利亚的 VCLP 计划（Venture Capital Limited Partnerships Program）、芬兰的维哥促进计划（Vigo Ac-

---

① 世界贸易组织官网 http://www.wto.org/english/tratop_e/tpr_e/tp_rep_e.htm，2009 年 4 月 6 日。欧盟研究与发展计划署网站 http://ec.europa.eu/enterprise/policies/sme/index_en.htm，2012 年 3 月 15 日。英国西北地区发展署官网 http://www.bis.gov.uk/policies/economic-development/regional-support/rda-archive，2012 年 1 月 24 日。

② 欧盟官网 http://europa.eu/pol/rd/index_en.htm，2010 年 11 月 1 日。

celerator Program）；第二，设立小企业银行为小企业提供财政和咨询服务，如加拿大针对技术和出口企业，为小企业提供灵活的财政、风险资本和咨询服务，并对新成立的公司提供包括固定资产、营运资本、市场费用和专营权在内的费用；第三，引导私人部门投资股权市场解决中小企业股权融资供应过少问题，如英国的风险资本计划（Venture Capital Schemes）；第四，政府投资于民间基金，如挪威的国家种子基金计划（Nationwide Seed Capital Scheme）投资于四个大学城的基金中，通过促进高校和企业之间的合作来间接提升企业的 R&D 能力。①

四、基于培育的企业孵化政策

为帮助研发者、创新企业家将他们的智力成果转化为成功的商品，政府通过对企业的技能和知识（Skills and Knowledge）、有经验的行政人员（Experience Executive）、新产品、流程或服务的商业可行性测试（Proof of Concept）以及早期商业化（Early Stage Commercialization Repayable）过程等分别提供资金资助，以协助研发者和创新企业家开发新产品、流程或服务，并使之可以市场化。如澳大利亚的 PSF 基金（Pre-seed Fund）鼓励私人部门投入基金并管理大学和研究机构的研发成果商业化过程；挪威的 FORNY 计划针对创立早期，尚不能得到种子基金或风投资助的公司，鼓励其基于高校 R&D 的商业创意的开发，以在原有产业基础上建立新的公司和开发新的技术。2007 年，丹麦开始实施 PC 计划（Proof of Concept Scheme），旨在进一步加强公共研发机构研究者创新开发和管理，使得研究者能够专注于发明的进一步开发，并减轻他们的教育和研发有关的负担。另外，法国创新企业项目竞赛计划，它通过支持只有创意而未进行可行性研究的项目，或已通过可行性研究的项目来支持创建公司。②

所谓技术孵化器，是政府为达到提高企业的出生率、大学研发的商业化、扩大基础设备的供给目的而采取的政策手段。技术孵化器通常包括预孵化器和孵化后两个阶段，企业通过预孵化器阶段的预算和产品计划测算后，可以在两年内获得个体辅导服务。与一般混合使用的孵化器不同，技术孵化器通常隶属于某个大学，并且具有高增

---

① 爱尔兰企业局官网 http://www.enterprise-ireland.com/EI_Corporate/en/Research-Innovation/Companies/R-D-Funding/，2010 年 9 月 25 日。欧盟官网 http://europa.eu/pol/rd/index_en.htm，2010 年 11 月 1 日。欧盟研究与发展计划署网站 http://ec.europa.eu/enterprise/policies/sme/index_en.htm，2012 年 3 月 15 日。
② 欧盟研究与发展计划署网站 http://ec.europa.eu/enterprise/policies/sme/index_en.htm，2012 年 3 月 15 日。奥地利研究发展促进局网站 http://www.ffginc.com/，2011 年 2 月 4 日。

长潜力业务的准入标准。技术孵化器的优势在于，运用孵化器的企业之间的信息共享和协同效应的实现，这些共享信息不仅包括所有权知识，还包含典型的影响小型快速成长企业的日常营运问题。此外，技术孵化器通常提供知识产权相关的服务，并吸引非正式股权投资（Business Angels）。目前，英国的牛津大学创新中心（Oxford Innovation）和新西兰雅瓦斯凯拉科技园（Jyvaskyla Science Park）都采用了技术孵化器方式来支持创新型新创企业和成长型企业。①

五、基于采购的市场支持政策

由于政府通常具有庞大的采购能力，因此，对于特定领域的政府采购，特别是具有创新要求的采购，可以大幅度地提升该领域的创新能力。通常政府采购分为适应型采购（Adapted Procurement）、技术型采购（Technological Procurement）、实验型采购（Experimental Procurement）和高效采购（Efficient Procurement）四种类型。当前各国政府采购按照项目划分主要可以分为一般性政府采购和公共 R&D 政府采购两部分。一般性政府采购主要是由于政府采购能够促进中小企业开展创新活动的产品或服务，如芬兰 2010 年的需求和用户驱动的创新政策实施计划（Action Plan for the Implementation of Demand and User-driven Innovation Policy）、澳大利亚 2009 年的创新议程（Powering Ideas）、英国 2007 年的 FCP 政策（Forward Commitment Procurement）以及新西兰的 PIP 政策（Public Innovation Procurement）都在采购计划中提出了对企业能力开发、制度改革、公共部门经营模式管理和开发激励基层倡议方面创新的要求。而公共 R&D 采购则是区别于一般产品或服务的政府公共采购，此类政府采购更具有专业性和针对性，也更能够促进采购相关的技术创新。为此，各国都将公共 R&D 采购作为采购预算的重要组成部分，如在美国 R&D 采购实践中国防和航空产业的绝对占比，英国的小型企业研究计划（SBRI）中 R&D 采购占其采购预算的 11% 左右，澳大利亚中小企业市场需求审定计划（MVP）的资金预算 3000 亿欧元左右，加拿大也在 2010 年提出了国家创新商业化计划（CICP）。②

---

① 世界贸易组织官网 http://www.wto.org/english/tratop_e/tpr_e/tp_rep_e.htm，2009 年 4 月 6 日。英国西北地区发展署官网 http://www.bis.gov.uk/policies/economic-development/regional-support/rda-archive，2012 年 1 月 24 日。

② 经济合作发展组织官网 http://www.oecd.org/innovation/，2009 年 10 月 15 日。欧盟官网 http://europa.eu/pol/rd/index_en.htm，2010 年 11 月 1 日。欧盟研究与发展计划署网站 http://ec.europa.eu/enterprise/policies/sme/index_en.htm，2012 年 3 月 15 日。欧洲统计局官网 http://cordis.europa.eu/innovation-policy/studies，2006 年 9 月 19 日。

六、基于服务的创新扩散政策

政府通过技术相关的合作和网络来支持高校研发成果向企业的转移,以解决企业和高校研发之间脱节的问题。通过增加产业的 R&D 投入,促进研发成果的商业化等手段,鼓励高校和企业之间的合作,使企业获得具有战略意义的知识,同时也刺激高校机构增加商业相关的研发和训练的投入。此类政策主要是为解决新技术产生过程中的特定问题,或者以创新方式运用已有知识,通常资助于早期研发项目,或者是促进新技术的竞争前开发,以鼓励研发成果向企业的转移。

为此,政府或提供资金资助,如加拿大的 EG 计划(Engage Grants Program)提供解决企业特定问题的直接项目费用,英国的知识转移伙伴计划(Knowledge Transfer Partnerships)承担 33%—60%的开支,法国企业创新计划支持 500 人以下的中小企业与公共研究机构的合作研究,以支付其用于产品开发、企业发展、专利注册、市场调研等费用;或建立专门的技术或企业网络,如澳大利亚的企业联结计划(Enterprise Connect)和丹麦的卓越中心网络计划(NCE Program);或起到辅助桥梁作用,如英国的协作研究与发展计划(Collaborative Research and Development)和加拿大的卓越中心(NCE)计划,美国小企业技术转移研究计划(STTR),德国中小企业创新能力促进计划(PROINNO)都旨在通过加大两者交流来促进高校、产业、政府和非政府机构的多学科、多部门合作。[①]

创新中心(Innovation Hubs)和卓越中心(Center of Excellence)是创新产生的另一重要区域,它们在长期研发项目中联结研发密集型企业和高校研发团队来增强创新能力。企业可以通过创新中心和卓越中心的创新突破来获取新的市场,加速某些领域的具有领先优势的技术、商品和服务的商业化运程,并吸引投资。因此,政府对其的支持直接关系到相关产业的发展。加拿大的 CECR 计划(Centers of Excellence for Commercialization and Research Program)、挪威的 CRI 计划(Centers of Research-based Innovation)、丹麦的国家研发基金(the Danish National Research Foundation)、新西兰的科技、技术和创新战略中心(Strategic Centers for Science, Technology and Innovation)都通过创建国际认可的商业化和研发中心为中小企业提供创意产生、伙伴项目、研发和创新项目、B2B 合作关系、知识信息和交流、咨询以及技能开发

---

① 欧盟立法信息数据库 http://europa.eu/legislation_summaries/other/i23021_en.htm,2007 年 7 月 30 日。加拿大亚伯达省政府官网 http://eae.alberta.ca/economic-development/technology/support/vouchers.aspx,2010 年 10 月 14 日。

等服务。①

第二节 需求导向型技术创新政策：以创新券政策为例

需求导向又称需要导向，需求导向型技术创新政策是指为了充分发挥市场在资源配置中的决定性作用和更好发挥政府作用，激发科技型中小企业技术创新活力以及促进科技型中小企业健康发展，政府以市场需求为导向建立的中小企业技术创新扶持政策体系。

各国政府基于各国国情，为增强中小企业技术创新的市场应用性实施的扶持政策体系各有偏重、各具特色。为完善中小企业科技创新政策体系，我国积极采用不同形式的政策进行全方位多元化扶持。

2004年以来，欧洲一些国家相继出台了创新券政策。通过借鉴这些国家的实践和经验，2012年9月，江苏省宿迁市在全国率先实施了科技创新券政策，将财政资金以"有价证券"的形式，向企业发放，企业用创新券向大学、科研机构等研发人员购买科研服务，科研服务人员持创新券到政府财政部门兑现。该政策实施近一年来取得良好效果，为我国推广创新券政策提供了有益借鉴。

创新券（Innovation Vouchers）政策是以中小企业创新需求为基础的一项政府创新投入政策。所谓创新券是针对本国中小企业经济实力不足、创新资源缺乏，大学和研发机构没有为中小企业服务的动力机制而设计发行的一种"创新货币"。政府向企业发放创新券，企业利用创新券向研发人员购买科研服务，而科研人员可持创新券向政府财务部门进行兑现。

相较于传统的税收优惠、创新资金等方式，技术创新券最大的优势在于其不是现金，而只能通过购买技术创新服务进行消费，确保了专款专用，避免企业将创新资金用于企业运作的其他方面，提高了资金的使用效率。同时，创新券的使用也改变了现有的以项目为支点，针对某一课题展开的科技合作方式，使得产学研向深度发展，调动科研资源为企业提供更全面的服务，企业也因此从被动创新转向主动搜寻创新研发活动。作为一种新型的创新制度，创新券的实质是通过政府采购科技成果，然后在企

---

① 欧盟立法信息数据库 http://europa.eu/legislation_summaries/other/i23021_en.htm，2007年7月30日。加拿大亚伯达省政府官网 http://eae.alberta.ca/economic-development/technology/support/vouchers.aspx，2010年10月14日。

业中实现产业化。推行技术创新券扶持自主创新的目的是建立公共知识提供者与小企业间的联系，创造一种创新文化的交互途径，支持小企业提高创新能力，促进知识经济的发展。由创新券政策所支持的新型产学研协作模式运行方式如图5—1所示。

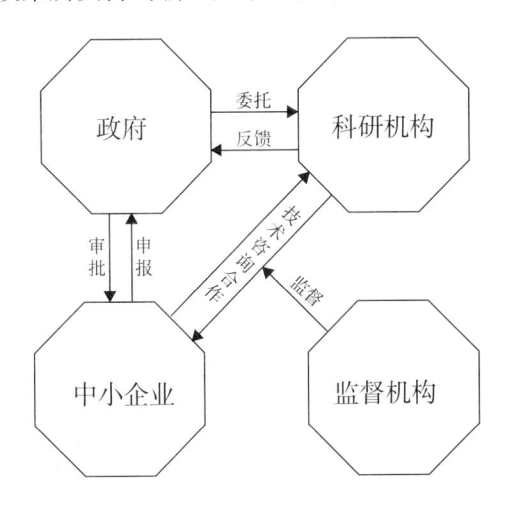

图5—1 创新券协作模式运行方式

一、国外创新券政策实施情况

自荷兰2004年最早推行创新券政策后，爱尔兰、英国、加拿大、比利时、新加坡、斯洛文尼亚、瑞典、瑞士、希腊、奥地利等国家与中国台湾地区也纷纷效仿，仅荷兰从2008年至今已经发放了2万多张创新券，在解决中小企业研发创新能力薄弱问题方面取得了一定成效。

根据各国的不同情况和不同标准，创新券可以分为不同类型。荷兰、爱尔兰等国采用单一券和联合券分类。单一券又称小额券，用来解决单个中小企业商业发展的技术问题，如爱尔兰单一券的价值是5000欧元，荷兰小额券的最高面值为2500欧元。联合券又称大额券，用来解决若干企业关注的共性问题。如爱尔兰联合券采取若干单一券联合使用的方式，最多可将10家公司的单一券合并起来构成联合券，最高价值可达50000欧元。荷兰大额券则针对一个较大型项目，各参加企业联合填写一张表格申请补助金，其最高价值也为50000欧元。

丹麦等国采用基本券与扩展券分类。基本券与扩展券是根据项目性质和政府出资比例划分的。基本券用于以研究为基础的商业发展项目，确保知识从研究阶段转移到中小企业，国家出资40%。扩展券用于给较大型的研发合作项目，目的在于找到现有问题的新的解决方法，国家出资25%。

瑞士等国采用一般券与专项券分类。一般券面向所有技术领域，专项券面向特定的技术领域。如瑞士创新促进机构（CTI）2009年推出中小企业创新券，面向所有技术领域，每张创新券7500瑞士法郎，2010年推出针对"清洁技术"领域项目的专项券。具体实施过程如表5—1所示。

表5—1　多国实施创新券情况比较

国家\内容	荷兰	比利时	爱尔兰	英国	加拿大	奥地利	新加坡
通用范围	向学研机构咨询的费用	不能用于一般物理或化学实验的资料分析	经营诊断与新技术应用的咨询	购买学术机构的专门知识及技术	小企业经营改善或商品化活动时与公共非营利机构合作的费用	无具体说明	无具体说明
划分标准	过去3年获得补助金额总和低于95000欧元；并无事先与任何学研机构定任何协议	属于化学、橡胶、塑化、机械、电子科技及运输业的中小企业	小型企业（50人以下与营业额小于1000万欧元）	英国西北地区的中小企业、社会型企业与非营利组织	营业收入超过500万美元且员工人数少于51人；为成长市场进行研发新产品或新服务的小企业	符合欧盟定义的中小企业认定标准；与学研机构在近五年中没有契约关系	固定资产超过新币1500万；雇用全职员工不得多于200人
其他限制	符合欧盟规定且在荷兰境内登记的中小企业	无	非农业与运输业等产业	包含欧洲所禁止的商业行为（如钢铁、煤炭、造船等）的企业	加拿大亚伯达省；未申请过创新凭证	一年内已获得创新凭证的企业不得重复申请	企业必须为登记在新加坡的厂商，当地人持股比例达30%
金额	小型创新券2500欧元；大型创新券7500欧元	5000—8000欧元	爱尔兰：5000欧元；北爱尔兰：5000欧元	3000英镑（开发后最多可至7000英镑）	小型付费服务10000美元；科技发展活动50000美元	5000欧元	1000新币
期限	6个月（含支付持有）	无具体说明	到期前6周使用完毕	无具体说明	9个月	1年	1年
负责机构	Sente-Novem	LIOF发展银行	爱尔兰企业局	西北地区发展署（NWDA）	亚伯达省政府	地方研发促进局（FFG）	标新局（Spring Singapore）

续表

国家\内容	荷兰	比利时	爱尔兰	英国	加拿大	奥地利	新加坡
受委托机构	荷兰、比利时、德国、苏格兰及瑞典等国家的281家学研机构	DSM研究机构	7所大学和15家科学导向的高级教育机构和学院	英国中西部的11所大学和2家高级教育机构	38家学研机构	大学或研发型法人机构及符合内部市场规范的欧盟会员国的学研机构	经标新局核定的中小企业研究机构

资料来源：由笔者整理多国政府官方网站相关资料得到。

总体来说，目前各国和地区在推行中小企业创新券政策的过程中，具体措施具有下列共通原则与趋势：第一，政策目标旨在拉近科研机构与中小企业间距离，使知识资本更有效地被运用；第二，设立专门政府部门负责审批等管理工作，如荷兰的经济事务所、英国的西北经济发展署和中国台湾则由经济部技术处负责；第三，适用对象限定为具备一定创新活力但较难取得外部知识专利的中小企业，在企业规模、员工数量、发展状况等指标上有硬性限定；第四，政府部门设立严格申请标准，原则上单位企业一年只能申请一项，部分小微企业也可以通过联合申请的形式申报，如北爱尔兰规定最多可由10家企业联合申请；第五，申请成功后可自主选择合适的科研单位接洽，通过购买知识与技术、经营性诊断、新技术应用及顾问咨询等开展合作项目，但禁止用于企业日常开支，或单纯购买电脑软硬件设备、一般性员工训练课程、市场营销或广告行为等；第六，创新券可以直接支付创新服务项目，同时资助总额上有一定的上限。另外有些国家要求企业自行负担部分创新券费用，如荷兰的大型创新券要求企业负担面额费用的1/3，加拿大则规定企业须负担专案1/4的费用；第七，提供服务的机构多限于公共研究所、大专院校及政策性扶植的知识服务机构等。

二、国外创新券政策的绩效分析

创新券属于相当新的政策概念，即使是最先实施该政策的荷兰迄今也只有8年的实践经验，所以，对于创新券的绩效考察还缺乏长期跟踪研究的证据。但是一些短期研究成果已经表明该项措施对推进研发创新并创造实际经济效益是有效的。如荷兰在2004年发行了100份中小企业创新券，有效期为3个月，专门机构的跟踪研究显示在项目期间受资助中小企业共提出62件研发申请计划，相比其他500家提出申请但是没有获批创新券的中小企业，该比例增加79%。

新加坡于2009年3月及6月两次发放创新券，提出申请的中小企业非常踊跃，最终成功申请获得创新凭证的企业为 106 家及 109 家。台湾地区推行的"科技关怀计划"也是基于创新券政策提出的,有效期设定为 6 个月。加拿大则特别针对生物和通信技术行业（ICT）的中小企业发放创新券,以促进科研项目实施。总结多国的实践经验,可以看到：虽然长期效果还没有例证,但短期内创新券政策对于推动中小企业创新项目生成的效果明显,部分企业的研发创新计划提前得到实施；创新券发放不影响企业投入原研发创新计划的成本,相反,更带动了部分企业在创新项目上的二次投入；创新券政策使部分中小企业的创新项目启动成本明显降低,有效降低了这些企业创新的门槛；创新券的使用一定程度上弥补了中小企业与学研机构达成合作的断层。但一些评估报告也指出,创新凭证计划的配套措施不尽完善,包括职责划分不够明确、信息传递缺乏效率等,导致创新券的使用意愿没有达到政府的预期效果。

在取得上述成效的同时,创新券也逐渐在其实施中发现了不足之处。以比利时为例,比利时曾实施为期三年的创新券计划,共计发放 66 家厂商创新券凭证,但实际使用者仅为 20 家,显示其中小企业的产学研合作意愿并不高,或者中小企业与学研机构在合作上存在着一定的断层。当然,创新券实施过程中存在配套措施的不完善,包括职责不明确、信息不够及时有效等问题,也使得创新券的实施与初衷有所背离,不能达到预期的效果。

因此,创新券的实施绩效,不仅取决于国家政策的推行力度、企业自动寻求创新研发和研发机构提供专业而有针对性的协助,也取决于政府配套措施的完善程度和信息发布的及时有效性。总体而言,目前创新券政策在荷兰、比利时等国家和中国台湾地区的实施是相对成功的。

三、我国创新券政策的实施现状

（一）我国创新券政策的地方实施情况

2009 年,世界银行、科技部等专家撰写的《中国以企业为主题的创新》一书中首次引进了"创新券"的概念,创新券政策引起了国内学者和政府决策者的注意。我国最早开展创新券实践的是江苏省的宿迁市。2012 年 9 月,宿迁市政府出台了《关于宿迁市科技创新券实施管理办法（试行）》,标志着创新券在国内的正式实施。宿迁市将财政资金以"有价证券"的形式向企业发放,企业利用创新券向大学、科研机构等购买科研服务,科研机构持创新券到政府财政部门兑现现金,实现服务的现金流。之后,哈尔滨市的香坊区科技局也发放了科技创新券,针对区域内重点产学研合作项目,由区政府颁发科技创新券，待项目完成后，由企业持科技创新券到区科技局兑现科技资金。2013年9月，浙江省湖州市的长兴县也发放了创新券，企业用获得的创新券可以向研发机构购买服务。长兴县最突出的特点是，本县内企业可以用创新券购买异地的科技服务，其到上海的研发公共服务平台定点购买服务，从而扩展了创新券的使用范围。

宿迁、长兴等地创新券的实施，引起了国内其他地区政府的注意，越来越多的地区开始利用创新券来创新财政资金使用方式，支持本地的中小微企业提高创新能力，推动高等院校、科研机构和科技服务平台与企业合作，促进科技资源的共享。调查显示：目前创新券政策已经在国内13个行政区内实施，其中省级（直辖市）部门出台政策，在辖区内实施创新券政策的有8个，分别为北京市、上海市、浙江省、江苏省、山东省、辽宁省、广东省、贵州省；还有5个地区目前只是在城市（区）试行，包括湖北省的武汉市、安徽省的马鞍山市、河南省的洛阳市和焦作市、四川省的成都市、黑龙江省哈尔滨市的香坊区政府。另外，国内的重庆市、甘肃省和天津市也在准备实施创新券。

目前创新券在国内的开展具有如下区域特征，即开展地区呈现由市县中小城市（区）向省、直辖市和中心城市扩展的特点。

表5—2　国内已经开展创新券工作的地区及部分地区创新券金额发放情况

地区	是否省级	已开展（区）	政策出台时间（年）	创新券金额（万元）
北京市	是		2014	3000
上海市	是		2015	2400
江苏省	是		2014	6000
	辖区	南京市	2014	7010
		宿迁市	2012	7242
		泰州市	2015	8000
		连云港市	2014	1880
		淮安	2014	5615
浙江省	是		2015	2000
	辖区	杭州市	2015	3000
		长兴县	2013	
		舟山市	2015	
		台州市	2015	
		安吉县	2015	
		洞头市	2015	
		丽水市	2015	
		金华市	2015	
		衢州市	2015	

续表

地区	是否省级	已开展（区）	政策出台时间（年）	创新券金额（万元）
广东省	是		2015	6500
	辖区	广州市	2015	
		中山市	2015	
		清远市	2015	
		佛山市	2015	
		深圳市	2015	8000
山东省	是		2015	1000
	辖区	淄博市	2014	1000
		潍坊市	2014	3000
贵州省	是		2015	4000
辽宁省	是		2015	
	辖区	大连市	2015	
河南省	否			
	辖区	洛阳市	2014	
		焦作市	2013	
湖北省	否			
	辖区	武汉市		
		东湖高新区	2015	5000
安徽省	否			
		马鞍山市	2014	5665
四川省	否			
		成都市	2014	3000
黑龙江省	否			
		哈尔滨市香坊区	2013	
		合并		85117

资料来源：笔者通过网络和文献收集整理，部分空缺数据由于未披露暂未填写。

（二）典型实施案例

2012年9月，江苏省宿迁市在全国率先实施了科技创新券政策，将财政资金以"有价证券"的形式，向企业发放，企业用创新券向大学、科研机构等研发人员购买科研服务，科研服务人员持创新券到政府财政部门兑现。该政策实施后取得良好效果，为我国推广创新券政策提供了有益借鉴。江苏省出台的《市政府办公室关于印发宿迁市科技创新券实施管理办法（试行）的通知》（宿政办发〔2012〕1194号），对管理机构及职责、资金来源及创新券形式、支持对象与方式、申请与发放、兑现程序与要求以及绩效考核等做了专门规定。2013年2月，宿迁市又以市长办公会议纪要的形式，进一步明确了奖补类科技创新券的使用与管理规定。

1. 创新券的分类

按照资金来源和资助对象，宿迁市创新券分为两类：一类是面向中小企业发放的服务类创新券；另一类是原资金奖励政策"改良"的奖补类创新券。

服务类创新券面向中小企业发放，资金来源是由市、县区从科技创新的财政拨款中成立专项资金进行资助。其中，区财政与市财政按照5∶5的比例进行资金配比，县财政与市财政按照8∶2的比例进行配比。

奖补类创新券发放给企业、园区和科技服务机构的政府财政奖补资金，用来购买科技服务、技术成果或者用于技术开发、产品开发、技术改造、信息化建设和节能降耗中的科技创新相关投入。

2. 创新券的组织管理

第一，为了创新券制度的顺利实施，宿迁市实行联席办公制。宿迁市设立了由市政府分管领导市科技局、市财政局、发展改革委、经济和信息化委及各县（区）、开发区（园区、新城）组成的市创新券管理委员会（以下简称"管理委员会"），专门负责全市创新券的政策制定、组织领导、监督管理，采取特事特办、联合审批模式确定创新券实施过程中的有关重大事项。其下设的创新券管理委员会办公室（以下简称"管委会办公室"），具体负责管理委员会的日常事务、创新券的设计和运行监管，会同各相关部门研究确定创新券年度工作计划及支持重点，拟订和完善创新券管理办法及其实施细则，完成管理委员会交办的其他事项。

第二，以市生产力促进中心为依托，成立了市创新券营运管理中心（以下简称"运营管理中心"），负责创新券日常营运和管理，具体办理创新券的申请、发放、兑现材料受理及评审服务等工作。政府通过采购服务方式，支持其工作。

3. 创新券管理程序

创新券通过以下两个方式发放。面向中小企业的服务类创新券由企业随时向市科技局提交材料申请，市科技局会同市财政局确定发放名单与金额，报管理委员会审批，由营运管理中心公示7天后发放。对于原属于宿迁市新兴产业引导资金、新兴工业化专项资金等相关政策规定奖励给企业的奖补类创新券，按照原有渠道进行发放。例如，新兴产业引导资金由市发展改革委确定发放名单与金额，报管理委员会审批，由营运管理中心公示后发放。

创新券兑现程序。市财政部门是负责创新券兑现的管理部门。获创新券支持的单位需提供项目活动基本信息表、技术服务合同、交易合同或科研机构建设方案等，项目总结、创新成果证明、企业自筹配套资金证明、发票等项目支出情况证明。运营管理中心会同市财政局成立由技术专家、管理专家和财务专家等组成的创新券专家评审组,对创新券兑现材料进行初评。管理委员会根据初评意见,研究讨论并出具科技创新确认书。

4. 创新券监督绩效考核

由市财政局作为全市创新券资金的监管部门,负责年度市创新券资金经费预算编制和创新券兑现,对创新券资金使用情况进行监督、检查和绩效评价。市财政局会同相关管理部门对创新券使用情况进行绩效评价,考核为优秀的企业可以在下一期创新券发放工作中优先支持。管理委员会对骗取创新券的企业和科研机构,注销其创新券,追回骗取资金,在三年内不再给予各级科技项目和政府各类奖补资金支持,并保留追究其法律责任的权利。各县(区)、开发区的科技、财政部门以及市创新券管理中心应定期向市科技局、市财政局报告创新券使用情况。

自2012年9月以来,分三批向1016家企业、园区、服务机构,下发了6372.4万元科技创新券,惠及一半的宿迁市2012年规模以上工业企业,并取得良好成效。服务类创新券主要面向中小企业发放,扩大了创新政策的普惠性。较大范围地对中小企业创新活动进行了支持。创新券引导企业加大科技创新投入,提高了财政科技投入的引导作用。目前宿迁市共137个项目兑现了科技创新券1026万元,带动科技投入1.32亿元,财政资金带动企业研发投入效率达1∶9.4,比预期的1∶3高出213%。

创新券有效地加速科技成果转化,促进产学研更加紧密地合作。从已经领取创新券的企业来看,与企业开展产学研合作的高校不仅包括省内高校,而且包括中科院、清华大学、复旦大学甚至还有来自海外的高等院校。通过创新券政策的实施,政府为中小企业降低了创新投入成本,促进了中小企业和大学、科研院所之间的合作,调动了高校、科研院所服务企业的积极性,有效地促进了以企业为主体的产学研合作。

(三) 我国创新券实施的政策价值

与国外相比,我国根据自身实际对创新券政策进行了积极探索和改革:

一是扩大创新券覆盖的对象范围。由于各地政府支持的主要是本地区企业,不仅包括科技部门向中小企业发放的科技类型创新券,还包括工信部、发展改革委等部门向规模较大的企业发放的奖补类创新券。在提供科研服务的科研机构和大学,没有地域限制。

二是创新组织监管机制。创新券制度是一个以信用为基础的系统工程,涉及科技、财政、产业等各部门和企业、研发机构、科研人员、管理机构等各个方面,其价值实现是以社会诚信体系为基础的。各地主要是通过发放前的公示确保创新券的发放合理，发放后的监督管理和择优滚动支持提高了创新券的科学、规范使用。

三是简化申报过程。目前，创新券属于随时申请，季度兑现，并正在研究考虑月度兑现。中小企业向市科技局申请发放，申报程序简单，申报材料也较为简单。

另外，我国将创新券的购买对象从研发的"软性"服务扩展到科研机构建设、购买研发设备、共性技术平台建设等"硬性"领域。这在一定程度上体现了当地经济、科技发展的现阶段特点，但与创新券的本意有一定差距。类似的局限有哈尔滨市的创新券与科技项目相挂钩，上海市杨浦科技创业中心服务券与专利、软件著作权补贴相挂钩等。

第三节 研究结论与政策启示

我国目前科技创新研发虽然有一定的成效，但科技成果转化问题仍然十分突出：一方面，科研机构和大专院校拥有大量的研发成果，却难以投入市场，造成科技成果的长期闲置和浪费；另一方面，许多企业，特别是中小企业缺乏实用技术，在国内可以开发的情况下高价寻求国外引进技术，使得企业技术成本十分高昂。表面上看，这是科研机构和大专院校的研发成果与企业需求的创新技术的不对称，企业缺乏创新资金和风险承担能力等问题，但实际上还是创新政策的设置和实施问题。针对创新券本身具有的促进企业主动追寻创新的特点以及其在国外取得的成效，创新券在我国的推行具有十分重要的实际意义。

对于我国推行创新券政策，可以采取"借鉴、比较、务实、创新"的方针，有目的地选择一些中小企业发达地区率先试运行。例如中小企业较为发达的浙江省、江苏省等地区，具备了良好的试验基础：一方面，这些地区拥有大量创新活跃、理念先进的优质中小企业，它们对于创新研发有着主观需求和内在动力；另一方面，该地区拥有大量知名大学、科研院所，具备为中小企业提供咨询、诊断、合作研发等服务能力。创新券政策是政府实现"产、学、研"合作的有效手段和途径。

在具体推行创新券政策的过程中，也需不断发现新的问题，总结经验并完善该项政策。目前看来，创新券政策进行试点推行时必须注意以下问题：

第一，集中扶持优质中小企业创新研发。必须严格制定创新券申请标准，避免造成"平均摊"的现象，重点目标应为具有创新技术、创新市场以及创新理念的中小企业。

第二，积极带动企业的主观创新投入。创新券的最终目的是打通中小企业与知识服务机构之间的合作关系，不能使中小企业产生依赖效应以及"申请一期，运行一期"的被动运行方式，而是要通过政策推行提升中小企业创新理念，并带动企业对创新项目的二次投入。

第三，严格规范创新券的使用范围。创新券应用于协助厂商拟订先期研发计划、评估从事创新的成功率及风险、向专业单位咨询创新项目或购买知识产权及物化产品。必须避免创新券用于各种硬件设施购买、营销广告支出或简单化的员工培训。

第四，全程设立创新绩效考察机制。获得创新券的中小企业单位应在项目期中、期后接受追踪管理，保持信息透明化，提升中小企业对创新券政策的信心。

随着技术竞争在国际以及国内的日益激烈，创新研发成为国家乃至企业竞争的关键。我国已经把建立创新型国家作为重大发展目标之一，因此，如何有效设立和实施运用创新政策以激励企业进行创新研发，并促进企业与研发机构和大专院校之间的合作成为政府制定实施政策的关键所在。以创新券政策为代表的创新需求导向型政策正在成为国外发达国家新一轮中小企业创新政策的发展趋势，这对我国政府制定相关的中小企业创新政策具有一定的借鉴价值。

第六章　中小企业技术创新政策的支持领域创新

第一节　创新政策支持的新兴技术创新领域

技术创新是经济增长的重要驱动力量。自 18 世纪英国工业革命以来，人类社会经历了以机器生产、蒸汽机、铁路、电力、汽车、信息技术等为标志的一系列技术革命，推动了全球经济的不断增长，给人类生产、生活带来了深刻的革命性变化。预计到 2025 年，全球技术创新将更加活跃，各国的技术竞争将更加激烈，对人才、技术标准、平台以及产业链主导权的争夺将成为竞争的焦点。

新兴技术的不断进步推动着经济的快速发展，如 20 世纪八九十年代的计算机，以及 21 世纪初兴起的互联网等。当前，全球正出现以信息网络、智能制造、新能源和新材料为代表的新一轮技术创新浪潮，对产业发展产生了日益深刻的影响。[①] 智能制造作为此轮产业革命的核心组成部分，是影响未来全球制造业竞争格局和我国制造业转型升级方向的根本性要素。只有主动加快促进智能制造技术的突破和大规模应用，才能有效应对新一轮技术革命对全球制造业可能造成的巨大冲击。

新技术的多点突破和融合互动推动了新兴产业的兴起。据预测，大数据每年可为美国的医疗服务业节省 3000 亿美元，为欧洲公共部门管理节省 2500 亿欧元；到 2030 年，生物技术对化工和其他工业产品领域的贡献将占到 35%，对药品和诊断产品领域的贡献将达到 80%，对农业领域的贡献也将达到 50%；到 2020 年，全球节能产业的投资额将达近 2 万亿美元，纳米相关产品市场将超过 1.3 万

[①] 杨叔子、丁洪：《机械制造的发展及人工智能的应用》，《机械工程》1988 年第 1 期。

亿美元。①

新兴技术的深度应用和新经济模式的形成尚有一个过程，短期内对经济增长的拉动作用可能有限，同时，新一轮技术革命的发生在领域和时间上存在不确定性。在新一轮发展面前，发达国家为保持其科技与经济的领先地位、新兴国家为后来者居上，都纷纷把技术创新作为国家发展战略的核心。可以预见，未来各国的技术竞争将更加激烈，对人才、技术标准、平台以及产业链主导权的争夺将成为竞争的焦点。

企业商业模式的创新实际是企业对生存模式的再设计，用全新的方法来完成经营任务，开发出新的产品，提供给客户新的服务，或者以新的方式完成企业运作的其他活动。这就要求，企业在对行业的既有模式进行分析的基础上，努力寻找新模式，这个过程是一个认知发展的过程。技术驱动下的商业模式创新层出不穷，线上线下互动成为最具活力的经济形态之一，成为促进消费的新途径和商贸流通创新发展的新亮点。发达国家通过建立路线图、完善官产学研合作机制、推动小企业新技术和新知识商业化、促进创新和创业的领军人才培养、创造有效率的市场环境、扶持私人企业商业模式创新等方式，有效引导和促进了新兴产业商业模式创新。国外政府促进和引导新兴产业商业模式选择和创新具有如下明显特征：一是以促进科技型企业商业模式选择和创新、新兴产业商业模式选择和创新为目标；二是大多坚持了政府财政引导和市场导向相结合的基本原则；三是新兴产业商业模式选择和创新与市场培育、高成长企业、领军人物培育相辅相成。因此，政府成为新兴产业商业模式创新的重要参量。

目前，先进制造业已成为制造业最为重要，也是最具活力的组成部分，代表着世界制造业的发展方向。先进制造业的核心在于其"先进性"，不仅体现在技术的先进性上，而且具有产业的先进性和管理的先进性。先进制造业不仅包括高新技术产业，还包括用先进技术改造的传统制造业。相应的，能够反映先进制造业发展水平的出口产品不仅包括高新技术产品，还包括机电产品、纺织品、服装等传统优势的出口产品。

进入 21 世纪以来，制造业面临着全球产业结构调整带来的机遇和挑战。特别是 2008 年金融危机之后，各国为了寻找促进经济增长的新出路，开始重新重视制造业，欧盟开始加大制造业科技创新力度，美国于 2011 年提出"先进制造业伙伴计划"，以增加就业机会，实现美国经济的持续强劲增长。

---

① 王忠宏：《把握全球技术创新的机遇》，《经济日报》2013 年 9 月 15 日。

第二节 新兴技术创新领域的政策支持体系：
以智能制造领域为例

智能制造已经成为制造业未来发展的全新驱动因素，世界主要工业国家都提出明确的政策支持体系来应对该轮制造业革新浪潮。本章结合当前全球智能制造的最新发展动向与趋势，并以此为切入点深入分析美、德、日、英、韩等主要发达工业化国家的有关政策应对情况。研究最后对我国当前阶段推进智能制造工作过程中遇到的问题、地方经验进行了实践性总结，并对下一步应对措施提出相应的政策建议。

智能制造可以大幅度提高劳动生产率、减少劳动力在工业总投入中的比重。发达工业国家的先行经验表明，通过发展工业机器人、高端数控机床、柔性制造系统等现代装备制造业控制新的产业制高点，通过运用现代制造技术和制造系统装备传统产业来提高传统产业的生产效率，能够对制造业重塑和实体经济腾飞提供充分的可能性。

一、全球智能制造的主要领域

英国《经济学家》2012 年 4 月 21 日发表的专栏文章《第三次工业革命》对智能制造的概念进行了一次较为深刻的解读。文章认为本次工业革命以制造业数字化为核心，生产过程通过办公室管理完成，产品更加接近客户。这其实是说，产品可由客户参与定制（个性化）；生产过程没有一线的操作工人，全部由数字化、自动化、网络化来实现；企业的工人在办公室里上班，通过网络负责监控管理。同年 3 月美国国防分析研究所在《先进制造的新兴全球趋势》报告中也指出：未来 20 年最有潜力从根本上改变制造业的四大领域是半导体制造、先进材料和集成计算材料工程、添加制造技术和生物制造。

智能制造（Intelligent Manufacturing，IM）是由智能机器和人类专家共同组成的人机一体化智能系统，能够将智能活动嵌入生产制造过程中，并通过人与智能机器的合作共事来扩大、延伸和部分地取代人类专家在制造过程中的脑力劳动。智能制造最初的概念仅限于制造自动化的概念，在其快速发展过程中逐步将涉及领域扩展到生产制造过程的柔性化、智能化和高度集成化等领域。[1] 目前，企业生产制造过程的各个

---

[1] 朱剑英：《智能制造的意义、技术与实现》，《机械制造与自动化》2013 年第 3 期。

环节几乎都能够广泛应用人工智能技术。智能系统技术可以用于工程设计、工艺过程设计、生产调度、故障诊断等,也可以将神经网络和模糊控制技术等先进的计算机智能方法应用于产品配方、生产调度等,实现制造过程智能化。

随着新一代大数据、云计算、物联网、互联网新技术的突破,智能制造的概念进一步向系统化、集成化纵深发展,催生了精准制造方式等革新,目的在于以网络为手段实现对制造的全流程管控,特别是凸显工业物联网对传统制造方式的革命性意义。目前对于智能制造的范畴进一步丰富和全面,概括起来主要包括以下五个领域的内容:

(一)智能制造前端的工业设计领域

工业设计从外观设计不断向产品、装备的功能设计、结构设计、技术设计延伸,包括产品与装备的硬件、技术与软件的设计,产品装备设计和制造设计相融合。制造过程的网络化,组成产品的各个组件设计的模块化、数字化,以设计为龙头的网络协同制造模式应运而生。

工业设计与自动化制造相结合的模式,十年前就开始出现在绍兴县(现在改名为柯桥区)。纺织(设计)创新服务中心以企业化运作方式主要从事纺织面料设计工作,为众多中小型制造企业提供产品设计,设计结果通过磁盘直接插入数字化加工制造装备或自动化生产线,形成了"快速设计+快速生产"的制造模式。

(二)工业制造设计的智能产品领域

在智能产品领域,互联网技术、人工智能、数字化技术嵌入传统产品设计,使产品逐步成为互联网化的智能终端。特斯拉被誉为"汽车界的苹果",它的成功不仅仅是电池技术的突破,更是大型可移动的智能终端,具有全新的人机交互方式,通过互联网终端把汽车做成了一个包含硬件、软件、内容和服务的体验工具。智能产品通过搭建开放式研发平台,广泛采集消费者个体参与创新产品设计的个性化需求,使智能产品更加具有市场活力。

(三)智能制造方式方法的应用领域

高自动化程度生产线是智能制造的基本特征,主要通过机器人技术、网络通信技术完成技术实现。现代智能制造设备进一步引入物联网的控制、数字化的实时计量检测、智能化全封闭流程装备的自控等技术集成,在云计算支持的物联网生产、经营的系统管控下,实现"信息化的计量供料、自动化的生产控制、智能化的过程计量检测、网络化的环保与安全控制、数字化的产品质量检测保障、物流化的包装配送"。对于像中国这样的发展中国家而言，网络协同制造的模式大多采用了以局域网为主的物联网协同制造模式，物联网的协同制造模式更有广泛的适应性。

（四）工业制造流程的智能装备领域

智能装备是智能制造的基础载体，即涵盖了"智能工厂""智能车间"等大概念，也可以细微到"智能设备""智能零部件"等概念。其中"智能工厂"是指建立在物联网技术基础上的全流程智能装备一体化生产制造空间；而"智能设备"则是以信息技术深度嵌入为代表的智能装备和产品。

（五）智能制造应用的外围衍生领域

智能制造的概念可以非常宽泛，被视为一场生产力革命，它影响除了生产制造以外的诸多领域。其中包括以个性化定制、网络协同开发、电子商务为代表的智能制造新业态，以物流信息化、能源管理智慧化为代表的智能化管理，以在线检测、远程诊断和云服务为代表的智能服务等。

二、主要技术趋势与发展动向

智能制造目前已经成为新型工业应用的标杆性概念，国外先行的发达工业化国家已经累积了大量发展经验。目前来看，智能制造表现出以下四个方面值得关注的发展趋势。

（一）信息网络技术加强智能制造的深度

信息网络技术给传统制造业带来颠覆性、革命性的影响，直接推动了智能制造的发展。信息网络技术能够实现实时感知、采集、监控生产过程中产生的大量数据，促进生产过程的无缝衔接和企业间的协同制造，实现生产系统的智能分析和决策优化，使智能制造、网络制造、柔性制造成为生产方式变革的方向。[①] 从某种程度上讲，制造业互联网化正成为一种大趋势。比如德国提出的工业4.0计划，其核心是智能生产技术和智能生产模式，旨在通过"物联网"将产品、机器、资源、人有机联系在一起，

---

① 刘林峰、刘业、庄艳艳：《高效能耗传感器网络的模型分析与路由算法设计》，《电子学报》2007年第3期。

推动各环节数据共享，实现产品全生命周期和全制造流程的数字化。

（二）网络化生产方式提升智能制造的宽度

网络化生产方式首先体现在全球制造资源的智能化配置上，生产的本地性概念不断被弱化，由集中生产向网络化异地协同生产转变。信息网络技术使不同环节的企业间实现信息共享，能够在全球范围内迅速发现和动态调整合作对象，整合企业间的优势资源，在研发、制造、物流等各产业链环节实现全球分散化生产。其次，大规模定制生产模式的兴起，也催生了如众包设计、个性化定制等新模式，这从需求端推动了生产性企业采用网络信息技术集成度更高的智能制造方式。

（三）基础性标准化再造推动智能制造的系统化

智能制造的基础性标准化体系对于智能制造而言起到根基的作用。标准化流程再造使得工业智能制造的大规模应用推广得以实现，特别是关键智能部件、装备和系统的规格统一，产品、生产过程、管理、服务等流程统一，将大大促进智能制造总体水平。智能制造标准化体系的建立也表明本轮智能制造是从本质上对传统制造方式的进行重新架构与升级。对中国而言，中国制造在核心技术、产品附加值、产品质量、生产效率、能源资源利用和环境保护等方面，与发达国家先进水平尚有较大差距，必须紧紧抓住新一轮产业变革机遇，采取积极有效措施，打造新的竞争优势，加快制造业转型升级。

（四）物联网等新理念系统性改造智能制造的全局面貌

随着工业物联网、工业云等一大批新的生产理念产生，智能制造呈现出系统性推进的整体特征。物联网作为信息网络技术的高度集成和综合运用技术，近年来取得了一批创新成果，在交通、物流等领域的应用示范扎实推进。特别是物联网技术带来的"机器换人"、物联网工厂，推动着"绿色、安全"制造方式对传统"污染、危险"制造方式的颠覆性替代。物联网制造是现代方式的制造，将逐步颠覆人工制造、半机械化制造与纯机械化制造等现有的制造方式。

三、主要发达工业国家应对智能制造的政策体系

智能制造已经被普遍地认为是此轮工业革命的核心动力，国外主要发达工业国家都已出台相应政策对智能制造发展积极筹划布局。本章主要选取美国、德国、日本、

韩国、英国和印度作为研究对象,扫描结果表明以上各国都已制定和推出相应的经济发展计划。

美国近年来提出和实施了"再工业化"计划,主要针对21世纪以来美国经济"去工业化"所带来的虚拟经济过度、实体经济衰落、国内产业结构空洞化等现实情况。[1] 该计划要实现的目标是:重振实体经济,增强国内企业竞争力,增加就业机会;发展先进制造业,实现制造业的智能化;保持美国制造业价值链上的高端位置和全球控制者地位。可见,美国的"再工业化"是指通过政府的协调规划实现传统工业的改造与升级和新兴工业的发展与壮大,使产业结构朝着具有高附加值、知识密集型、以新技术创新为主要特征的产业结构转换。[2]

德国著名的"工业4.0计划"则是一项全新的制造业提升计划,其模式是由分布式、组合式的工业制造单元模块,通过工业网络宽带、多功能感知器件,组建多组合、智能化的工业制造系统。[3] 德国学术界和产业界认为,前三次工业革命的发生,分别源于机械化、电力和信息技术,而物联网和制造业服务化迎来了以智能制造为主导的第四次工业革命。工业4.0从根本上重构了包括制造、工程、材料使用、供应链和生命周期管理在内的整个工业流程。

日本自确立技术立国战略以来,一直推行积极的技术带动经济发展战略。面对当前信息技术革命带来的机遇和挑战,日本于2006年10月提出了"创新25战略"计划。该战略计划目的是在全球大竞争时代,通过科技和服务创造新价值,提高生产力,促进日本经济的持续增长。"智能制造系统"是该计划中的核心理念之一,主要包括实现以智能计算机部分替代生产过程中人的智能活动,通过虚拟现实技术集成设计与制造过程实现虚拟制造,通过数据网络实现全球化制造,开发自律化、协作化的智能加工系统的目标等。[4]

另外,以英国为代表的老牌工业国家、以韩国为代表的后发工业国家以及以印度

---

[1] Kaul M., Bin Yang, Jensen C.S., "Building Accurate 3D Spatial Networks to Enable Next Generation Intelligent Transportation Systems", *IEEE 14th International Conference on Mobile Data Management* (*MDM*), 2013.

[2] Lin Xingzhi, "Design and Realization of the Logistic Storage Temperature Control Unified Information System Based on Internet of Things", *2011 International Conference on Business Management and Electronic Information* (*BMEI*), 2011.

[3] Popescu M., Ungureanu-AnghelD.,Filip I., "Designing Complex Petri Nets Using Submodels with Application in Flexible Manufacturing Systems", *2013 IEEE 8th International Symposium on Applied Computational Intelligence and Informatics* (*SACI*), 2013.

[4] Wei Tan, Behrokh Khoshnevis, "Integration of Process Planning and Scheduling—A Review", *Journal of Intelligent Manufacturing*, No.1, 2000.

为代表的新兴工业国家在其最新的经济发展计划中都对智能制造尤为重视。

（一）美国政策体系

美国"再工业化"由政府协调各部门进行总体规划，并通过立法来加以推进。为了推进"再工业化"战略，美国相继出台的法律政策有《重振美国制造业框架》《美国制造业促进法案》《先进制造伙伴计划》《先进制造业国家战略计划》《制造创新国家网络计划》等。

另外，美国还围绕再工业化这一经济战略制定一系列配套政策，形成全方位政策合力，真正推动制造业复苏，包括产业政策、税收政策、能源政策、教育政策和科技创新政策。例如，在制造业的政策支持上，美国选定高端制造业和新兴产业作为其产业政策的主要突破口。在税收政策上，奥巴马政府主张把公司税由目前的35%降至28%，以吸引美国制造业回流。能源行业是美国再工业化战略倚重的关键行业之一，奥巴马政府着重关注新能源的发展。鼓励研发和创新，突出美国新技术、新产业和新产品的领先地位，也是美国推进"制造业复兴"的重要举措之一。表6—1列举了美国为推进再工业化进程所颁布的在发展产业、高端制造和科技创新三方面的政策。

表6—1 美国"再工业化"战略政策体系

类别	时间	政策名称	内容
产业拓展	2009年2月	《2009年美国复苏和再投资法案》	确定基建、教育、科研、可再生能源化等投资重点，增加133亿美元科技投入
	2009年12月	《重振美国制造业框架》	分析美国其制造业面临的威胁和挑战，并勾勒了重振美国制造业的七大举措
	2010年8月	《美国制造业振兴法案》	降低部分进口商品关税，以减少需要进口零部件进行生产的企业的成本
	2011年2月	《美国创新战略》	把发展先进制造业、生物技术、清洁能源等作为优先突破的领域
高端制造	2011年6月	"高端制造合作伙伴"计划	构筑官、产、学、研各方紧密合作的工作机制，制定先进制造技术发展路线
	2011年7月	"实现21世纪智能创造"报告	通过数字信息和自动化技术加快对工厂的现代化改造过程
	2011年6月	"确保美国在制造业的领先地位"	提出振兴美国高端制造业、确保其制造强国霸主地位的战略部署和政策建议
	2012年2月	《美国先进制造业国家战略计划》	描述全球先进制造业的发展趋势，提出美国先进制造业战略的五大目标

续表

类别	时间	政策名称	内容
科技创新	2009年5月	《网络和信息技术研发法案》	加强美国关键网络、高端计算机系统及数字化基础设施总体安全和强有力运转
	2010年5月	《美国高技术再授权法案》	保护高技术的知识产权，促进科技创新
	2010年8月	《美国专利和商标追加拨款法案》	增加保护专利和商标权的投入
	2012年3月	《制造创新国家网络》	投资10亿美元组建美国制造业创新网络，打造先进制造业的创新集群

注：表格内容由笔者整理。

美国在再工业化计划进程中整顿国内市场，大力发展先进制造业和新兴产业、扶持中小企业发展、加大教育和科研投资支持创新、实施智慧地球战略，为制造业智能化的实现提供了强大的技术支持、良好的产业环境和运行平台。同时，制定一些对外贸易政策，为智能制造拓宽国际市场。美国支持智能制造的再工业化计划体系框架图如图6—1所示。

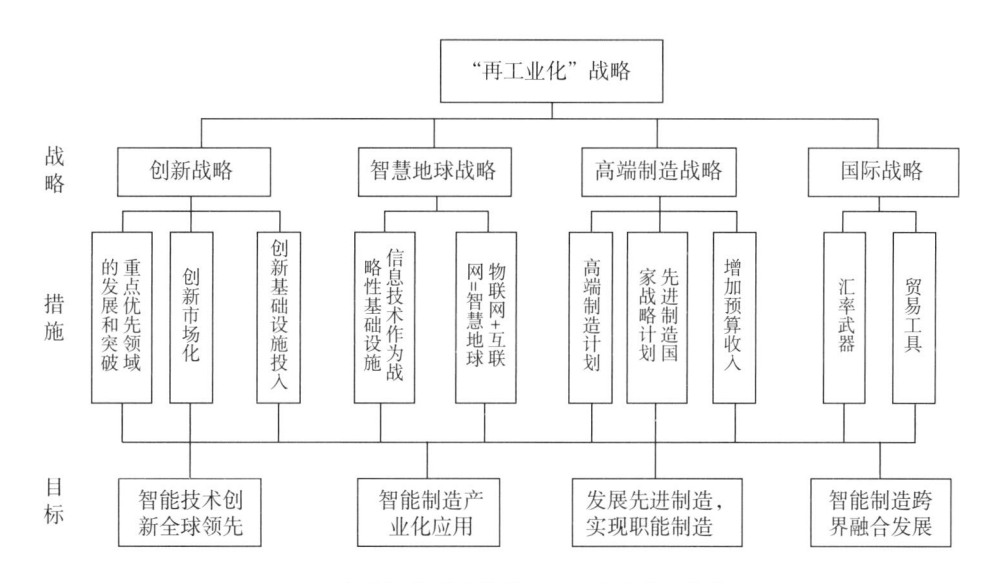

图6—1 支持智能制造的美国再工业化体系框架图

注：图中内容由笔者整理。

（二）德国政策体系

为推进工业4.0计划，德国政府主要设定了一些关键性需求措施，主要包括：融合相关的国际标准来统一服务和商业模式，确保德国在世界范围的竞争力；旧系统升级为实时系统，对生产进行系统化管理；制造业中新商业模式的发展程度应同互联网本身的发展程度相适应；雇员应参加到工作组织和技术发展的创造性社会—技术系统早期阶段;建立一套众多参与企业都可接受的商业模式,使整个通信技术产业能够与机器、设备制造商和机电一体化系统(Mechatronic System)供应商工作联系更紧密。[①]

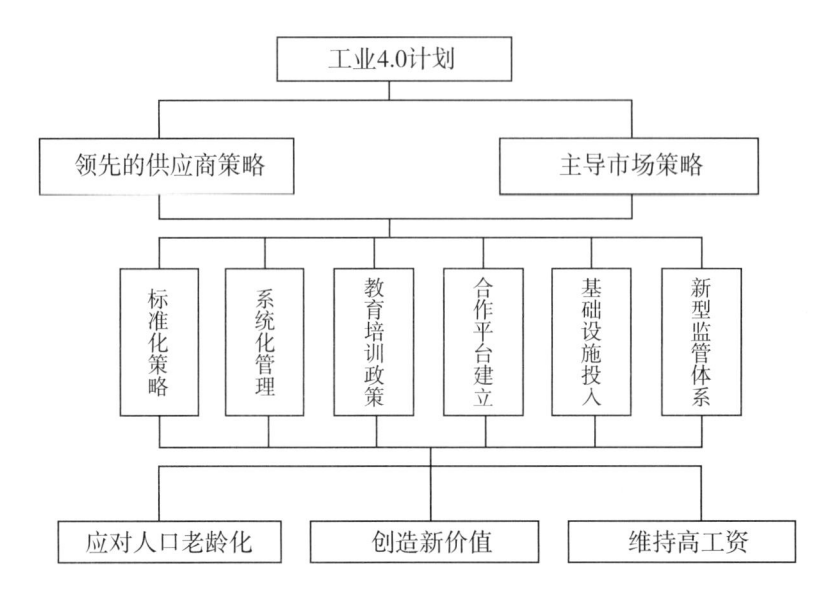

图 6—2 德国工业 4.0 政策体系框架图

注:图中内容由笔者整理。

为了将工业生产转变到工业 4.0,德国需要采取双重战略,包括领先的供应商策略和主导市场策略。领先的供应商策略是从设备供应商企业的视角专注于工业 4.0 的。德国的装备供应商为制造企业提供世界领先的技术解决方案。德国的装备制造业不断地将信息和通信技术集成到传统的高技术战略来维持其全球市场领导地位,以便成为智能制造技术的主要供应商。

(三)日本政策体系

在"创新 25 战略"提出之前,日本政府就已经致力于建设信息社会,以信息技术推动制造业的发展,增强产业竞争力,从而提出了"U-JAPAN 战略",目的在于建设信息社会。其主要关注网络信息基础设施、通信技术在社会各行业的运用、信息技术安全和国际战略四大领域。在泛在网络(人与人、人与物、物与物的沟通)发

---

① Giuseppe Bruno, Gianpaolo Ghiani, Gennaro Improta, "Dynamic Positioning of Idle Automated Guided Vehicle", *Journal of Intelligent Manufacturing*, No.2, 2000.

展方面:形成有线、无线无缝连接的网络环境;建立全国性的宽带基础设施以推进数字广播;建立物联网,开发网络机器人、促进信息家电的网络化。[①] 另外,通过促进信息内容的创造、流通、使用和通信技术人才的培养实现通信技术的高级利用。"U-JAPAN 战略"计划在通信技术基础设施、物联网等领域取得了一系列成就,为"创新 25 战略"的实施奠定了基础。2008 年,基于"创新 25 战略"和第三期《科学技术基本计划》的基本立场和基本目标,日本政府提出了《技术创新战略》,主要围绕提升产业竞争力等方面进行政策设计。

为强化制造业竞争力,2011 年日本发布了第四期《科技发展基本计划(2011—2015 年)》。在该计划中主要部署多项智能制造领域的技术攻关项目,如多功能电子设备、信息通信技术、精密加工、嵌入式系统、智能网络、高速数据传输、云计算等基础性技术领域。日本通过布局建设覆盖产业链全过程的智能制造系统,重视发展人工智能技术的企业,并给予优惠税制、优惠贷款、减税等多项政策支持。以日本汽车巨头本田公司为例,该企业通过采取机器人、无人搬运机、无人工厂等智能制造技术,将生产线缩短了 40%,建成了世界最短的高端车型生产线。日本企业制造技术的快速发展和政府制订的一系列战略计划为日本对接"工业 4.0"时代奠定了良好的基础。

(四)其他国家政策举措

英国启动的"高价值制造"战略意在重振本国制造业,从而达到拉动整体经济发展的目标。英国政府配套了系列资金扶持措施,保证高价值制造成为英国经济发展的主要推动力,促进企业实现从设计到商业化整个过程的智能制造水平,主要政策包括:(1) 在高价值制造创新方面的直接投资翻番,每年约 5000 万英镑;(2) 使用 22 项"制造业能力"标准作为智能制造领域投资依据;(3) 开放知识交流平台,包括知识转化网络、知识转化合作伙伴、特殊兴趣小组、高价值制造弹射创新中心等,帮助企业整合智能制造技术,打造世界一流的产品、过程和服务。

韩国提出了"数字经济"国家战略来应对智能制造的国际化浪潮。在该战略的指导下,韩国政府制订了国家制造业电子化计划,建立了制造业电子化中心。2009 年 1 月,韩国政府发布并启动实施了《新增长动力规划及发展战略》,确定三大领域(绿色技术产业领域、高科技融合产业领域和高附加值服务产业领域)17 个产业作为重

---

① JianFang, Yugeng Xi., "A Rolling Horizon Job Shop Rescheduling Strategy in the Dynamic Environment", *The International Journal of Advanced Manufacturing Technology*, No.3, 1997.

点发展的新增长动力。2011年，韩国国家科技委员会审议通过了《国家融合技术发展基本计划》，决定划拨1.818万亿韩元（约合109亿元人民币），用于推动发展"融合技术"。韩国政府不留余力地加快推动智能制造技术的培育和发展，也高度重视传统支柱产业的高附加值化，在工业新浪潮中占领高地。

第三节　研究结论与政策启示

当前，在"（技术革命＋信息技术）×产业变革"[(Technology Innovation+Information Technology)×Industry Transformation] 加速对接的背景下，技术创新、应用创新、模式创新相互融合形成未来版的创新模式。工业是国民经济的重要基础，制造业是产业发展的坚实依托。国家制定《中国制造2025》，用3个10年时间"三步走"，争取跻身世界制造强国前列。这是党中央、国务院作出的重大战略部署，是新常态下迎接国际经济竞争合作的纲领性宣言，是符合中国制造内在升级要求的重要行动指引，指明了制造业未来发展的方向和目标。笔者认为要注重发挥工业门类齐全、产业链完整、市场空间巨大等优势，尽快补上工业3.0的课，搭上工业4.0的快车；推动从中国制造向中国创造、中国速度向中国质量、中国产品向中国品牌的转变，以求通过"弯道超车"，实现中国制造业崛起的强国梦。

一、发展智能制造过程中所面临的共性问题

（一）政策落实过程中对智能制造工作的粗放管理问题

国家层面对于智能制造工作已经上升到很高的重视程度，但是目前在政策层层下达分解的过程中容易出现政策指令失真和政策效果不明显的问题。例如在一些地级市，智能制造改造被作为行政命令下到企业，企业被迫引进一些自动化程度较高的生产线但却不能合理操作，又或是引进企业联网式管理方式但却难以有效实施，造成了大量的企业资源浪费。这归根结底是对智能制造本质属性的认识不足造成的，因为智能制造必须要从激发企业内在改革需求出发，引导企业系统化地变革生产方式才能避免以上一些问题的产生。

（二）传统制造行业对智能制造改造成本难以消化的问题

我国制造业具有鲜明的地区集聚特色，其中大部分是以工业附加值较低的传统产业为主，低成本竞争策略盛行。智能制造作为一种旨在从根本上改革生产方式的工业革命，前期相关机器设备以及技术学习的成本过高，直接导致企业投资智能化基础设施积极性不高，企业方面阻力很大。此外，智能制造的核心理念是网络式、智能化、系统性的生产制造新模式，与传统生产方式相比具有颠覆性改变，所以，企业学习消化过程中也面临承受人、财、物多方面的成本压力。

（三）智能制造技术引进渠道以及企业技术匹配问题

智能制造方式建立在自动化、机器人、人工智能、云计算、物联网等一大批高新技术的综合运用上，找寻合适的技术源来改造企业生产模式成为智能制造能否成功的关键要素。现实中，大型技术供应商更多地提供成套的智能制造技术解决方案，改造成本高；而中小型技术供应商则难以提供匹配度高的智能制造技术和管理模块，改造效果差。此外，部分中小型企业由于资源限制导致难以搜索到外部智能制造技术商，凭借企业自身技术存量难以实施有效的智能制造改造。

（四）地区性劳动力富余与智能制造减员增效之间平衡的问题

中国制造业的起步很大程度上依赖于庞大的劳动力基数，但是所谓的"人口红利"近年来随着逐年上升的工资成本正在不断弱化。部分东部发达地区已经凸显"用工荒"，智能制造概念随着"机器换人""腾笼换鸟"等政策已被逐步实施。而反观西部一些地区正在面临劳动力回流潮，智能制造所带来的一线工人需求下降更加扩大了劳动力就业缺口，政府部门陷入左右为难的境地。所以，如何协调智能制造所带来的劳动效率大幅提升和地区性劳动力富余之间的矛盾成为当前需要解决的一大难题。

二、应对智能制造发展趋势的政策措施

（一）建立多层次综合支持政策体系推进智能制造建设工作

有效推进智能制造工作首先需要架构完整的政策体系作为保障，包括宏观战略性政策、部门管理性政策以及企业操作层政策等。"中国制造 2025"战略规划作为我国制造业发展的顶层设计，制定了中国从制造业大国向制造业强国转变的第一个十年行动纲领。需要在国家战略性政策中将智能制造提升到影响中国制造业转型升级工作的核心地位。其次，"两化融合"等部门性管理政策能够作为智能制造的有效支撑部分。

"两化融合"过程中应该加强推进提高生产设备、生产过程、制造工艺智能化水平，加快工业机器人、增材制造等先进制造技术在生产过程中的应用，培育数字化车间、智能工厂，推广智能制造生产模式等。同时，在关乎国计民生的重点行业范围内，加强该领域的智能监测监管体系建设，提高重点安全生产水平、重点行业能源利用智能化水平。最后，在微观政策层面尽快出台鼓励企业采用智能制造生产方式，加快淘汰落后生产方式的系列政策。

（二）结合"机器换人"政策以制造流程再造推进智能制造工作

智能制造的应用与推广将降低人工成本上升和人口红利减少对中国工业竞争力的影响，提高生产效率和产品质量，降低生产成本和资源消耗。目前正在开展的"机器换人"工作以"装备+机器人"的制造方式替代人工的制造方式，能够有效推进智能制造工作的实施。特别是用自动化的制造方式替代部分人工管控的制造方式，用网络化的智能制造方式替代全部人工直接管理的制造方式，用精准用料、用能的绿色制造方式替代不安全、有污染的制造方式，将装备引进与工艺改造有机融合，最终实现智能制造流程再造、管理创新等系统工作。

（三）加强智能制造共性技术推广范围和技术服务支持力度

智能制造对于大多数采用传统方式的制造型企业来说都是新兴技术领域，从实践中也可以发现存在着引入成本过高和技术管理脱节的问题。所以，政府有关部门要加强智能制造的支撑能力建设，加快提升相关产业支撑能力，突破核心共性技术的研发，支持新一代信息技术研发和产业化，鼓励智能终端产品创新发展，有效降低企业采用智能制造方式的投入成本。智能制造底层技术包括高效能运算、超级宽带、激光黏结等"通用技术"研发，中试层面要推进以人工智能、数字制造、工业机器人为代表的制造技术和工具。在企业实施过程中需要研制大规模生产系统、柔性制造系统和可重构生产系统等复杂性技术系统。此外，智能制造推进工作需要协同企业主体、社会智库、中介机构以及各级政府部门等多方社会资源，加强智能制造技术的宣传推介、技术咨询、系统管理等领域的技术服务活动，这直接影响企业应用智能制造实施效率问题。

（四）以税收优惠、专项基金等政策手段扶持智能制造工作落地

从经济成本角度为相关企业"减负"是切实推进智能制造生产方式的最直接手段，其中税收优惠和专项扶持基金可以分别起到"推"和"拉"的效果。税收优惠的

范围既包含购买智能制造设备的所得税抵扣额度、智能制造固定资产的加速计提折旧等应税额部分的优惠，又包括面向智能制造企业(需建立评价指标体系进行核准资格)的所得税等优惠税率政策支持等。此外，也可以出台"智造2025"等专项扶持基金，专门对企业引进高规格智能设备，开展智能制造研发，投入智能生产流程改造等活动进行直接补贴，以切实帮助企业推进智能制造转型工作。

第三篇　中小企业技术源开发的创新要素配置问题研究

　　本篇的核心观点认为，外部创新要素的有效利用对于中小企业技术源开发工作的意义重大。在创新要素配置下的中小企业技术源开发活动需要考虑三个阶段的内容：(1) 创新要素的空间集聚过程对中小企业技术源开发的影响；(2) 中小企业构建创新网络过程中的创新要素嵌入问题；(3) 区域内协同创新体系的构建以及中小企业的参与机制。从创新要素空间布局到要素嵌入，再到区域创新系统构建完成，这一前后过程呈现出明显的前后向关联效应。本篇内容亦是基于以上理论逻辑脉络，采用中国的省级面板数据、企业的微观调研数据以及国外典型国家的资料数据，分别对三阶段内容进行了实证分析。

第七章　区域创新要素的空间集聚模式演进

第一节　创新要素空间集聚模式的理论基础

技术创新一直以来都被认为是国家和地区经济增长、综合竞争力形成的源动力。伴随着知识经济时代的来临和推动建设创新型国家的宏观部署,许多地区把对创新要素的争夺放在了创新驱动发展的战略性地位,希望通过创新要素的集聚实现区域创新能力的飞跃。对此,一些研究分别从区域内部创新要素禀赋、基础设施建设、社会资本、政策因素以及市场环境和区域开放性等视角探析了区域创新要素集聚与分散的原因。[1] 然而在实践过程中,一些地区的市场主体和政府即使对这些因素进行了控制与调节,但仍然难以促进地区创新要素的持续集聚。因此,除了区域内部因素的作用之外,仍然存在着一些不容忽视的外因影响着区域创新要素的集聚与扩散。对此,近年来国内外不少研究发现以研发投入和人力资本为代表的创新要素逐渐出现了空间关联的集聚现象,贝尔纳迪(Bernardi)通过对西班牙17个地区研发投入状况的研究发现,各地区之间的研发投入存在着彼此关联的空间特性。[2] 泰普勒(Tappeiner)等人在对欧洲51个地区创新要素投入的研究中也得出了相似的结论,认为地区间的研发投入、人力资本投入存在着显著的空间关联性,并且这些创新要

---

[1] Cheng L.K., Kwan Y.K., "What are the Determinants of the Location of Foreign Direct Investment? The Chinese Experience", *Journal of International Economics*, No.2,2000. 张幼文、梁军:《要素集聚与中国在世界经济中的地位》,《学术月刊》2007年第3期。

[2] Bernardi C.B., Guadalupe S.D., "Innovation and R&D Spillover Effects in Spanish Regions: A Spatial Approach", *Research Policy*, No.9,2007.

素的空间关联是导致技术创新空间分布失衡的重要原因。① 在国内的研究中，方远平通过对全国 31 个省、市、自治区创新要素空间分布规则的研究发现，区域之间创新要素的空间分布存在着一定的依赖性，并且从整体上已呈现出了"高—高"集聚和"低—低"集聚的二元分布态势。② 高丽娜等人通过对江苏地区创新要素集聚与扩散的研究发现，创新要素集聚与溢出效应对经济增长有着显著的促进作用。③ 余永泽利用 Moran's I 指数研究了创新要素的空间分布特征，发现创新要素的空间集聚性对科技创新具有明显的空间外溢效应。④ 吴玉鸣对中国 2030 个县域数据进行了研究，发现县域之间的创新要素存在着较强的空间集聚和空间依赖性，并通过建立空间滞后模型和空间误差模型进一步考察了创新要素空间分布对区域创新能力贡献的差异。⑤

综上所述，可以看出一些学者已经开始对创新要素空间集聚模式展开了研究，研究结论较为一致的发现创新要素在区域空间上往往呈现出高度集聚地区与高度集聚地区靠拢，低度集聚地区与低度集聚地区邻近的依赖性特征，并且认为这种空间集聚模式是导致技术创新乃至经济增长空间失衡的主要原因。然而，创新要素的空间分布是否始终如一的存在着空间相关性，从以往的研究结果中可以发现，创新要素在区域间的关联程度往往随着时间的变迁而不断增强，但较少有文献涉及研究这种空间集聚模式的演进机制。因此，本章将对创新要素空间集聚模式的演进和变迁进行探析，试图通过区域之间不同空间效应的抗衡来解释创新要素如何形成"高—高"集聚与"低—低"集聚二元分布态势的内在机理，以期为我国各地区创新要素相关研究体系建设提供一些有益的建议。

---

① Tappeiner G., Hauser C., Walde J., "Regional Knowledge Spillovers: Fact or Artifact?", *Research Policy*, No.5,2008.
② 方远平、谢蔓：《创新要素的空间分布及其对区域创新产出的影响》，《经济地理》2012 年第 9 期。
③ 高丽娜、蒋伏心：《创新要素集聚与扩散的经济增长效应分析——以江苏宁镇扬地区为例》，《南京社会科学》2011 年第 10 期。
④ 余永泽、刘大勇：《创新要素集聚与科技创新的空间外溢效应》，《科研管理》2013 年第 1 期。
⑤ 吴玉鸣：《县域经济增长集聚与差异：空间计量经济实证分析》，《世界经济文汇》2007 年第 2 期。

第二节 创新要素空间集聚模式的演进机制

一、空间辐射效应

最早关于空间辐射效应的研究可以追溯到早期的经济增长极理论,其关于辐射效应的阐述是当一个地区成为经济增长的极点,可以凭借其较强的经济、文化、科技和人才等资源优势,通过资本流动、技术扩散、人才流动和产业扩散等方式带动周围地区的经济增长。[1] 同样,创新要素高度集聚的地区不仅能通过循环累积效应进一步加强自身的集聚水平,并能在一定程度上对周边地区创新要素的集聚形成辐射效应,其主要表现在:首先,创新要素为提高自身价值及边际产出效益,往往会向创新要素高度集聚的区域进行靠拢,通过区域所具备的知识溢出效应及完善的创新合作网络激发创新要素的潜在效用,但区域所能容纳的创新要素具有一定的极限,一旦产生过度集聚便会导致"要素拥挤效应"从而削弱创新要素的边际效益,[2] 所以当一个地区创新要素集聚达到一定水平后,新生创新要素会选择在其周边地区进行配置从而通过空间邻近获得溢出效应。对此,王庆喜通过对共同专利数据的研究发现,空间邻近是促进创新要素合作并提升创新能力的重要基础。[3] 盖(Ke)和费泽(Feser)考查了中国中部 922 个县市发现,上级城市与周边县市之间存在着明显的要素扩散和回流效应,县市与邻近县市之间同样存在着明显的扩散效应。[4] 其次,由于要素集聚的结构偏向性,创新要素尤其是人力资本相对于生产要素具有更高的流动性,作为知识、信息载体的人力资本往往会选择在创新要素高度集聚的地区之间进行流动,一方面,人力资本在创新要素高度集聚的地区能通过竞争、学习和交流机制从而促进本身素质的提升;[5] 另一方面,创新要素高度集聚地区往往意味着具有更高的经济发展水平,能为人力资

---

[1] Perroux F., "Economic Space: Theory and Applications", *The Quarterly Journal of Economics*, No.1,1950.

[2] Fare R., Grosskopf S., "Slacks and Congestion: A Comment", *Socio-Economic Planning Sciences*, No.1,2000.

[3] 王庆喜:《多维邻近与我国高技术产业区域知识溢出——一项空间面板数据分析(1995—2010)》,《科学学研究》2013 年第 7 期。

[4] Ke S.Z., Feser E., "Count on the Growth Pole Strategy for Regional Economic Growth? Spread-backwash Effects in Greater Central China", *Regional Studies*, No.9,2010.

[5] Helena N.R., Tanja M., "Intellectual Capital in the Hotel Industry: A Case Study form Slovenia", *International Journal of Hospitality Management*, No.1,2007.

本提供舒适的生活环境和社会资本，吸引人力资本的输入，加强极化地区的创新要素存量，从而进一步提升对周边地区的辐射作用。综上所述，创新要素高度集聚地区通过空间辐射效应带动周边地区创新要素集聚程度的提升。

二、空间吸纳效应

与经济极化现象背道而驰，现实中的某些地区往往会处于一个得天独厚的地理区位上，虽然这些地区的创新要素集聚程度较低，但周边地区的创新要素均形成了高度的集聚。这样一来，中心地区拥有了丰富的外部"创新要素池"，并且随着经济社会的发展，中心地区往往能成为承接周边地区创新要素转移的有利地区。一方面，一旦周边地区创新要素集聚出现过度的情况，大量创新要素便会逐渐开始向外转移，此时由于空间邻近的先天优势，大量创新要素尤其是人力资本会选择中心地区作为转移目标，从而延续自身原有的社会网络关系。[1] 另一方面，由于周边地区创新要素集聚程度普遍较高，以人力资本为主的创新要素面临着激烈的竞争，相对而言，中心地区由于创新要素的集聚程度较低，市场为这些人力资本提供了良好的发展空间。因此，空间吸纳效应在一定程度上是空间辐射效应内涵的外延，空间辐射效应的作用机制是由中心地区即创新要素高度集聚的地区通过空间辐射带动周边地区的创新要素形成集聚。相反，空间吸纳效应所表现的是中心地区通过吸纳周边地区空间辐射从而达到本地区创新要素集聚的目的。总体来说，空间辐射效应是一种由点带面的创新要素集聚过程，而空间吸纳效应是一种由面带点的创新要素集聚过程。

三、空间闭塞效应

虽然以往很少有研究涉及空间闭塞效应，但空间闭塞效应的思想雏形早在佩鲁、缪尔达尔和拉塞等人关于区域经济发展的研究中就已显露，他们认为经济发展的极化过程往往取决于中心城市对周边城市的"扩散效应"和周边城市对中心城市的"回流效应"，当"回流效应"小于"扩散效应"时，中心城市的极化将被不断削弱甚至颠覆，从而限制了区域经济的快速发展和经济体之间的相互依赖。[2] 从微观机制来看，

---

[1] Verdery A.M., Entwisle B., Faust K., Rindfuss R.R., "Social and Spatial Networks: Kinship Distance and Dwelling Unit Proximity in Rural Thailand", *Social Networks*, No.1,2012.

[2] Keller W., "Geographic Localization of International Technology Diffusion", *American Economic Review*, No.1,2002.

空间闭塞效应是由周边地区要素集聚程度较低所造成的，这样使得中心城市难以从周边城市获得商品输出、技术外溢和产业转移等方式的有效反馈，从而限制了中心城市的产业技术能力、创新能力等快速提升。因此，要素为追求更高的边际产出，往往倾向于向其余要素集聚程度较高的地区进行转移，通过要素间的协同和互补达到更高的要素边际产出。空间邻近是技术、信息、知识传播的关键因素，然而受到要素集聚程度较低地区的围绕，中心城市与其余要素集聚程度较高的地区必定处于空间疏远的状况，这种空间疏远不仅直接阻碍了技术、信息、知识的扩散程度，同时，空间疏远所存在的地区间制度、社会文化的差异性往往导致了各种各样的相互排斥和距离感，从而更不利于创新要素的跨区域流动。另外，由于中心地区与要素高度集聚地区形成的空间疏远必将带来较高的运输成本、交易成本和搜寻成本，这些成本的提高无形地增加了要素流动与集聚的代价。[①] 总体来说，周边地区要素集聚程度较低既无法对中心地区形成空间辐射和反馈，又阻隔了中心地区与外围要素集聚程度较高地区的联系和互动，从而使得中心地区的要素集聚力逐渐瓦解。

四、多重效应的空间较量

前文的相关论述逐渐揭示了空间关联性的形成是由于空间辐射效应、空间吸纳效

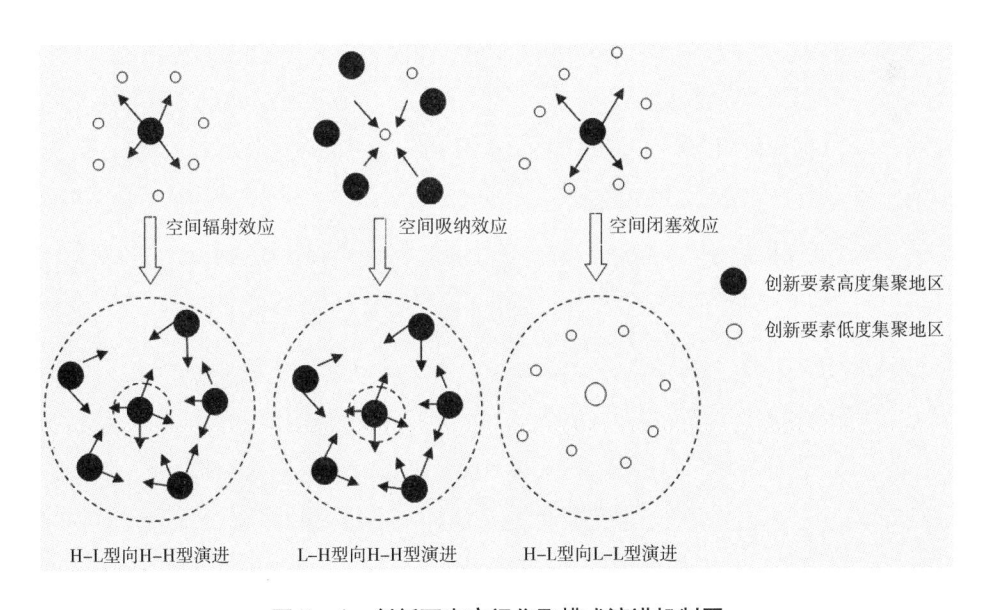

图 7—1　创新要素空间集聚模式演进机制图

[①] Ejermo O., Karlsson C., "Interregional Inventor Networks As Studied by Patent Coinventorships", *Research Policy*, No.3, 2006.

应和空间闭塞效应共同导致的,如图7—1所示,其中空间辐射效应和空间吸纳效应的作用使得邻近地区的创新要素集聚程度不断提升,从而推动创新要素向高度集聚地区的不断靠拢。而空间闭塞效应的作用使得中心地区的创新要素集聚程度不断下降,最终导致了创新要素稀疏地区的集中。从宏观视角来看,创新要素的瞬时存量是固定不变的。创新要素在一个地区形成集聚,必将在另一个地区出现瓦解。因此,空间关联性的形成和深化将进一步促进创新要素高度集聚的地区和创新要素稀疏的地区形成二元分布的演进态势。

创新要素既可以通过空间辐射效应带动周边地区的创新要素形成集聚,但同时由于周边地区创新要素稀疏对中心地区形成的空间闭塞也可能使得中心地区创新要素集聚瓦解。所以,多个地区间创新要素共同走向集聚抑或分散源自这些空间效应之间的较量,而较量的根源则是中心地区是否能有持续提供创新要素集聚的内源动力,这种内源动力体现在区域间差异化的创新功能导向、创新基础设施乃至创新政策,这些条件一旦趋同,创新要素则在空间配置上开始角逐,最后在一方形成集聚,使得创新要素在空间分布上出现失衡。最后,创新要素空间效应较量的实质即是创新要素空间流动的方向,这种流动即符合市场导向,又是市场资源配置的主动性表现。因此,空间效应较量的过程也是政、产、学、研之间协同再造的过程,当这些主体之间的协同顺应全球化资源配置的需求,又会满足市场需求导向,往往便会在空间较量上获得成功。

第三节 创新要素空间集聚的实证研究:浙江省数据

一、指标选取和数据来源

大部分的研究文献并未对创新要素给予定义,但顺着创新研究的脉络,可以对创新要素的含义给出解释,早在奈斯比特的《大趋势》之作中就已指出,"价值的增长不是通过劳动而形成的,而是通过知识实现的,'劳动价值论'最终必将被'知识价值论'所取代"。随着学界对创新研究的不断深入,尼尔森在创新系统分析中进一步将企业、大学、科研机构都认为是创新的主要组成部分。因此,创新要素的概念应相似于生产要素,生产要素是基于研究产出的投入,而创新要素则是基于研究创新产出的投入,创新要素可以认为是创新所必需具备的条件和因素,包括创新资源和对创新资源整合的能力。

学者们对于创新要素的测度作出了一些积极的尝试，如余永泽等人利用地区 R&D 投入和 R&D 人员作为测度创新要素的指标，方远平等人利用 R&D 人员占就业人员比、研发经费支出、每万人口在校大学生数、技术市场交易合同数等作为衡量创新要素的代表性指标，孙凯利用 R&D 占 GDP 比、R&D 人员占全职员比以及 R&D 内部支出作为衡量创新要素投入的指标。[①] 本章在现有相关研究基础上，选取浙江省各地市所有规模以上企业的 R&D 经费支出、R&D 人员数量、科技机构数量以及技术项目合同数四个指标作为衡量创新要素的代表性指标，用来探索创新要素空间分布差异及其空间集聚情况的演进规律，其中研究数据的时间段为 2003 年、2006 年至 2011 年，数据来源于对应年份的《浙江科技统计年鉴》。

二、研究方法

近年来，探索性空间数据分析方法（Exploratory Spatial Data Analysis）得到了各个领域的广泛运用，众多研究者在这一研究方法的辅助下对地区经济属性进行了空间差异的研究，其中 ESDA 可以对研究区域进行全局自相关分析和局部自相关分析，全局自相关分析主要探索某一属性在区域中总体的空间关联和差异，一般有两种估计方法，即 Moran's I 指数估计方法和 Geary 指数估计方法，其中 Moran's I 指数估计方法运用较为广泛，[②] Moran's I 指数的计算公式为：

$$Moran's\ I = \frac{\sum_{i=1}^{n}\sum_{j=1}^{n}W_{ij}(Y_i-\bar{Y})(Y_j-\bar{Y})}{S^2\sum_{i=1}^{n}\sum_{j=1}^{n}W_{ij}}$$

式中：$S^2 = \frac{1}{n}\sum_{i=1}^{n}(Y_i-\bar{Y})\bar{Y} = \frac{1}{n}Y_i\sum_{i}Y_i$，$n$ 为研究地区总数（11 个地级市），Y_i 为地区观测值，W_{ij} 为二进制的邻接矩阵。本章使用一阶 Rook 邻接权重，即 i、j 相邻 $W_{ij}=1$，反之为 0。当 Moran's I 指数 > 0，说明要素水平较高的区域在空间上显著集聚；当 Moran's I 指数 < 0，则意味着区域与其周边地区的要素水平存在着显著的空间差异。Moran's I 指数的横轴为一个变量在不同位置上的观测值向量，而纵轴表示该向量的空间滞后。局部指标 LISA 用于分析探究局部空间的变化性，局部指标 LISA 可以研究空间关联程度，公式为：$LISA_i = Z_i\sum_{j}W_{ij}Z_j$。

[①] 孙凯：《基于 DEA 的区域创新系统创新效率评价研究》，《科技管理研究》2008 年第 3 期。

[②] Anselin L., "Spatial Externalities, Spatial Multipliers, and Spatial Econometrics", *International Regional Science Review*, No.2, 2003.

其中 Z_i 和 Z_j 表示区域 i 和 j 标准化后的观测值，W_{ij} 代表空间权重。除此之外，Moran's I 散点图也是用来观测局部空间相关性及局部空间相关性变化趋势的重要方法，Moran's I 散点图分为四个象限，横轴同样表示为变量在不同位置上的观测值向量、纵轴为向量的空间滞后。其中第一象限表示创新要素高度集聚地区周边同样为创新要素高度集聚地区（H—H）；第二象限表示创新要素低度集聚地区周边为创新要素高度集聚地区（L—H）；第三象限表示创新要素高度集聚地区周边为创新要素低度集聚地区（H—L）；第四象限表示创新要素低度集聚地区周边同样为创新要素低度集聚地区（L—L）。

三、实证结果分析

（一）全局自相关分析

运用 Geoda0.95i 软件计算出浙江省 2003 年至 2011 年 4 个创新要素的 Moran's I 指数，如图 7—2 所示。第一，创新要素在大部分时间段内的 Moran's I 指数都大于 0，其中仅 2003 年科技机构数量、R&D 经费、科技项目合同数以及 2006 年 R&D 经费的 Moran's I 指数的数值小于 0，表明创新要素的空间分布并非随机，而是呈现出

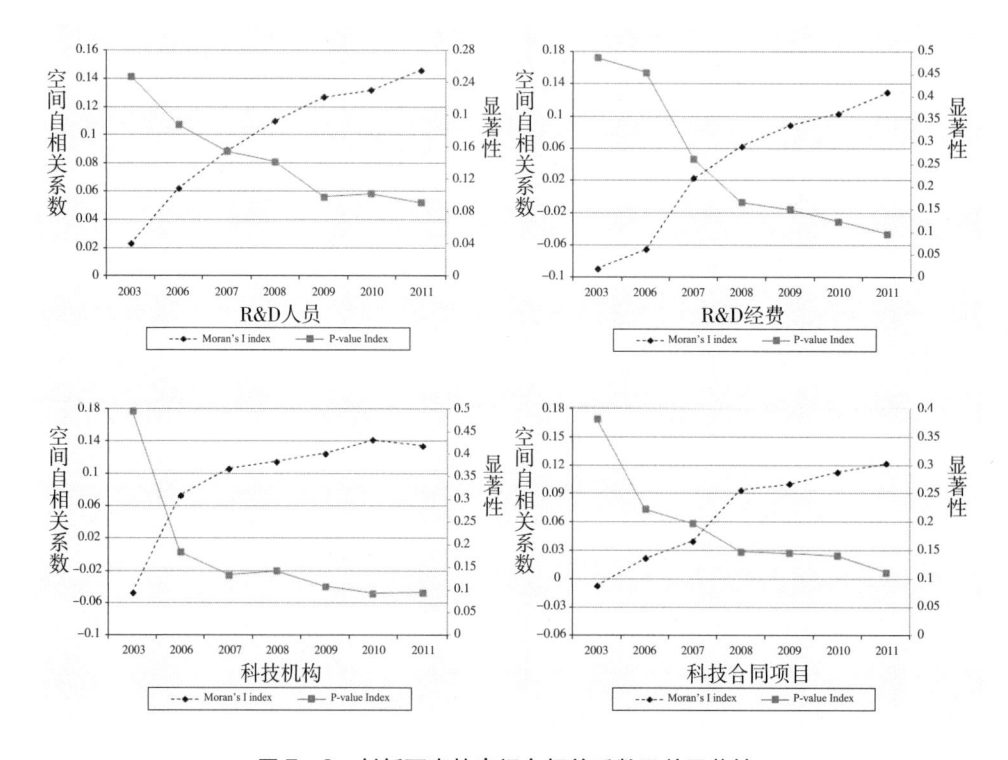

图 7—2　创新要素的空间自相关系数及其显著性

了全域正相关的空间关系，即创新要素集聚水平相似的地区往往在物理空间上形成集中。第二，创新要素的 Moran's I 指数虽有略微的波动，但总体上呈现出上升趋势，这显示了浙江省所有规模以上企业的 R&D 经费支出、R&D 人员数量、科技机构数量以及技术项目合同数这 4 个创新要素的空间依赖性正在不断增强，创新要素集聚高水平的地区趋于和高水平的地区靠拢，低水平地区趋于和低水平地区形成集中，同时区域间整体的差异性正在不断缩小和收敛。第三，2011 年浙江创新要素 R&D 经费支出、R&D 人员数量、科技机构数量以及技术项目合同数的 Moran's I 指数的数值分别为 0.1304、0.1461、0.1354 和 0.1218，所以 R&D 人员的空间依赖性最强，该情况往往由于人力资本较高的流动性所致。

本章以要素流动性最强的 R&D 人员为例研究区域创新要素的全域自相关如何进行演进，如图 7—3 所示为区域创新要素（R&D 人员）分布的时空演变图，其中左上图为 2003 年浙江 R&D 人员的全域分布情况，左下图为对应的 Moran's I 指数，同样，右边分别为 2011 年浙江 R&D 人员的全域分布情况以及其相对应的 Moran's I 指数。

如图 7—3 所示，创新要素的全域分布情况随着时间的推移呈现出了显著的空间变化。2003 年 R&D 人员的 Moran's I 指数为 0.0225，这表明 2003 年浙江各地 R&D

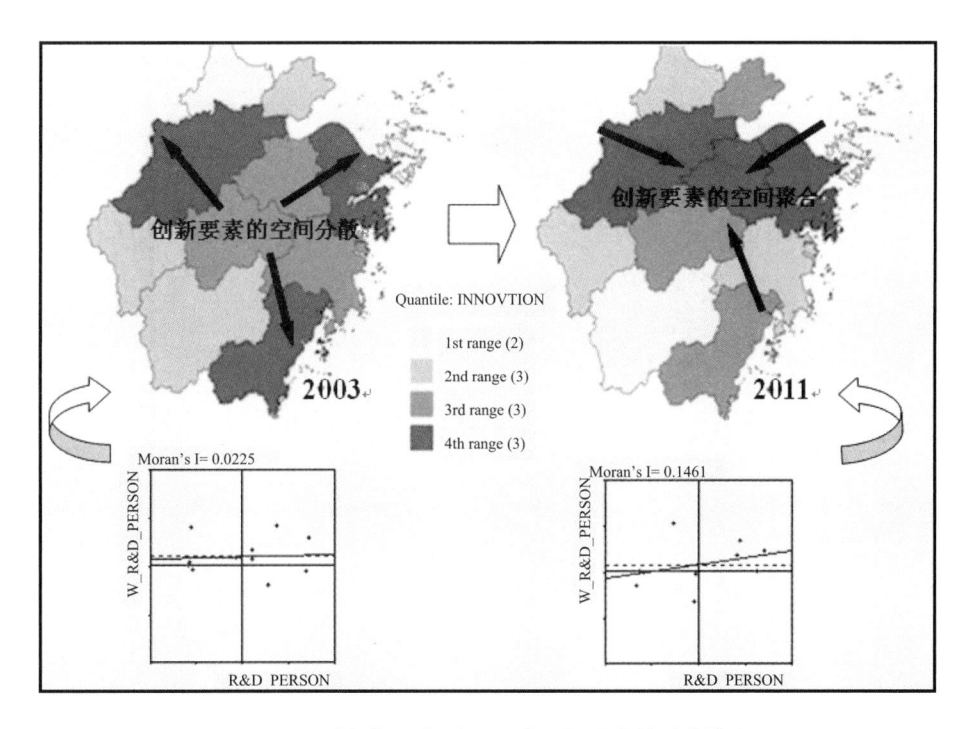

图 7—3　区域创新要素（R&D 人员）分布的时空演变图

注：第一阶梯（1st range）为创新集聚程度最低的区域，依此类推，第四阶梯（4th range）为创新要素集聚程度最高的区域。

人员的分布并未在全域上呈现出十分显著的空间依赖性。由图7—3可见，2003年，R&D人员集聚水平最高的三个地区杭州、宁波和温州在空间上形成了明显的分散和疏远，此时创新要素集聚水平较高的地区和创新要素集聚水平较低的地区在空间分布上呈现出了无序的情况。2011年R&D人员的Moran's I指数为0.1461，相对2003年有较大幅度的提升，表明2011年浙江各地R&D人员的分布在全域上存在着较为显著的空间依赖性，即创新要素集聚水平相似的地区逐渐趋于集中。由图7—3可知，2011年，R&D人员集聚水平最高的三个地区已经变成了杭州、宁波和绍兴地区，且这三个地区在空间上形成了聚合。综上所述，图7—3较为直观地展现了浙江创新要素空间集聚模式的演变过程，从全域空间视角来看，地区创新要素正从"高—低"无序的空间集聚模式逐渐向"高—高"集聚、"低—低"集聚的有序空间集聚模式进行演进。

（二）局部自相关分析

通过创新要素的LISA统计结果如表7—1所示，笔者认为可以对浙江创新要素局部空间集聚情况展开分析。

表7—1 各地区2003年、2008年、2011年创新要素的LISA统计结果

地区	2003年 R&D人员	2003年 科技机构	2008年 R&D人员	2008年 科技机构	2011年 R&D人员	2011年 科技机构
嘉兴	−0.13 (LH)	−0.01 (HH/LH)	−0.04 (LH)	0.05 (HH)	0.30 (HH)	0.26 (HH)
湖州	−0.88 (LH)	−0.48 (LH)	−0.71 (LH)	−0.49 (LH)	−0.56 (LH)	−0.53 (LH)
舟山	0.00 (LH/LL)	0.00 (LH/LL)	0.00 (LH/LL)	0.00 (LH/LL)	0.00 (LH/LL)	0.00 (LH/LL)
绍兴	0.81 (HH)	0.23 (HH)	0.73 (HH)	0.57 (HH)	0.59 (HH)	0.61 (HH)
杭州	−0.19 (HL)	−0.35 (HL)	−0.13 (HL)	−0.28 (HL)	−0.01 (HH/HL)	0.02 (HH)
衢州	−0.08 (LH)	0.06 (LL)	−0.19 (LH)	−0.06 (LH)	0.37 (LL)	−0.09 (LH)

续表

地区	2003年 R&D人员	2003年 科技机构	2008年 R&D人员	2008年 科技机构	2011年 R&D人员	2011年 科技机构
宁波	0.62 (HH)	0.46 (HH)	0.74 (HH)	0.96 (HH)	0.63 (HH)	0.53 (HH)
台州	0.07 (HH)	0.07 (HH)	0.05 (HH)	0.08 (HH)	0.01 (HH/LH)	−0.03 (LH)
金华	−0.02 (LH)	0.01 (LL)	0.01 (HH/LH)	−0.01 (LL)	0.04 (LL)	−0.01 (HL)
丽水	0.11 (LL)	−0.02 (LL)	0.28 (LL)	0.24 (LL)	0.42 (LL)	0.41 (LL)
温州	−0.24 (HL)	−0.44 (HL)	0.13 (HL/LL)	0.07 (LL)	0.05 (LL)	0.18 (LL)

注：括号内为LISA空间统计值所对应的象限位置，HH代表高—高集聚、HL代表高—低集聚、LH代表低—高集聚、LL代表低—低集聚。

一方面，2011年，嘉兴、绍兴、宁波地区的R&D人员和科技机构呈现出了局部正相关的空间特性，这说明不仅嘉兴、绍兴、宁波地区的R&D人员和科技机构的集聚程度较高，并且周边地区R&D人员和科技机构的集聚水平也较高。另一方面，绍兴地区的空间LISA统计值为0.61，明显高于宁波、嘉兴地区，说明在全域范围内，绍兴地区与周边地区的创新要素集聚水平最高，因此，绍兴地区可以被认为是浙江创新要素集聚极。而杭州地区的科技机构空间LISA统计值为0.02，说明虽然杭州与周边地区的创新要素集聚水平构成了"高—高"集聚的情况，但这种局部空间集聚模式并不稳定，往往会随着某一地区创新要素集聚水平的变化而产生演变。另外，丽水和温州地区分别位于L—L象限，说明两地与周边地区的创新要素集聚水平形成了"低—低"集聚的空间分布态势。且两地LISA空间统计值分别为0.41和0.18，表明温州、丽水两地"低—低"集聚的创新要素局部空间关系较为牢固，难以在短期内形成明显的突破。

（三）空间集聚模式的演变路径

结合Moran's I散点图和表7—1浙江各地创新要素局部空间LISA统计结果，笔者刻画了各地创新要素空间集聚模式的演变路径，从而对多重效应空间较量的结果展开分析和论证。如图7—4所示为浙江典型区域的创新要素空间集聚模式的演进路径图（非典型区域的创新要素空间集聚模式暂未表现出明显变化，因此省略）。

由图可知，第一，部分地区创新要素的空间集聚模式从无序向有序开始演进，如

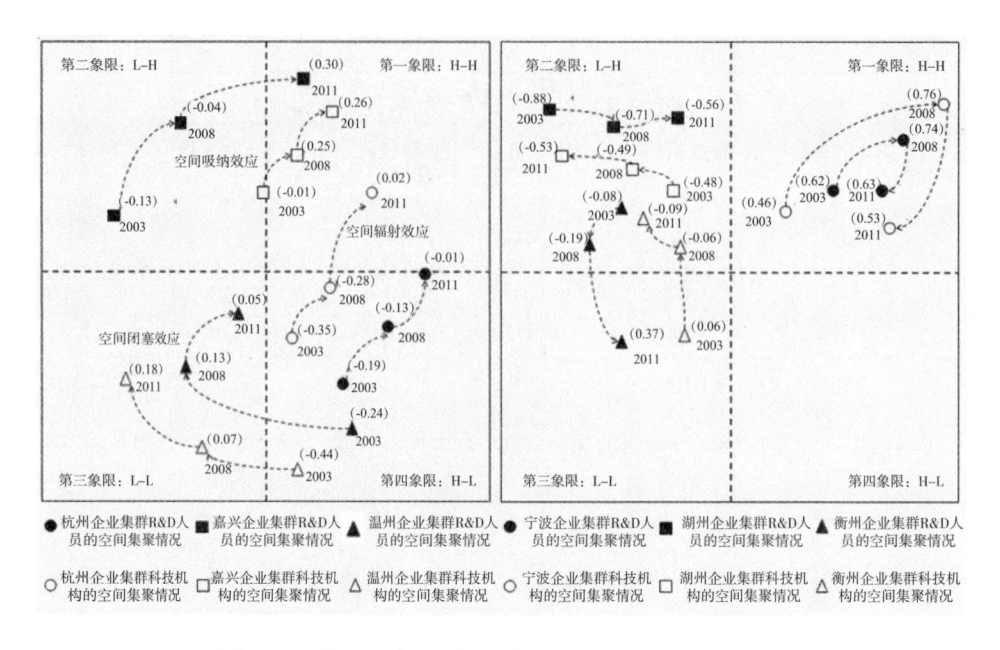

图 7—4　典型区域的创新要素空间集聚模式演进路径图

注：括号内数值为 LISA 空间聚类统计值，2003、2008、2011 分别代表当期年份。其中横轴为变量的观测值向量，而纵轴表示该向量的空间滞后。

杭州地区与周边地区的 R&D 人员和科技机构的空间集聚模式逐渐从"高—低"集聚向"高—高"集聚进行演进，这一结果说明了杭州地区创新要素的空间辐射效应逐渐开始显现，地区创新要素的扩散效应及对周边地区的溢出占据了创新要素集聚的主导，使得杭州和周边地区创新要素集聚程度共同提升；嘉兴地区与周边地区 R&D 人员和科技机构的空间集聚模式逐渐从"低—高"集聚向"高—高"集聚进行演进，这一情况反映了嘉兴地区很好地吸纳了周边地区创新要素的外溢，承接了周边创新要素的流入；而温州地区与周边地区 R&D 人员和科技机构的空间集聚模式逐渐从"高—低"集聚向"低—低"集聚进行退化，说明温州周边地区创新要素集聚的"回流效应"要显著弱于温州地区创新要素集聚的"扩散效应"从而导致了空间闭塞。这些地区创新要素的空间集聚模式不仅体现出了局部无序向局部空间相关的演进，同时也推动了浙江省全域创新要素的空间依赖性的形成。第二，部分地区如宁波、湖州、衢州地区与周边地区 R&D 人员和科技机构的空间集聚模式并未发生较为明显的变化。一方面，周边地区创新要素的局部空间特性正发生着较为明显的变化，这种动态性对当地创新要素的空间依赖性形成了冲击；另一方面，由于空间格局所限，部分处于边缘地区或临界地区的创新要素空间集聚较难形成明显的空间关联性。由此可见，创新要素空间集聚模式具有较为明显的演进规律，伴随着空间辐射效应、空间吸纳效应和空间闭塞效应之间的较量，创新要素的空间分布往往在物理空间上形成高—高集聚或低—低集聚的二元分布态势，从而推动各地创新要素呈现出局部和全域空间上的正向关联性。

第四节　改善区域创新要素空间集聚的对策和建议

通过运用空间数据探索分析方法对2003年、2008年和2011年浙江省内各地区创新要素空间分布情况的分析，结果证实浙江省创新要素的全域分布特性呈现出了明显的空间正相关情况，并且这种空间正向关联程度随着时间的推移正在不断深化，这一情况表明创新要素的空间相关性是一种空间自组织活动，有赖于自我强化和巩固。部分地区创新要素空间集聚模式呈现出了从空间无序向空间有序演进的情况。其中，空间辐射效应、空间吸纳效应以及空间闭塞效应分别推动各地与周边地区创新要素空间集聚模式从高—低、低—高、高—低集聚向高—高和低—低集聚进行演进，最终导致了全域和局部地区创新要素空间集聚模式形成了高—高集聚和低—低集聚的二元分布态势。

创新要素空间集聚模式的演进路径很好地证明了地区经济发展、技术创新无法从整体中剥离出来进行单个研究，地区创新要素的集聚与否并不完全取决于各地区内部的创新要素禀赋、创新鼓励政策以及创新要素基础设施等，在一定意义上受到周边地区创新要素集聚程度的空间挤压，并且这种影响程度随着时间的推移和多重效应空间较量的共同作用而不断加剧。因此，地区在实施技术创新引领经济发展的过程中，应充分考虑地区空间战略分布情况，更多地利用、吸纳周边地区经济辐射和技术扩散，从而达到事半功倍的效果。同时，在技术水平较为落后的地区，要注重推动创新极的发展从而带动周边落后地区的共同发展，避免主导发展地区受周边地区的空间闭塞而产生技术衰退。可见，对于创新要素分布存在空间差异的地区间因打破地区创新要素溢出的市场与体制壁垒，强化创新要素强—弱的全方位合作，以新兴创新功能平台、产业技术研究平台为载体促进人力资本的跨区域流动，推动创新跨区协同，从而带动地区与周边地区创新要素集聚与创新水平的共同提升。最后，研究很好地证实了区域间同质化的创新功能导向和创新基础设施必然引起创新要素集聚极化的空间较量，从而导致创新要素的空间失衡。因此，区域间差异化的创新功能导向和创新战略部署是平衡创新要素空间分布和缓冲空间效应较量的关键所在。

第八章　中小企业的创新要素嵌入与技术创新的关系研究

中小企业的创新与我国经济发展息息相关。目前,我国正处于经济转型期,原有的"资源换发展"以及"环境换发展"等粗放型经济发展方式已经被逐步淘汰出局,取而代之的将是"高技术促发展""新商业模式促发展"等新的经济发展思维。在此过程中,我国中小企业表现出了强大的科技创造力和经济活跃度。中小企业不仅在数量上占绝大多数,而且在刺激城乡经济、满足和提升人民生活、促进就业、优化产业结构和增加财政收入等方面也作出了重大贡献,已经成为促进我国国民经济持续发展和社会稳定的重要支柱。[①]因此,中小企业的成长和发展对于推动社会技术创新发展、增强竞争力、促进一个地区和国家的经济发展具有重要意义。

在"大众创业、万众创新"的背景下,技术创新成为中小企业可持续发展的重要战略。相比于一些大的公司,中小企业在创新这一方面更有优势。一般大公司更愿意选择渐进性创新,而小公司却是突破性创新的源泉。据2012年首届中小市值企业投资论坛报告显示,现实中约有75%的颠覆性创新产品最初都是由科技型中小企业设计研发成功的。突破性创新往往能使行业竞争态势、市场规则发生改变,甚至能令某个行业重新洗牌,使行业发生颠覆性的改变。但是现实中企业突破性技术创新出现的频率是极低的,随之发生的可能是成百上千的失败案例。

随着市场竞争环境的多变,对于本就处于恶劣的生存环境中的中小企业来说,创新更是生存和成长的唯一出路。然而,快速多变的市场环境使得中小企业的创新面临资金、知识、技术、人才等多方面的困难和瓶颈。在此背景下,企业技术创新纷纷采用创新网络这一形式。创新网络是一种为企业技术创新服务的组织形式,网络内各类创新要素的嵌入使得中小企业获取资金、技术、信息等资源更加便利,从

---

① 陈劲、李飞:《中小企业全面创新管理模式关键维度的研究》,《管理工程学报》2009年增刊。

而促进中小企业的技术创新。而网络中不同创新要素的嵌入通过影响网络结构演进，进一步影响技术创新的绩效。创新网络的重构是要素嵌入影响技术创新的一个中间过程。在创新过程中，各类创新要素嵌入使得企业创新网络的结构不断演进以满足创新需求，从而影响企业的技术创新。企业自身属性特征对各类创新要素嵌入的过程形成了个性化的影响，可以认为是在以上过程中起到了调节作用，这也将在本章中得到理论解释。

第一节 核心理论基础回顾及梳理

一、创新要素的相关研究

（一）创新要素的定义及嵌入

要研究创新要素嵌入方式对企业技术创新的影响，首先要明确创新要素的含义。2005年，池仁勇提出创新网络的要素就是网络上结点和联系的组合：基本结点包括中小企业、客户、大学、政府、科研机构等主体，而基本联结包括行为主体之间的人脉关系，基于信息、人力资源、技术等具体形式的经济主体之间的联系，以及技术创新过程中以企业为核心而形成的正式和非正式的联系。[①]2005年，许庆瑞等人也认为创新要素包括主体要素、资源要素和环境要素，主体要素与以往主流研究提出的基本结点类似，即包括高校、科研机构、企业等；资源要素则是创新所需的资金、人力资源、信息等；环境要素包括企业内部自身的软硬实力以及外部创新网络环境等。[②]2007年，朱苑秋、谢富纪提出创新网络要素可以从直接角度和间接角度划分，直接要素包括技术、人力资本和资金，间接要素包括基础服务设施、社会氛围环境和宏观政策。[③]同年，欧庭高、邓旭霞的研究认为，创新网络要素可以分为主体要素（参与创新活动且具备能力的企业）、支撑要素（政府、大学与科研机构、中介组织、金融机构）和市场要素（市场需求），各要素之间通过纽带联结，例如学习机制、激励

---

① 池仁勇：《区域中小企业创新网络形成、结构属性与功能提升：浙江省实证考察》，《管理世界》2005年第10期。
② 许庆瑞、蒋健、郑刚：《各创新要素全面协调程度与企业特质的关系实证研究》，《研究与发展管理》2005年第3期。
③ 朱苑秋、谢富纪：《长三角大都市圈创新要素整合》，《科学学与科学技术管理》2007年第1期。

机制等。①2012 年，贺灵等认为创新网络要素可以分为相互合作的主体、主体之间的互动关系以及企业所处的硬环境和软环境。②

中小企业创新要素在网络中的嵌入实际上代表着网络位置、角色及相互关系，这些属性决定了中小企业对网络中资源的聚集和配置能力，进而影响了中小企业在网络中的行为决策。要素的嵌入方式类型是多样化的，格兰诺维特（Granovetter）将嵌入性分为关系嵌入和结构嵌入，关系嵌入是指在技术创新网络中，一个结点与其他结点间关系的强弱特征，而结构嵌入是指在技术创新网络中，企业所在的地理位置。③哈格顿（Hagedoorn）通过研究跨层次性对组成成员之间联系的影响、对嵌入性进行了详细的层次划分：环境嵌入、组织嵌入和二元嵌入。④其中环境嵌入指宏观环境（国际环境）和中观环境（产业环境）；组织嵌入是指企业之间的联系渠道，其特点在于网络位置，对应结构嵌入型；而二元嵌入是指企业之间一对一的联系（强弱联系），对应关系嵌入型。⑤波利多罗（Polidoro）等人将网络嵌入划分为关系嵌入、结构嵌入和空间嵌入。⑥

表 8—1　创新网络要素分类

要素分类	具体要素	代表学者
结点和联系	基本结点：中小企业、大学、科研机构、政府等主体；基本联结：行为主体之间的人脉关系，经济主体之间的联系，以及技术创新过程中的正式和非正式的联系	（池仁勇，2005）
主体要素、资源要素和环境要素	主体要素：大学、科研机构、企业；资源要素：知识信息、人力资源、资金等；环境要素：内部软硬件创新环境以及外部创新网络环境	（许庆瑞，2005）

---

① 欧庭高、邓旭霞：《创新系统的要素与纽带》，《系统科学学报》2007 年第 3 期。
② 贺灵、单汨源、邱建华：《创新网络要素及其协同对科技创新绩效的影响研究》，《管理评论》2012 年第 8 期。
③ Granovetter M., *Problems of Explanation in Economic Sociology*, Boston: Harvard Business School Press, 1992, pp.25-56.
④ Hagedoorn J., "Understanding the Cross-level Embeddedness of Interfirm Partllership Formation", *Academy of Management Review*, No.3, 2006.
⑤ 哈格顿所划分的宏观环境（国际环境）中的各国文化、法律、政治等的差异分为文化嵌入、法制嵌入和政治嵌入；把中观环境（产业环境）中的与行业协会、研究机构、大学之间的合作称为机构嵌入。以上嵌入类型对企业联系的形成和创新产生影响。
⑥ Polidoro F., Ahuja G., Mitchell W., "When the Social Structure Overshadows Competitive Incentives: The Effects of Network Embeddedness on Joint Venture Dissolution", *Academy of Management Journal*, No.54, 2011.

续表

要素分类	具体要素	代表学者
直接要素和间接要素	直接要素：技术、人力资本和资金；间接要素：基础设施、社会环境和宏观政策	（朱苑秋、谢富纪，2007）
主体要素、支撑要素和市场要素	主体要素：参与创新活动且具备能力的企业；支撑要素：政府、大学与科研机构、中介组织、金融机构；市场要素：市场需求	（欧庭高、邓旭霞，2007）
主体、联系、环境	相互合作的主体、主体之间的互动关系以及企业所处的硬环境和软环境	（贺灵、单汨源、邱建华，2012）

（二）要素嵌入方式与技术创新

创新要素嵌入通过嵌入方式的不同影响创新网络的结构演化，从而影响企业的技术创新。2012年，张秀娥等以中国东北地区中小企业为研究对象，通过对要素嵌入方式（关系嵌入和结构嵌入）、动态能力以及企业成长之间关系的计算研究，建立模型，最终得出，中小企业通过网络嵌入性可以更好地获取所需的信息和资源，更好地掌控环境变化，以应付潜在的风险。[①]2012年，王赛芳等以知识、创新活动性质（突破性或渐进性）和社会资本为变量，研究嵌入方式对创新结果的影响。[②] 实证研究方面，2012年，刘兰剑通过对变量的分类：嵌入方式（关系嵌入、结构嵌入）和创新性质（突破性创新和渐进性创新），引入"跨组织学习"这一中介变量，对网络的嵌入性与企业技术创新之间的关系进行了实证分析。结果显示，企业的关系嵌入性对渐进性技术创新具有正向影响作用，突破性创新更多地受到结构性嵌入的影响。[③]2012年，雷宏振、刘海东通过引入"粘滞知识转移"作为中介变量，研究网络的嵌入性对企业合作创新的影响，结果显示两者之间关系并不显著，关系嵌入与企业合作创新正相关，导致前者不显著的原因可能是因为知识的不契合及粘滞性、企业自身的整合能力以及主体间的文化差异。[④]

除了研究要素嵌入对企业创新、成长的积极作用，一些学者也提出网络嵌入性的负面影响。伍兹（Uzzi）通过对女装企业的研究，发现网络嵌入性确实能够促进企业的边际效益和时间效益，但是当积极影响达到一个值时，企业信息网络闭塞，网络丰富程度降低，结构洞数量减少，从而创新能力降低。基于此，伍兹提出了"嵌入性悖

[①] 张秀娥、姜爱军、张梦琪：《网络嵌入性、动态能力与中小企业成长关系研究》，《东南学术》2012年第6期。

[②] 王赛芳、汤英汉：《网络嵌入性对企业创新能力的影响研究》，《特区经济》2012年第10期。

[③] 刘兰剑：《网络嵌入性与技术创新间关系实证研究》，《工业技术经济》2012年第7期。

[④] 雷宏振、刘海东：《网络嵌入性、粘滞知识转移与企业合作创新》，《经济与管理》2012年第9期。

论"这一理论。①

二、创新网络的相关研究

(一) 创新网络的定义及结构

创新网络是从社会网络的概念演化而来的。随着经济学家将社会网络作为分析方法运用于经济领域,学者们从不同的角度对创新网络进行了定义。

第一,制度安排理论的视角。"创新网络"概念真正的提出者是弗里曼(Freeman),将"创新者网络(Innovation Networks)"和"创新网络(Networks of Innovation)"两个定义放在完全等价的位置,并认为创新网络是一种制度性的安排,其目的是为了系统性创新,且网络是由各个企业之间的合作联系构成的。

第二,生产技术联系理论的视角。基于弗里曼对创新网络的定义和研究,王大洲认为创新网络是围绕企业技术创新过程所产生的正式和非正式联系的综合结构,但是这些联系不仅仅局限于企业之间,还应该包括企业、机构的合作关系。合作关系是网络的要素,与网络相比,合作关系的维度较少,内容也相对单薄。在对硅谷创新的研究中,王大洲又提出,创新网络是一种为了创新而形成的组织形式,其核心是企业,它能够很好地适应易变的技术创新过程和市场环境,其开放性有利于信息的交流和传送。此角度的定义认为,创新网络的出现解决了企业技术、资源获取困难的问题。②

第三,资源依赖理论的视角。王道平、李树丞认为创新网络是一个由交易关系构成的开放性系统,在这个系统里,各个主体之间都具有相关利益关系,共同参与技术和制度的创新,其联系是横向为主的。③ 这一定义强调地理位置靠近,这与企业集群的定义十分相似,侧重于空间上的相近。

第四,社会网络理论的视角。池仁勇教授认为,一个完整的区域中小企业创新网络,是由各个结点及其联系构成的。结点包括企业、大学和研究机构、供给者和消费者以及中介机构等,基本联系包括行为主体的社交网络,以及各主体之间因为合作而产生的正式或非正式的联系。该定义在国内学者间颇具代表性(如张宝建、胡海青、

---

① Uzzi B.,"The Sources and Consequences of Em-beddedness for the Economic Performance of Organizations", *American Sociological Review*, No.61,1996.
② 王大洲:《企业创新网络的进化与治理:一个文献综述》,《科研管理》2001 年第 5 期。
③ 王道平、李树丞:《论区域创新网络与湖南中小企业技术创新》,《湖南社会科学》2001 年第 5 期。

张道宏[1];盖文启、王缉慈等[2])。

第五,网络动态性理论的视角。李新春认为,创新网络是一个动态的组织结构化过程,知识的积累、信息的交流和传递、技术创新趋于市场化等形成的各种正式非正式的联系网一起构成了创新网络。[3]

表8—2 创新网络内涵的代表性观点

理论视角	代表观点	代表学者
制度安排角度	为系统创新而形成的一种制度安排	(Freeman,1991)
生产技术联系角度	围绕企业技术创新产生,联系的主体包括企业和其他机构	(王大洲,2001),(程铭、李纪珍,2001),(孙东川,2006)
资源联系角度	地理上相近的利益相关主体之间长期交易关系的集合	(王道平、李树丞,2001)
社会网络角度	创新过程中企业之间、企业与学校、政府等机构之间形成的横向非正式联络关系	(盖文启、王缉慈,1999),(赵珍,2001),(池仁勇,2005),(张宝建等,2011)
网络动态性角度	动态的组织结构化过程,知识的积累、信息的交流和传递、技术创新的市场化等形成的各种正式、非正式的网络构成	(李新春,2000)

基于创新网络的定义,池仁勇教授认为网络的结构是结点和联系共同组成的,结点是企业等机构的主体,联系则是企业间的合作关系。贺灵等认为网络结构除了结点和联系,还应该包括主体所处的软硬环境。[4]同样,国外学者哈格顿也提出,创新网络的基本结构应该包括网络内的各个组织机构及其之间的二元性关系、环境。[5]

(二)创新网络重构

创新网络的重构是指网络结构的演进,在企业发展的不同阶段,创新网络所呈现的结构是不同的。池仁勇教授将创新网络的发展划分为"产生—发展—稳定—消亡"

---

[1] 张宝建、胡海青、张道宏:《企业创新网络的生成与进化——基于社会网络理论的视角》,《中国工业经济》2011年第4期。
[2] 盖文启、王缉慈:《论区域的技术创新型模式及其创新网络——以北京中关村地区为例》,《北京大学学报》(哲学社会科学版)1999年第5期。
[3] 李新春:《专业镇与企业新网络》,《广东社会科学》2000年第6期。
[4] 贺灵、单汨源、邱建华:《创新网络要素及其协同对科技创新绩效的影响研究》,《管理评论》2012年第8期。
[5] Hagedoorn J., "Understanding the Cross-Level Embeddedness of Interfirm Partllership Formation", *Academy of Management Review*, No.3, 2006.

四个阶段，在网络的发展过程中，成本逐渐高于所能获取的利益，主体之间的关系随之改变，从而导致创新网络的重构。张宝建等将创新网络的进化分为四个阶段：组建—成长—成熟—更替，在更替阶段，企业之间的互锁现象阻碍了外部新的资源、信息的进入，对外部环境反应灵敏的企业率先脱离原有的创新网络，并积极转型，与外部组织建立弱联系，进入网络进化阶段，形成网络动态演化。

（三）企业网络治理能力

企业的网络治理能力是指企业对创新网络的管理和控制能力。它在创新网络重构以及技术创新的过程中起到重要的调节作用。李维安等提出了对网络治理定义的三个层面：网络化环境下的公司治理、组织间网络关系治理和整体网络组织的网络关系治理。[①] 以这三个层面为划分依据，国内外众多学者对网络治理进行了定义。网络化环境角度，顾名思义，就是企业网络治理发生在网络化的环境下，是网络中的企业以及利益相关者为获得利益最大化而展开的治理活动，主要探讨网络内的变化与公司治理之间的关系；从网络组织间的关系角度看，网络治理是组织参与者之间关系的调整，通过经济合约、社会关系的嵌入联系，即交易层面的关系治理，侧重于网络要素嵌入方式的途径对网络治理影响的探讨；从整体网络组织角度看，2013 年，彭正银等在对大量文献总结的基础上，认为网络治理是网络中的各个企业基于资源视角，为实现网络的共享性和协同性对网络组织进行治理。

---

① 李维安、周建：《网络治理：内涵、结构、机制与价值创造》，《天津社会科学》2005 年第 5 期。

表 8—3 网络治理能力的三个层面阐述

层面角度	定　义	代表学者
网络化环境角度	网络中的企业以及利益相关者为实现利益最大化而展开的治理活动，着眼于网络经济、环境对其的影响	(Rowley，1997) [1] (Carpenter&Westphal，2001) [2] (何伟，2003) [3]
网络组织间的关系角度	组织参与者之间的关系安排，通过经济合约、社会关系的嵌入联系	(Dyer J. H.& Singh H.，1998) [4] (Poppo L.&T. Zenger，2002) [5] (彭正银，2003) [6]
整体网络组织角度	网络中的各个企业基于资源视角，为实现网络的共享性和协同性对网络组织进行治理	(彭正银、杨静、汪爽，2013) [7]

三、网络重构与技术创新

(一) 技术创新概念的前沿走向

熊彼特最早提出了"创新"的概念，所谓创新就是建立一种新的生产函数，即实现生产要素和生产条件的一种新组合，包括引进新产品、引进新的生产方法、开辟新市场、控制原材料的新供应来源、实现企业的新组织等。相较大企业而言，中小企业是突破性创新的源泉。

最早对突破性创新作出明确定义的是塔什曼（Tushman），他认为突破性创新是一种需要全新资源和科学技术才能实现的一种高度不连续性创新，常常会开启新的市场和应用，而且突破性创新会改变甚至使现有的市场结构发生颠覆性的改革，对市场上现有的产品和技术也会造成重大的突破与改变。[8] 季丹认为突破性创新是用新的产

---

[1] Rowley T. J., "Moving Beyond Dyadic Ties: A Network Theory of Stakeholder Influence", *Academy of Management Review*, No.4,1997.

[2] Carpenter M. A., Westphal J. D., "The Strategic Context of External Network Ties: Examining the Impact of Director Appointments on Board Involvement in Strategic Decision Making", *The Academy of Management Journal*, No.4,2001.

[3] 何伟：《基于网络经济条件下的公司治理》，《企业经济》2003年第8期。

[4] Dyer J. H., Singh H., "The Relational View: Cooperative Strategy and Sources of Inter-organizational Competitive Advantage", *Academy of Management Journal*, No.4,1998.

[5] Poppo L., Zenger T., "Do Formal Contracts and Relational Governance Function Substitutes or Complements?", *Strategic Management Journal*, No.23,2002.

[6] 彭正银：《网络治理：理论与模式研究》，经济科学出版社2003年版，第177页。

[7] 彭正银、杨静、汪爽：《网络治理研究：基于三层面的评述》，第八届（2013）中国管理学年会——公司治理分会场论文集，2013年12月。

[8] Michael L. Tushman, "Philip Anderson. Technological Discontinuities and Organizational Environments", *Administrative Science Quarterly*, No.3,1986.

品或服务吸引市场上的消费者,然后开启新的市场、概念行业竞争。[1] 陈劲指出,突破性创新是新产品进入市场然后慢慢占据市场最终打败原有产品赢得市场的过程。[2] 张洪石把突破性创新简单概括为创造了全新产品特色的或者是在原来产品基础上有很大的改进的一项产品、工艺或者服务。他指出突破性创新是有能力、有资源对技术进行持续改进的行业规则改变者。[3] 秦剑认为突破性创新是在理念、技术上的更新,在成本缩减的基础上进行新产品、新工艺和新商业模式的开发。[4] 秦辉认为突破性创新是一种突破性技术产生的创新,这种技术是工程和科学原理上的改变和突破,并且这种创新会反映在产品和技术层面。[5] 柳卸林认为突破性创新是运用全新的知识或者进行知识的融合,使具有全新功能的产品出现在市场上。[6] 王志玮提出突破性创新是企业运用技术,引用低端用户或者通过改变商业模式拓展的一种不连续性创新。[7]

在以上研究的基础上,可以归纳出突破性创新的特点:(1) 突破性创新往往运用了新技术、新理念;(2) 突破性创新往往会在产品、技术或者商业模式上体现出来。可能是产品的更新、成本的大幅减少,或者是技术的革新又或者是开启一种新的商业模式;(3) 突破性创新会使原来的市场格局受到毁灭性的打击,甚至改变整个市场形式,使得新的企业崛起旧企业衰败。

(二) 网络重构与技术创新

网络的生命周期理论为研究创新网络重构提供了思路,不同阶段网络的结构属性影响企业的技术创新。任胜钢从结构、关系两个维度[8]来表征创新网络重构的属性变化,研究结果表明网络集中度与创新能力相关性不强,另外,网络开放度、结构洞、强联系和弱联系对区域创新能力有显著影响。[9] 于明洁在研究区域创新网络结构对区域创新效率的影响研究中指出:网络规模、创新网络的开放性、网络结构洞和网络联

---

[1] 季丹、郭政:《破坏性创新概念比较与识别》,《经济与管理》2009 年第 5 期。
[2] 陈劲、戴凌燕、李良德:《突破性创新及其识别》,《科技管理研究》2002 年第 5 期。
[3] 张洪石、卢显文:《突破性创新和渐进性创新辨析》,《科技进步与对策》2005 年第 2 期。
[4] 秦剑:《高绩效工作实践系统知识扩散与突破性创新》,《科研管理》2012 年第 1 期。
[5] 秦辉、傅梅烂:《渐进性创新与突破性创新:科技型中小企业的选择策略》,《软科学》2005 年第 1 期。
[6] 柳卸林:《不连续创新的第四代研究开发兼论跨越发展》,《中国工业经济》2000 年第 9 期。
[7] 王志玮:《企业外部知识网络嵌入性对破坏性创新绩效的影响机制研究》,博士学位论文,浙江大学,2010 年。
[8] 结构维度分为网络规模、网络结构度、网络开放度、结构度四个方面;关系维度分为强关系、弱关系。
[9] 任胜钢、胡春燕、王龙伟:《我国区域创新网络结构特征对区域创新能力影响的实证研究》,《系统工程》2011 年第 2 期。

结的强度四个方面都是对区域创新效率有正相关的关系。[①] 蔡宁则从网络关系的强弱论证了对企业技术创新的影响，弱关系具有较好的信息传播效果，可以大幅度降低知识获取成本，因此弱关系对探索式创新有一定的促进作用，而强关系对利用式创新有更显著的影响。[②] 潘松挺对强弱关系与企业创新绩效有了进一步的研究，他表示弱关系有利于提升企业突破性技术创新的绩效，强关系则是有利于渐进性技术创新。[③] 池仁勇在关于创新网络结点对创新的影响的研究中指出，网络结点对技术创新的影响作用是积极的。因为网络结点能够使中小企业共享资源，加强技术、信息的交流与合作，并且还能起到分摊风险、压力的作用。[④]

第二节 中小企业创新要素嵌入模型建构

一、创新网络的重构

（一）创新网络的结构

创新网络的重构即是网络结构的演化，在上一节中提到，网络的构成包括网络中的主体及联系以及所处的环境。而对于这些结构的表征，王发明等用聚集程度、平均最短路径长度以及密度分布三个静态变量来描述。[⑤] 池仁勇教授设计了网络规模、密度、中心度、节点距离、网络直径等多个指标对网络结构进行描述。这些指标的变化直观地反映了网络结构的变化。在中小企业的发展过程中，其创新网络的规模、密度以及聚集程度等都会发生演变。而本章提出的网络重构，就是指创新网络结构的演化和提升，研究在结构的演化过程中，技术要素、市场要素以及社会要素嵌入对创新网络密度、中心度等属性的影响过程，并观察企业网络治理能力的调节作用。

[①] 于明洁、郭鹏、张果：《区域创新网络结构对区域创新效率的影响研究》，《科学学与科学技术管理》2013年第8期。

[②] 蔡宁、潘松挺：《网络关系强度与企业技术创新模式的耦合性及其协同演化——以海正药业技术创新网络为例》，《中国工业经济》2008年第4期。

[③] 潘松挺、郑亚莉：《网络关系强度与企业技术创新绩效——基于探索式学习和利用式学习的实证研究》，《科学学研究》2011年第11期。

[④] 池仁勇：《区域中小企业创新网络的结点联结及其效率评价研究》，《管理世界》2007年第1期。

[⑤] 王发明、蔡宁、朱浩义：《基于网络结构视角的产业集群风险研究——以美国128公路区产业集群衰退为例》，《科学学研究》2006年第6期。

(二) 网络结构的演化方向

创新网络的结构会随着企业发展阶段的不同而演化，企业间的交易成本、强弱联系发生改变，并最终导致网络结构的演化和提升。

以上海浦东新区的生物医药产业园区为例，来阐述创新网络结构的演化方向。该医药产业园内，集聚了国外医药产业巨头和我国本土的中小医药企业，国外巨头例如安利等企业的研发技术、资金力量、市场资源等都远远优于依赖于药物、器械制造的中小企业。本土企业仅依靠于跨国企业单一的业务联系，网络还未形成；随着与跨国医药企业合作的加强，技术、资金等资源外溢，本土企业通过学习等机制获得这些要素，这使创新网络规模开始扩大，网络内企业之间的联系数量也开始增加，出现结构洞，本土企业的网络地位有所提升，它们不再满足于获取跨国企业的外溢效应，开始增加 R&D 投入，并开始与大学、研发机构等建立联系，网络结构趋于丰富，规模进一步扩大，企业联系也更加紧密，结构洞数量增加；随着网络发展趋于成熟，企业趋于开拓外部市场，与原本网络外部的组织建立弱联系，获取来自外部的资源，网络界限变得模糊。

基于以上论述，本章认为网络结构演化方向为：网络规模和密度越来越大，联结的结点类型越来越丰富，联系数量和结构洞数量变多，网络地位提升，网络中心度加强。

二、创新要素嵌入

要素嵌入之所以能够影响创新网络的演变和重构，是因为企业在发展新的合作关系时面临的不确定性，为了降低这种风险，就需要更多地掌握合作伙伴的信息，而这些信息来自于合作经验和第三方。所谓的合作经验和第三方，与企业的关系嵌入和结构嵌入密切相关。企业在创新过程中会与新的合作对象建立新的合作联系，并且会提升在网络中的地位以期获得更多信息。这使得其网络的密度和中心度发生改变。基于以上论述，本章从网络密度和网络中心度两个方面来研究要素嵌入对网络结构的影响。

(一) 技术要素嵌入

在创新型企业的要素构成上，技术要素占有主要地位，并因其先进性、无形性、高风险性和高收益性而在商品生产中具有十分重要的地位和作用。技术要素可以细分为物化形式和人力形式，以便更好地观察技术要素嵌入的影响。

在创新萌芽阶段，企业因网络内其他主体的溢出效应，开始新产品或者新工艺的制造，在这一阶段，企业会进行技术要素的前端搜索、技术知识的学习，对技术信息进行收集，与相关主体建立弱联系，开始网络结构的初步演变。在技术获取阶段，技术获取模式会改变企业与其他网络成员之间的联系密度和强度，网络内结构洞的数量也会发生改变，对创新网络结构、主体、关系等的演化产生影响。例如与其他机构合作开发，就会导致企业与网络内的其他企业、大学或者研究机构产生正式或者非正式的联系，改变原有网络密度；网络内资金、技术、人员等的流入，改变企业在网络中的节点位置和信息技术角色，从而影响网络中心度的结构演化。

综上所述，技术要素的嵌入在网络结构的演化中具有重要的作用，对网络密度和中心度产生影响。因此，本章提出如下假设：

假设1a1：物化形式的技术要素嵌入对企业创新网络密度具有显著的正向影响。

假设1a2：人才形式的技术要素嵌入对企业创新网络密度具有显著的正向影响。

假设1b1：物化形式的技术要素嵌入对企业创新网络中心度具有显著的正向影响。

假设1b2：人才形式的技术要素嵌入对企业创新网络中心度具有显著的正向影响。

（二）社会要素嵌入

对于社会要素并没有明确的定义，它是对社会资源嵌入的一种概括。例如政府政策、社会创新环境、企业中个人的社交网络等。胡明勇等认为政府政策可以通过增加公共研究投入、直接补助或者税收优惠等方式对企业创新进行补助，降低企业技术创新的成本。[①] 这些政策工具将会对创新网络密度和中心度产生影响：公共研究的投入会使得大学、研究机构等主体数量增加，企业与其的联系也会强化；直接补助、税收优惠等降低了企业创新成本，激励企业进行科技创新，可能会导致知识溢出，改变现有企业之间的联系和网络地位。社会创新环境除了作为一种精神文化层面的向导，对企业创新活动起到引导和推进的作用，还包括为创新提供便利的基础设施。除了以上宏观层面，本章认为社会要素还与企业中个人的社交网络相关。企业中高层的社会地位和社交网络会影响企业的某些决策过程，使得企业之间形成业务联系、股权联系、资金联系等联结，改变原有的网络结构。综上所述，社会要素嵌入对创新网络的密度和中心度演化产生影响，对此，本章提出如下假设：

假设2a：社会要素嵌入对企业创新网络密度具有显著的正向影响。

假设2b：社会要素嵌入对企业创新网络中心度具有显著的正向影响。

---

① 胡明勇、周寄中：《政府资助对技术创新的作用理论分析与政策工具选择》，《科研管理》2001年第1期。

（三）市场要素嵌入

首先，市场要素在创新网络中占有重要地位，市场的拉动作用是企业创新的动力。企业根据市场走向，与其他网络主体建立正式或者非正式的合作关系，进行产品的研发和生产。其次，市场要素的嵌入例如市场的供需状况、价格情况、销售数量等，都会促使企业改变现有联系以规避风险，从而使得创新网络的结构得到调整。黄元生在产业周期划分的基础上，分析了市场特点对创新的影响。[①] 在衰退期，市场潜在需求的持续积累会提高企业创新的积极性。市场衰退期是产业内各个企业竞争的一个新起点，创新网络的重构多发生在这一时期。最后，市场要素的推动作用，使得企业的合作对象和联系数量发生改变，企业所拥有的创新网络密度发生改变；且各类资源的流动改变企业的技术能力和网络地位，导致其创新网络中心度变化。据此，本章提出以下假设：

假设3a：市场要素嵌入对企业创新网络密度具有显著的正向影响。

假设3b：市场要素嵌入对企业创新网络中心度具有显著的正向影响。

三、网络治理能力的调节作用

（一）对技术要素嵌入的调节

在企业产生创新需求，企业会对创新需求进行分析，定位技术要素的类型；在进行前端技术搜索时，企业会对获取成本评估，决定获取模式；决策之后，企业与网络内的其他企业、大学、研究机构等主体进行沟通、谈判，打破原有的创新网络，构建起新的契约、合作关系，进行创新网络的重构。企业的网络治理能力还会对技术要素内化进行调节和安排，从而影响企业在创新网络中的技术信息地位。因此，本章提出以下假设：

假设1c1：网络治理能力对物化形式的技术要素嵌入影响企业创新网络密度的过程起到显著的正向调节作用。

假设1c2：网络治理能力对人才形式的技术要素嵌入影响企业创新网络密度的过程起到显著的正向调节作用。

假设1d1：网络治理能力对物化形式的技术要素嵌入影响企业创新网络中心度的过程起到显著的正向调节作用。

假设1d2：网络治理能力对人才形式的技术要素嵌入影响企业创新网络中心度的

[①] 黄元生：《技术创新社会动因的经济分析》，博士学位论文，华北电力大学，2005年。

过程起到显著的正向调节作用。

(二) 对社会要素嵌入的调节

企业网络治理能力对于社会要素的调节主要表现在企业对于社会性要素的敏感度和经营方式。从宏观层面看，企业对于社会创新趋势的感知、对政府政策的争取和利用等行为都会对企业创新网络的密度和中心度产生影响。从微观层面讲，企业领导层对于个人社交网络的经营和维护也会影响企业与其他组织之间联合的构建和完善。因此，本章提出以下假设：

假设2c：网络治理能力对社会要素嵌入影响企业创新网络密度的过程起到显著的正向调节作用。

假设2d：网络治理能力对社会要素嵌入影响企业创新网络中心度的过程起到显著的正向调节作用。

(三) 对市场要素嵌入的调节

市场环境瞬息万变，企业在市场网络方面的治理能力对企业的生存和生长起到重要作用。在市场要素嵌入的过程中，企业需要分析已获得的价格、销售量、竞争对手及其市场定位等数据，来实现企业对创新活动的控制，尤其在成本和风险等方面。企业在市场方面的投入以及对于市场人才的引进都是网络治理能力的重要内容。因此，本章提出以下假设：

假设3c：网络治理能力对市场要素嵌入影响企业创新网络密度的过程起到显著的正向调节作用。

假设3d：网络治理能力对市场要素嵌入影响企业创新网络中心度的过程起到显著的正向调节作用。

基于以上论述，提出以下研究框架：

本章从技术要素、社会要素以及市场要素嵌入三个层面研究要素嵌入对创新网络结构演化，即网络密度和中心度变化的影响，并引入网络治理能力的这一调节变量。网络结构的变化是对企业技术创新过程的表征，要素嵌入对结构演化的影响过程其实也是对企业技术创新的影响过程。

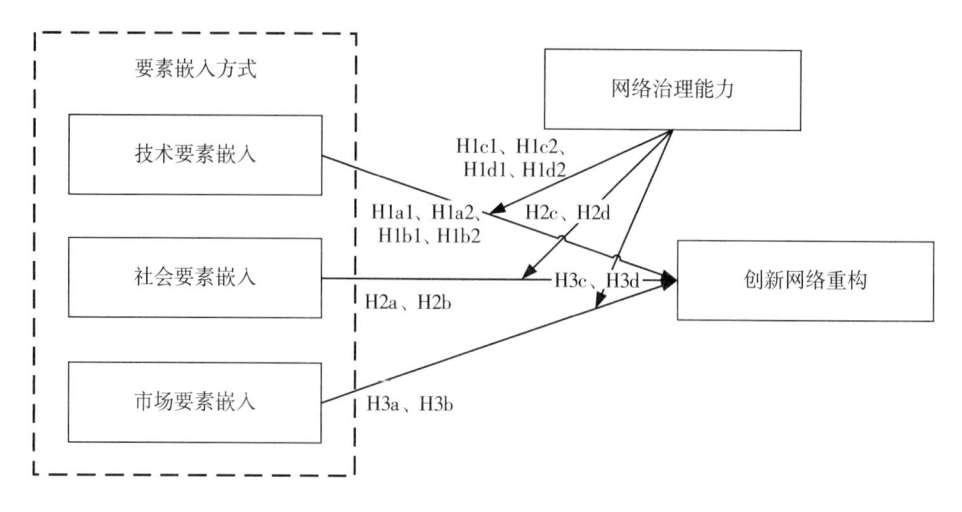

图 8—1 本章的研究框架

第三节 实证检验与结果讨论：浙江省数据

一、变量选择与测度

(一) 解释变量的测度

本章研究内容中主要设计的解释变量有技术要素嵌入方式、社会要素嵌入方式以及市场要素嵌入方式。基于上一节理论假设的有关阐述和分析，本节具体提出变量的测度依据和测度方式。

1. 技术要素嵌入的测度

对于技术要素的嵌入，现有的研究对其的测度主要集中在企业的研发投入和技术获取模式两个方面。在企业研发投入方面，可以测度的变量有研发人员投入量、研发人员占全体员工的比例、研发经费的投入和研发经费占销售收入的比例等。有研究表明，研发人员的投入对新产品的开发产生显著的影响，而研发经费的投入则是对专利申请数量、新产品的产出和销售量存在显著影响。而对于技术获取模式的测度，主要是从企业自主研发、合作研发、购买引进等维度测度。结合现有文献的测量题项，本章认为，企业与其他组织机构的合作频次、研发人员的引进都会影响企业与网络内其他企业之间的联系，也会影响本企业自身的技术能力。关于技术要素嵌入的测度项具体见表8—4。

表8—4 技术要素嵌入的测度

变量	子维度	测量题项	主要依据文献	数据来源
技术要素嵌入	物化载体	企业与外部技术合作频次	Caloghirou Y., Kastelli I., Tsakanikas A.,2004①	企业问卷调查
	人才载体	企业外聘的技术人员比例	池仁勇、周丽莎、张化尧②	企业问卷调查

2. 社会要素嵌入的测度

对于社会要素的嵌入，现有的测度视角主要是政府政策偏移、企业社交网络、相关金融服务机构等。政府政策偏移测度主要是从企业受到政府的支持力度、重视程度等维度测量的。此外，企业个人社会网络、企业个人所拥有的社会关系会影响企业行为，从而影响企业网络结构。例如，企业中高层的社交网络、政治地位等。本章内容的研究对象是中小企业，其力量薄弱，政府对其的补助和扶持对其成长和发展具有重要作用，因此，关于社会要素嵌入的测度项具体见表8—5。

表8—5 社会要素嵌入的测量

变量	测量题项	主要依据文献	数据来源
社会要素嵌入	企业受政府扶持额度	（李伟铭、崔毅、陈泽鹏、王明伟，2008）③	企业问卷

3. 市场要素嵌入的测度

市场要素嵌入对创新网络结构演化的影响主要是通过市场反馈实现，企业根据市场所反映的价格、销售量等信息，来调整创新网络的联系数量和结点对象，以生产适应市场需求的产品。本章用新产品输出来表述市场要素嵌入对创新网络重构及创新的影响。关于市场要素嵌入的测度项具体见表8—6。

---

① Caloghirou Y., Kastelli I.,Tsakanikas A., "Internal Capability and External Knowledge Sources: Complements or Substitutesfor Innovative Performance?", *Technovation*,No.24,2004.
② 池仁勇、周丽莎、张化尧：《企业外部技术联系渠道与技术创新绩效的关系》，《技术经济》2010年第10期。
③ 李伟铭、崔毅、陈泽鹏、王明伟：《技术创新政策对中小企业创新绩效影响的实证研究——以企业资源投入和组织激励为中介变量》，《科学学与科学技术管理》2008年第9期。

表 8—6 市场要素嵌入的测量

变量	测量题项	主要依据文献	数据来源
市场要素嵌入	企业新产品销售额占总销售额的比例	（贺灵、单汨源、邱建华，2012）；（季应波，1999）	企业问卷调查

（二）被解释变量的测度

关于网络结构，常规的测度方式包括聚集程度、平均最短路径和密度分布、网络规模、密度中心度等等。[1] 本章从网络密度和网络中心度来表现网络结构的演化和企业技术创新过程的发展，选择中小企业产品的扩大程度和技术独立程度，可以表现中小企业的网络地位以及创新的成功度。具体的测量指标及依据见表 8—7。

表 8—7 创新网络结构的测度及依据

变量	子变量	测量题项	数据来源
创新网络结构	网络密度变化	企业产品范围的扩大程度	企业问卷
	网络中心度	企业技术创新的技术独立程度	企业问卷

（三）调节变量的测度

本章的理论研究内容已将网络治理能力归纳为中小企业对于创新网络的管理和控制，在技术要素嵌入过程中，企业网络治理能力更多表现为对于技术要素的吸收内化能力；在社会要素嵌入过程中，网络治理能力主要表现为对社会资源、社交网络等的经营；在市场要素嵌入过程中，网络治理能力表现为对市场信息和市场环境的处理能力。而企业的创新战略，是从企业的经营目标出发，涵盖创新战略决策、市场及政府激励机制、组织运行机制、人才管理等方面，[2] 能够全面体现企业对于创新网络的治理能力。基于此，本章认为网络治理能力测量题项如表 8—8 所示。

表 8—8 网络治理能力的测度

变量	测度题项参考维度	数据来源
网络治理能力	企业是否具有明确的创新战略	企业问卷

---

[1] 寿涌毅、孙宇：《集群企业创新来源、技术能力及创新绩效关系研究》，《管理工程学报》2009 年增刊。
[2] Michael E. Porter, "Clusters and the New Economics of Competition", *Harward Business Review*, No.6,1998.

（四）控制变量的测度

为了控制一些属性变量对本章实证研究结果的影响，笔者在分析模型中引入了若干控制变量，主要包括企业的年龄属性和企业的规模属性。

第一，企业年龄。企业的网络结构形态会随着企业年龄的增长而变化，处于不同生命阶段的企业，所拥有的网络规模和网络地位均不相同，故其创新网络的演化特点也会不同。

第二，企业规模。企业的规模越大，对技术、市场等信息的获取越迅速，对社会环境的适应度也越高。因此，本章引入企业规模这一控制变量，采用企业员工人数作为测量题项。

二、研究方法与数据来源

（一）研究方法

本章采用演绎推理与实证分析相结合的方法，对中小企业创新网络重构与要素嵌入方式、企业网络治理能力之间的关系进行研究。研究数据主要来自于面向浙江省高新技术企业的问卷调查数据，研究工具主要采用SPSS20.0软件对有效问卷数据进行实证分析。

（二）数据来源

本次研究的样本数据采集主要是通过浙江省科技厅及浙江省高新技术企业协会的双重渠道，面向2013年10月前登记在册的浙江省高新技术企业协会会员中浙江省籍中小型高新技术企业群体，总体目标企业样本数量为958家。笔者主要利用电子邮件、邮寄纸质问卷以及电话联系等方式分三轮进行数据收集。截至2014年3月底，问卷的总体回收率为33.4%，剔除回答不规范、内容缺失、答题项无效等问卷21份，最终整理得到有效问卷298份，经过初步数据检验，显示数据的内部信度较高，适合作为实证分析的样本数据。

根据国家统计局发布的行业分类标准，选择属于制造业部门的中小企业进行实证分析。制造业门类中包含30个大类，行业涉及纺织、机械、电子通信、金属非金属、医药等，内容丰富，且跨越传统行业和新兴行业，数据具有较好的代表性。笔者依据以上划分标准，并剔除答题项无效的问卷之后，最终选取131份问卷作为样本进行实证分析。样本企业数据的行业分布情况如表8—9所示。

表8—9　问卷调查对象行业分布情况

传统制造行业		新兴制造行业	
纺织业	9	高端设备制造产业	8
电子设备、机械制造	47	生物医药产业	17
化工、燃料、涂料	23	新材料产业	6
汽车零部件、通用专用设备制造	13	有色金属冶炼	2
轻工、包装制造	3		
其他	3		
合计	98		33

三、数据处理过程

（一）描述性统计分析

首先，笔者对数据进行描述性统计，本章的问卷设计是由主观量表题和客观数据题组成的，由于企业规模、年龄及企业自身实力等的差异，导致客观数据的差别偏大，故标准差偏大。其次，中小企业的技术要素嵌入、社会要素嵌入、市场要素嵌入的各项测度数据基本趋向于中间水平。总体分析来看，被解释变量、调节变量的量表数据均分布在中间水平，样本的描述性特征分析结果基本处于合理范围。

表8—10　描述性统计分析表

变量名	样本数	最小值	最大值	平均值	标准差
物化形式的技术要素嵌入	131	5.00	35.00	19.87	7.87
人才形式的技术要素嵌入	131	4.37	64.71	17.25	8.46
社会要素嵌入	131	2.73	29068.00	964.99	2986.03
市场要素嵌入	131	2.95	100.00	59.28	25.55
网络密度	131	1.00	7.00	4.89	2.16
网络中心度	131	1.00	7.00	3.72	1.68
网络治理能力	131	1.33	7.00	5.39	0.91

注：制造业中分为传统制造业和新型科技型制造业，相比较而言，后者受到政府更大的扶持，因而导致本项数据极值相差较大。

（二）相关性分析

数据的相关分析是对变量之间相关关系的初步检验，本章采取皮尔逊系数来表示相关程度，结果如表8—11所示。

从表8—11中可以看出，中小企业的技术要素嵌入、社会要素嵌入、市场要素嵌入均与被解释变量网络结构存在相关关系,并且人才形式的技术要素嵌入和社会要素嵌入与网络密度显著正相关,市场要素嵌入与网络中心度显著正相关。相关性分析表初步表述了变量之间的相关方向,但并不能说明因果关系和排除变量之间的相互影响,因此需要通过回归分析来继续验证。

表 8—11 相关性分析表

变量名	1	2	3	4	5	6	7	8	9
1. 物化形式技术嵌入	1	−0.04	0.08	−0.14	0.13	0.12	0.08	0.08	0.24**
2. 人才形式技术嵌入	−0.04	1	−0.03	0.04	0.20*	−0.01	−0.13	−0.18*	−0.04
3. 社会要素嵌入	0.08	−0.03	1	0.05	0.19*	−0.10	0.37**	0.10	0.04
4. 市场要素嵌入	−0.14	0.04	0.05	1	0.05	0.32**	−0.06	−0.27**	−0.02
5. 网络密度	0.13	0.20*	0.19*	0.05	1	−0.08	0.09	−0.04	0.06
6. 网络中心度	0.12	−0.00	−0.10	0.32**	−0.08	1	−0.09	−0.04	0.02
7. 企业规模	0.08	−0.13	0.37**	−0.06	0.09	−0.09	1	0.10	0.13
8. 企业年龄	0.08	−0.18*	0.10	−0.27**	−0.04	−0.04	0.10	1	−0.11
9. 网络治理能力	0.12	0.11	0.16	0.25**	0.68**	0.36**	0.05	−0.07	1

注:* 表示在 0.05 级别(双尾)显著,** 表示在 0.01 级别(双尾)显著。

(三)回归分析

在相关性分析的基础上,进行回归分析,以进一步验证变量间的关系。

在进行回归分析之前,要先对解释变量是否存在多重共线性进行检验。一般认为,VIF 值在 0—10 之间,则变量之间不存在多重共线性。回归模型的 VIF 值在 0—2 之间,可以判断出变量之间不存在多重共线性的问题。

被解释变量分为网络密度和网络中心度两个维度,故分两次进行逐步回归。

首先,放入控制变量得到模型 1;然后在模型 1 的基础上依次加入单个解释变量得到模型 2 至模型 4 和模型 8 至模型 10;其次,放入所有解释变量得到模型 5 和模型 7;最后,在模型 5 和模型 7 中放入调节变量与解释变量的交乘项,得到模型 6 和模型 12。如表 8—12 所示。

表8—12 研究模型主效应的回归分析结果

变量名	网络密度						网络中心度					
	模型1	模型2	模型3	模型4	模型5	模型6	模型7	模型8	模型9	模型10	模型11	模型12
控制变量												
企业规模	0.10 (1.12)	0.11 (1.31)	0.33 (0.74)	0.10 (1.13)	0.04 (0.54)	0.17 (2.06)	-0.09 (-1.01)	-0.10 (-1.14)	-0.06 (-0.66)	-0.08 (-0.93)	-0.06 (-0.65)	-0.03 (-0.28)
企业年龄	-0.05 (-0.56)	-0.02 (-0.27)	-0.70 (0.49)	-0.04 (-0.40)	-0.02 (-0.31)	-0.04 (-0.66)	-0.03 (-0.32)	-0.04 (-0.46)	-0.02 (-0.27)	0.06 (0.69)	0.06 (0.75)	0.08 (0.99)
解释变量												
物化形式的技术要素嵌入		0.13 (1.54)		0.03 (0.50)	0.04 (0.30)			0.13 (1.51)			0.14+ (2.17)	-0.04 (-0.26)
人才形式的技术要素嵌入		0.21* (2.41)		0.13* (2.00)	0.26 (1.91)			0.02 (-0.22)			-0.05 (-0.57)	-0.28 (-1.73)
社会要素嵌入			0.19* (1.99)	0.08 (1.16)	0.79 (3.03)				-0.08 (-0.79)		-0.16+ (-1.85)	-0.07 (-0.20)
市场要素嵌入				0.05 (0.51)	-0.13+ (-1.85)	-0.07 (-0.55)				0.33*** (3.79)	0.28** (3.31)	-0.10 (-0.65)
调节变量												
网络治理能力					0.68*** (10.06)	1.03*** (3.64)					0.31*** (3.63)	-0.87* (-2.49)
交乘项												
物化形式的技术要素嵌入×网络治理能力						-0.03 (-0.14)						0.36 (1.39)
人才形式的技术要素嵌入×网络治理能力						-0.24 (-1.14)						0.44+ (1.73+)
社会要素嵌入×网络治理能力						-0.81** (-2.84)					-0.010 (-0.29)	-0.10 (-0.29)
市场要素嵌入×网络治理能力						-0.12 (-0.52)					0.84** (3.05)	0.84** (3.05)

续表

变量名	网络密度						网络中心度					
	模型1	模型2	模型3	模型4	模型5	模型6	模型7	模型8	模型9	模型10	模型11	模型12
R^2	0.01	0.07	0.04	0.01	0.51	0.54	0.01	0.03	0.01	0.11	0.15	0.32
F	0.73	2.40	1.81	0.57	17.97	12.85	0.60	0.89	0.61	0.24	3.72	4.97

注：*** 表示 $P<0.001$，** 表示 $P<0.01$，* 表示 $P<0.05$，+ 表示 $P<0.1$。

在对主效应的验证过程中，模型2至模型4分别将技术要素嵌入、社会要素嵌入、市场要素嵌入三大自变量单独与网络密度进行回归分析，结果显示解释变量系数分别为0.13（物化形式要素嵌入）、0.21（人力形式要素嵌入）、0.19（社会要素嵌入）、0.05（市场要素嵌入）。其中，人才形式的技术要素嵌入、社会要素嵌入均在5%的水平上通过显著性检验，这表明人才形式的技术要素嵌入、社会要素嵌入这两个变量能单独对网络密度的演化起到显著影响，影响强度系数分别为0.21、0.19。

同理，模型8至模型10将三大解释变量单独与网络中心度进行回归分析，结果显示其系数分别为0.13（物化形式要素嵌入）、0.02（人力形式要素嵌入）、−0.08（社会要素嵌入）、0.33（市场要素嵌入）。其中，市场要素嵌入这一变量在0.1%的水平显著，这表明市场要素嵌入对网络中心度单独起到显著影响作用，其影响强度系数为0.33。

将模型2至模型4与模型5对比，解释变量人才形式的技术要素嵌入依然显著，回归系数为0.13，显著性水平为5%，说明该变量对网络密度产生显著的正向影响，假设1a2得到验证；而市场要素嵌入显著性上升，在10%水平显著，回归系数为−0.13，这说明该变量对网络密度产生显著的负向影响，假设3a未得到验证。

将模型8至模型10与模型11进行对比，可以发现物化形式的技术要素嵌入、社会要素嵌入均在10%的水平上通过显著性检验，市场要素嵌入则是在1%水平显著。回归系数分别为0.14、−0.16和0.28。实证结果说明物化形式的技术要素嵌入、市场要素嵌入均对网络中心度产生显著的正向影响，假设1b1、假设3b得到验证；社会要素嵌入对网络中心度产生显著的负影响，因此，假设2b未得到验证。

在调节效应的研究过程中，本章内容将调节变量与各个解释变量分别相乘得到交乘项，分两次进行回归分析。

由表8—9可知，社会要素嵌入 × 网络治理能力在1%的水平上通过显著性检验，回归系数为−0.81，这说明企业网络治理能力在社会要素嵌入影响网络密度的过程中起到显著的负向调节作用，假设2c未得到验证。人才形式的技术要素嵌入 × 网络治理能力在10%的水平上显著，回归系数为0.44，这说明企业网络治理能力在人才形式的技术要素嵌入影响网络中心度的过程中起到了显著的正向调节作用。假设1d2得到验证。市场要素嵌入 × 网络治理能力在1%的水平显著，回归系数为0.84，这说明企业网络治理能力在市场要素嵌入影响网络中心度的过程中起到了显著的正向调节作用。假设3d得到验证。

四、数据结果讨论

（一）主效应的实证结果分析

人才形式的技术要素嵌入对网络密度和物化形式的技术要素嵌入对网络中心度均产生显著正向影响，假设1a2、假设1b1得到验证。技术人才的引进，必须通过企业与外部其他组织(例如企业、中介机构、科研机构、大学等)相关的合作关系来进行。技术人员引进之后，促进企业新产品、新工艺的研发和使用，产品的范围扩大，企业的创新目标得到实现；企业与外部开展技术合作，利用外部组织机构所拥有的资源、资金、技术等进行创新，在此过程中，企业通过学习行为、协同效应和溢出效应使自身技术得到提升，独立性逐渐增强；同时，与外部合作产生的费用也激励企业提高技术能力，网络地位得到提升，企业网络中心度上升，技术创新能力增强。

市场要素嵌入测度项为新产品销售额占比。新产品的销售额占比越高，说明企业该产品的市场占有率越高，该企业在市场上的地位越高；同时新产品的销售收入使得企业有更多的流动资金可以投入创新和提高技术能力，其技术能力提高，网络地位和中心度也随之提高，企业创新实力增强，故假设3b得到验证。

（二）调节效应的实证结果分析

企业网络治理能力的测度维度是企业的创新战略。企业的创新战略越明确，其技术决策能力、人力资源管理能力也越强，企业管理层和员工层对技术创新的方向和需求也更加明确，对技术人才要素的搜索、引进和保持才更加有针对性，从而更能够助益于企业创新。因此，企业的创新战略对人才形式的技术要素嵌入影响网络中心度的过程产生较为显著的正向调节作用，假设1d2得到验证。

市场行为是企业自身战略的体现与反映。新产品的走向和趋势首先会受到企业决策宏观层面的影响，即企业创新战略产生的影响。企业创新战略明确，使得企业有明确的目标消费者和目标供应商，市场反馈和激励机制成熟，企业能够快速应对市场环境并作出战略决策，使得新产品销售顺利，加速资金回流，从而使得企业有更多的流动资金用于产品研发，巩固其网络地位。故假设3d得到验证。

（三）其他实证结果讨论

在主效应的验证过程中，社会要素嵌入对企业网络中心度产生显著负向影响，市场要素嵌入对企业创新网络的密度演化产生显著负向影响。

科技型中小企业由于规模小，技术成本和费用较高，市场难以开拓，一般都面临资金、技术等方面的问题，而这些问题仅仅依靠企业自身无法得到有效的解决。政府给予扶持，企业便对政府的相关政策措施，包括财税优惠、技术指导、平台孵化等产生依赖，不利于其自身技术能力和网络地位的提高，故对网络中心度产生显著负向影响。因此假设 2b 未得到验证。

新产品的销售占比越高，越证明新产品生产的成功，这使得企业决策者对现有的生产合作关系的满意度提高，改变现有合作关系的可能减少；并且，市场要素的反馈具有一定的滞后性，因此与网络密度的变化无法同步。故在这个过程中，企业新发展的合作关系以及新发展的业务合作对象类型都不会有显著的增加，甚至有范围变窄的可能，从而导致其对网络密度产生显著的负向影响。因此假设 3a 未得到验证。

在调节效应的验证过程中，企业网络治理能力在社会要素嵌入影响网络密度的过程中起到显著的负作用。企业的创新战略越确定，那么企业内部的战略决策、组织运行机制、管理水平也越高，发展方向和发展道路都已经基本形成一个明确的框架，也具备了一定的实力；而政府出台的扶持政策，一般针对还没有形成发展规划、发展较弱势的企业，故越是有明确创新战略的企业受益的可能性会越小。社会要素嵌入，政府对企业通过行政手段、经济手段等对企业进行扶持，但是企业的扶持政策往往存在门槛限制或者过于宏观，与企业明确的战略吻合度不高甚至矛盾。

第四节 完善中小企业创新网络构建的对策与建议

本章基于实证研究对中小企业在构建创新网络过程中如何有效嵌入技术要素、社会要素和市场要素的效率问题进行了探讨，并进一步讨论在企业网络治理能力的调节作用下以上作用机制如何变化的内在机制，主要得到了以下理论性研究结果。

第一，人才形式的技术要素嵌入对网络密度，即产品扩大范围产生显著正向影响，物化形式的技术要素嵌入对网络中心度，即技术独立程度产生显著正向影响。这说明，人才形式的技术要素嵌入能够对中小企业产品创新产生显著的正向作用，物化形式的技术要素嵌入能够对企业独立进行技术创新产生显著正向作用。因此，中小企业应该积极引进外部技术研究人员,加强与外部其他企业、组织机构的技术研发合作,通过对技术知识的学习和内化,提高自身的技术实力。

第二,政府的政策性扶持对于中小企业建构创新网络过程中的中心度指标产生负向作用,这说明政府过度性政策扶持实际上会对中小企业自身的创新投入产生明显的替代作用,这是不利于企业的自主创新能力培育的。另外,中小企业在创新过程中,也应注意培养自身的技术创新自主性以及核心技术的长期培育机制,降低依赖政府的政策性扶持所带来的负面效应。

第三,市场要素嵌入对企业技术独立性产生显著正向影响,说明在目前更为开放性的经济环境下,对于高技术中小企业来说市场要素嵌入的作用正得到不断的提升,将直接影响中小企业的技术创新。中小企业应该对市场保持高度的敏感度,通过销售额度、市场占有率等指标信息的科学分析,合理安排生产,控制供需平衡,从而达到生产成本降低,收益增加的良性循环。

第九章 空间集聚下协同创新模式及中小企业参与机制研究

第一节 空间集聚理论和协同创新理论的理论交集

"创新走廊"的雏形可以追溯到文艺复兴时期的意大利佛罗伦萨—威尼斯地带，该创新区块也成为工业革命萌芽地之一。最早形成成熟"创新走廊"的则是美国"圣塔克拉拉谷"（后因半导体行业集聚而得名"硅谷"），已有大量研究都试图揭示其保持长效创新活力的原因。全球"创新走廊"的发展形态多样，有"谷"有"带"，有"城"有"区"，但其共性特征都是科研机构和产业组织在一个地域范围内集聚，并进行高密度创新活动。区域经济学认为创新活动的地域性集聚对科技成果产出形成了倍增效应。[1] 这一观点近年来也得到了协同创新理论有关研究成果的深化，即通过集聚并合理分配区域内外优质创新资源、营造良好的创新创业氛围，以强化科技创新对区域经济转型发展的推动作用。[2] 科技型中小企业在"创新走廊"的区域生态系统中占据一个重要的位置，高密度的创新要素分布和高强度的协同创新活动为中小企业提供了大量潜在的技术创新机会，这也正是区域创新要素的空间重构对中小企业技术源开发所带来的积极影响。

"创新走廊"区别于传统的工业园区、科技产业园、产业集群等形式，是科技与产业集聚发展的一种高效形态，也为协同创新提供了一种新范式。结合当前发展态势，"创新走廊"的发展也衍生出一些新的时代特征，基本可以概括为"三创三融合"，

---

[1] 黄鲁成：《关于区域创新系统研究内容的探讨》，《科研管理》2000年第2期。
[2] Connell J., Kriz A., Thorpe M., "Industry Clusters: an Antidote for Knowledge Sharing and Collaborative Innovation?", *Journal of Knowledge Management*, No.18, 2014.

即"创新、创业、创造"和"板块融合、资源融合、产居融合"。"创新走廊"有助于在最大限度上集聚创新人才,整合创新资源,营造良好的创业创新氛围,实现区域创新驱动发展。本章通过整理美、韩、德、日等主要发达国家和地区成熟"创新区""创新带"的发展经验,同时分析当前国内的前沿实践经验,就"创新走廊"的建设思路和发展范式提出建议和参考。

一、创新要素集聚发展

"创新走廊"的研究范畴是随着区域经济学理论的演进逐步得到明确的。迪克西(Dixit)和斯蒂格利茨(Stiglitz)[1]最早提出 D—S 垄断竞争模型,由此传统区域经济学对地区产业规模收益递增和不完全竞争开始了探讨。克鲁格曼(Krugman)继承以上理论框架并在研究生产要素的跨区域流动方面取得突破性理论进展,以此开创了新经济地理学,其理论核心点是创新活动在空间上的聚集能够促进经济发展。[2]新经济地理学指出产业规模能够提升区域内创新要素的共享程度,从而提高区域的边际生产效率。新区域经济学则将企业的数量、区域的消费需求、区域的人力资本优势等内生性因素作为分析重点,分别从运输成本、市场需求、产业规模、政策环境等方面来探讨集聚发展的动力机制。

新区域经济学的理论贡献之一是通过创新要素流动来解释区域集聚发展的机理。[3]上下游关联企业在市场需求和运输成本两大约束条件的影响下,会自发性地向区域空间开始聚集,从而进一步吸引其他创新主体的加速集聚。该理论在近 20 余年的发展中越来越关注空间集聚、生产集聚的产生形成机制等,相关研究内容也经历从"块状经济"到"产业集聚区"等热点概念的转换,其中集群发展已成为国内区域经济发展的主导理论。目前的研究正在不断缩小空间集聚的区域范围,从省域缩小到县域甚至更微观的空间,逐步接近"创新走廊"的研究范畴。

---

[1] Dixit A. K., Stiglitz J. E.,"Monopolistic Competition and Optimum Product Diversity", *American Economic Review*, No.67,1975.

[2] Krugman P., "Increasing Returns and Economic Geography", *National Bureau of Economic Research*, No.3,1990.

[3] Kilkenny M.,"Urban/Regional Economics and Rural Development", *Journal of Regional Science*, No.1,2010.

二、创新要素协同发展

"创新走廊"的研究范畴同样受到创新理论的深刻影响,特别是要素协同发展的理论贡献巨大。自创新理论兴起以来,面向区域层面的创新理论研究主要是基于弗里曼的国家创新体系(NIS)理论。之后尼尔森(Nelson)、艾德奎斯特(Edquist)、帕维特(Pavitt)等学者在区域创新系统(RIS)领域的研究成果以及 OECD 发表的《国家创新体系》报告,成为诸多国家、国际组织研究国家创新体系的理论依据。国家创新体系理论提出创新子系统的概念,基本厘清了创新系统中的核心要素,包括以企业为主体的技术创新体系,以科研院所和高等学校为主体的知识创新体系,以政府为主体的制度创新体系,以及社会化、网络化的科技中介服务体系。国内学者对国家创新体系理论也做了一系列研究,内容涉及系统结构与功能、创新主体行为影响等。创新网络理论概念吸收了国家创新体系理论的要素成员概念,并以网络连接为工具分析了各创新成员之间的结构关系以及各创新成员对整体创新绩效的影响。[1]

随着经济的全球化、产品生命周期的缩短以及知识创造速度的加快,传统的对于企业内部创新资源整合的封闭式创新模式已很难满足企业的创新需求。实现各类创新资源的共享、提高研发效率、降低研发成本的协同创新模式正成为一种趋势。协同创新理论站在系统优化的角度,更关注于创新要素之间如何通过协同合作等方式实现创新溢出效应,即"1+1>2"的协同效应。[2] 不同创新要素在协同创新体系中的功能各不相同。企业作为技术创新体系的行为主体,承担市场需求引导下的技术研发工作,特别是应用技术和新产品的研发。高校以及公立研究机构则更关注非营利性的基础研究,它们在系统中的主要职责是知识创造与智力供给。其他中介服务机构包括生产力促进中心、技术咨询机构、工程技术研究中心、高科技园区、创新中心、孵化器及风险投资机构等则是创新活动的"润滑剂",也是大量创新活动分工的产物,它们促进了技术转移和知识传播,降低了创新成本和创新风险。政府在协同创新系统中也承担了调配部分创新资源、规范市场竞争规则等功能。各类要素角色在协同创新体系中形成相互作用的学习机制,而要素间存在的边界限制又影响了创新资源的流动效率和方向。[3]

协同创新模式的产生与发展,体现了技术创新模式由封闭式创新向开放式创新转

---

[1] 池仁勇:《区域中小企业创新网络的结点联结及其效率评价研究》,《管理世界》2007 年第 1 期。
[2] 白俊红、蒋伏心:《协同创新,空间关联与区域创新绩效》,《经济研究》2015 年第 7 期。
[3] Liu J. S., Lu W. M., Mei H. C. H., "National Characteristics: Innovation Systems from the Process Efficiency Perspective", *R&D Management*, No.4, 2015.

变的趋势。将区域作为一个协同创新系统来看,地理范围内的各创新要素需要通过相互协调、相互合作来不断提升区域整体的创新能力。[1]这种协作并非创新系统内企业、高校以及科研机构间的简单叠加,而是各要素成员间的互补协同。[2]特别针对区域发展理念来说,建立跨越企业、高校、研究机构等外部边界的复杂网式连接至关重要,构建知识联盟正成为区域创新系统新的重要形式。

三、创新要素的集聚+协同发展

要素集聚和协同创新成为了"创新走廊"的两大理论基石,创新要素通过地理集聚、空间布局、功能互补实现有效协同创新。区域内创新系统中的创新要素(企业、高校、研究机构以及政府等)在空间分布上的差异性以及区域间地理位置分布的差异都决定了区域创新要素组织、区域内部创新要素的协同互动以及区域创新系统间创新要素的流动。创新要素协同的本质是知识在企业、高校以及研究机构间的转移以及知识的学习管理,[3]但是这些创新要素在空间分布上的差异性对知识的传递有显著的阻碍作用。[4]一方面,是因为知识接收方与知识传递方在知识储量上存在差异,导致知识在传递中产生扭曲和失真,并且随着传输路径的延长这种扭曲会变得更加严重。[5]另一方面,是因为较长的空间分布距离增加了要素主体间的协商、沟通成本,同时也增加了知识的搜寻与匹配难度,这也会阻碍协同效应的发挥。空间距离在降低区域集聚程度的同时,还会增加企业的运输成本、降低市场需求、阻碍区域内要素流动、影响区域产业规模效应的发挥。

"创新走廊"的地理范围促使创新要素的空间分布距离得以优化,弥补了要素主体间由于知识存量等因素导致的差异和获取知识溢出效果,从而实现对现有竞争优势的维持甚至是加速追赶。[6]同时,空间的集聚也能够扩大区域的市场规模和市场需求,

---

[1] Moore J. F., "Predators and Prey: A New Ecology of Competition", *Harvard Business Review*, No.3,1993.
[2] 何郁冰:《产学研协同创新的理论模式》,《科学学研究》2012年第2期。
[3] Bonaccorsi A., Piccaluga A.,"A Theoretical Framework for the Evaluation of University-Industry Relationships", *R&D Management*, No.3,1994.
[4] 刘志迎、单洁含:《技术距离,地理距离与大学—企业协同创新效应——基于联合专利数据的研究》,《科学学研究》2013年第9期。
[5] 陈涛、王铁男、朱智洺:《知识距离、环境不确定性和组织间知识共享——一个存在调节效应的实证研究》,《科学学研究》2013年第10期。
[6] Griffith R., Redding S., Simpson H.,"Technological Catch-up and Geographic Proximity", *Journal of Regional Science*, No.49,2009.

促进市场的专业化分工，通过共享城市基础设施，进而降低区域的要素成本，吸引更多走廊外企业、要素的进入，从而实现 D—S 模型的动态循环积累过程。[1] 处于区域内的关联企业的空间集中，能够发挥接近本地市场等效应，提高企业的生产效率。科研院所、智力机构、服务性中介等在系统中通过行使不同功能，能够实现不同主体间的优势互补、增加各创新要素主体间的创新活动以及知识外溢。[2] 综上所述，"创新走廊"在理论构念上是符合区域发展有效性方向的探索性研究，进一步发掘其运行模式，形成框架性发展范式，将是对创新理论以及区域经济发展的一次良好理论探索和现实实践。

第二节 "创新走廊"的发展模式研究

一、主要发达国家和地区创新区（带）发展经验

主要发达国家和地区"创新走廊"的形成大致可分为两大类：产业推动型和政府引导型。已有研究认为美国硅谷、德国法兰克福等创新区块是由地方产业演变而形成，而韩国京畿道、日本筑波等则是政府引导建设的突出代表。以下就典型"创新走廊"的发展历程做深入探讨。

（一）美国圣塔克拉拉创新谷

圣塔克拉拉创新谷（以下简称"硅谷"）是 20 世纪初美国淘金热的产物，当时由于铁路运输业和港口业的兴旺带动了电力工程技术和无线通信技术的大发展，尔后经历从半导体→微型处理器→软件开发→信息技术→二代互联网等多代际的产业逐步演化形成。目前，"硅谷"赖以成名的高科技产业主要集中在圣何塞到红木城的狭长地带，向北连接到旧金山和伯克利，可以称得上是名副其实的"创新谷"。"硅谷"发展主要呈现五个阶段：

第一阶段以 1941 年美国成立"科研发展办公室"为标志，主要通过"技术军转民"

---

[1] 李世杰、胡国柳、高健：《转轨期中国的产业集聚演化：理论回顾、研究进展及探索性思考》，《管理世界》2014 年第 4 期。
[2] 陈良文、杨开忠：《产业集聚，市场结构与生产率——基于中国省份制造业面板数据的实证研究》，《地理科学》2008 年第 3 期。

工作对"硅谷"进行了首轮技术播种。第二阶段以里程碑事件"斯坦福工业园的设立"为起点，对"硅谷"本地科研院校的科研成果进行产业化输出，孵化了大批巨人级公司。第三阶段是在 1958 年《小企业投资法案》颁布后出现的风险投资热潮，硅谷出现了大量技术创业公司。第四阶段是"硅谷"创业文化形成时期，主要受当地政府宽松移民政策的鼓励，大量海外人才集聚"硅谷"进行创业活动。第五阶段是成熟区域创新系统形成阶段，政府开始提供公共性创业资源。详细情况见表 9—1。

表 9—1 "硅谷"发展历程及重要政策举措

阶 段	主要内容	政策举措	主要成效
第一阶段：首轮技术播种	政府成为"硅谷"最大的技术投资者	1941 年美国成立"科研发展办公室"，主要职能是协调高校与政府开发军事技术，布什政府直接向斯坦福大学拨款干预其科研方向；引导高端军用技术转化为民用，成为"硅谷"科技创业的基石	美国宇航局（NASA）研发的集成电路、国防先进研究项目署（DARPA）研发的互联网等都最早在硅谷生根
第二阶段：科研成果产业化	培育当地高校教育形成鲜明的创业导向	建立全球最好的区域大学网络，包括斯坦福大学、加州大学伯克利分校和旧金山分校、圣何塞州立大学等构成；鼓励教员创办自己的公司，推动新型的产学合作	如今斯坦福校园已创办了包括谷歌、雅虎、硅图等著名公司，而伯克利分校则培育了苹果、英特尔、闪迪等"全球百强"
	建立工业园孵化产学研项目	争取联邦政府资金建设斯坦福工业园；一流的现代化设施和宜人的景观设计；园区内设有 1800 公顷的技术研发机构；园区孵化项目只针对高技术企业；鼓励工程师二次创业	园区直接孵化了瓦里安、惠普、通用电气、柯达等知名企业；明星企业在发展过程中不断衍生出新的创业企业
第三阶段：风投推动创业活动	引入丰富的创业投资参与区域创新活动	1958 年《小企业投资法案》大幅推动金融机构对"硅谷"创业公司的投资力度；通过设立创业基金和引入大量风险资本，稀释了个人企业创业风险；推行"孵化创业者"计划，风险基金管理者通过培训创业者提升创业成功率，同时获得优先股投资权	构建了一套完整的创新风险分摊机制，对创业失败保持宽容态度
第四阶段：区域创业文化形成	实现突破性创新成果的不断涌现	政策主要以产业引导和市场竞争规则塑造为主，建构区域创新生态系统；宽松的移民政策鼓励多样化的全球智力支持（国外科学工程师的比例超过三分之一）；鼓励科技公司更多尝试在前沿技术领域进行创业，在政策上给予一定补偿；鼓励硅谷公司在管理创新上更具开创精神	"硅谷"创业文化成功从淘金冒险意识演化为制度支持下的群体创业文化；"卓越计划""走动式管理""制造外包""政产学研合作"等管理创新

续表

阶　段	主要内容	政策举措	主要成效
第五阶段：政府参与下的创新系统	政策扶持转向提供公共性服务产品	政策重点转向公共性服务产品的供给，如由政府与中介机构共同组建第三方"科技孵化器"，为创业者提供必需的基础素材（工作室、水电、网络、3D 打印等）和天使资金（5 万美元创业启动金），并通过股权方式获取回报	降低创业门槛，给予草根创业者更多的创业机会，成为全球科技创业者的"梦想摇篮"

资料来源：笔者整理。

（二）韩国京畿道创新带

韩国经济长期依赖少数集团企业的创新活动，韩国未来创造科技部[①]提出建设京畿道创新带以打通大小企业与高校、公共性研究机构等的创新边界。京畿道的核心区块约 120 平方公里，目标旨在培育金融科技、物联网产业等领域的创新主体。京畿道创新带在发展众创空间以及企业协作方面形成了一套卓有成效的政策举措：

第一，政府与大企业合作孵化优质创业项目。2015 年 3 月"京畿道创造经济革新中心"成立。中央政府、地方政府与龙头企业 KT 集团共同出资成立创业投资基金，为新生企业提供 6 到 12 个月的支援服务。支援内容从创业点子、商业化机会、创业支援（2000 万韩元，折合约 11 万元人民币），到商业化开发、融资分销到国际化全过程，充分发挥了孵化器和加速器的作用，培育了大批区域内新生企业。

第二，实行大企业、中小企业同伴成长计划。京畿道正在构建大企业和小工商人、中小企业互赢（win-win）的协作模式。京畿道有全国 21% 的中小企业，其中有许多企业与三星电子、LG、现代起亚、SK、KT 等韩国龙头企业联系密切。韩国政府已制定《同伴成长的相生合作支援条例案》（以下简称《条例》），京畿道正在推行《条例》细则，包括大中小企业的相生合作支援及政策开发、实况调查、设置相生合作委员会等推进同伴成长政策时所需的道知事责任和义务等。

第三，开放式创新和国际化发展特征明显。京畿道创新带主要以大型集团企业群为创新主力，所以从建设伊始就非常重视整合外部创新资源，特别是与邻邦的国际化合作。京畿道已与中国、日本、美国等 10 个国家的 15 个城市建立了友城关系，京畿道中小企业中心目前已设立了 6 个海外办事机构，为京畿道中小企业开展国际贸易、跨国技术合作等项目进行服务。

---

① 韩国未来创造科学部是在 2013 年朴槿惠上台后提出"创造经济"的政策背景下所设的新部门，在政府中排名第二，是兼管科学技术、信息通信以及邮政事业本部的强大部门。

（三）以色列特拉维夫创新区

以色列特拉维夫——雅法创新区人口不到全国的 5%，但却集聚了全国 67% 的创新种子公司，被誉为"欧洲创新领导者"和"创业圣地"，产业集中在通信、现代农业、水处理等国家急需领域。特拉维夫创新区在品牌塑造和整合创新资源方面的做法尤其值得借鉴：

第一，经过国际比较和自身定位形成明确的发展方向。特拉维夫原本以巴塞罗那为模板发展"艺术之都"，但被证明难以实现。当地政府专门成立"全球城市行动计划办公室"，经多方调研并结合城市特性，最终以"永不停息的创新创业区"为发展方向。

第二，政府层面积极开展品牌推广和营销。特拉维夫在世界各国重点城市进行宣传和招商，历任市长都亲自营销"全球创新中心"概念，定期举办"DLD 特拉维夫创新节"。特拉维夫设立高额的奖学金制度和创业签证制度以吸引全球人才集聚。政府为国际记者提供短期城市考察，借此向全球传播当地创新文化。

第三，鼓励科技创业，聚焦优势环节。特拉维夫充满科创氛围，政府为广大创业企业定期举办创业竞赛，获胜者可以得到办公场所等政府资助。以色列的科创企业大量从事创新研发，几乎不涉足制造和分销链条，仅 2013 年一年时间就有 45 个创业项目被美国、欧洲的跨国公司收购，总金融超 64 亿美元。

第四，打造资源开放共享式的创新环境。政府提供廉价的公共办公空间（Co-working Hub），对创业企业实行税收减半的政策。地处核心商业区的香浓塔公共图书馆被改造成为政府创新创业服务中心，提供免费的创业咨询服务，开放政府数据库，通过全城免费 Wi-Fi 推送各类创业政策和资讯。政府还要求所辖区内谷歌、微软、通用等跨国企业要给予当地创业者参观学习的机会。

（四）德国法兰克福创新区块

德国法兰克福创新区块在地理界线上比较松散，向南一直延伸到慕尼黑，核心区块主要聚集在法兰克福周边。该创新区的制造业牵引、公共研发带动的德国式创新理念体现的较为全面：

首先，以公共科研机构为核心的产学合作模式。德国法兰克福创新走廊内的弗朗霍夫工业研究院（Fraunhofer）、马克斯·普朗克研究所（Max Planck）都是欧洲最大的应用型工业技术研究机构，它们在信息技术、生物技术、环保技术等领域拥有极强的国际话语权。它们已成为创新区块内的技术知识核心机构，通过大量技术委托开发项目对中小型企业进行技术服务。

其次，世界级制造业公司为技术创新提供产业化空间。法兰克福—慕尼黑创新区块沿线有西门子、梅赛德斯—奔驰、宝马等制造业巨头直接助推德国先进制造业的领先以及"工业4.0"的实施。同时，这些大企业不断大幅吸收周围创新性中小企业的技术创新成果，并实现科技研究突破的产业化进程。明星企业对法兰克福创新区块的作用是带来整条创新链上的优化配置。

最后，优秀商学院实现知识生产和创业教育功能。当前主流创新走廊都配备有若干所世界级大学，更为特别的是，这些高校都拥有国际一流的商学院或创业学院。法兰克福的法兰克福歌德大学就拥有世界排名前五的商学院，这为区域创业创新提供了支撑。

（五）其他重要创新区（带）

日本筑波创新城对基础设施的空间布局有一些可借鉴之处。全新创新区块由政府主导建设，在选址、人力筹措、机构引进等工作上完全由政府规划：首先，创新城专门规划56%的土地面积专项用于建设科研、文教机构；其次，建有特色的"梯子型"道路网络，有效提升交通运输效率；最后，构建各类智库的集聚效应，日本筑波科学城内汇集了43家国家研究所和大量企业研究所，每年能够向政府和企业提供数百项咨询报告和研究方案。

台湾新竹创新区是加工工艺创新的示范地带。该创新区是以台湾工业技术研究院（ITRI）的设立为发端，以研发应用型出口技术为主，孵化了联华电子、台积电等大企业，目前围绕新竹科学工业园开展区域创新活动。新竹创新区设立了"科学同业公会"，政府不直接参与行业管理，具体指导行业协会开展企业日常性服务工作。政府通过政策行为对创新活动实行正向激励，设置大量科技奖项和科技基金激励企业加大产品研发和创新力度。

除了以上的创新走廊建设经验，还有一点共性特征：这些创新区域都拥有良好的自然环境和全面的配套建设，也许正是因为对这两者的缺乏，"剑桥—牛津区块"一直没有出现成熟的"创新走廊"。区域文化和人文关怀对引智留才起到重要作用，特别像硅谷和特拉维夫等地的开放式文化为地区吸引了大量创新人才。

表 9—2 主要发达国家和地区典型"创新走廊"的基本要素一览

创新区（带）	基本指标			重要机构					宜居设施		
	地理面积	覆盖人口	创新产出	高等院校	明星企业	研究院所	国家平台	创业基地	交通干道	配套设施	文教资源
美国硅谷	约320平方公里	约300万人	全美13%的专利，20家世界"百强"科技企业	斯坦福、加州大学	惠普、谷歌、雅虎、苹果、特斯拉、英特尔	福特汽车研究所、百度美国研究所		斯坦福工业园	国道101、国道280、圣塔克拉市的中央公园	大美洲主题公园、门罗公园、毗邻机场	80余所高校，斯坦福购物中心、斯坦福医疗中心、众多图书馆和博物馆
韩国京畿道	核心区约121平方公里	117万人	2010年GDP170多亿美元	韩京大学	三星	三星R5研究院	京畿道创造经济革新中心	—	铁路公路穿插，临近一港两机场	北汉山国立公园、祝灵山自然疗养林、水芳香树木园等	公共、学校、专业等图书馆3248个，各类学校4149所
以色列特拉维夫	51.76平方公里	304万人	月收入为7290新舍客勒	特拉维夫大学、巴伊兰大学	Intel公司以色列分公司	—	硅溪	罗斯柴尔德大道	国王乔治街、艾伦比街等核心街区	拉宾广场、亚尔孔公园	众多高等院校、博物馆与美术馆
德国法兰克福	核心区约100平方公里	67万人	人均7370欧元	法兰克福大学	奥迪集团、克莱斯勒	弗劳恩霍夫工研院	金融中心会展中心	巴斯夫产业园、阿德勒斯霍夫科技产业园	凯撒大街	欧洲银行总部和德国证券交易所	德意志图书馆、众多博物馆
日本筑波	核心区28平方公里	约20万人	—	筑波大学	—	工业技术院、筑波高能物理研究所	宇宙研究中心、工业试验研究中心、农科实验中心	—	"梯子型"道路网络	会展中心、文化中心、艺术博物馆、商务中心、核心生活区等	筑波国际学校、筑波公共图书馆等
台湾新竹	5.8平方公里	约100万人	年产值达1.35万亿新台币（约合405亿美元）	（台湾）清华大学、交通大学	联华电子、Acer、友讯科技、华邦	ITRI、精密仪器发展中心、天然气研究所	—	—	南北高速和铁路	人工湖、假日广场、科技生活馆等	数十所大专院校和中等学校

资料来源：笔者整理。

二、国内重要"创新走廊"建设的实践成果

国内"北上广"等核心城市都已形成标识性创新走廊,其中较为典型的如北京中关村创新街区、上海浦东科创新区以及广州科创走廊等。这些创新走廊通过打造多个创新中心,有效配置创新服务机构,吸引国内外明星企业以及大量中小企业集聚落户,目前运行情况总体顺畅,总结起来有以下一些共性经验。

第一,区域政策体系支持力度充分。北京中关村创新街区在扶持政策上得到最大程度的优惠,这里拥有中国第一个国家级高新技术产业开发区、第一个国家自主创新示范区、第一个"国家级"人才特区等。再如上海浦东科创新区则构建了"双自联动"政策机制,推动投资贸易便利与科技创新功能的深度叠加,打通贸易监管创新、金融监管创新、服务业扩大开放等与科技创新之间的通道。

第二,创业创新人才集聚效应巨大。北京中关村创新街区通过区域标识效应集聚大量创业创新人才。2013年中央"千人计划"在京人数为770人,其中80%在中关村地区;"北京海外人才聚集工程"人才368名中也有超过80%聚集于此。上海浦东通过试行人才管理改革创新,特别对国际性人才的引进、落户、安居等方面给予了重点支持,目前,上海浦东科创区也是国内人才国际化程度最高的区域。

第三,政产学研协同创新氛围良好。中关村核心创新区充分利用北大、清华等33所国内高校的科研资源优势,同时,打通与中科院、邮政科学研究院、半导体集成技术开放实验室等20所科研院所以及89个公共技术平台的合作渠道,目前已形成42个产学研合作示范基地。广州科创走廊则建立起电子信息、生物医药、新材料等三大公共技术平台,将412家高新技术企业、510多家研发机构、2200多家科创企业组成了紧密的合作网络。

第四,科创投资融资项目模式多样。中关村通过以企业信用体系建设为基础建立了独特的投融资模式,如实施重大科技成果转化过程中的技术入股、支持企业境内外抱团上市形成"中关村板块"等。广州科创区则特别注重促进科技与金融的结合,通过建设350多万平方米的科技企业孵化器和加速器集群来对科创项目进行基础轮投资。

表 9—3 国内主要"创新走廊"基本情况一览

创新区（带）	重要机构				
	高等院校	明星企业	研究院所	国家平台	创业基地
上海浦东创新区	高等教育学校26所，国际学校12所	宝钢集团有限公司	中国电信上海研究院	国家智慧城市试点	张江科技城
广州科创走廊	中山大学	宝洁、金发碳纤维、京东商城等	中新国际联合研究院、清华大学珠三角研究院、中国（广州）智能装备研究院、中兴通讯研究院、中科院广州工业技术研究院等	广州高新区、广州国际生物岛、中新广州知识城	松山湖高新区
北京中关村创新街区	清华大学、北京大学等高科院校39所	联想、方正、百度、博奥生物等	中国科学院、中国工程院、邮政科学研究院等20余所科研院所	海外高层次人才创新创业基地	中关村软件园、中关村生命科学园、北大生物城等42家产学研示范基地和11家大学生创业基地
杭州城西科创大走廊（拟建）	浙大、杭师大、浙农林、浙工大、西湖大学（规划中）	阿里巴巴、恒生、西子、南都、万马、杭氧、杭叉	中科院、长春应化研究院等	未来科技城、青山湖科技城	梦想小镇

资料来源：笔者整理。

三、"创新走廊"的系统结构与发展范式

（一）"创新走廊"创新系统构建

总结主要发达国家和地区重要"创新走廊"的发展动向，老牌"创新走廊"已形成稳定的区域创新生态系统。创新生态系统是创新区（带）的发展特征表现为较均衡的企业出生／死亡率，较完备的创新服务机构，较多的技术交叉跨界融合以及较高的知识产出效率，包括以下一些共性发展特征：

1. 政府扮演创新环境的"益生菌群"角色：看不见的手

首先，政府提供公共性服务产品。如硅谷的"科技孵化器"是由政府与中介机构共同组建第三方公司，为创业者提供必需的基础素材（创业工作室、水电、网络、3D打印等）和天使资金（硅谷的做法是5万美元的创业启动金），并预期通过股权方

式获取回报。其次，实施正向激励创新的政策行为。如台湾科学工业园设立了"科学同业公会"，政府不直接参与行业管理，具体对接若干个行业协会开展企业日常性服务工作，并通过设置大量科技奖项和科技基金激励企业加大产品研发和创新力度。最后，建立包容创业失败的政策机制。国外成熟创新区通过推动大量创业公司的成长计划，创造区域内对创业失败的包容性文化，同时通过设立政府创业基金和引入大量风险资本，稀释个人企业创业风险。

2. 智力机构扮演技术知识"生产者"角色：基础性作用

首先，高等院校的知识生产和创业功能成为标配。扫描当前主流创新走廊基本都配备有若干所世界级大学，如硅谷有斯坦福大学，新竹有（台湾）清华大学，最为特别的是，这些高校的商学院或创业学院都是国际一流的，如法兰克福的法兰克福歌德大学就拥有世界排名前五的商学院，对创业创新具有很好的支撑作用。其次，公共科研机构的技术服务能力成为亮点。著名的如德国法兰克福创新走廊中的弗朗霍夫工业研究院，是欧洲最大的应用型研究机构，对创新区内大量中小型企业通过技术委托开发等形式进行技术服务。最后，各类智库的服务性职能成为有效补充。日本筑波科学城内集聚了43家国家研究所，以及大量私人研究所和企业研究所，每年为日本政府和企业提供数百项咨询报告和研究方案。

3. 科技型企业扮演创新理念"加工者"角色：核心位置

一方面，大企业通过与政府合作对创新活动起到示范和引领作用。如韩国京畿道在"京畿道创造经济革新中心"的协调下，与韩国龙头企业KT集团共同出资成立创业投资基金，提供创业点子、商业化机会、创业支援，到商业化开发、融资分销到国际化，充分发挥孵化器和加速器的作用，培育区域内新生企业成长。另一方面，中小型企业提供活跃的创新元素和创业项目。特拉维夫—雅法创新区集聚了以色列全国67%的创新种子公司，仅2013年就有多达45家创新企业被美国、欧洲的跨国公司收购，被誉为"创业圣地"。

4. 配套建设和人文关怀成为"土壤养分"：引智留才

硬件条件是完善的基础设施建设。日本筑波科学城从选址、人力筹措到机构引进等一系列工作完全由政府主导，前期就对基础设施分布进行了详尽的安排，并建有特色的"梯子型"道路网络，有效提升交通运输效率。法兰克福则设有全欧最大的机场，以及密集的高铁高速路网。软件条件是吸引创业的区域人文特征。硅谷的创业文化具有强烈的征服世界的情怀，因此大量全球领先的技术和商业模式都诞生于此地。以色列特拉维夫则充满小企业创业氛围，政府每年为广大创业企业举办创业竞赛，获胜者可以得到办公场所等政府资助。

(二)"创新走廊"发展范式

在我国当前"大众创业、万众创新"的政策大背景下,国内"创新走廊"建设应明确"政府搭台、企业唱戏、板块协同、社会参与"的总体建设思路。谋划基础设施、科技园区、高教网络、创业园区、明星企业大道等核心板块的无缝对接,提升"创新走廊"区域内创新资源的有效流动和协同发展。

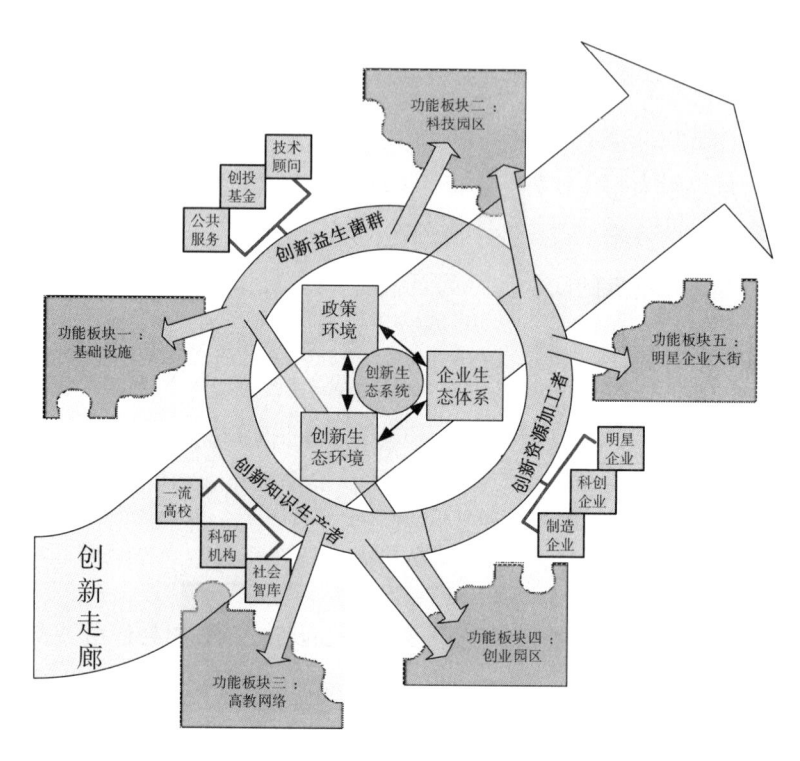

图9—1 "创新走廊"发展范式示意

四、"创新走廊"的工作重点及政策建议

本节从区域经济学和协同创新理论的双重视角出发,分析了"创新走廊"形成和发展的理论构念。在整理和总结目前国内外重要"创新走廊"发展经验的基础上,提出了以区域创新生态系统的理念推进有关"创新走廊"的建设思路,并具体设计了其发展范式。对于"创新走廊"建设的推动政策本章提出以下一些建议供参考:

(一)基础建设做到"规划超前、布局系统、接轨国际"

"创新走廊"的发展遵循缓慢起步期、快速增长期和稳定发展期的规律,所以前期的基础设施建设规划必须考虑到快速增长阶段对交通、教育、医疗、商业配套、标

准化工厂、人才安置房等一系列基础要素的爆炸式增长。

道路管网体系规划要能够容纳未来十年道路需求，轨道交通半小时可到达航空、高铁等交通枢纽，同时满足重点园区内企业物流需求。

工业基础设施要考虑从创业孵化到产业园区的系统化安排，既要加强如梦想小镇等创业孵化器建设，也要有计划安排青山湖科技园等园区内创业项目的产业化空间。

生活配套设施要以吸引国内国外创业创新人才为目的，提供教育、医疗、商贸等必需的公共设施，为大企业街区提供较为完善的配套设施。

（二）提供公共性服务产品要深化供给侧改革理念

结合供给侧改革方案，对创业创新的各类试点政策要在"创新走廊"提供先行先试的"直通车"，积极采用新型科技媒介对公共性服务产品的内容和形式进行创新。如创业孵化政策可借鉴硅谷进行模式创新，尝试由政府联合第三方创投公司实施"创业基础资源换取股权投资"的做法，或设立战略性新兴产业风险投资资金池，为入"镇"创业企业降低创业风险。

（三）最大范围吸引内外部创新资源参与"创新走廊"建设

首先，积极调动区域内现存创新资源的有效利用，包括原有居民、企业、高校、海外人才创业园区、工业园区等资源的协同效应，特别要鼓励走廊内高校建设一流水平的商学院和创业教育基地。其次，强化对外部创新资源的"磁石效应"，通过"区域品牌营销→创新项目示范→政策激励落户"增强对外部高端创新资源的吸引力。

（四）建立和完善开放、包容的国际招贤引智机制

智力引进政策要秉承"高端视野、国际标准、实效落地"的原则。一引人气，明确国际发展定位后，参考以色列特拉维夫"市长营销"和"全球媒体合作推广"等品牌塑造工程。二引机构，特别瞄准能够服务制造业升级的国际高端工业技术研究机构，如德国弗朗霍夫工研院、台湾地区工业技术研究院、丹麦国家技术研究院等，落实最优惠的引进政策。三引人才，实施"无国界人才"引进计划，打通本地区的优先落户政策，鼓励企业引进国内外拔尖人才。

（五）打造和培育国际化风险投资公司支持创业创新

高质量的风险投资不仅是科技创新的资金源，更重要的是提供管理咨询、资源渠道和国际视野。政府要着力培育具有较强服务能力和国际化水平的创投公司，重点服

务"创新走廊"内的科创项目。

第三节 "特色小镇"的建设思路和重要举措

一、"特色小镇"的发展性内涵

"特色小镇"的发展概念源于工业园区、产业集群、特色专业区等发展模式，又被称为专业小镇。"特色小镇"也可以被作为工业化和城镇化高度融合的产物，实现产业、人居和文化等三者的协调发展是"特色小镇"的核心发展理念。

"特色小镇"在内涵上相较传统的工业园区、产业集群等又具有明显的区别性。其中，工业园区的概念兴起于第二次世界大战后的世界经济复苏时期，特别是日本、韩国等国政府提出的"工业团地"等概念是工业园区的雏形。经过之后几十年的快速发展，工业园区逐渐成为一个国家或区域的政府根据自身经济发展的内在要求，通过行政手段划出一块区域，成为聚集各种生产要素的重要手段。工业园区在一定空间范围内进行科学整合，提高工业化的集约强度，突出产业特色，优化功能布局，使之成为适应市场竞争和产业升级的现代化产业分工协作生产区。我国的工业园区发展主要是伴随各地开发区的建设完成的，主要建设载体包括国家级经济技术开发区、高新技术产业开发区、保税区、出口加工区以及省级各类工业园区等。

"产业集群"（Industrial Cluster）则是企业在地域内集聚而形成的区域经济现象，产业集群发展模式有利于有效降低交易费用，实现外部规模化生产，从而提升区域经济竞争力。国外最早的产业集群出现在意大利北部的纺织产业发展过程中，其发展经验成为全球产业集群研究的成功模板。产业集群从最初起源于若干企业在地域内简单扎堆，经发展演进而形成由企业及相关机构在区域内构建起一个较完整协调的分工与合作系统，在这个过程中集群结构发生巨大变化。高效的产业集群应该基于以创新为导向的企业与关联机构的集聚结构之上，依托创新网络建设降低创新费用，提高创新绩效，最终影响区域经济竞争力整体提升。

近年来，工业园区和地区产业集群发展的模式受到越来越多的质疑，主要发展瓶颈在于高密度工业企业布局所带来的规模报酬递减以及来自于环境承载力的预警。一方面，集群等地区经济发展形势在发展过程中由于无法有效应对外部经济、技术、市场、政策等环境变化影响时，表现出步入衰退状态。另一方面，工业企业集聚发展带来工业污染物的超标排放和交叉污染,同时对地方用电、用水、用地等基础性生产资料的消耗已大大超出生态承载能力。所以,"特色小镇"的发展概念正是在此发展背景下应运而生的,其主要建设使命就是协调好区域内生产企业和其他生产性单元、生活性单元的相互关系。当然,特色小镇推动传统经济集聚发展形式的转型升级必须要实现内因与外因高度统一,内因是区域集聚发展的内生治理结构和动态能力,外因是全球价值链拉动和政府示范工程的引导等。

二、"特色小镇"建设的政策思路

"特色小镇"的建设需要考虑"特色产业""地域文化"和"生态环境"三者的协调发展,实现一条可持续创新的区域经济发展道路。借鉴国际发展经验来看,特色小镇建设的产业特色需要高屋建瓴,主要体现在构建国际发展视野,定位好在国际产业链发展中的自身切入点,并基于区域产业基础实现本地化产业升级向全球化产业升级的过渡。不能将产业发展凌驾于区域生态文明建设之上,两者应实现有机的结合和适度的妥协。政府要有效实现规划和监管的职能,保证"政府搭台、企业唱戏"的市场主导模式良性运行,在提供基础设施建设、人文环境和安全营造、教育和医疗资源分配、创新支持政策等方面充分发挥重要作用。特色小镇在建设过程中需要重点考虑以下一些政策要点:

首先,政府扮演好上下串联的统筹作用。特色小镇是对区域特色产业集聚发展模式的一种改造和升级,不可能是一蹴而就的事业。所以在具体建设工作中政府机构应当扮演好统筹管理的角色,合理引导优质企业、创新机构、社会公众等广泛参与到特色小镇的建设中。努力破除一些制度性障碍因素,为特色小镇创新营造宽松的政策环境,甚至出台一部分适应于特色小镇的区别性政策。处理好省级政府、地方政府以及入镇企业之间的关系,实现政府统筹、多方联动的健康发展道路。[①]

其次,建立完善的政策多维度评价体系。特色小镇就目前来看是新生事物,仍然处于发展成熟阶段,单一参考传统的区域经济发展评价指标体系显然会带来很多的约束。目前浙江省特色小镇建设走在全国的前列,在经济发展总量指标上设定为3年内实现50亿元的固定资产投资,在环境发展总量指标上要求建成为AAA级以上景区,当然在一些细化政策评价指标上仍然沿袭了传统做法。在全国其他区域推进特色小镇建设工作可以借鉴此类目标的政策评价做法。

---

① 卫龙宝、史新杰:《浙江特色小镇建设的若干思考与建议》,《浙江社会科学》2016年第3期。

最后，合理布局形成小镇内创新生态系统。特色小镇的地理范围一般以控制在3—5平方公里范围为宜，避免了传统意义上大型工业园区的发展方向。在有限的地理区域内，如何合理布局各类创新要素和成员，形成区域内创新生态系统的健康运行是特色小镇建设的核心要素。一般来说，应尽量实现特色小镇内高技术企业的一定比例，同时利用好本地原有创新资源，通过有效政策引导工作配置好科研机构、创新服务中介、创新咨询机构等其他创新成员单位。另外，在生态和人文环境营造上需要付出更多的关注度，特别是针对国际化人才集聚的工作上，需适度加强国际学校、中心医院等公共资源的配置。

三、工业旅游推动"特色小镇"建设的思路研究

工业旅游起源于法国汽车龙头企业的"生产车间开放日"活动，逐步形成从明星企业参观→工业文化体验→工业产品销售的成熟模式，雷诺、标致、雪铁龙三大汽车公司已成为全欧洲最为成功的工业旅游项目，年接待游客超20万人次。美、日等国近年来积极推动新兴产业开展工业旅游项目，其中日本冲绳推出的"电动汽车岛"项目依托东芝、丰田等工业企业，成功将新能源汽车产品整合到区域性工业旅游项目中。

工业旅游作为一种颠覆式的旅游方式，能够有效展示工业企业、工业系统、区域特色产业的独特魅力，国内外实践证明能够产生巨大的经济效益和社会效益。国家旅游局于2004年公布首批103个工业旅游示范点，浙江省包括海盐秦山核电等11家示范点入选。工业旅游在中国虽然处于起步阶段，但未来发展潜力巨大。调研显示目前工业旅游发展呈现以下趋势：(1) 从企业车间范畴转向与地方产业融合；(2) 从单一推销工业产品转为复合式营销；(3) 从企业名牌吸引扩展到区域品牌"磁石"效应。浙江省应率先就工业旅游与地方特色产业的互动发展制定有关政策，特别是推动"特色小镇"与工业旅游实现互动发展，具有重要战略意义。

本节内容结合浙江省"特色小镇"建设的实践，提出了发展浙江省工业旅游，提升浙江省工业品牌价值，深度宣传"浙江制造"，从而助力浙江省特色产业发展以及"特色小镇"建设的基本思路。本节内容经过前期调研了浙江省多个特色小镇（包括嘉兴海盐核电小镇、绍兴越城黄酒小镇、丽水竹韵小镇、台州黄岩智能模具小镇等地）开展工业旅游的基本情况，在此基础上提出通过工业旅游助推"特色小镇"发展的政策建议。

（一）国外工业旅游发展情况及对区域经济发展的影响

1. 国外关于工业旅游发展情况

工业旅游是一种与工业和旅游业都相关的新型专项旅游和特色旅游，包括工业遗产旅游和工厂观光旅游。国外工业旅游的发展已有近50年的历史，早在20世纪50年代，法国雪铁龙汽车制造公司就组织客人参观他们的生产流水线，引起许多厂家效仿，部分厂家向客人收取适当费用，这样参观活动就组建演化为工业旅游。但是，真正大规模开展工业旅游是从20世纪80年代初的遗产旅游开始的。20世纪80年代初期，全球经济转型导致发达国家的传统工厂和企业纷纷破产倒闭，英国、德国等转型成功的国家提出对工业遗产保护的同时，开发工业遗产旅游。因此发达国家工业旅游景点开始迅速增多，产品开发几乎没有产业上的限制，从能源产业、纺织业、食品和饮料产业到玻璃和陶瓷产业、消费品制造业、传统手工业等无所不包。

随着工业旅游逐渐被政府部门和公众所认识，政府部门开始积极推动和呼吁全国工业旅游的发展。工业旅游的开展意义主要有：有利于提高企业的知名度以及将无形资产转化为有形资产。工业旅游实际上是一种特殊的广告，因为组织消费者参观工厂，展示规模化生产基地、规范化管理，将会极大增强消费者对品牌的向心力和认同感，扩大品牌影响力。并且，工业旅游的基本开销费用是车旅费加餐饮费，比普通广告花费少，却比普通广告的效果好。另外，工业旅游可以提升企业的形象，推广企业的文化，让消费者在参观过程中吸收品牌观念，对企业产生认可，这一过程就是无形资产向有形资产的转化。

如今，国外很多工业旅游规划的景点都因其独特的个性和具有文化、艺术气息的设计风格而成为人们津津乐道的经典。工业遗产旅游的景点主要有德国鲁尔工业区和有色金属矿加工区奥伯豪森，这种开发方略是变废为宝。工厂观光的景点比较多，如法国的"雷诺""标致""雪铁龙"等汽车企业、美国造币厂、德国奔驰公司等，这些景点的特点是游乐兼顾。另外，如德国哈廷根的亨利钢铁厂、德国奔驰博物馆、大众公司的汽车城等景点是寓教于乐的传播知识型的工业旅游。而荷兰鹿特丹港口码头、日本日清公司则是让消费者身临其境的体验制造过程。

2. 国外工业旅游推动区域经济发展的典型案例研究

（1）德国鲁尔煤铁工业区

鲁尔工业区占地面积4593平方公里，人口达570万人，以煤铁产业而闻名世界。它形成于19世纪中叶，是典型的传统工业地域，被称为"德国工业的心脏"。它位于德国中西部，地处欧洲的十字路口，又在欧洲经济最发达的区域内，邻近法国、荷兰、比利时、丹麦、瑞典等国的工业区。

20世纪50年代以后，随着煤炭、钢铁等传统工业的衰退，鲁尔区与世界其他老工业区一样面临着结构性危机。生产结构单一、煤炭地位下降、世界性钢铁过剩、新技术革命的冲击、环境恶化等原因使鲁尔区在德国经济中心的地位下降，当时其工业产值仅占全国产值不足1/6。为此鲁尔区开展了区域整治：第一，发展新兴工业和轻工业，促进区域内经济结构多样化；第二，调整区域内生产布局，开发原来相对落后的莱茵河左岸和鲁尔区北部，与此同时拓展南北向交通网，以利新区开发；第三，大力发展文教科研，推进原有企业的技术改造，同时整治环境，消除污染。

经过综合整治，鲁尔区经济结构趋于协调，工业布局趋于合理，经济由衰落转向繁荣，改变了重工业区环境污染严重的局面，成为环境优美地区。当时废弃的工业遗址也摇身一变成了旅游热门景点。德国政府已经按照区域一体化的开发模式从区域整体战略的角度对该地区的工业遗产旅游资源进行了系统的开发，并开辟了所谓的"工业遗产旅游之路"。这个旅游路线包括19个工业遗产景点、6个国家级工业技术和社会史博物馆、12个典型的工业聚落及9个改造过的废弃工业设施。

游客可随导游到达地下的工作面，也可以登上68米的塔楼俯瞰波鸿的城市风光。波鸿的铁路博物馆展示了大约180台蒸汽机车、电动机车、客运车厢、货运车厢，游客每个月都可以参加穿越鲁尔河谷的"蒸汽火车游行"。多特蒙德的工业博物馆也是工业遗产线路的一部分。有颇具创意的展览，记载了矿工及其家庭的日常生活，其中还有许多互动节目和儿童娱乐项目。杜伊斯堡的工业遗产线路的一部分即杜伊斯堡风景公园。在这里人们可以攀岩，在储气罐里可以游泳和参加跳水训练，还可以爬到鼓风楼的顶端远眺城市风光，还可以参观小农场，还可以在大片的绿地上散步、野餐，还有定期的艺术家表演，届时会将几座鼓风炉完全照亮。

(2) 日本冲绳电动汽车岛

冲绳本岛南北长约140公里，如何使每年约500万名游客的出行更便利、更环保，是冲绳旅游经济持续发展的关键。日本经济产业省《新一代汽车战略2010》发布以后，丰田、日产、本田、三菱、日野等纷纷推出了纯电动汽车（EV）和混合动力汽车（PHV）等新能源汽车，并将冲绳县作为实施试驾体验、普及推广计划的首选地区。

2011年，日产采用工业旅游的思维，率先在冲绳大规模导入220台全球首款零排放经济型纯电动汽车LEAF，同时相应建立了急速充电网。同年冲绳县出台"电动汽车城（EV／PHV Town）"计划，并专门成立了由交通运输部门和市民参加的"EV普及促进协议会"，具体实施以电动汽车为核心的工业旅游项目。该计划项目得到日本经济产业省及国土交通省等的大力支持，政府部门通过对电动汽车的运行补贴以及在冲绳全岛完善充电桩等基础设施，使项目得以顺利实施。

2014年,东芝联合丰田在冲绳岛开展超小型纯电动汽车社会实验项目;2016年1月,丰田汽车正式投入30台最新锐超小型电动汽车"COMS",联手冲绳本部町及归仁村观光协会、JTB实施周游实证实验项目,继续借助工业旅游的理念推广扩大全新电动汽车车型。目前冲绳本岛有混合动力汽车加油站约350处,纯电动汽车充电设施30多处。"白天服务外来游客,早晚服务本地通勤人员",受众人群对于电动汽车的信赖度和购买倾向进一步加强,据统计目前日本已成为混合动力汽车普及度最高的国家之一。

根据冲绳县电动汽车城建设推进计划,到2020年,纯电动汽车和混合动力汽车的新车普及率预计达到20%,在全岛建成高度便利的充电网络及相应的导航信息网络,同时基于发电燃料的低碳化、燃效改善技术的创新等,提高企业及政府机构等的电动汽车普及率。届时冲绳县将成为日本全国乃至全球应用电动车技术最为先进,配套最为完善,受众最为广泛的地区,成为真正的"电动汽车岛"。

(二)国内工业旅游促进区域特色发展的经验

1. 我国发展工业旅游的趋势分析

通过扫描目前国内上海、广东、江苏、浙江等省市开展工业旅游促进区域特色发展的现状,主要呈现一些主要趋势:

首先,工业遗存旅游景点呈现综合化和休闲化发展态势。工业遗存开发工业旅游过程中日益重视工业遗存资源的保护、更新与再利用,并注重再利用过程中的复合型开发,将工业遗存与文化创意产业、休闲娱乐业等相互融合,以博物馆、艺术馆、会展中心、景观公园等多元开发模式,赋予工业遗存资源休闲游憩功能,服务地方社区的民众生活。

其次,工业旅游项目推广呈现品牌化和精品化趋势。开展工业旅游的城市或区域由全面均衡发展开始走向集中力量、重点打造和推广能体现城市工业文明、工业地位的品牌精品项目,工业遗存资源改造、地方支柱性产业、重点大型企业开发形成的品牌工业旅游项目,与其他项目共同构成工业旅游产品的梯度序列,以点带面,整体提升知名度。

再次,整体推广与联动发展成为发展工业旅游的重要手段。工业旅游走出单一景点独立营销的局面,开发主题线路、联合传统旅游产品,借助旅行社、媒体、会展活动、政府平台、城市整体推广系统等渠道,开展多元立体的整体推广活动。地方工业旅游的发展,由原来自上而下或自下而上的单向发展方式,向相关各方对话合作、联动发展的方向转变,从而提升工业旅游发展的成效。

最后，工业旅游日益成为旅游业转型升级的重要途径。随着我国旅游产业的快速发展，旅游产业与其他产业的融合是大势所趋。旅游产业一个很重要的特点是具有很强的关联性，对融合化发展具有较强的推动力。其中工业旅游就是旅游业与工业文明相结合形成的融合发展的典型。工业文化融入旅游产业的发展进程中，形成工业旅游这个与旅游产业相互渗透、相互融合的新型产业形态。旅游产业与工业相融合可以促进产业结构优化、核心竞争力形成和产业组织创新。融合就是一种生产力，是旅游产业转型升级为现代服务业的重要途径。

2. 我国促进工业旅游发展的政策演变

"工业旅游"是指以工业生产过程、工厂风貌、工人工作生活场景为主要吸引物的旅游活动。工业旅游在欧美等发达国家早已有之，在我国出现则是最近十多年间的事情，但伴随着我国工业化进程其发展势头迅猛，已成为深受广大游客喜爱的新的旅游形态。与欧美等发达国家相比，我国工业旅游总体起步较晚。随着工业产业结构的调整和旅游业的蓬勃发展，工业旅游在我国各地逐步开展起来，已成为旅游业产业链上一道亮丽的风景线。

2001年国家旅游局把推进工业旅游列入旅游工作要点，同年7月，国家旅游局会同山东省旅游局、青岛市旅游局组成联合调研小组，对青岛市开展工业旅游情况进行了试点调研，形成了《工业旅游发展指导规范》。2004年，国家旅游局对各省上报的工业旅游示范点进行验收，最终共有103家企业被授予首批"全国工业旅游示范点"称号，成为全国发展工业旅游的样板。

表9—4　首批全国工业旅游示范点各省市的情况一览（共103个）

排序	数量（个）	省/市
1	11	浙江
2	10	河南
3	9	辽宁
4	8	吉林
5	6	山东、广东、安徽
6	5	河北、山西
7	4	江苏、黑龙江
8	3	四川、福建、甘肃
9	2	广西、云南、内蒙古、重庆、北京、新疆
10	1	贵州、宁夏、湖北、江西、上海、天津

资料来源：笔者根据国家旅游局公布数据整理得到。

国务院在《关于加快发展旅游业的意见》（国发〔2009〕41号）中指出，要把旅游产业作为国民经济的战略性支柱产业，要大力推进旅游与工业、农业、文化、体育、林业、商业等相关产业和行业的融合。《国务院关于促进旅游业改革发展的若干意见》（国发〔2014〕31号）进一步提出"坚持融合发展，推动旅游业发展与新型工业化、信息化、城镇化和农业现代化相结合，实现经济效益、社会效益和生态效益相统一"，特别是"支持各地依托自然和文化遗产资源、大型公共设施、知名院校、工矿企业、科研机构，建设一批研学旅行基地，逐步完善接待体系，鼓励对研学旅行给予价格优惠"。这进一步丰富和扩大了工业旅游的内涵和外延。

3. 各地促进工业旅游推动区域特色发展的政策做法

上海100多年的工业发展史，积淀了丰富的工业旅游资源，越来越多的企业正在加入工业旅游的行列中，宝钢就是其中一个成功的范例。宝钢工业旅游起步于1997年，在此之前，承担接待任务的是宝钢总厂接待处，专门负责接待来访的各级领导、外宾以及与宝钢有业务联系的单位。1999年春，宝钢利用和发挥中国最大的现代化钢铁基地的优势，推出工业旅游，精心设计了游览线路。线路由原料码头开始，经三座世界级高炉，到热轧厂、冷轧厂，全程约3小时。若时间充足，可再参观展示厅（将改建为中国钢铁博物馆）、钢管厂、文化馆等等，丰富多彩的项目令游客在领略了"钢铁是怎样炼成的"同时，也了解了宝钢的企业文化和国际一流现代化大工业的发展历程。宝钢推出工业旅游项目8年来，已累计接待了130余万名游客，年利润500万元以上，回笼货币5000万元，居国内工业旅游项目前列。

广东是发展工业旅游较早的地区，那里拥有大量全国甚至全球知名的企业，工业旅游发展潜力巨大。2003年夏天，广州市推出了"工业名企一日游"，集中了广州工业最为精粹的看点，包括珠江钢琴集团、广州本田、珠江啤酒股份有限公司、珠江钢铁厂、《广州日报》印务中心、可口可乐公司、达能牛奶和广州工业名优产品展示中心等地，"工业名企一日游"首次推出，就创下了一个多小时内400个参团名额爆满的纪录。随后众多的工业企业如广州石化、光明乳业公司等工业名企纷纷要求加盟，扩充旅游线路，如今，工业旅游线路已经发展到8条，成为广东旅游业的拳头产品，不但受到当地市民和中小学生的青睐，还吸引了众多国内外游客，当中有许多企业管理人员，他们希望亲身了解一下广州本田、珠江钢铁等大型企业的管理经验。

河南工业旅游虽然起步较晚，但具有发展工业旅游的较好条件。首先是有一些现代化名牌企业，如安阳彩玻集团、新飞集团、双汇集团等；其次是一些传统工艺品企业，如开封汴绣厂、禹州市钧瓷生产厂、洛阳唐三彩生产厂等，这些企业都有发展工业旅游的内在积极性，加上政府部门的重视和支持，因此工业旅游在河南发展得十分迅速。国家旅游局命名的"首批全国工业旅游示范点",河南有金星啤酒集团有限公司、郑州三全食品股份有限公司、郑州宇通客车股份有限公司、河南安彩集团、许继集团有限公司、河南瑞贝卡发制品股份有限公司、河南黄河旋风股份有限公司、中国洛阳一拖集团、中国南车集团洛阳机车厂、新乡新飞集团等10家企业入选,数量居全国第二位。

山东是我国的工业大省,拥有一大批在全国占有重要地位的著名企业,其中大型工业企业263家,总量居全国首位,开展工业旅游的资源十分丰富。实力雄厚的工业基础、较高的知名度也为发展工业旅游提供了强大的产业支持。许多企业以自身实力为依托,进行工业旅游开发取得了明显成效。2004年4月5日,全国工农业旅游示范点验收工作会议在青岛市召开。对青岛啤酒集团工业旅游示范点进行了现场验收观摩,并将青岛啤酒作为全国验收工业旅游项目的样板。随后,青岛海尔、青岛港、青岛华东葡萄酒庄园、烟台张裕集团、东阿阿胶集团等先后通过国家旅游局验收,并被授予首批"全国工业旅游示范点"称号。青岛啤酒公司始建于1903年,是我国历史悠久的啤酒企业,青岛啤酒是享誉中外的国际知名品牌,青岛啤酒公司自开展工业旅游以来,共计接待游客超过70万人次,累计收入超过700万元,直接吸纳劳动就业50余人,间接提供劳动就业岗位100余个。海尔是2004年中国唯一入选"世界最具影响力的100个品牌"的企业。海尔集团的品牌形象、生产工艺、管理技术、高新科技、企业文化、生态化建设及优越的地理条件,成为对游客具有强烈吸引力的旅游资源。海尔集团的工业旅游自1999年开始,当年接待游客达到24万人次,2002年突破60万人次。青岛港是拥有112年历史的现代化国际大港,在导游的引导下,游客可以了解到海港风貌、码头设施、船舶景观、装卸工艺,以及浓厚的企业文化形成了青岛港独具特色的工业旅游风情。年港口接待旅游参观人数超过10万人次,直接吸纳劳动就业150余人,间接提供劳动就业岗位千人以上,年纳税额50余万人,创造了良好的经济效益和社会效益。烟台张裕公司于1892年创办,是中国第一个工业化生产葡萄酒的厂家,也是中国民族工业的代表。1992年,张裕公司投资450万元兴建了中国第一座专业酒文化博物馆——张裕酒文化博物馆,并于同年正式对外开放,公司又先后投资5000余万元对百年地下大酒窖及酒文化博物馆进行了加固整修及改建扩建,投资4000多万元兴建了国内一流、世界级的,集生产、旅游、观光为一体的张裕·卡斯特葡萄酒庄园。经过十几年的发展,张裕形成了以酒文化博物馆为中心,串联酒庄、葡萄基地、葡萄发酵中心、现代化生产线的旅游线路,以独具特色的内容和形式成为高技术、高品位、高层次的工业旅游名胜景点。

辽宁、吉林、黑龙江三省作为东北老工业基地,有丰富的可开发的工业旅游资源。国家实行振兴东北旅游政策后，他们抓住时机，把发展工业旅游作为增强企业活力的一个新思路，航空博览园、机床博物馆、蒸汽机车陈列馆、造币厂观光厅、机器人展示厅、老龙口酒厂酿酒游，这些极具特色的工业旅游项目陆续启动。被国家旅游局命名为首批"全国工业旅游示范点"的企业东三省共有21家，占全国1/5。机床博物馆摆放着不同年代的各式新旧机床，见证了新中国机械工业的发展历程。沈阳造币厂将各个年代的各种钱币陈列在一个大厅，游人在观赏中能学到许多钱币知识。在有三百多年历史的沈阳老龙口酒厂，游人可以穿上古式服装，按古代人的醇酒方法自己酿制美酒。

浙江省也在《关于进一步加快旅游业发展的实施意见》（浙政发〔2010〕56号）着重提出"推进旅游业与第二产业融合。充分发挥浙江省加工制造业发达的优势，积极发展工业观光、购物、考察和旅游商品制造业。大力提升浙江传统的丝绸、陶瓷、刺绣、石雕、木雕、根雕等特色旅游商品的制造加工水平；大力发展具有自主知识产权的休闲、登山、滑雪、潜水、露营、探险、水上运动、高尔夫等各类户外活动用品及宾馆饭店专用产品制造业；大力培育旅游房车、邮轮游艇、景区索道、游乐设施和数字导览设施等旅游装备制造业。加强旅游商品的研发和生产，建设全国性旅游商品制造基地"。

2013年，浙江省制定了《浙江省旅游发展规划》将工业遗产观光作为主导旅游产品开发的重点方向，并提出"以高科技企业、民营企业、展示古老传统技艺的老字号以及现代工业企业（集团）为基地，发展产业观光旅游，最终实现旅游产业与区域社会经济特色的整合"。

2014年公布的《浙江省旅游产业发展规划（2014—2017）》特别强调了促进旅游业与第二产业的融合发展，提出要"大力发展工业观光旅游、工业遗迹旅游和商务考察旅游。积极引导工业企业开展特色工业旅游，延伸产业链，打造体验性强、影响力大的工业旅游示范基地100个。大力推动旅游户外用品、游乐设施、邮轮游艇、旅居房车、索道缆车、数字导览设施等旅游装备制造业发展，培育一批具有全国影响力的旅游装备制造基地。大力培育发展具有自主知识产权的休闲、登山、滑雪、潜水、露营、探险、高尔夫等各类户外活动用品及宾馆饭店专用产品。积极发展铁路旅游、房车旅游、低空旅游、邮轮游艇旅游，促进旅游制造业向创新创造成果转变，增加多样化、人性化、科学化供给，引导旅游消费升级。依托中国义乌旅游商品研发中心及工业设计中心，创新设计具有民族特色的旅游精品，提升传统工艺品及土特产的质量"。

2015年，《浙江省人民政府关于加快培育旅游业成为万亿产业的实施意见》（以下简称《意见》）正式出台，这是继2009年5月之后，浙江省颁布的促进全省旅游产业发展又一重大政策,并进一步强调要加快文化旅游、工业旅游、海洋旅游、养生养老旅游等发展,突出了工业旅游的发展。

4. 典型模式总结

(1) 上海"十二五"期间发展工业旅游的经验借鉴

上海是我国工业旅游发展较好的省(市)之一,也是目前为数不多的专门出台《工业旅游发展规划》的省(市)。上海以发展规划为指导,细化落实上海市工业旅游的发展任务和发展措施。持续加强对发展规划的宣传和推进,并根据形势发展需要及时进行补充和完善。同时,上海还编制了《上海工业旅游发展白皮书》(年鉴)。

上海研究制定了推进工业旅游的若干意见,并适时开展对政策的实施评估。在政策扶持导向上,注重打造上海工业旅游品牌精品,扶持上海近现代工业旅游产品开发。上海发展工业旅游注重财政扶持,规定奖励连续三次复核被评为"上海市工业旅游景点服务质量优秀单位"的工业旅游景点,组织工业旅游景点专业人员培训,举办工业旅游论坛。同时,还引导支持工业遗存资源的保护与再利用、重点工业旅游产品项目的开发以及工业旅游数据库和信息服务平台的建设。

"十二五"期间,上海工业旅游发展重点是充分挖掘资源。扶持鼓励工业遗存资源创新开发工业旅游景点,充分挖掘战略性新兴产业、先进制造业、新型都市工业、生产性服务业、创意产业以及各类新兴产业资源,丰富工业旅游内涵。创新融合发展,促进工业遗存及各类产业资源与城市功能设施建设、文化休闲功能拓展等充分融合,创新开发工业旅游新形态。创新景点项目开发模式,服务城市与产业战略转型目标,扶持特色新兴项目开发,完善工业旅游产业体系。联动整合发展。促进跨区域间的联动合作,充分整合各方资源,建立完善的工业旅游产业体系和服务网络。聚焦塑造精品。集中力量打造一系列工业旅游景点的品牌精品项目、地标型区域以及精品线路。

"十二五"期间,上海工业旅游发展重点深入挖掘工业资源,主动融入旅游产业体系,把握重点、主次分明、逐步推进,续世博、树品牌、推精品、优化环境、完善服务、整合发展,展示产业融合、城市与工业融合的发展态势,展现城市和谐发展的风貌。其中的特色举措包括:一是以世博会为契机,依托城市建设,提升发展能级。结合上海当代工业发展的成就与趋势,集合不同产品的产业性质和区域位置,有机整合、开发与推广八大主题、二十大板块的工业旅游产品线路。二是营造良好环境,完善公共服务。积极打造和推广"中国商(公)务考察服务平台",利用呼叫(4001151735)和网站(www.4001151735.com)两大载体,为考察、会展、贸易、投资、合作等商务团队提供专业服务;建立上海工业旅游数据库,及时收集、整理、分析和发布上海工业旅游的客源市场数据、阶段发展数据、收益数据等统计内容。三是拓展产业范围，深化区域合作。促进工业旅游与水上旅游、科普旅游和农业旅游联动发展，提供专项、定制工业旅游产品，推进特定工业企业旅游的发展，促进工业旅游与商务考察、会展旅游、奖励旅游等融合。加强与全国的兄弟城市、长三角城市政府部门、媒体、旅行社、行业协会、商会等的联系，宣传推介工业旅游产品。四是加强机构合作，促进整体推广。继续加强与主流媒体单位的战略合作，充分运用各类传播媒介，加大对工业旅游宣传推广力度。利用每年举办的中国国际工业博览会、中国国内旅游交易会、上海国际旅游资源博览会、国际旅游资源交易会等展会互动平台，整体推介上海工业旅游。

表 9—5　上海八大产业特色区域建设工业旅游基础情况一览表

产业特色区域		范围	开发重点
八大现代工业旅游基地	新能源产业旅游基地	浦东新区：（临港）核风电产业；嘉定、金山区：新能源汽车产业；闵行区：太阳能产业；崇明县：智能电网示范应用	战略性新兴产业、先进制造业、生产性服务业展示、产业创新转型展示
	新一代信息技术产业旅游基地	浦东新区：以张江高科技园区、外高桥保税区为重点的新一代信息技术与电子产业带；金桥生产性服务业功能区、浦东空港物流园区	
	先进重大装备产业旅游基地	浦东新区：临港新城装备产业基地；临港装备制造业物流基地，深水港物流园区	
	民用航空航天产业旅游基地	浦东新区、闵行区：浦东祝桥镇总装制造中心、临港、紫竹科学园	
	高端船舶制造产业旅游基地	崇明县、浦东新区：以长兴岛、外高桥为主体的船舶制造基地；外高桥物流园区	
	国际汽车产业旅游基地	嘉定区：以安亭上海国际汽车城为主体的汽车制造和汽车零部件产业基地；国际汽车物流基地；国际汽车城研发港	
	精品钢材产业旅游基地	宝山区：以宝钢集团为依托的北部钢铁精品基地；钢铁及冶金产品物流基地	
	石化与精细化工业旅游基地	金山区、奉贤区：以上海石化与精细化工工业区为核心的石化产业带；上海国际化工生产性服务业功能区、化学工业区物流基地	

(2) 北京近年发展工业旅游的经验借鉴

近年来，工业旅游作为北京旅游市场上的一个新亮点正在迅速崛起。早在 2007 年年底，北京工业旅游就已形成了"都市工业类""现代制造业类""工艺美术类""高技术类""工业遗存开发利用类""循环经济类""老字号"等 7 大类工业旅游产品，约 50 多家企业开展了工业旅游活动，14 家企业获得了"全国工业旅游示范点"称号，打造了"798""751"等一批拥有国际影响力的知名景点,累计参观游客达数百万人次,立足于丰富的旅游资源、多层次的旅游产品、高素质的消费群体。

发展北京工业旅游的主要思路是"以促进北京工业产业结构升级和品牌建设为中心,坚持行业规范,创新发展模式,突出工业特色,展示工业风貌,努力实现工业旅游与产业发展的良好互动"。近年来,北京工业旅游的发展重点在于:建立专业化的工业旅游协调促进机制,形成规范化、标准化的工业旅游管理、服务体系,培育一批"北京市工业旅游示范点"企业,打造一批工业旅游精品线路,扶持一批具有较高专业水平的工业旅游商品创意、设计、生产及销售企业。为此,北京市专门成立了一个北京工业旅游协调小组,由北京市工业促进局、市旅游局、市委宣传部、市教委、市财政局、市文化局等多个部门共同成立北京工业旅游协调小组,指导全市工业旅游工作健康发展。日常联络机构设在北京市工业促进局。主要举措具体如表9—6所示。

表9—6 北京特色区域发展工业旅游的主要举措

主要举措	具体描述
成立北京工业旅游协调小组	由北京市工业促进局、市旅游局、市委宣传部、市教委、市财政局、市文化局等多个部门共同成立北京工业旅游协调小组,指导全市工业旅游工作健康发展。日常联络机构设在北京市工业促进局
编制北京市工业旅游发展规划	在对北京工业旅游的发展现状、资源、市场需求等进行充分调研的基础上,编制发展规划,提出明确的工业旅游发展思路、发展方向、发展重点,引导工业旅游规范、健康发展
成立北京工业旅游促进中心	北京工业旅游促进中心为市场化运作的企业性组织,具体承担工业旅游的规划制定、组织协调、宣传推广、产品策划、人员培训等项职能
推动北京市旅游行业协会工业旅游分会的成立	引导工业旅游相关企业成立北京市旅游行业协会工业旅游分会,在充分发挥政府引导作用的同时,建立工业旅游企业自律机制,进一步发挥企业积极性,鼓励和倡导诚信旅游、公平竞争,促进工业旅游市场规范化
拟定工业旅游地方标准	根据《全国工(农)业旅游示范点检查标准(试行)》等国家相关旅游管理规范,结合北京实际情况,拟定《北京市工业旅游景区服务质量标准(草案)》
组织工业旅游示范点的认定	工业旅游示范点的认定实行企业自愿申报原则,按照《北京市工业旅游景区服务质量标准(草案)》,由北京工业旅游协调小组统一组织认定
加强专业人才培训	加强工业旅游队伍建设,对认定为"工业旅游示范点"的企业相关人员进行专业培训
加大宣传推广力度	充分运用各类新闻媒体,采取多种宣传形式,大力宣传推介工业旅游项目,提高其社会影响力。建设工业旅游资源项目库和门户网站
与专业市场对接	实行工业旅游项目与全市常规旅游市场的对接。鼓励旅行社、酒店、游客集散中心等旅游中介将工业旅游纳入旅游市场的整体营销网络,并以"年度最佳工业旅游组织中介"评选等形式,对促进工业旅游市场发展有重要贡献的机构给予资金奖励

续表

主要举措	具体描述
予以资金支持	在政府相关产业扶持专项资金中安排工业旅游项目，支持重点为： 提升完善工业旅游基础设施和服务水平，加大景观环境建设、道路改造、标牌设置等景点固定资产投资力度； 推动旅游中介机构将工业旅游纳入全市旅游市场整体营销网络； 组织对企业相关人员的专业培训； 开展工业旅游的整体宣传推广活动； 鼓励和推进旅游商品、纪念品的设计、开发和生产

(三) 浙江省"特色小镇"对接工业旅游的机制研究

特色小镇建设需要突破传统产业束缚，进行高端化升级，同时也要考虑营造友好的人居环境。工业旅游兼具观光游览、科普教育、娱乐体验等功能，能够无缝对接特色小镇建设，向社会公众深度展示特色小镇的行业特征、核心产品、创业文化等。目前浙江省已获批的特色小镇主要包括传统产业型（地方传统特色产业的升级版）、新兴产业型（新经济、新技术、新业态的衍生）、特殊产业型（如核电、医疗等公众陌生产业）、文旅产业型（自然资源衍生工业产业）等四大类，发展工业旅游应抓住不同切入点。

1. 工业旅游有助于传统产业特色小镇的转型提升

传统产业型特色小镇是浙江省块状经济的高级化产物，但公众对于绍兴黄酒、龙泉青瓷、海宁皮革、黄岩模具等地方特色产业存在先入为主的认知惯性，这不利于区域品牌的重塑和提升。工业旅游通过开放式游览和参与式互动，有助于转变公众对于老字号品牌的认知缺陷。同时也要求传统企业更好地传承和展示传统加工工艺，从而激发企业融合更多创新工艺来撬动新的市场需求。

2. 工业旅游有助于新兴产业特色小镇的快速升温

"互联网+"、智能制造、云计算等新兴技术产业正深度影响社会生活方式，社会公众对新技术应用存在极大的好奇感，这对于激发工业旅游意愿是重要利好。梦想小镇、云栖小镇等小镇创业氛围浓厚、文化标识独特，园内一大批创业企业亟需扩大知名度，工业旅游为此提供了"廉价通道"。工业旅游有助于快速提升此类特色小镇的社会关注度，甚至通过商务旅游等形式为小镇带来潜在的商业合伙人。

3. 工业旅游有助于特殊产业特色小镇的公众认识

核电、健康等特殊产业对于社会公众存在许多"认知黑洞"，人们对于核污染、转基因、通信辐射等问题的担忧不利于产业良性发展。工业旅游通过深度科普游向公众宣传科技正能量。目前，海盐核电小镇正在打造核电科技馆模拟演示→核电设施实地参观→核电小镇综合观光的模式,可以成为此类特色小镇开发工业旅游的良好模板。

4. 工业旅游有助于文旅产业特色小镇的价值提升

浙江省内有一部分特色小镇脱胎于著名自然景点,但是单一的观光模式无法支撑特色小镇的长远发展。嵌入工业旅游的思路在部分特色小镇的产业中长期规划中已得到充分体现,如丽水古堰画乡小镇已形成"自然景观→油画创作→文化产业→衍生加工产业"的产业链延伸。

(四)工业旅游推动"特色小镇"建设的思路和政策建议

发展工业旅游是助推"特色小镇"建设的崭新视角,首先需要统一认识,充分整合旅委、经信等多个职能部门的管理资源。其次针对特色小镇的个性化特点,量身定做工业旅游规划和实施方案。围绕如何有效推动工业旅游发展和特色小镇互动发展,笔者提出四点建议:

1. 明确特色小镇"宜居、宜创、宜游"等特性,建设工业旅游基础设施

特色小镇的建设思路是颠覆传统的工业园区以及产业集聚区模式,小镇既是"宜创"的孵化器,同时也是"宜居"的生活区和"宜游"的观光地。特色小镇建设应以AAA级景区建设为基本要求,争创AAAA和AAAAA级景区。特色小镇应建成为区域性地标,浓缩当地特色产业的历史传承和时代创新,对产业转型升级起到示范性作用:(1)在"政府牵头、社会共建"的指导思想下,由浙江省旅游局和省经信委等部门协调多方关系,充分考虑本地特色和产业特色,打造精品小镇;(2)小镇建设规划中应有针对性地布点工业旅游集散中心、工业旅游产品市场、工业观光旅游巴士/有轨交通线路等基础设施;(3)营造特色小镇的工业旅游氛围,加强各类媒介渠道推广力度,逐步形成小镇产业品牌和旅游品牌的统一。

2. 认证和推广一批工业旅游的"浙江精品",加强示范和带动效应

安排部分有基础的特色小镇在工业旅游方面率先开展试点工作,可以按照所属的不同行业属性,认证并推广一批标杆性工业旅游项目。其中,传统产业型特色小镇具有庞大的产业基础,目前,越城兴黄酒小镇、嘉善巧克力甜蜜小镇等都已形成工业旅游的基础性条件;特殊产业特色小镇中,海盐核电小镇已积极抢占工业旅游市场,依托中国核电城建设,目前已形成技术水平高、产业功能全、服务范围广、设施配套优、旅游特色强的核电服务、核电装备、核电文化、核电旅游相融合的综合体系;文旅产业型特色小镇可以以丽水古堰画乡小镇等作为产业纵向拓展的良好模板。

3. 树立小镇企业的"开放、协同、创新"意识，夯实工业旅游发展基础

现代企业发展应该秉承开放包容的理念，企业的边界正日趋模糊。要协助进驻特色小镇发展的传统产业企业进一步牢固树立协同发展的企业理念，同时为小镇工业旅游提供基础素材：(1) 鼓励知名企业、老字号企业适度开放生产流程参观，也可面向企业参观客户设计有偿性观光线路；(2) 试点建设企业博览馆，可以依照企业能力采用单独设立或者企业组团的建设方式，为展示本地产业特色提供现实平台；(3) 创新企业间协作方式，产业链上下游企业可以互为宣传载体，同质企业间要建立区域品牌竞争意识。

4. 设立特色小镇的工业旅游综合管理部门，实现多方参与单位的资源协调

吸引有能力的设计公司参与小镇规划，引入专业物业管理公司承担小镇工业旅游的日常管理工作。企业的核心职能必须立足于研发创新和组织生产，所以需要一个第三方管理平台对小镇的工业旅游工作进行整体协调。可以借鉴海盐县成立的工业旅游"产业联盟"，第一期共整合了政府监管机构、景区、旅游饭店、旅行社和工业涉旅企业等 44 家单位组成的综合性管理机构。这一公共性机构充分吸收了参与特色小镇工业旅游项目的联盟会员，设计内容丰富的旅游线路，实现工业旅游资源的统筹管理。同时，由第三方机构对工业旅游过程中的规范性宣传、体验式消费等活动进行监管。最后，也急需培育一批复合型管理人才，参与特色小镇工业旅游的管理工作。

第四篇　中小企业技术源开发的组织合作创新问题研究

本篇的核心观点认为，从微观视角来看，中小企业与外部创新成员形成有效的组织间合作创新关系，能够有效推动企业技术源开发活动。按照中小企业与不同类型创新结点之间的合作关系展开，具体包括以下四个部分内容：(1) 中小企业跨组织合作创新的模式；(2) 中小企业与异质性大企业的合作模式；(3) 中小企业与智力机构的合作模式；(4) 中小企业与技术服务机构的合作模式。

第十章　跨组织边界的中小企业技术获取模式理论研究

随着经济的快速增长，技术创新已经成为推动企业快速发展和生存的关键因素之一。企业要想在竞争激烈的市场上占据有利的位置，就必须重视技术创新，制定并实施适当的技术创新战略。技术的来源问题一直是技术创新战略的一个重要组成部分，无论企业是通过直接购买或其他方式从外部获取所需技术，还是通过企业 R&D 投入等方式从内部获取技术，都必须找到适合企业自身发展情况的技术获取模式，这对企业的长期发展具有深刻影响。

第一节　中小企业技术获取模式的理论分析框架

一、技术战略

企业形成自身核心能力靠的是技术，技术战略作为企业战略的重要组成部分，是企业技术能力提升与技术资源获取的原动力。[①] 目前技术战略已经成为了企业总体战略的核心，而技术同企业战略的高强度整合将会成为战略管理未来发展的新趋势。本章主要用技术属性和技术范围来表述企业在某一技术获取模式下采用的技术战略。

蒂斯（Teece）认为技术属性包括路径依赖性、不确定性、累积性、不可逆性、

---

① Wilbon A.D.,"An Empirical Investigation of Technology Strategy in Computer Software Initial Public Offering Firms", *Journal of Engineering and Technology Management*, No.16,1999.

相互关联性、隐形性和不可分拨性。[①] 我国学者樊霞和赵丹萍结合蒂斯的研究，重点研究了技术复杂性、技术成熟度和技术隐形等技术属性对企业技术获取策略选择的影响。[②] 而本章主要采用先进性和成熟性这两个技术属性来刻画技术战略。值得注意的一点是，虽然如今出现了大量的先进技术和科研成果，但实际上有些还在实验室阶段，尚不成熟。

另外，在制定技术战略时，技术范围的选择是企业面临的一个重要问题，它不仅影响企业技术竞争力，还影响企业整体的发展战略。技术范围是指企业的技术配置，通常情况下体现为两种策略即技术多元化和技术专业化。[③] 技术多元化是指企业所拥有的技术知识多样化的过程，或者说企业技术知识所涉及的技术领域范围的扩大。而技术专业化是指企业所拥有的技术知识集中在某一个较为狭窄的领域。

二、技术操作

技术操作维度主要描述的是企业获取技术的方式。技术战略是企业获取技术资源的原动力。企业技术战略决定了其获取技术的方式，只有技术获取方式与企业技术战略相匹配，企业才得以提升自身的技术能力，这有利于技术战略的进一步调整，并增强企业的市场竞争力。

从整体看，国内外学者大都倾向于把技术获取分为外部获取和内部获取。外部获取的主要方式有技术购买、设备引进、技术并购、专利许可和雇佣专家等；内部获取的主要方式有自主研发、合作研发、委托研发等。采用与企业自身情况最匹配的技术获取方式，对于企业的长远发展具有重要意义。

三、技术人员

技术人员维度主要描述了企业技术人员构成的来源和属性。技术人员是企业技术创新活动的主体，是推动技术创新和实现技术成果转化的重要力量，他们掌握着先

[①] David J. Teece,"Firm Organization, Industrial Structure, and Technological Innovation", *Journal of Economic Behavior & Organization*, No.31,1996.

[②] 樊霞、赵丹萍：《技术属性对中小企业技术获取策略选择影响的实证研究》，《科学学与科学技术管理》2012年第10期。

[③] 贾军、张卓：《企业技术范围选择：技术多元化还是技术专业化》，《科学学与科学技术管理》2012年第11期。

进的技术知识、拥有智力资本，在研究新成果、开发新产品等方面作出了很大的贡献，是企业提升技术能力、获取市场竞争优势的关键人力资源。因此，为了更全面地研究企业的技术获取模式，本章主要从来源和属性两个方面对企业技术人员构成进行研究。

总体来说，在当今社会，企业的技术人员主要有以下五种来源：聘请国内外专家、企业自身培养、海外留学归国、科研院所和引进。企业根据技术战略要求，结合自身的资源状况，选择一种或多种来源方式，从中获得技术人员，并最终组建自身的技术团队。

另外，技术团队中的人员属性结构也是由企业技术战略决定的。本章将技术人员属性分为三种：R&D 人员、技术开发人员和技术应用人员。R&D 人员是那些进行基础研究和应用研究的技术人员。在基础研究和应用研究的基础上，技术开发人员要进行的是一个如何将新的科研成果应用于生产实践的开拓过程。而技术应用人员是那些把已有技术和理论应用于实际产品生产的技术人员。

四、技术获取模式的理论分析框架

结合以上理论分析，本章设计了中小企业技术获取模式的三维度分析框架，具体见图10—1。其中技术战略维度主要是针对获取技术的属性来划分，技术操作维度则是区分内外部获取渠道来划分，技术人员维度是用技术人员的来源和属性进行划分。

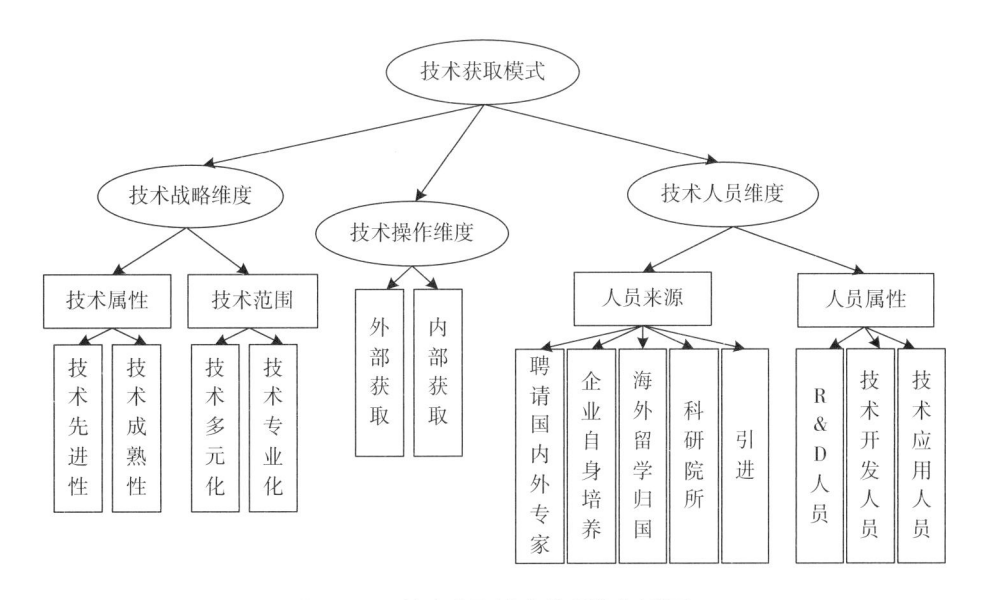

图10—1 技术获取模式的理论分析框架

第二节　国内典型中小企业技术获取模式

我国的中小企业大多分布在东部沿海地区，浙江省拥有大量中小企业，研究浙江省的中小企业情况具有一定的代表性。本章利用了浙江省中小企业景气监测平台连续3年（2011—2013年）的填报数据，特别针对其中有关"中小企业技术源开发情况""中小企业技术购买（交易）情况"以及"中小企业技术研发情况"的10余个题项进行了跟踪研究与分析，从平台统计的1200余家中小企业填报数据来看，浙江省中小企业在技术获取上呈现出模式多样化的特点。据调研结果显示，在这些企业中，有返聘国企技术人员的，有借助猎头引入国内高端人才或引入海外高层次人才的，也有委托高校研发项目或与高校共建科研实体的。另外，还有些企业是由海归创业、大学生创业而成，具有足够创新动力，为我国技术创新、经济建设注入了强大的新鲜力量。

本章将这些技术获取特点进行梳理归类，总结出中小企业目前五种典型技术获取模式：技术返聘、技术猎头、高校产学研、海归创业和大学生创业等。

一、技术返聘模式

技术返聘是指已达到退休年龄的技术人员，从单位退休后，被原单位或其他单位再次返聘而继续工作的行为。在国企改制前，我国国企在技术人员、技术设备等技术资源方面具有强大的垄断性。因此，当时只有国企具备能力开展技术创新活动，从而导致大量的技术创新成果都聚集在国企中，归其所有。然而1978年国企改制后，随着改革深化、经济结构调整和技术进步，国企的技术人员出现了较大流动，主要有退休、转聘、跳槽、创业等流向，尤以退休为主。

近年来，退休返聘行为基本集中在那些技术与知识密集型单位，返聘对象以技术人员为主。而且，很多单位还亲自制定并推出了各种关于退休返聘的规定，但其面向对象一般只限于高级知识技术退休人才。在市场招聘中，尤其是中小企业，对聘任退休高端技术人才和工作经验丰富的专业技术人员表现出了高度的热情。

发展初期的正泰集团是技术返聘模式的典型案例。正泰集团的前身"乐清县求精开关厂"创建于1984年7月，发展至今，集团旗下已有8大专业公司、2000多家国内销售中心和特约经销处，并在国外拥有40多家销售机构。其现有产品覆盖了高低压电器、仪器仪表、输配电设备、汽车电器、建筑电器等产业。从正泰集团早期的年产值数据来看，正泰在 1996 年资产总值达到 12 亿元，超过中型工业企业资产总额 4 亿元上限标准。因此，1984—1996 年期间的正泰集团可以被列入中小企业范畴进行研究。

在确定企业的产业结构及发展方向上，正泰认准了低压电器广阔的市场空间，同时也意识到正泰的产品在行业内尚属中低档，还未以高新技术、现代信息技术来形成核心竞争力。于是，正泰采取了技术先进成熟、专业化的技术战略。基于此技术战略，正泰采取技术外部获取方式，从上海聘请了国有企业的技术专家。通过聘请专家，一方面，正泰获得了低压电器产品的生产技术，为企业的发展奠定了技术基础。另一方面，在技术专家们的指导下，正泰严把质量关，最终凭着过硬的产品质量赢得了"质量立市"的好名声。

另外，正泰在技术专家的指导带领下，还培养了一批自己的技术人才，显著提高了自身技术水平，呈现出快速发展的良好局面。1991 年正泰建立中美合资温州正泰电器有限公司，借此机会从国外引进了一些先进的技术和设备，建造了现代化厂房和生产流水线，开发了一批具有 90 年代水平的低压电器产品，形成具有相当规模的中型企业。

二、技术猎头模式

技术猎头模式就是指专门以技术研发或者技术改造为目的的专门人员搜索方式。猎头公司一向被认为是获取高端人才的最重要手段，据国际高级人才顾问协会的相关统计，全球 70% 的高级人才的流动是由猎头公司协助完成的，90% 以上的跨国公司都会利用猎头公司来获取高级人才。①

高级人才的引入需要借助猎头的力量。就浙江省目前情况来看，国家人才优先发展战略布局的确定以及全省经济转型升级的战略部署，都促使浙江省将引进高层次人才的工作提升到从未有过的战略高度。近几年，浙江省中小企业发展迅速，创新活动日益活跃，对高层次人才的需求量快速递增。相关资料表明，猎头公司往往更热衷于高薪岗位、高端人才的搜寻，而那些年薪低于 10 万美元的岗位对猎头的吸引力则较低。

浙江省三花股份有限公司是技术猎头模式的典型案例。该公司创建于 1994 年 9 月，是一家生产经营家用和商用空调自动控制件为主的专业公司。公司制定了技术先进性、专业化的技术战略，重视高端技术人才在企业技术创新活动中的作用，借助集

---

① 朱勇国、李晨曦：《用什么方式搜募海外高层次人才》，《中国人才》2012 年第 21 期。

源猎头等知名猎头公司,对北欧、德国的机械同行业企业进行了同业挖人,近3年共引进海外高端技术人才30多名。在海外高端技术人才的指导带领下,公司近3年共组织各种技术培训30多期,共培养主管工程师30多名。这些引进的技术骨干以R&D人员和技术开发人员为主,目前已承担起对新产品的研究与开发等重要任务。

三、高校产学研模式

高校产学研合作是指企业和高等学校就企业、教学、科研三方以人才、技术、效益为结合点,本着互利互惠、共同发展的原则,遵循市场经济和科技发展规律,企业从高等学校不断地获得人才支持和技术支持,并逐渐形成互利互惠、共同发展的合作关系。现今高校产学研合作的形式是多种多样的,大致包括技术转让、合作开发和共建实体这三种。[①]

近年来,浙江省在建设科技创新平台方面做了很多工作,尤其是在高校创建了创新中心和一批省级重点实验室。浙江省政府于2007年启动的重中之重学科建设和2011年启动的重中之重一级学科建设,对浙江省高校学科建设、科技创新平台以及基础条件设施的改善都起到了非常大的促进作用。例如,由浙江工业大学牵头,联合浙江大学、浙江省医学科学院等核心协同单位共同组建的"绿色制药协同创新中心"正式入选国家首批"2011计划",并且之后还分别列入2012年和2013年的省级"2011计划",极大地推动了浙江省制药行业的发展。

杭州中富彩新材料科技有限公司是高校产学研模式的典型案例。该公司成立于2007年3月,公司专注于环保和绿色新型高分子材料的技术研究、产品开发和销售。中富彩采取技术先进性和专业化的技术战略,高校产学研模式成为其主要的创新源泉。公司于2010年8月与浙江工业大学合作设立了"绿色高分子材料&助剂研究所"。作为企业高新技术研究开发中心,研究所承担技术研究、产品开发、客户服务等工作,全面提升企业管理水平和创新能力,推动高校科技成果转化和高新技术产业化。

四、海归创业模式

海归创业就是指海外留学归国的人员结合自己的优势在特定的领域进行创业的活

[①] 张炯、余祖伟:《产学研合作创新模式的案例探讨——基于韵升集团创新模式的分析》,《重庆行政(公共论坛)》2011年第2期。

动。改革开放以来，海外留学人员积极回国创业，极大地推动了我国互联网、IT、通信、传媒等诸多领域的发展，提升了我国的科技水平和经济实力，对增强我国国际竞争力有一定的促进作用。

浙江省海外高层次人才引进计划（浙江省"千人计划"）主要是围绕全省经济社会发展需求，引入一批急需的学科带头人和科技创业领军人才。该计划截至2012年已经引进国家和省"千人计划"人才419名，其中有155名入选国家"千人计划"，入选总数在全国排位第四。2012年的数据表明，419英才共创办企业158家，这些企业3年净赚了160多亿元。另外，在引进人才的同时，浙江省也为海归们建立了大量的创业创新基地，例如2010年7月挂牌的海创园，海归创业模式已成为浙江省中小企业技术获取的典型模式之一。

贝达药业股份有限公司是海归创业模式的典型案例。该公司创建于2003年1月，是一家中美合资高新制药企业。公司专业致力于研发和生产拥有自主知识产权的恶性肿瘤、糖尿病领域国家一类新药。公司建立之初就采用技术先进性、多元化的技术战略。创始人丁列明在美国顺利完成学业后，带着研发技术成果回国创业，目前公司的技术研发团队已汇聚一批稳定技术应用开发人员。

五、大学生创业模式

大学生创业是指大学生（包括在校大学生和大学毕业生群体）出于自身的创业理想，对创业的多种资源要素进行适当有效的配置，最终达到自己创业目的的一系列创业活动。相对国外来讲，我国大学生创业起步较晚，20世纪90年代以后才逐步开始，但经过短短几年却已经有了不错的发展。在2012年，浙江省大学生创业状况调查报告结果显示，26.67%的在校大学生已经开始从事包括校园代理、实体店经营和网店等各种形式的创业，超过90%的受访大学生有创业想法，这一数据远远高于2011年调查机构提供的70%多的数字。

浙江省对于大学生创业的优惠政策力度很强，包括减免行政事业性收费、大学生自主创业小额贷款、享受免费就业服务、创业保留学籍等措施。另外，2011年，杭州团市委牵头全面启动了"构建全国首个大学生创业企业发展指标体系"的研究工作，以进一步推动杭州市大学生创业服务工作的科学发展。浙江大学科技园充分利用自身优势，全力推进大学生创业就业，如开展大学生创业教育、创建大学生创业园以及搭建大学生创业交流服务平台等，近几年已取得一定成效。

杭州绿盛集团有限公司是大学生创业模式的典型案例。该公司组建于2004年，专业致力于牛肉干及其衍生产品的生产与销售。绿盛创始人林东1993年在浙江工业大学研究生毕业后，创办了杭州绿盛食品有限公司。公司建立之初就确立了采用技术先进成熟、专业化的技术战略。为实现"立足高新农产品研发，打造超百亿企业"的企业战略，绿盛不断从外部引进先进成熟的生产设备和技术，先进技术的引进促使集团稳健迅猛发展。绿盛充分利用了大学生创业所带来的技术资源优势与市场创新优势。此外，绿盛通过学校人脉资源与德国等国外先进生产设备厂商取得联系，引进了世界顶尖技术设备。绿盛还注重开发创新市场竞争模式，其中最典型的是绿盛提出了R&V非竞争性战略联盟这种合作模式。

绿盛的创业成功还依赖于一支从高校大学生中闯出来的技术团队。绿盛主要通过校园招聘等方式引进企业急需的技术创业人才，主要以技术开发人员和技术应用人员为主。值得一提的是，2004年年末，绿盛决定开始进军国际市场，但那时欧洲市场对产品品质的标准和要求普遍很高，面对一系列的技术壁垒，绿盛技术研发团队依靠高校专家的协助，克服了许多技术难题，从而为产品生产提供了优良的品质保障，更为进军欧洲市场奠定了坚实的基础。

第三节 典型技术获取模式的对比及评价

上文所针对的每一种技术获取模式，都列举了相应典型的中小企业案例，在案例分析的基础上，本章结合其他资料以及浙江省中小企业总体的实践特征，得出了五种模式在技术战略、技术操作和技术人员这三个维度上的具体特征要素，详见表10—1。

表10—1 五种模式的特征要素比较

		技术返聘	技术猎头	高校产学研	海归创业	大学生创业
技术战略	技术属性	成熟性	先进性	先进性	先进性	先进成熟
	技术范围	专业化	专业化	专业化	多元化	专业化
技术操作	技术获取方式	外部获取：技术购买、设备引进、雇佣专家	外部获取：技术并购；内部获取：自主研发、合作研发	内部获取：合作研发	外部获取：技术并购；内部获取：自主研发、合作研发、委托研发	外部获取：技术购买、设备引进、雇佣专家；内部获取：合作研发

续表

		技术返聘	技术猎头	高校产学研	海归创业	大学生创业
技术人员	人员来源	聘请国内外专家、企业自身培养、引进	企业自身培养、引进	科研院所引进	海外留学归国、科研院所、引进	聘请国内外专家、引进
	人员属性	以技术开发和技术应用人员为主	以R&D和技术开发人员为主	以R&D和技术开发人员为主	以R&D和技术开发人员为主	以技术开发和技术应用人员为主

将这五种模式的特征要素进行互相对比，结合表10—1可知，各模式在某些方面具有共性特征，而在某些方面却具有各自的个性特征。下面将分别从三个维度出发来分析各种模式的共性特征和个性特征。

首先，从共性特征方面来看，存在以下一些特点：（1）技术战略维度。总体上看，技术猎头和高校产学研都采用技术先进性、专业化的技术战略。细看，在技术属性上，技术猎头、高校产学研及海归创业选择的都具有先进性；而在技术范围上，技术返聘、技术猎头、高校产学研以及大学生创业选择的都具有专业化。（2）技术操作维度。技术猎头、海归创业及大学生创业都采取了内外部技术同时获取的方式。（3）技术人员维度。在人员来源上，5种模式均有采用引进这一方式。在人员属性上，技术返聘和大学生创业，都是以技术开发人员和技术应用人员为主；而技术猎头、高校产学研及海归创业，都以R&D人员和技术开发人员为主。

其次，从个性特征方面来看，存在以下一些特点：（1）技术战略维度。在技术属性上，技术返聘选择的是成熟性，不同于其他模式下的技术先进性。在技术范围上，海归创业独特地选择了多元化，以推动多种先进技术同时发展。（2）技术操作维度。技术返聘主要采取从外部获取技术的方式，而高校产学研则主要通过合作研发从内部获取技术。（3）技术人员维度。各模式下的技术人员来源方式的组合各不相同。技术返聘主要是返聘国企退休的技术人员，技术猎头主要是借助猎头力量引入高端技术人才，高校产学研则是高等院校的科研人员流入企业。

第四节 技术获取模式的发展趋势展望

在当前知识信息更迭迅速、科技革命发展迅猛的时代，技术创新已经成为中小企业稳定生存、快速发展的关键要素。21世纪以来，中小企业越来越重视技术创新活动,同时其技术获取模式也在不断地变更与发展,除了以上阐述的五种典型模式以外,近几年又兴起了一些最新的技术获取模式,如基于互联网技术的网上技术买卖模式,基于"新三板"的技术股份转让模式以及共性技术平台共享模式等。

一、基于互联网技术的网上技术买卖模式

网上技术市场是一个运用现代互联网技术以及电子商务技术而建立的技术交易市场。网上技术买卖即指在网上技术市场中进行技术交易的行为。

为了提高中小企业的核心竞争力,浙江省于2012年在全国率先建立了网上技术市场,各高校和科研院所通过网上技术市场发布了大量的科研成果和协同创新需求,而众多企业则在网上发布技术购买需求和难题攻关需求。目前,这个市场已经发展成长三角地区甚至全国范围内影响力最大的技术供求双方对接、深化产学研用合作的科技服务平台。

据相关数据显示,浙江网上技术市场非常活跃,截至2013年10月,该市场已累计发布技术难题6.5万项,征集并发布科技成果15.4万项,成交并签约项目2.7万项,成交金额250.4亿元。另外,其注册企业数已接近10万家,高校和科研院所达3万余家,中介机构1万余家,而网站访问人数累计达到1200万余人。

二、基于"新三板"的技术股份转让模式

"新三板"是全国性的非上市股份有限公司股权交易平台,针对的对象主要是中小企业,为中小企业提供了挂牌、股权转让、融资等服务。"新三板"的推出提高了中小企业的融资能力,促进了中小企业的技术创新活动,推动了企业的转型升级。

自"新三板"扩容后,截至2014年2月底,浙江省已有10家中小企业在"新三板"挂牌。中小企业借助"新三板"这个股权交易平台,可以公开转让其股份,进行股权融资、债权融资及资产重组等一系列活动。

作为全国性的场外交易市场,"新三板"为中小企业提供了一条全新的直接融资渠道。为鼓励中小企业积极实现"新三板"挂牌,杭州市政府积极推出了一系列相关的补贴政策。有关资料表明,截至2013年年底,杭州市仅滨江高新区就已经有30余家企业同券商签订了相关协议,决定努力挂牌"新三板",而目前已有6家成功挂牌。

三、基于共性技术平台的互利共享模式

共性技术是指处于基础研究和试验发展阶段之间的一类技术产品,在许多领域内早已或将来可能被普遍使用,其科研成果可共享并对某个产业甚至多个产业及其企业造成重大影响。由于一些基础性共性技术研发费用高昂,中小企业无力承担,因此严重阻碍了其企业层面的技术创新活动。共性技术平台一般由政府等公共机构建设,具有基础性研究和公益性技术溢出的主要特征。以共性技术服务平台为载体,帮助中小企业提升技术创新能力,是很多发达国家的通行做法和成功经验。

为了促进中小企业的自主创新,浙江省在全国率先建立了共性技术服务平台。据有关统计,截至 2008 年年底全省各类平台已有 200 个。实践证明,共性技术服务平台不仅推动了技术成果的转化,而且还实现了技术信息的共享。随着近年来我国对中小企业公共服务平台构建的愈加重视,共享共性技术服务平台模式将会成为中小企业未来主要技术获取模式之一。

中小企业的技术源管理问题有别于大中型企业,单一地提倡内部自主创新不符合大多数中小企业的实际属性。以开放式创新的视角,充分调动企业网络资源,积极开拓企业外部适合的技术源,是中小企业创业、立业过程中所应该建立的重要技术战略思维。本章在浙江省大量实际跟踪数据的基础上,总结了一些面向中小企业可行的技术管理模式。这五种技术源获取模式具有一个共性特征,即最大限度地调动企业外部的资源为中小企业所用,以引进"智力"作为引进技术的根本保证。当然,随着部分中小企业逐步做大、做强,将面临以"核心技术"为特征的激烈竞争,这就要求中小企业能够适应变化并实现快速转型。本章最后也基于网络技术交易、股权市场交易以及第三方公益性技术机构等新兴的外部平台,为中小企业更好地管理企业技术获取和开发工作提供了一些有益的思路。

第十一章 中小企业与异质性大企业创新合作的机理研究

第一节 异质性要素匹配的合作创新机理

创新理论的发展与成熟对企业经济的发展产生了深远影响。相对于以往要求企业更多地整合企业内部创新资源的封闭式创新概念,开放式创新理论则重在提高企业研发效率并且削减研发成本,与企业外组织或机构开展有效的合作创新活动。[1] 企业开展技术创新的来源既可以是企业内部,也可以是企业外部,技术创新的组织边界正在逐渐模糊,取而代之的是创新资源的共享机制与创新智力的协同合作。

大量理论研究成果已表明企业与外部企业或机构合作创新确实会对企业的创新绩效产生积极影响,[2] 但开放式创新对企业绩效提升通道的影响机制仍然存在较多争议。门多萨(Mendonca)认为开放式创新主要影响了企业的管理模式,内向型和外向型开放式创新模式会导致企业的组织模式产生差异,外向型开放式创新模式更多地采用衍生企业、知识产权交换、跨产业创新等组织模式,而内向型则更多地采用创新网络、众包、创意竞赛等形式。[3] 部分研究从技术产品层级的提升来解释开放式创新的效果,如有研究借助技术路线图分析,[4] 将企业开放式创新过程划分为市场、产品

---

[1] Chesbrough H.W.,"The Era of Open Innovation", *Sloan Management Review*, No.3,2003.

[2] Lichtenthaler U.,"Outbound Open Innovation and Its Effect on Firm Performance: Examining Environmental Influences", *R&D Management*, No.4,2009.

[3] Mendonca L. T., Sutton R.,"Succeeding at Open-Source Innovation: An Interview with Mozilla's Mitchell Baker", *The McKinsey Quarterly*, No.7,2008.

[4] 盛济川、吉敏、朱晓东:《内向和外向开放式创新组织模式研究——基于技术路线图视角》,《科学学研究》2013年第8期。

以及技术等三个不同层面，企业通过非股权战略联盟、购买（提供）技术服务和购买（提供）技术授权等方式实现开放式创新，为企业如何选择创新战略给出了启示。其中，合资—战略联盟的模式正被越来越多企业应用于开放式创新实践工作，贸易伙伴企业、资源互补企业以及异质性更强的跨行业企业都成为潜在合作对象。在解析合作创新主体时，有越来越多的研究开始关注企业的跨行业合作创新问题。[1]在异质行业实现成功的跨界合作活动，往往会形成企业突破性的创新增长点。因为作为参与合作的企业有着共同研发目标，更倾向于在建立合作框架范围内投入各自的优质技术和优势资源进行创新，而异质行业合作企业具备更完善的技术背景和营销渠道，能够有效延伸生产要素的供给，帮助企业实现跨越式发展。[2]

综上所述，目前虽然已有大量文献对开放式创新的理论以及实践进行了研究，但聚焦点仍较多地停留在企业组织边界层面，面向行业层面跨界合作创新的研究相对较少。同时，相较于国内而言国外的实证研究更多，国内个案研究较少，研究跨行业开放式创新的研究则更少，异质行业合作企业的识别与选择问题成为了目前该研究领域内的一个新兴理论课题。[3]因此，本章采用案例研究方法选取西子联合作为研究对象，拟探究面向异质行业领先企业的跨行业合作对企业创新绩效的影响。

第二节　异质行业领先企业的合作创新机制

异质行业指的是与本企业所处行业有显著区别性的行业，异质行业领先企业则是指处于异质行业中的龙头企业，是在其所处行业中位于领先地位的企业。与异质行业领先企业的合作创新是开放式创新理论中的新命题，从本章已整理的部分案例中（见表11—1）可以看到此类合作创新有利于企业达到优势互补、资源共享、合作共赢的目的。

---

[1] Enkel E., Gassmann O., Chesbrough H.,"Open R&D and Open Innovation: Exploring the Phenomenon", *R&D Management*, No.4,2009.

[2] Ansoff H. L.,"Strategies for Diversification", *Harvard Business Review*, No.8,1957.

[3] Wales W. J., Parida V., Patel P. C.,"Too much of a Good Thing? Absorptive Capacity, Firm Performance, and the Moderating Role of Entrepreneurial Orientation", *Strategic Management Journal*, No.5,2013.

表 11—1 企业与行业领先者合作典型案例

合作方：合作发起方	合作方：行业领先企业	合作方式	合作成果
东风日产	人保财险、平安财险、太平洋财险	技术合作	东风日产保险管家
摩托罗拉	谷歌	并购	MOTOX 等手机产品
诺基亚	微软	被收购	诺基亚智能手机
小天鹅	宝洁	被技术委托	新型的洗衣机
恒逸	中石化	技术合作	石油衍生品
肯德基	百事可乐	外包	全家桶
小护士	欧莱雅	被并购	"清泽"和"亮白"系列
腾讯	华夏基金	技术合作	理财通

注：本表有关数据由笔者整理得到。

一、异质行业合作企业的来源

选择跨行业合作，合作企业的来源主要可以划分为以下三种类型：基于产业链的上下游异质性企业、基于资源互补的跨行业企业和基于战略转向的跨行业企业。

（一）基于产业链的上下游异质企业

企业与异质行业领先企业合作的主要目的是借助行业领先者的优质资源达到优化产品和销售渠道的目的，使自己的产品拥有更高的市场占有率。[①] 研发成果从产生到使用到产品中需要时间过渡，但这段时间对于企业而言是迅速抢占市场、减少成本的关键。企业通过与产业链的上下游异质企业的合作可以缩短这段时间，从而使研究成果在产品中更快地得到应用，具体合作的优势表现如下：(1) 凭借双发的技术互补优势，提升研发效率，较快地实现研发产品市场化；(2) 借助产业链的上下游行业间业务的紧密关联性，实现资源整合效用的最大化，同时可以提高成本优势；(3) 延长本企业的技术链和市场范围，增强企业竞争力以及抗市场风险能力；(4) 有助于企业掌握战略性原材料的渠道，提升企业的议价能力。

（二）基于资源互补的跨行业企业

资源互补的跨行业企业一般与本企业具有一定的相关性，其相关性介于产业链上下游企业和大幅跨行业企业之间，并且这相关性可以是有形的（如生产工艺接近、

---

① 刘志迎、李芹芹：《产业链上下游联合创新联盟的博弈分析》，《科学学与科学技术管理》2012 年第 6 期。

具有共同的目标客户或者相似的营销渠道等），也可以是无形的（如相同的企业管理模式、人才机制或者品牌等）。与这类企业进行合作，可以将企业原本的优势延伸到新产品的开发中，可以实现优势互补、资源共享，有助于企业在新行业的快速发展。与该类企业的主要合作优势包括：(1) 可以整合不同环节的生产经营资源，降低总成本；(2) 可以充分掌握在生产经营过程中的一些环节，加强合作信任；(3) 可以将双方的关键技术、优秀的管理模式以及独特的知识产权应用到新产品中，有助于双方本身产品的开发；(4) 能够更加快速地进行研发，有效推进合作项目的开展。

（三）基于战略转向的跨行业企业

与基于战略转向的跨行业企业合作，由于合作企业与企业本身的业务相关性较低，因而企业对于跨入的行业不熟悉。与战略转向的跨行业企业进行合作具有以下优势：(1) 有助于进行企业战略转型，升级企业内部的产品结构，使企业业务多元化；(2) 有利于新商业模式的推出，增加企业的赢利点；(3) 能够有效降低行业进入壁垒，帮助企业更快适应行业的发展。

选择何种类型的企业开展跨行业的合作创新需要结合企业异质程度、风险合作强度以及合作深度等方面进行判断，同时不同的合作对象也有着不同的合作优势及劣势，企业需要结合自身的实际情况进行判断选择，见表11—2。

表11—2 异质性合作企业类型比较

企业类型	异质程度	风险强度	合作深度	合作优势	合作劣势
产业链的上下游异质企业	低	小	深	技术互补；延长产业链；资源整合利用；议价空间加大	转型升级慢；容易产生正面竞争
资源互补的跨行业企业	较低	较小	较深	技术相关度高；关键技术、管理模式相互学习；合作磨合快	行业相似；无法进行战略转型
战略转向的跨行业企业	高	较大	中等	产业转型升级；降低行业壁垒；品牌相互使用	磨合较慢；行业不了解；无法利用自身优势

二、合作企业的行业地位

选择与异质行业内的企业进行合作，可以有效减轻行业壁垒、加速企业在异质行业中的发展，在选择异质行业合作企业对象时，行业领先地位是一项重要考察因素：

（一）行业领先企业

由于行业领先者有品牌、技术和资金等方面的优势，与其合作能够为企业提供新技术、市场以及管理模式等。[①] 同时在与行业领先者共同研发中，企业可以进一步得到该行业的知识产权。但是由于合作企业在该行业占据领先地位，企业在合作过程中可能会失去主动权并且会损失一部分利润。

（二）行业跟随企业

选择与行业跟随者合作，通过合作双方能够利用各自的优势资源来增加开发成功率，并实现降低成本、减小风险的目的。企业通过双方合作，可以加强双方的创新能力、提高核心竞争力。而不同的合作对象具有的优势、合作失效的风险，对于合作过程中的主导权会存在不同。

三、异质行业企业的合作方式

企业合作的方式非常多，常见的包括：建立合资企业、共同研发、技术交流协议、与顾客和供应商联系的形式、企业动态联盟和技术委托等。选择何种合作方式与异质行业领先企业进行合作，直接影响双方合作创新的产出绩效。[②]

企业间合作究竟采取何种组织形式，要综合考虑各种因素，包括合作伙伴的战略重要性、业务关联度、资产专用性及交易发生的频率等。[③] 本章主要考虑战略重要性与业务相关性两大要素，分别选择相应的合作方式。[④]

如图11—1所示，当合作项目的战略重要性较高时，企业比较更适合采用更加正规化、紧密型的合作方式，如兼并收购、动态联盟以及技术委托等；相反的，如果合作项目不涉及企业战略发展，那么，合作开发、参股控股等形式等更加适合。此外，研究结果还显示，合作企业与本企业的业务相关性越高，越适合采用技术委托或者共同研发等方式的互动合作，而相关性较弱的时候采取直接收购或者合作协议等方式的

---

① Keizer J. A., Halman J. I. M., "Risks in Major Innovation Projects, a Multiple Case Study within a World's Leading Company in the Fast Moving Consumer Goods", *International Journal of Technology Management*, No.4, 2009.

② 陈红花、王宁：《开放式创新模式下企业合作博弈分析——基于互联网的视角》，《科技管理研究》2013年第24期。

③ 韩晓琳、马鹤丹：《面向新产品开发的企业间合作知识创造机理研究》，《科技进步与对策》2014年第4期。

④ 郭晓川：《企业网络合作化技术创新及其模式比较》，《科学管理研究》1998年第5期。

效率更高。

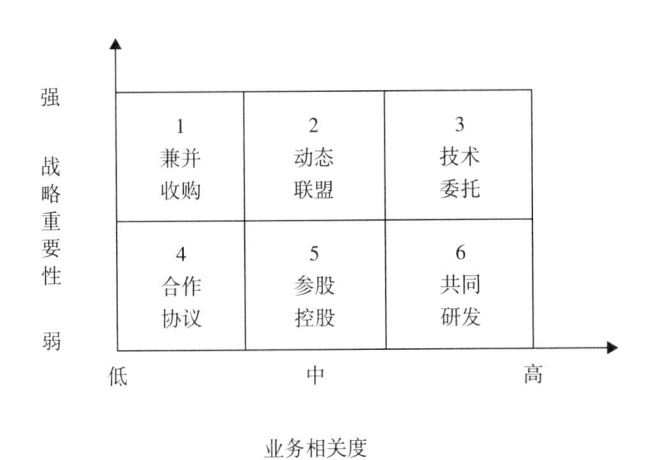

	低	中	高
强	1 兼并收购	2 动态联盟	3 技术委托
弱	4 合作协议	5 参股控股	6 共同研发

（纵轴：战略重要性；横轴：业务相关度）

图 11—1　合作伙伴战略重要性与业务相关度象限图

四、异质行业领先企业的合作优劣势分析

（一）合作优势

第一，学习跨领域新技术。与异质行业领先企业合作可以绕开技术保护壁垒获取新技术，特别是异质行业领先企业所具有的该行业较为先进的研发技术和知识产权。

第二，提高研发成功率。通过与异质行业领先企业合作，开展更深层面的技术攻关活动，并吸收领先企业的先行经验，可以大幅度地减少开发风险。

第三，优化公司管理模式。与异质行业领先企业合作，可以通过管理人员委派、企业组织优化等多种方式学习先进的管理模式，更有利于近距离学习领先企业的管理组织方法。

第四，促进企业产品升级。合作开发新产品企业的产品种类更加丰富，产业结构更加优化。通过拓展开发新产品，可以了解到跨行业市场消费者的需求，从而促进产品更新升级。

（二）合作劣势

第一，产生技术依赖性，破坏自主创新活动。企业在与异质行业领先企业开展合作的过程中，容易产生创新惰性，减弱自主创新意识，甚至阻碍企业自身自主创新活动的开展，在一定程度上会影响远期的发展。

第二，限制企业的品牌成长，影响企业价值创造。异质行业的领先企业具有较高的行业名誉和品牌价值，在跨行业合作过程中，会更多地采用其品牌和公司名誉，这就限制了合作发起企业的品牌建设工作，甚至导致其长期处于OEM链条的低端位置。

第三，缺乏合作企业的主导权，利润分成损失较大。与异质行业的领先企业合作，普遍存在技术、市场、管理等多方面的弱话语权，异质行业领先企业更多地占据谈判主导权。所以在组建合作企业的过程中，合作发起方一般都难以获得经营主导权与战略制定权。同时，在与合作企业利润分成方面，合作发起企业也势必承受较薄的利润分配比例，在经济上会承受一定的损失。

五、中小企业与异质性大企业技术合作的模式研究

合作创新是一个异质性创新要素匹配的过程，不同合作伙伴的资源匹配、能力衔接和行为协调是影响合作绩效的关键因素，在很多合作失败案例中，因合作各方不甚了解，合作中存在逆向选择问题，导致合作双方的资源相似性强、替代性强、资源互补匹配度低；另外，不同合作主体之间的能力衔接也存在问题，要么合作双方的能力差异太大，要么能力互补性不强，导致合作中无法形成协同效应，知识传递、吸收与应用效率低；最后，合作中容易出现机会主义行为，合作方不重视关系治理、行为约束，这也是合作一方为了自身利益而侵犯他方利益，并最终导致合作分离的重要原因。

从现实中的大量合作创新失败案例中提炼出决定合作创新成功的三个关键要素：资源、能力与行为，从实现合作双方创新要素匹配视角，解析合作创新绩效的影响因素和约束条件。

（一）异质性资源互补对合作绩效的影响

企业之所以选择与其他企业、大学、科研院所展开合作，是试图实现优势资源互补，节约技术开发成本，推进创新发展。例如，神原英姿（Sakakibara）曾对日本400多家参与合作创新的企业进行了调查研究，结果发现企业参与合作创新的最主要动机是"对互补性的技术知识的获取"，其次是"新技术领域的进入""减少重复性研究""使技术处于国际领先地位"等。[1] 普亚格（Poyago）等人指出，美国企业与大

---

[1] Sakakibara M., "Heterogeneity of Firm Capabilities and Cooperate Research and Development: An Empirical Examination of Motives", *Strategic Management Journal*, No.18, 1997.

学开展合作的首要因素是：企业能够获得前瞻性技术和知识，而大学能够获得研发项目的额外资助和收入，合作对于双方都有利。[1] 波兹曼（Bozeman）等总结了产学研合作中的11种动机：获取专业技术、获取关键性设备或资源、不同学科的知识交叉利用、获取隐性知识、解决运营过程中的重大问题等。[2] 贝尔德伯斯（Belderbos）等认为，合作伙伴异质性有利于企业从合作创新中获得异质性技术、知识和资源，他们利用荷兰的社会创新调查数据（CIS）分析发现合作创新决策明显受到合作伙伴异质性因素的影响，由于不同的合作伙伴具有不同的经验、声誉，拥有不同深度和广度的知识，所以不同合作伙伴对企业绩效产生不同的影响。[3] 史密斯（Smith）等人从企业知识资源存量角度展开研究，发现合作成员的异质性职业背景与合作的创新能力呈正相关。[4] 萨迈拉（Sammarra）等人也证实通过与这些异质性伙伴开展合作，企业不仅能够获得合作中所需的互补性资源，也能够提高企业自身的技术学习能力、技术开发能力。[5] 总之，获取异质性资源能够提升合作创新绩效。

不过，并非所有参与合作的企业都能轻易找到理想的合作伙伴和所需资源，合作中的创新要素错配现象往往很严重。不合适的合作伙伴一直被认为是导致合作失败的重要原因之一。寻找到与自身资源具有互补性的合作伙伴往往是一件困难的任务，因为合作者之间存在严重的信息不对称。在合作之前，各方对彼此间的核心资源禀赋情况了解不深，供需双方都不能确定对方的技术资源能否满足自身的合作要求。技术供需不匹配、资源重叠或同质现象严重，都是合作绩效不高的原因。另外还存在一些阻碍因素：像大学这类科研机构的技术成果的信息公开程度远不及企业；企业对于那些尚未全面开发与应用的新技术也往往很难作出正确的价值评估；市场中可能充斥着大量劣质技术。这种信息不对称极有可能导致合作创新市场的萎缩。邓达斯（Dundas）指出，影响美国校企合作创新的一个重要因素是校企的邻近性即它们的地理距离，它会

---

[1] Poyago Theotoky J., Beath J., Siegel D., "Universities and Fundamental Research: Reflections on the Growth of University Industry Partnerships", *Oxford Review of Economic Policy*, No.1,2002.

[2] Bozeman B., Corley E., "Scientists' Collaboration Strategies: Implications for Scientific and Technical Human Capital", *Research Policy*, No.33,2004.

[3] Belderbos R.,Carree M.,Lokshin B.,et al., "Heterogeneity in R&D Cooperation Strategies", *International Journal of Industrial Organization*, No.22,2004.

[4] Smith K.,Collins C.,Clark K., "Existing Knowledge,Knowledge Creation Capability,and the Rate of New Product Introduction in High Technology Firms", *The Academy of Management Journal*, No.2,2005.

[5] Sammarra A.,Biggiero L., "Heterogeneity and Specificity of Inter Firm Knowledge Flows in Innovation Networks", *Journal of Management Studies*, No.4,2008.

影响信息搜寻和合作质量。① 赫（He）等人研究了新加坡143家制造业企业的合作创新资料，发现本地合作和非本地合作对创新绩效的影响大小很难被区分出来，合作创新伙伴的选择不仅仅考虑合作对象的邻近性，而主要是合作伙伴相互间的互补性，他们的研究对那种认为合作邻近性非常重要的观点提出了挑战。②

（二）异质性能力兼容对合作绩效的影响

合作创新不仅仅是一个静态的资源匹配过程，也是一个动态的能力发挥过程。由于创新的复杂性和不确定性，创新成果的实现有赖于合作各方发挥其在多个领域的技术专长和能力，包括研发能力、学习与吸收能力、技术连接能力、市场应用与转化能力等，合作中双方能力的高低以及能否正常发挥都会影响合作效率的高低。蔡（Tsai）的研究显示，技术吸收能力会影响与不同合作伙伴的关系及创新绩效，他利用台湾技术创新调研数据（TTIS）证实了这一点：首先，吸收能力正向调节垂直合作中的新技术开发或产品改进绩效；其次，随着企业规模和行业类型变化，吸收能力的这种边际调节作用也有所不同；最后，吸收能力负向影响与客户的合作表现，而正向影响与竞争者、科研机构的合作表现。③ 米什拉（Mishra）等人强调新产品发展是一个高度互动的过程，他们研究了企业与其供应商、客户等的合作能力对创新绩效的影响，通过从189名新产品开发经理的调研数据分析发现了合作能力的重要性及其不同影响机制。④ 朱利安尼（Giuliani）等人认为企业的知识基础对合作创新的建立的正向影响，发现在产学研合作中，如果高校在某一技术领域具备较显著优势，例如技术成果较为丰厚、技术力量声誉较高，那么合作创新较为容易开展；如果企业具备较强的获取与转移技术的能力，合作创新也易于开展。⑤ 戴思特斯（Duysters）等人以组织学习理论为基础，研究了合作伙伴异质性（或多样化）与学习效应、创新绩效之间的关系，

---

① Hewitt Dundas N.,"The Role of Proximity in University Business Cooperation for Innovation", *The Journal of Technology Transfer*, No.2,2013.

② He Z.,Wong P.,"Reaching out and Reaching within: A Study of the Relation between Innovation Collaboration and Innovation Performance", *Industry and Innovation*, No.7,2012.

③ Tsai K.,"Collaboration Networks and Product Innovation Performance: Toward a Contingency Perspective", *Research Policy*, No,5,2009.

④ Mishra A.,Shah R.,"In Union lies Strength: Collaborative Competence in New Product Development and its Performance Effects", *Journal of Operations Management*, No.4,2009.

⑤ Giuliant E.,Arza V.,"What Drives the Formation of Valuable,University Industry Linkages? Insights from the Wine Industry", *Research Policy*, No.38,2009.

证实存在一种曲线关系,绩效高低还取决于企业的以往合作经验和能力。[1] 尼森(Nissen)等人认为,异质性团队通过不同形式的互动进行知识分享对于团队学习及创新绩效提升非常重要,而互动过程中的学习能力很重要,它使得合作成员不断整合、重构其他成员的异质性知识,推进技术创新发展。[2]

不过,尽管很多学者强调了技术吸收能力的重要性,但是没有深入探讨合作中企业能力实现或发挥的激励与约束因素。首先,合作中企业的技术吸收能力主要受企业的 R&D 投入水平影响,如果片面强调合作中的技术引进、技术应用,而忽略了技术的学习投入、消化投入,则创新绩效依然很低。其次,合作中不同能力之间的衔接问题也很重要,它是发挥合作互补效应的影响因素。如果企业不重视能力提升的管理,将使得能力发挥激励很弱,也将影响正常的合作发展。最后,合作模式的选择也与企业的能力高低有关。陈钰芬认为,开放式技术创新强调内外创新资源互补协同的本质,开放合作在一定程度上能提升创新绩效,不过要结合企业的内部 R&D 能力。[3] 一般而言,与科研伙伴合作,内部能力较强的企业可以提升创新效果;内部能力较弱的企业倾向于与其他企业开展横向合作,减轻创新风险。不同特质的企业应该选择与内部能力相匹配的开放模式。

(三)异质性行为契合对合作绩效的影响

合作创新有赖于微观主体之间的有效配合、相互协调,共同完成创新任务。不过,在合作过程中,合作各方可能由于对合作目标的认同不一、监督不到位以及组织管理无效,导致各方的行为迥异,出现各种机会主义行为,最终使得合作失败。所谓异质性行为(Heterogeneous Actions),就是合作过程中的机会主义行为,例如:合作中的研发不努力或投入不足、任务完成拖时、刻意隐瞒部分成果、挪用项目资金,甚至知识侵权等,这类行为有害于创新发展,它使得合作各方无法形成合力,知识信息传递受到极大阻碍,也给创新活动带来极大风险。

卡明斯(Cummings)等人指出,在产学研合作中,除了要求各个成员增加其 R&D 投入以提升合作效率之外,合作成员之间是否构建有顺畅、协调的合作关系,

---

[1] Duysters G., Heimeriks K., Lokshin B., et al., "Do Firms Learn to Manage Alliance Portfolio Diversity? The Diversity Performance Relationship and the Moderating Effects of Experience and Capability", *European Management Review*, No.3, 2012.

[2] Nissen H., Evald M., Clarke A., "Knowledge Sharing in Heterogeneous Teams through Collaboration and Cooperation: Exemplified through Public-Private Innovation Partnerships", *Industrial Marketing Management*, No.3, 2014.

[3] 陈钰芬:《探求与企业特质相匹配的开放式创新模式》,《科研管理》2013 年第 9 期。

对整体的创新绩效也会产生重要影响。[1] 具体而言，合作成员之间的地理距离、关系融洽程度等都会显著影响合作的可靠程度及效益大小，因为地理邻近性使得区域内的各种相关联企业聚集在一起，降低合作中的各种交易成本，使它们更容易获得互补性资源，知识流动也会更为频繁，进而对合作创新效率产生积极影响。彼得森（Petersen）等人认为，在基于价值链的合作创新中，供应商的技术能力、可信程度以及经济实力会对合作创新绩效产生明显的正向效应，同时，供应商参与新产品开发的时间投入和资源投入等起着调节作用。[2] 莫尔（Mohr）等人强调，合作企业间的关系承诺、合作伙伴间的生产与技术开发协调性、合作伙伴间的沟通顺畅性、合作伙伴的投入意愿、管理方面的顺畅程度是企业选择合作伙伴时需要注意的。[3] 有研究发现，合作伙伴的经验和声誉等对合作创新产生正向影响，经验和声誉形成的信任关系减少了合作过程中的不必要纷争，使得合作更顺畅的进行，各方能力也得到充分发挥，因而对合作绩效产生正向影响。[4] 路利（Lhuiller）等人的研究也证实，合作伙伴的经验和声誉都可以显著降低合作中的失败风险，而一定程度的地理邻近性又有助于合作各方增进互信，并提升创新绩效。[5] 福西特（Fawcett）等人认为合作创新的核心在于建立信任关系，没有信任的合作不稳定、也不能持续，还通过一个动态模型论证了信任对合作绩效的影响。[6]

在国内研究中，范如国等人以浙江省永康产业集群中的星月集团与双健集团合作创新为例，研究集群中企业合作创新的信任机制，发现信任关系的增强可以从关系强度和结构自主性两个方面加以实现，提升了合作中的学习效率、信息透明，保障了气垫船项目开发成功。[7] 杨东奇等人指出，合作伙伴的抗风险能力、合作关系因素如信

---

[1] Cummings J. L.,Teng B. S.,"Transferring R&D Knowledge: The Key Factors Affecting Knowledge Transfer Success", *Journal of Engineering Technology Management*, No.1,2003.

[2] Petersen K.,"Supplier Integration into New Product Development: Coordinating Product,Process and Supply Chain Design", *Journal of Operations Management*, No.3,2005.

[3] Mohr J.,Spekman R.,"Characteristics of Partnership Success: Partnership Attributes,Communication Behavior,and Conflict ResolutionTechniques", *Strategic Management Journal*, No.2,2006.

[4] Koufteros X.,"Black Box and Gray Box Supplier Integration in Product Development:Antecedents, Consequences and the Moderating Role of Firm Size", *Journal of Operations Management*, No.4,2007.

[5] Lhuillery S.,Pfister E.,"R&D Cooperation and Failure in Innovation Projects: Empirical Evidence from French CIS Data", *Research Policy*, No.1,2009.

[6] Fawcett S.,Jones S.,Fawcett A.,"Supply Chain Trust: The Catalyst for Collaborative Innovation", *Business Horizons*, No.2,2012.

[7] 范如国、叶菁、李星：《产业集群复杂网络中的信任机制研究——以浙江永康星月集团与双健集团合作创新为例》，《学习与实践》2012年第2期。

任与沟通、知识产权问题协调以及合作中的交易成本都会影响合作绩效，特别是如果合作后效应对企业不利，例如通过合作培育出竞争对手，那么企业可能在事前放弃合作。① 刘群慧等认为，当企业在创新网络中与其他伙伴之间关系嵌入程度越强时，伙伴的机会主义行为程度、风险感知程度会越低，而企业的合作意愿越强；并以广东省中小企业局公布的企业名单做了随机调查研究，结果证实了他们的观点，他们建议中小企业要加强与外部环境的联系、增加互动频次和交往范围，在合作网络中树立良好形象和声誉，这些都有助于提升企业的合作创新绩效。②

第三节 中小企业与异质性大企业的技术合作：西子联合集团的案例

一、案例介绍与数据来源

西子联合控股有限公司是一家于1981年成立的民营中小企业，现已发展成为一个初具规模的装备制造业企业集团。集团总部位于浙江杭州，旗下主导产业为电梯（包括电梯零部件）、余热锅炉和飞机零部件三大产业。2012年集团营业收入达206亿元，上缴税收达到17.3亿元，已进入中国企业500强。

本章选用西子联合控股有限公司为案例，基于以下原因：第一，该企业为我国500强企业，且与世界500强企业已开展多次成功的合作创新活动。第二，该企业为浙江的本土企业，总部位于杭州，有利于该企业资料收集和实地走访工作。第三，该企业发展年份较长，有利于更加客观的观察合作成效等滞后性指标，对于本章的研究成果更加具有参考意义。

案例资料收集工作主要基于以下四种方式开展：一是分别在2013年12月以及2014年3月两次与西子联合控股有限公司首席经济学家、集团办公室主任、集团技术部负责人等高层管理人员进行面对面座谈，时间累计达到12小时，主要座谈内容为西子联合控股有限公司的发展历程、重要的跨行业合作活动及这一过程中的经验教

---

① 杨东奇、张春宁、徐影等：《企业研发联盟伙伴选择影响因素及其对联盟绩效的作用分析》，《中国科技论坛》2012年第5期。
② 刘群慧、李丽：《关系嵌入性、机会主义行为与合作创新意愿》，《科学学与科学技术管理》2013年第7期。

训等;二是在座谈会后通过电话采访以及日常电邮沟通等方式开展零碎资料的补充采集,主要包括一些合作细节、合作绩效的数据、企业核心领导的意见等;三是通过国家专利局数据库网站采集西子联合控股有限公司的专利数据,主要用来衡量和评价合作创新活动对本企业创新能力的影响程度;四是通过浙江省全媒体数据网络平台、浙江省图书馆、浙江省档案馆等平台机构,广泛收集关于西子联合控股有限公司跨行业合作活动的相关历史资料。

二、案例研究发现

西子联合控股有限公司(以下简称"西子联合控股")作为一家民营制造企业,从花园村农机厂到如今的年营业额超200亿元的中国500强企业,一直秉承"合作重于竞争"的经营理念。在这种发展战略的指导下,西子联合控股已与多家异质行业领先企业进行合作:第一阶段,通过西子奥的斯公司的股权协议转让,与奥的斯公司保持长期合作,加强产业链上电梯零部件的生产,从而提高企业的核心技术和综合竞争力。第二阶段,积极对一些处于股权改制的国企进行并购、改制,使企业在机械制造业的产品种类加多,产业优化升级。第三阶段,积极与波音公司等大飞机制造商合作,进入高端制造业,站在国际平台上发展。"合作重于竞争"是西子联合控股最重要的企业经营理念,也是西子联合控股一路高飞的精髓。

表11—3展示了西子联合控股的重要合作事件。

表11—3 西子联合控股的主要跨行业合作活动概况

主要合作对象	合作方式	主要合作成果	合作过程中的重大事件
美国奥的斯集团	动态联盟	合作成立西子奥的斯集团,成为国内绿色电梯的第一品牌和最大的扶梯制造商	1997年3月,西子电梯集团与全球著名跨国公司美国奥的斯电梯公司合资共谋发展,其中美方占资30%,中方占资70%;2001年8月,美方以80%控股西子奥的斯
杭州锅炉集团	参股控股	杭州锅炉集团2011年在深圳证券交易所发行股票并成功上市交易,股票简称"杭锅股份"	2003年年初,西子联合控股拥有杭锅83%的股份成为杭锅集团第一大股东

续表

主要合作对象	合作方式	主要合作成果	合作过程中的重大事件
日本石川岛运搬机械株式社（IUK）	动态联盟	杭州西子孚信科技有限公司，已建立起全球最大的现代化车库基地，成为全国立体车库第一制造商	2004年3月，与世界500强日本石川岛、台湾东元电机合资成立西子石川岛停车设备有限公司。三方一期共同出资额为400万美元，其中日方和西子孚信各占42.5%的股份
绿城集团	动态联盟	建立绿城西子房地产公司，现下辖多个项目	2006年10月10日，由绿城房地产集团有限公司和西子电梯集团有限公司合资组建
波音公司、中国商飞	技术委托	西子航空成为大客机项目机体九家供应商之一，承接C919大飞机APU舱门和RAT舱门的研制任务	2009年5月26日，西子联合控股与中国商用飞机有限责任公司签署了COMAC919大型客机项目机体供应商理解备忘录（MOU）

（一）与美国奥的斯集团的跨行业合作

1. 合作概况

奥的斯电梯公司为美国联合技术公司（UTC）旗下的电梯品牌，创立于1853年，为世界上最大的电梯生产、安装服务商，其业务囊括了电梯产业的各个环节，包括电梯的研发、生产、销售以及维护。奥的斯作为电梯行业领袖，一直处于技术革新的前端，产品在全球200多个国家和地区进行销售和服务，在世界各国20座地标性建筑中，有12座使用了奥的斯电梯。[①]

1997年3月，西子联合控股有限公司与美国奥的斯电梯公司合资成立杭州西子奥的斯电梯有限公司，企业建立之初美方拥有30%的股权，中方拥有70%的股权，并且美方要求5年后重新进行股权分配。截至2000年8月，规定的5年股份转让期限未到，美方就提出以80%的控股权控股西子奥的斯，当时西子奥的斯的营业利润已经超过4000万元，对于当时的股权转让不仅公司内的员工感到惋惜而且并不赞成，同时杭州市政府也给了企业很大的压力。面对巨大的压力，掌舵人王水福力排众议，同意美国奥的斯电梯的要求，将美方的股份上升到80%，进一步与美国奥的斯电梯合作。2001年8月美方控股增加后，世界最先进的无机房、无齿轮的第二代电梯技术迅速转让给了西子奥的斯，企业的电梯年产量实现了两年一翻的提升。

2. 合作经验

美国奥的斯电梯公司与西子联合控股有限公司的业务为强相关，西子联合控股当

---

① 钱丽娜：《奥的斯：为中国高度而造》，《商学院》2014年第115期。

时已更名为西子电梯集团,其主营业务为仪表机械类,两方公司的主要业务均属于装备制造业,其技术相通,工艺相似,业务相关度较高。奥的斯电梯公司作为全球的电梯制造商,其在技术、资金和品牌上具有强大的优势,是一个优质的行业领先者合作对象。通过建立合资公司的形式实现了西子联合控股历史上第一次跨行业合作,这也给当时的西子联合控股带来了丰厚的合作收益。

首先是在技术回报方面,学习吸收了自动扶梯领域的最新技术。奥的斯电梯向西子奥的斯公司完全开放网络和数据库,有利于西子联合控股跟踪国际前沿技术和行业

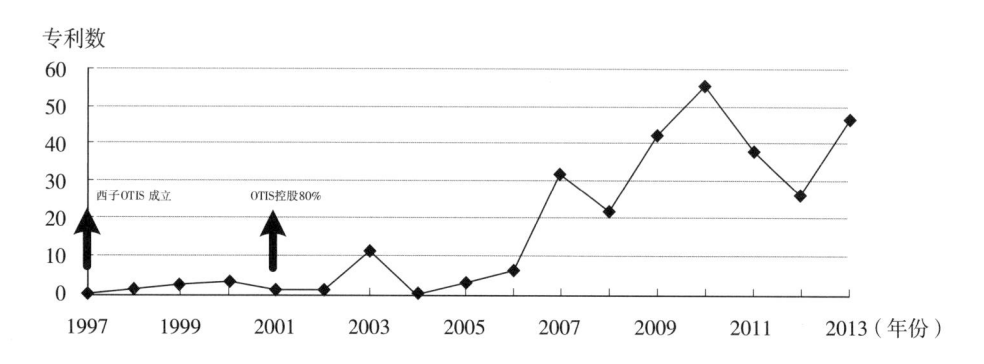

图 11—2 西子奥的斯电梯有限公司申请的专利数折线图

资料来源:国家知识产权局专利检索与服务系统 http://www.pss-system.gov.cn。

动态,把握整个行业趋势,抢占制高点。图 11—2 显示西子奥的斯电梯有限公司在开展跨行业合作后,在电梯领域的专利数呈现急剧上升趋势。

其次是经济回报方面,占据了大份额的产品市场。与美国奥的斯电梯公司合作后,合资公司建立当年就赢利 4000 万元,销售收入以年均 40%—50% 的速度递增,行业排名从 1997 年的第六名上升到 2001 年的第二名,市场占有率大幅提高。并且到 2011 年,西子奥的斯电梯已经连续十一年稳居中国电梯市场前列。图 11—3 所示为 2009 年各大电梯公司的市场占有率,其中西子奥的斯市场占有率为 10%,与通力并列国内电梯行业第三名。伴随着市场占有率的提升,西子奥的斯电梯的销售收入也增长迅猛,控股方西子联合控股仅用三年就收回全部投资。截至 2011 年有超过 40000 台电梯及自动扶梯销售订单,产品覆盖全球 60 多个国家。

当然,在此次合作过程中,西子联合控股在合资企业的控股权以及利润分配方案上作出了较大的妥协,特别是西子联合控股对合资公司的控股比例从开始的 70% 降至 20%,丧失了公司的主导权。但是从长远看,在此过程中西子联合控股通过加强产业链上游企业的关联性,使电梯零配件公司承接了大量合资公司的业务,公司得到

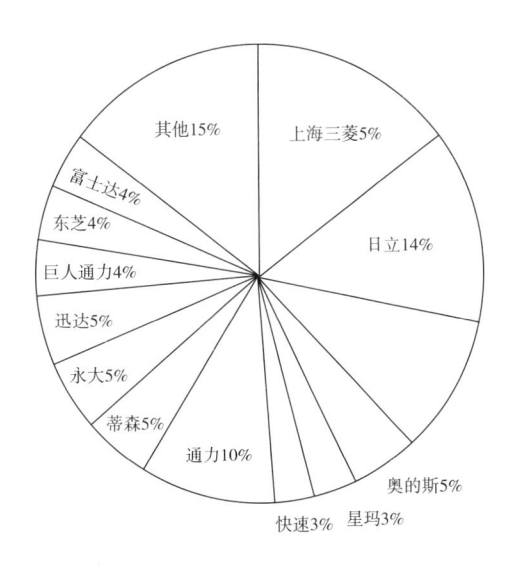

图 11—3　2009 年电梯企业市场占有率

资料来源：中国电梯协会网 http://www.chinaelevator.org/association/。

了长足发展。

（二）与杭州锅炉厂的跨行业合作

1. 合作概况

杭州锅炉集团股份有限公司（以下简称"杭锅股份"）始建于 1955 年，注册资本 3595 万元，是一家有着近 60 年发展史的国有改制企业，是我国六大锅炉制造企业之一，同时也是最大的余热锅炉制造基地。为了解决首次改制股本结构的遗留问题，提高经营决策效率，同时为了解决主产业发展的再投入，杭锅开始第一次股权改制。

2002 年 11 月 5 日，杭锅股份持股职工和杨建生等 28 名自然人股东跟西子电梯集团签署《股权转让合同》，杭锅有限职工持股会和杨建生等 28 名自然人股东将所持有的合计 6000 万元注册资本转让给西子电梯集团，转让价格为税前 1.625 元／股。由此，西子电梯集团收购职工持股及自然人持有的杭锅股份 75% 的股权。2002 年 11 月，西子电梯集团增资 4000 万元；股权转让和增资后杭锅有限注册资本 12000 万元；股本结构：西子电梯集团占 83.33%、工业资产经营公司占 16.67%。

2. 合作经验

西子联合控股与杭州锅炉集团同属于精细制造业，业务相关度较高。在跨行业过程中，两家企业的生产工艺相近，可以在关键技术环节相互利用对方的优势技术，对产业链进行延伸。同时，同为制造业管理模式相近，便于企业的管理。选择进入余热锅炉行业，总体上符合西子联合的战略。杭州锅炉厂和西子公司的业务关联度为强相关，两个公司同属机械制造业，工艺相近、行业相同、管理模式也较相同。可以相互借鉴各自的技术、管理模式等各方面，共同发展新产品。

杭州锅炉厂对于西子联合而言，其战略重要性较高而业务相关性也比较强，适用于参股控股的方式。西子联合通过控股杭锅，优化了西子联合的产业结构，使西子联合拓展了业务。

首先是获得了较好的经济性回报。杭州锅炉厂从 2002 年到 2013 年销售收入由 2 亿元上升到 60 亿元，其利润占据西子联合的半壁江山，与杭锅的合作为西子联合带来巨大的经济效益。而在技术存量以及产业机构调整方面亦收益明显，通过杭锅的加入，西子联合学习锅炉新技术，对于将西子集团建立成为一个精益制造业迈进了一大

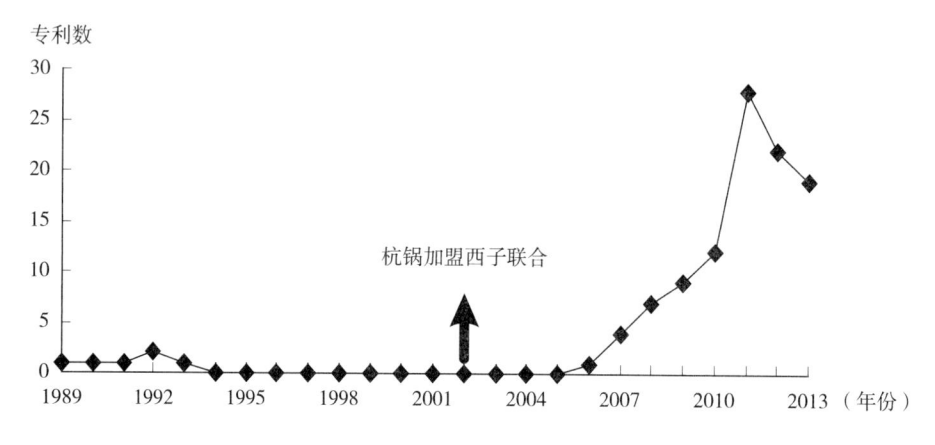

图 11—4　杭州锅炉集团有限公司申请的专利数折线图

资料来源：国家知识产权局专利检索与服务系统 http://www.pss-system.gov.cn。

步。图 11—4 是杭州锅炉集团有限公司申请的专利数折线图，图中显示从 2003 年杭锅加入西子联合之后，其专利数呈现显著增长。

（三）与波音公司的跨行业合作

1. 合作概况

波音公司是世界上最大的飞机制造商，其旗下主要业务分为军用和民用两部分。同时波音公司具有很强的研发能力，自主研发、设计及制造大飞机机翼以及关于国家安全等一系列防御系统，其旗下还具有卫星、导弹、坦克制造等业务。同时作为服务美国航天局的公司，波音公司积极参与美国在国家安全防卫方面的各个领域。波音公司的主要产品在 90 个国家及地区被广泛使用，进入世界 500 强公司，其最新排名为世界第 95 名。

大飞机产业为高端装备制造业，西子联合控股主要生产经营方向为机械制造业，西子联合控股旗下的西子孚信主要制造电梯门、屏蔽门等装备，能够对接好大飞机的零部件制造。大飞机产业要求技术水平高、利润空间大、前景良好，西子联合控股跨行业至大飞机行业，是企业迈入高端制造行业，实现结构转型升级的重要一步。

2. 合作经验

波音公司对于西子联合控股而言，具有极重要的战略重要性。西子联合控股发展至 2009 年已经进入一个全新的阶段，其电梯、锅炉等产业得到极大的发展，精细制造业发展态势良好，但西子联合集团开始需要转型升级，调整产业结构，发展大飞机零部件的生产能够提高西子联合集团的技术开发能力，增强其产业的技术性，将西子集团由精细制造业向高端制造业转型。波音公司作为西子联合的合作伙伴，其为飞机行业的领先企业，具备技术上、资本上、品牌上等各方面的优势，为行业领先者。同时，与波音公司合作，业务相关度和战略重要性均较强，应选用技术委托。

首先，此次跨行业合作的主要收益体现在推动了西子联合控股产品结构的调整以及未来发展战略的重新定位。通过与波音公司合作，西子联合控股成功进入到大飞机零件供应商行列，有利于西子联合控股产业转型升级，从精细制造业转型升级为高端装备制造业。其次，有利于西子联合控股完善其移动门的产业体系，搭建起电梯、地铁到大飞机的立体式移动门技术体系。

西子联合控股目前为此次跨行业合作已投入超过 10 亿元人民币，前期投资风险集聚效应明显，并且在与波音公司的跨行业合作过程中，主导权较低，这些因素如何有效解决将成为下一阶段合作能否成功的关键问题。

第四节 研究结论及对策建议

西子联合控股从 1997 年与美国奥的斯电梯的合作起步，到现今牵手中国商飞，成为大飞机供应商中唯一的民营中小企业，西子联合控股一直秉承合作创新的理念，特别是针对异质行业领先企业开展了卓有成效的合作。通过对此案例的剖析，本章认为企业在于与异质行业领先企业的合作活动中需要注意以下方面：

首先，根据合作发起企业所处行业，尽量选取具备一定行业相关度的异质行业进入。根据企业自身所拥有的创新资源，来决定何种程度的异质行业对最终的合作创新绩效具有直接影响。西子联合控股不管是以最初的农机、仪表行业进入电梯行业，还是后期进入的锅炉制造、航空设备等行业，其所涉及主要业务一直锁定在精密型装备制造业，其选取的行业由于行业跨度小、工艺相近、管理模式相仿，规避了大幅度跨行业的巨大转型风险。

其次，根据合作双方实力对比选择合适的合作方式。合作发起企业与异质行业领先企业的合作方式应该考虑双方的谈判能力等多方面因素而制定，本章已经根据业务相关性高低程度和合作项目战略重要程度给出了一些可以参考的合作方式。西子联合控股在多次跨行业合作活动中就分别采取了不同的合作方式，如杭锅股份和奥的斯同为所在行业领先者，对于奥的斯电梯建立合资公司，而对于杭锅股份却进行收购控股。具体实践过程中还需要发起合作企业更加全面地掌握合作双方企业的具体特征、合作诉求以及合作项目的互补性等问题，综合衡量判断并选取适合的合作方式。

最后，在具体合作过程中保持持续性的知识与技能的学习、吸收和拓展。没有两家企业是"天生"的合作对象，在达成合作意向后，发起合作企业面对的是一个全新的技术环境和市场环境，更需要进一步开展对于新技术、新知识的学习与二次创新活动。西子联合控股在多次的合作创新活动中始终秉承"合作大于竞争"的理念，特别关注合作中后期的深度合作工作。如在与奥的斯电梯的合作过程中，尽管股权比例由70%减少到20%，但却学习到了先进的扶梯技术，而且抓住奥的斯电梯公司在中国缺少可靠零部件供应商的战略机遇，进行了电梯产业供应链配套产品的研发与生产制造。目前，西子孚信科技有限公司已成为我国最大的电梯零部件生产商，通过与奥的斯电梯的合作，在自动扶梯整机技术和零部件生产两方面市场都站稳了脚跟。

第十二章 产学研合作模式创新及中小企业参与机制研究

第一节 产学研合作的基础理论

产学研合作是以企业、高校和科研机构为核心，在政府、科技中介服务机构、金融机构等的大力支持下，各主体为了实现各自目标，主体之间、主体内部和主体外部之间合作开展技术研究开发和应用、人才培养、仪器设备共享、信息获取等活动的过程。在知识经济日益兴起和产业结构不断升级的背景下，科学、经济以及知识生产之间的关系愈发紧密，而产学研协同创新作为一种有效且重要的协作模式，增强了三者之间的关联度和紧密性。在推动经济与科技发展的同时，促进了企业技术创新的发展，尤其是对中小企业的发展作出了巨大贡献。

然而，中小企业作为产学研合作关系中的创新主体，仍存在着一系列问题。据统计，截至2011年年底，我国中小企业占了75%以上的新产品开发和65%的发明专利。[1] 但是，由于中小企业缺乏技术性人才与先进的设备、对技术创新和科学研发的资金投入不足、对获取新技术、新产品的信息渠道和方法有限，再加上企业对产学研合作的认识存在一定程度的偏差，导致中小企业参与产学研合作的层次不高。[2] 此外，我国的科研机构、高校与企业之间还存在一定的脱节。大部分高校和科研机构的研究成果偏于理论研究，因此与现实需求存在一定的差距，而且研究的成果也只有少部分能够被企业进行利用，从而转化为生产力。企业的发展需要科技创新，而高校和科研

---

[1] 中国中小企业国际合作协会、玉林市人民政府：《中国中小企业健康发展报告（2012年度）》，中国人民大学出版社2014年版，第334页。

[2] 胡军燕、刘炜、朱璟莹：《中小企业产学研合作存在的问题及对策》，《科技管理研究》2010年第14期。

机构的研究成果只有少部分能够被利用。

因此,企业在进行产学研合作时,需要慎重选择合作对象、合作项目以及合作模式。本章将着重探讨合作模式,因为相对于普通的合作模式而言,产学研共同经济实体的组建、运行和管理都更加复杂,难度更大。① 因此对产学研合作的各种模式进行分析,有利于加深对目前各种产学研合作模式的认识,有助于中小企业选择合适的合作模式。对合作的问题进行研究,提出适当的方法和建议,使产学研合作进行的更加顺利。同时研究现有合作模式,对新型的合作模式运行有着一定的参考价值。

一、产学研合作创新网络

随着网络的迅速发展,产学研合作也逐步网络化。产学研合作创新网络是指各个创新的主体通过自主协商组成的,通过网络组织形式运作的,从事合作研究、开发、产业化等活动的全面网络联合机构。在网络创新过程中占据主导地位的组织是该创新网络的主体。随着产学研合作创新网络的不断发展以及高校与研究机构等合作创新能力的提高,在产学研合作创新过程中,高校与研究机构在作用与功能上逐步处于与企业同等的地位,并将最终与企业共同成为产学研合作创新网络的主体。产学研合作创新的成果可以在这个网络中不断地传播,知识也能在这个网络里共享,优化了合作资源的配置,减少了多项成本。

二、中小企业在产学研合作中的优势

在产学研合作中,中小企业所受的政策影响要远大于大型企业。② 这是因为,虽然大企业具有规模优势和资源优势,产学研合作的模式多元化并且合作关系日趋深入,但对于数量众多的中小企业而言,其灵活性和专业化使其在竞争压力下更易于接受制度创新,组织结构安排灵活而富有弹性,具有独特的创新优势。相比于大型企业,中小企业大部分的资源都集中运用在解决企业现在所遇到的核心技术问题上,而且中小企业组织内部凝聚力强,对于市场及用户需求的变化,能够在一定时间内作出相应的对策,并且管理层的决策效率较高,企业也更容易接受新技术和新产品等。③

---

① 卢仁山:《不同产学研合作模式的利益分配研究》,《科技进步与对策》2011年第17期。
② BrunelJ., et al., "Investigating the Factors that Diminish the Barriers to University-Industry Collaboration", *Research Policy*, No.39, 2010.
③ 何昌:《基于博弈的中小企业合作技术创新问题研究》,硕士学位论文,广西大学,2007年。

因此，政府十分关注中小企业产学研合作的发展，并发布一系列的政策来鼓励支持企业之间以及企业与科研机构和高校之间的合作。①

第二节 我国产学研合作的典型模式分析

随着产学研合作对于创新的战略意义日益凸显，产学研合作呈现出合作方式多样化、合作形态多元化、政府作用趋强化等特征，相应的，在实践中也出现了多种产学研合作模式。②目前的研究对合作模式的分类依据不一，主要的划分依据有产学研的合作方式、合作形态、政府在合作中所起的作用、合作的主体对象、地区空间等。王文岩等学者将产学研合作模式分为技术转让、委托研究、联合攻关、内部一体化、共建科研基地、组建研发实体、人才联合培养与人才交流、产业技术联盟等多种模式。③阿特朗（Atlan）则将产学研结合分为一般性资助研究、合作研发、研发中心、产学研发联盟、大学中的业界协调单位、创业孵化中心与科学园区。范德成、孙丹将联合攻关、共建基地、实体合并为一类，把产学研模式分为技术转让和联合研发两种。④

本章按合作主体关系的不同将产学研合作模式可分为校内产学研合作模式、双向联合体合作模式和多向联合体合作模式三种。

一、校内产学研合作模式

校内产学研合作模式是指高校或科研机构自身建立生产机构，依靠自身的资源，实现科研成果的产品化、商品化，并自主经营，达到科研发展、人才培养和经济效益并举的目的，这种模式下产学研合作的所有角色都由高校来扮演。

这种模式既有优势也有劣势。一方面，学校进行统一管理，效率高；学校自主经营，研究成果会更为接近社会现实需求，使得学校的研究更有意义；使得学校与社会

---

① Maria I., Freitas B., Tunzelmann N., "Mapping Public Support for Innovation: A Comparison of Policy Alignment in the UK and France", *Research Policy*, No.9, 2008.
② 鲁若愚、张鹏、张红琪：《产学研合作创新模式研究——基于广东省部合作创新实践的研究》，《科学学研究》2012年第2期。
③ 王文岩、孙福全、申强：《产学研合作模式的分类、特征及选择》，《中国科技论坛》2005年第2期。
④ 范德成、孙丹：《产学研结合的技术创新权变模式的构建》，《科技进步与对策》2009年第15期。

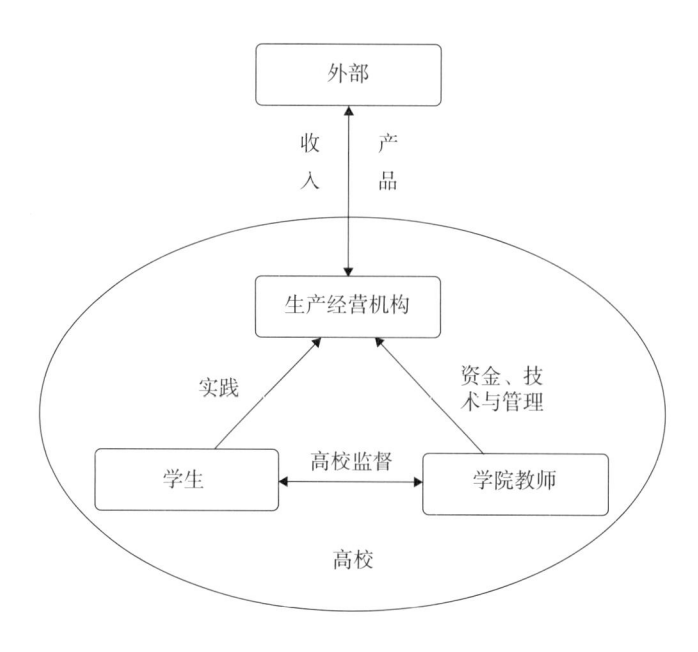

图 12—1　校内产学研合作示意图

之间的联系能够加强；为学校获得一定的额外收益；同时能为学校的学生提供一定的就业岗位；学生在学校所受的教育更符合社会人才的需求。另一方面，这种模式的劣势体现在学校的角色既是技术创新的提供者，也是技术创新的转化者，因此，学校不仅要进行人才的培养，同时还要对自己创建的企业进行经营，对于高校教学与科研的重点会有一定的转移，同时高校自身出资面临一定的风险，对学生也不公平。

雷科公司就是在这种模式下诞生的。北京理工大学在雷达的研究领域一直处于国内的领先地位，在新体制雷达、北斗卫星导航等领域自主研发了多种先进技术。为了更好的发展，毛二可院士决定创建雷科公司，但是部分教师认为高校创办学科性公司风险太大，在雷科公司的可行性分析过程中表示反对。但最终毛二可院士与支持的那一部分人组建了雷科公司，率先尝试了科研体制机制改革创新。

雷科公司成立 5 年多来，发展迅速，人员从 30 余人发展到 400 余人，注册资金从 100 万元发展到 2000 万元，2014 年销售收入 1.7 亿元。与此同时，北京理工大学雷达所学科组的科研经费翻了一番，学术指标显著提升。事实证明，校内产学研合作对于有能力的高校而言是一种加快发展的方式。

二、双向联合体合作模式

这种模式的合作主体是高校与企业，对合作双方都十分有利。对于高校而言，自身的科研成果能够得到有效的利用，同时也能够获得一定的科研经费，并且学校所承担的风险极小。对于企业而言，不仅能通过与高校进行产学研合作获得科技创新，同时也能在高校中获得合适的人才，对自己的发展有极大的帮助。该模式的产学研合作主要是以单个项目为主，迅速快捷，高校的科研成果与企业的科技需求能够比较好的结合，对科研成果的转化与社会科技水平的提高起到了很大的作用，使长期的产学研合作更为紧密，对于各方组织来说所获得利益更为显著。

同福公司就是这种模式的受益者。同福公司在全国食品行业中已成为中国碗粥行业第一品牌。在基地建设方面，同福公司与袁隆平院士及其团队建立了长期紧密的合作关系，合作方为同福原粮基地及农户提供了专业技术指导。此外还建立院士工作站加强农业科技重点攻关，加速农业科技成果转化。在产品创新方面，同福公司与中国食品工业发酵研究院建立合作关系，共同研发不同系列、不同功能的粥产品，不仅保持同福产品在同类产品中的领先优势，还通过产品的不断推陈出新，加速农产品加工业的科技进步。此外，同福公司还与安徽工程大学、合肥工业大学等高校建立了长期合作关系，其中与安徽工程大学合作研究的"果蔬碗粥加工关键技术与节能减排"项目，通过了安徽省科技厅鉴定，达到国内领先水平。在新产品开发工作中，同福与科研机构合作，不断提高技术水平，积极研究新产品，丰富产品线，同时也提升了员工的技术能力。

三、多向联合体合作模式

随着经济的多元化发展，投资的风险愈加难以控制，市场投资者都想将风险降到最低，产学研多方合作也应运而生。尤其是对于投资金额较大的合作项目，多方合作能使得市场风险得到有效控制。合作多方参与，集思广益，各方利用自身的优势与资源，可解决诸多难题；同时多方参与使得各方相互制约，合作可以进行的更加顺利，合作也更加规范；合作的风险能得到有效控制，合作的期限较长，所获取的利益高。企业参与多方合作可以在多个方面发展自身，信息来得更加全面。新的合作模式对一个企业的发展具有极大的作用，产学研合作模式的创新需要积极推动，不断改进自身产学研合作的模式，寻找合理的利益分配方案，共同发展，使合作可以长期进行。

广州创显与国内多家知名高校合作共建产学研平台：华南师范大学与广州创显合作成立广州市协同教育科学技术研究院，一共聘请了国内 20 多位顾问和研究员，进行信息化教育的新理论、新媒体和新模式的研究，先后承担了多项国家级、省级研究课题。作为"华南师范大学教育技术学专业研究生培养基地"，公司在华南师范大学成立了"智慧教育体验中心",并与该校共建"联合国教科文组织(UNESCO)数字化教育资源与培训中心(RDTC)"和"智慧教育体验中心"。不仅如此,公司还与西北师范大学教育技术学院联合建立甘肃省级"未来课堂教学应用实验室",并与多个职业技术学院合作建立实训基地,共建多媒体教学资源开发中心。为了更好地整合上下游资源,广州创显与华南师范大学联合教育信息化领域前沿企业、高等院校和科研机构成立了"中国教育信息化产业技术创新战略联盟"。通过推动产学研合作、政企互动、信息共享、上下游产业合作、企业与金融资本对接,推动中国教育信息化的技术发展和产业升级。

四、三种模式的比较

在经济快速发展的 21 世纪,科学技术的重要性已经是不言而喻了。要在这样的经济大环境下生存并且不断地发展,这就要求中小企业必须不断增强自身的创新能力和技术水平,与高校和科研机构等组织进行产学研合作能够帮助中小企业使用较少的资金在技术创新方面得到提高。但是,就目前的发展情况来看,这三种模式都存在一些问题。

表 12—1　主要产学研模式存在的问题

主要模式	主要参与方	主要问题
校内产学研合作模式	高校	偏离了高校建立的初衷,进入市场面临风险
双向联合体合作模式	高校和企业	企业对高校的研究成果认识存在一定的偏差,高校的成果与市场需求存在偏差
多向联合体合作模式	多个高校和企业	合作组织多,意见分歧大,利益分配很难让各方都满足

从整个大环境来看,中小企业参与产学研合作发展不理想,原因有科技人才的流动和缺失,目前产学研合作的管理政策与机制不够完善,政府部门在产学研合作发展的推动过程中所起到的引导和激励作用不够突出。从根本来看,合作各方都只关注自身利益。企业是为了提高技术研发水平,拥有更高的市场占有率,从而提升经济效益;高校是为了从合作中获取更高的研发经费;科研机构是为了提高技术转化率等。由于合作各方过于强调自身利益,轻视合作精神,导致合作过程中出现不良违约行为,这是也是产学研合作所面临的问题。

第三节 中小企业在产学研合作中的参与机制

一、大企业参与的中小企业产学研合作模式

大型企业一般拥有自己的实验室，具备一定的科研能力，且占有一定的市场份额。大型企业与中小企业的合作往往是以项目为导向，由大企业提供行业领先技术与部分资金，由中小企业提供劳动力与生产部门，双方再按合同分配项目利润。

耐克在全球的知名度极高，"却从来不生产一双耐克鞋"：在美国俄勒冈州的比弗顿市，四层楼高的耐克总部里看不见一双鞋。耐克公司自己不建工厂，所有的产品都是交给其他生产厂商进行生产。耐克在研发方面不断地投入，确保自身产品的创新，同时不断发展成本较低的中小企业进行生产，获得巨大利润。

在这种合作模式下，大型企业往往处于主导地位，中小企业作为跟随者话语权极低。对于大型企业而言，这种模式不仅可以精简自己的部门，方便管理，还能在一定程度上降低自己的科研和生产成本，能与中小企业互利互惠。对于中小企业而言，与大型企业的合作不仅可以提高经验利润，还能在合作过程中提高技术水平，以及学到管理经验等隐形知识。

与大型企业合作，中小企业能从大型企业获得更好的管理经验，加快自身的发

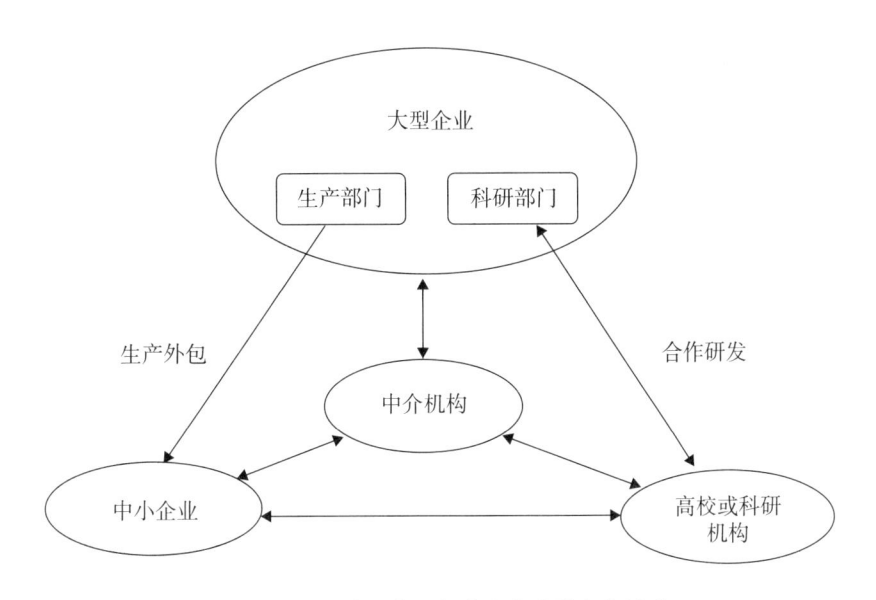

图 12—2 大型企业与中小企业的合作模式

展,同时还能获得一定的技术支持。但是与大型企业合作,往往处于比较弱势的地位,谈判资本不足。对自身的发展有一定要求,一旦技术水平等一些方面达不到大型企业的要求,两者的合作关系就有可能破裂。

二、政府引导的中小企业产学研合作模式

产学研合作涉及企业、高校和科研机构等多方组织,各方虽然是合作关系,但是各自的目标与目的都不同,存在一定的矛盾,而政府可以在这种合作中进行引导、组织、激励,并规范合作各方,以促进产学研合作的顺利开展。政府引导的产学研合作模式主要有以下两种:

(一)建设产学研合作的平台

这是一种政府主动介入产学研合作的方式,比如建立孵化器:提供技术、人才和设备等创新资源,为企业家提供低成本、低风险的创业环境;建立以高校为依托的科技园区:促进各类技术人员交流以便于衍生出新的思想与产品,促进新企业的创建与孵化以产生集聚效应和放大效应,使科技园区成为高新技术产业的发展基地;以及建立联合组织机构、成立基金等方式。

(二)构建政府主导的产学研合作制度

一个良好的合作体系或机制是基础,政府要对产学研合作进行引导,首先要清楚合作存在矛盾,必须根据实际情况,从解决矛盾和提高合作各方的积极性的目的出发,制定一系列的制度,调节各方的利益分配问题,对于制度的作用要严格把关,保证产学研合作按照稳定的方向发展。同时还要不断地完善相关制度,推进强化产学研合作的动力机制,促进产学研合作的实现,通过一定的舆论效果,为创新营造氛围,推动技术的发展。

三、智力机构介入的中小企业的产学研合作模式

智力机构所指的是具有科研能力的机构,如高校与科研机构,这些机构主要任务是进行科学研究。中小企业依据自身的发展情况和生产需求,选择有需要的新技术和新产品,并与智力机构达成合作协议。中小企业与智力机构合作,不仅可以避开自身科研能力不足,以用较少的成本获取新的技术与产品,同时对自身的科研能力也能有

所启发，也能获得专业的高科技人才，建立长期的合作关系，促进企业的发展。而智力机构通过中小企业的合作，能够更了解目前市场上的情况，使自身的科研成果能够更加接近实际，在科研的同时能够获取一定的科研经费。中小企业与智力机构合作的方式有以下四种：

第一，两者直接合作。在技术交易市场中企业与高校进行交流，实现信息的流通和资源的共享，企业能更好地理解和认识科研成果，使得科技成果的转化更为迅速。

第二，高校与中小企业联合建立科研中心。企业建立科研中心，高校则负责技术方面的咨询，两者在同一场地内进行协作，高校进行可行性分析和制定方案，在企业进行科研成果的推广时，高校为企业所遇到的问题提出相应的解决方法，共同解决问题，共同获取利润。

第三，高校与企业进行项目合作。企业在项目开展过程中如遇到部分技术性难题时，通过委托合作等形式充分利用高校资源优势进行难题攻关，并最终给出技术解决方案。

第四，企业和高校建立小企业。高校提供人才资源、技术资源，企业提供资金和设备，企业与高校的资源相互补充，新创企业在成长过程中亦能获得更丰富的资源，从而降低运行风险。

在这种模式下，中小企业对于所取得的科研成果认识并不够，存在一定的偏差，其次所取得成果的转化率并不高，智力机构进行的科研与市场的需求存在偏差，中小企业自身对科研成果的吸收和转化能力不足，两者同样存在一定的利益矛盾。

第四节　中小企业参与产学研合作的模式创新

在创新过程中，高校和科研机构的研究成果可能会因为偏离市场需求而难以转化为商业化终端产品。需求导向又被称为需要导向、满意导向，这原来是营销管理的理念，其最初的本质是以满足消费者的需求和欲望为导向，根据社会的发展需要，不断地引导研发与生产的合作，使产学研成果能被社会接受，使合作各方获得利益。以需求为导向的产学研合作更能满足中小企业的人才需求，符合社会发展的实际。

需求导向型的合作，起始点是市场需求，终点也是市场需求。第一，合作所产生的成果完全是从社会需求出发的，也就是说研发成果进入社会会有一定的市场。第二，委托研发的合作具有较为明确的法律规定，使得合作双方陷入利益困境的概率

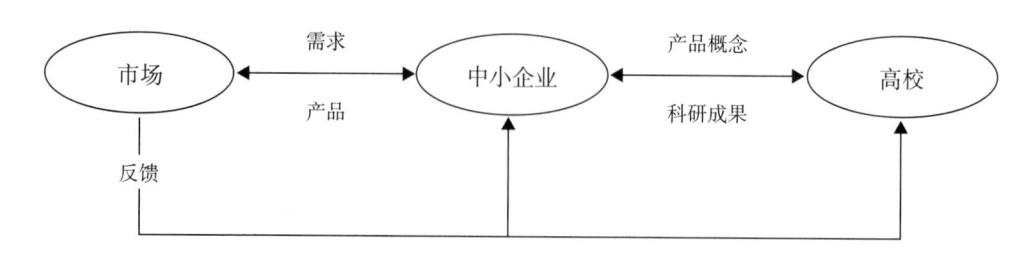

```
市场  ←需求/产品→  中小企业  ←产品概念/科研成果→  高校
   ↑反馈_____↑
```

图 12—3　需求导向型的委托研发模式简化图

减少。

　　随着产学研合作的不断发展，需求与成果之间的差异要求也越来越高。而市场需求导向型模式不是建立与一个企业或者研究中心相似的实体，而是基于一个或多个特定的技术目标，然后产学研各方组织通过合同组建的产学研合作组织，结合目标实现后，双方在法律上的关系就可以解除。具体的方式有：技术转让、技术服务、合同开发、技术咨询和技术培训等。这种模式的主要特点是：科研机构与高校和企业进行技术开发合作或者企业委托高校或科研机构进行技术开发，而产生的合作费用由企业支付，合作的成果由双方共同享有或按合同约定的实施。需求导向型的产学研合作在我国占了大部分，需求与科研成果之间的偏差也逐步缩小。

　　政府对产学研合作的重要性：在市场经济还不完善的情况下，政府进行适当的引导是十分必要的。政府拥有庞大的资源，对市场的运行具有调控能力，促进产学研合作的发展，政府可以调整相关的机制，为中小企业发展初期提供一个较好的发展环境。

第十三章 面向中小企业的公共性技术服务平台运行模式研究

第一节 公共性技术服务平台的功能定位和演化

中小企业由于规模、资源、能力、经费等限制，难以独立开展技术创新工作。为此，产学研之间必须要进行合作创新。但事实上，各创新主体部门之间差异巨大，合作创新的成功率仍然不高。因此，政府在引导合作创新的过程中，除了采取一系列政策鼓励措施，还要创造出各种外部技术平台，为了促进企业与其他创新主体间的合作，比如企业孵化器、科技园区、公共性技术服务平台（Public Industrial Technology Institute）等。

研究国外的公共性技术服务平台时发现，成功的公共性技术服务平台普遍承担了创新体系战略节点的使命、定位明确、独立于行政机构、服务于中小企业。首先，公共性技术服务平台在成立以后大幅带动了国家（区域）创新。其次，公共性技术服务平台定位于工业共性技术研发，辐射广、包容性强。再次，公共性技术服务平台独立于政府部门，避免了官僚作风。最后，公共性技术服务平台以企业尤其是中小企业为服务对象，帮助并孵化了大量知名企业。公共性技术服务平台以应用科技研发为主要任务，实行市场化运作，避免了体制不顺、机制不灵活、市场观念淡薄等障碍。[1]

公共性技术服务平台对中小企业的技术源开发会起到战略性作用。公共性技术服务平台通过资源整合，丰富企业创新路径，提升企业创新能力，满足其发展需求。这

---

[1] 季松磊、朱跃钊、汪霄：《产业技术研究院：一种新型的产学研合作组织模式》，《南京工业大学学报》（社会科学版）2011年第1期。

体现在，公共性技术服务平台在创新链的各个环节与客户积极对接，包括从技术预见、概念开发、产品服务到商业化等。如预见阶段，在判别与客户合作性的前提下，公共性技术服务平台会为客户提供技术和市场预见信息；概念开发阶段，在逐步形成商业机遇和共识的基础上，为客户提供研发服务，并通过论坛形式，为概念提供商业解决模式；在产品研发阶段，针对产品研发存在的问题，提供相应的技术支持和资金支持；在商业化阶段，为客户提供测试、咨询以及创业等服务。[①] 为了提高客户满意度，部分公共性技术服务平台还建立了专门的客户服务部门来实现有效对接。研究国外公共性技术服务平台的运行特点与演化特征，对帮助我国中小企业创新实现"弯道超车"具有重要意义。

一、功能定位

科研成果从研发到产业化需要经历基础研究、应用研究、产业化等关键阶段，其中基础研究阶段主要是指在实验室进行的研究，制造出样品或者样机；应用研究阶段是通过分析市场的需求，对实验室产品进行进一步物化，完成相关技术、工艺的改进和准备；产业化阶段则是指将技术推入市场，实现技术的扩散。[②] 然而高校、科研机构普遍注重基础研究，忽视后续连续性研究；企业层面则更关注技术知识的产业化应用，对基础技术存量不足导致了技术链和产业链之间的严重断裂。[③] 公共性技术服务平台作为国家创新体系（NIS）的重要成员，整合了多方创新资源，构建了传播和扩散知识的平台，通过与大学、企业、政府的合作，解决了创新链断裂等问题。

公共性技术服务平台与大学合作时，根据大学（科研院所）学科优势以及区域资源，以前瞻性技术、关键技术、共性技术及其技术基础研究为核心任务，进行技术研发、科技成果转化、企业孵化、复合型专业技术人才培养等。与企业合作则是为了打造产业集群创新平台，实现产业集群的关键技术、共性技术的研发、引进消化吸收、集成创新、转化及产业化，同时凭借自身较强的技术创新、知识创造和溢出能力，为联盟的长期稳定发展提供保障，使得企业在整个创新体系中处于核心地位。此外，公共性技术服务平台与政府合作能聚集创新链各个环节的信息、资金、人才、政策等要素以提供科技成果转化、知识产权保护、企业技术咨询、企业孵化等服务，并协助政府制定相关的政策法规及管理办法，为国家创新体系的建立和运行营造良好的环境。

---

① 郝莹莹、陈洁：《芬兰国家技术研究中心的发展与运行机制》，《中国科技论坛》2009年第2期。
② 原长弘、孙会娟：《政产学研用协同与高校知识创新链效率》，《科研管理》2013年第4期。
③ 罗肖肖：《面向产学研合作的大学工业技术研究院研究》，硕士学位论文，浙江大学，2010年。

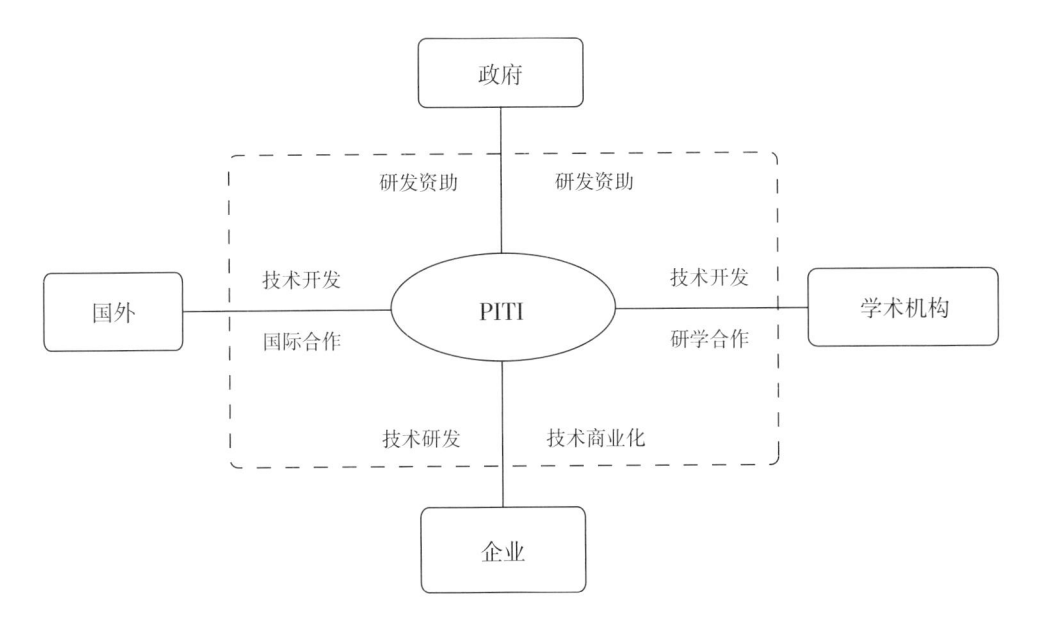

图 13—1 公共性技术服务平台与各创新主体之间的关系示意

国际上比较典型的公共性技术服务平台有德国弗朗霍夫协会（Fh.G）、中国台湾工业技术研究院（ITRI）、韩国科学技术研究院（KIST）、日本产业技术综合研究院（AIST）、荷兰应用科学研究院（TNO）、澳洲科学产业研究院（CSIRO）、印度中央制造技术研究所（CMTI）、法国国家科研中心（INRA）、美国国家标准技术研究院（NIST）、巴西技术研究院（IPT）、丹麦国家工业技术研究院（DTI）、加勒比工业研究院（CARIRI）、泰国科技研究所（TISTR）、阿根廷英迪工业技术研究院（INTI）、埃及国际研究中心（NRC）、丹麦北欧可再生能源研究中心（FC）、尼日利亚原材料的研究与发展委员会（RMRDC）、瑞士欧米亚（Omya）、意大利阿斯特研究院（ASTER）、印度中央制造技术研究所（CMTI）、以色列魏茨曼科学研究所（Weizmann）、阿根廷国家科学技术研究理事会（CONICET）、韩国科学技术政策研究所（STEPI）、马来西亚森林研究所（FRIM）等。已有不少学者研究了他们的经费来源、使命等基本情况，通过整理典型公共性技术服务平台的官方网站资料与相关文献得到表 13—1。[①]

---

① 吴建国：《国立科研机构经费管理效益比较研究》，博士学位论文，西南交通大学，2011 年。

表13—1 典型公共性技术服务平台基本情况一览表

公共性技术服务平台	政府经费占比（%）	使命（主要任务）
德国弗朗霍夫协会	33.5	注重前瞻性研发，为中小企业开发新技术、新产品、新工艺，协助企业解决自身创新发展中的组织、管理问题
中国台湾工业技术研究院	50.0	注重应用研究，做产业界的开路先锋
韩国科学技术研究院	22.9	注重基础研究，展现韩国21世纪梦想与未来
日本产业技术综合研究院	80.0	促进共性技术开发，注重对基础研究和开发应用发展之间的中间区域进行研发
荷兰应用科学研究院	32.5	与跨国公司、中小企业、大学和荷兰内外公告部门合作，是全球最大的合同研发机构之一
澳洲科学产业研究院	51.3	澳洲领先的专利申请机构，是世界上最大、科研内容最丰富的组织之一
印度中央制造技术研究所	70.9	满足国家战略需求、促进基础知识进步，增强产业竞争力等
法国国家科研中心	81.0	欧洲最大的农学科研机构，从事农业科学和技术研究
美国国家标准技术研究院	81.1	通过提高计量科学、标准和技术，强化美国的创新和产业竞争力
丹麦国家工业技术研究院	30.4	致力于关键技术的突破，为中小企业提供技术咨询和服务
俄罗斯科学院	68.0	全国自然科学和社会科学基础研究中心，全国科研协调中心
巴西技术研究院	42.6	注重公共和私营部门的需求，提供解决方案和技术服务，以提高企业的竞争力，促进生活质量

资料来源：通过收集各公共性技术服务平台所接受项目经费中的政府经费占比。

通过表13—1可以发现，公共性技术服务平台虽然是独立组织，但是都需要接受政府的资助。资助的程度越高，往往越倾向于基础研究，资助的程度越低，越倾向于为企业服务。公共性技术服务平台定位于以公共利益为研究目的、从事技术研究并积极为社会提供服务的研究组织。[①]

二、功能演化

然而，公共性技术服务平台的功能不是一成不变的，随着时间的推移，不同的政

[①] 刘强：《应用技术公共研究机构：作用、特征与构建》，《科学学研究》2002年第6期。

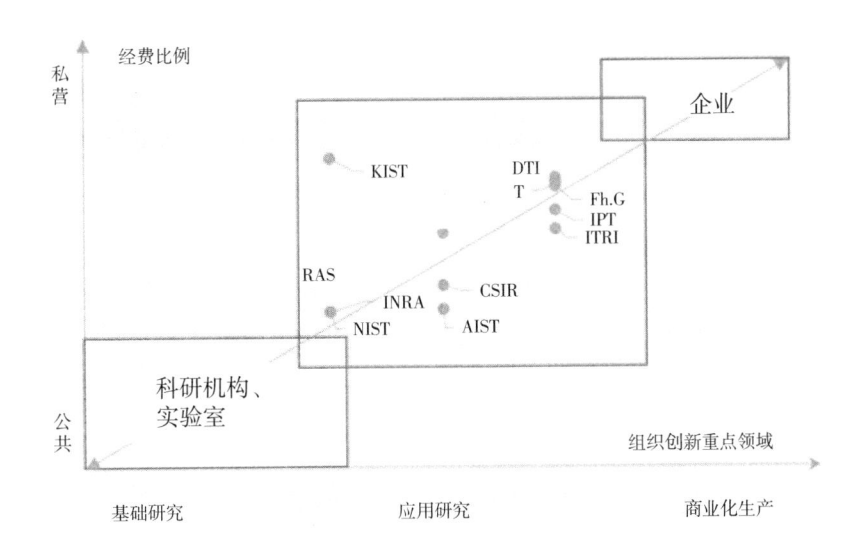

图 13—2　多国公共性技术服务平台在创新体系中的定位

治环境与国家基本情况都会对公共性技术服务平台有不同的要求，这就导致政府的干预度、机构自身的自主创新能力、服务企业的情况都会对公共性技术服务平台的功能定位造成影响。[①] 从这三个角度出发，基于国家创新体系理论，建立了公共性产业技术研究院的功能演化模型。

表 13—2　公共性技术服务平台功能演化模型

阶段	依附阶段	追赶阶段	自主阶段
政府干预度	重要制度创新 政府扶持力度大 重点支持战略性产业，如钢铁、造船、水泥等重工业 研究院的经费来源中政府占比高	国际科防占的研究经费比例减少 引入市场机制，减少财政补贴，公共性技术服务平台面临的科研竞争压力不断增大	强调资金循环运转，政府资助的经费逐渐减少 政府的干预度减少，公共性技术服务平台有足够的自由自行运营
自主创新能力	研发能力弱，研发环境也不配套，表现为模仿创新 定位于开发研究 国家创新资源有限，引进创新要素，包括技术、人才等	消化吸收国外技术 研究更专业化，分化出许多子机构 定位于应用研究 引进与推广关键性新技术	强调国际化合作，与国外大学、跨国公司、研究机构保持密切联系 核心技术和关键技术取得重大突破 研究向基础技术方向转移

---

① 吴金希：《论公立产业技术研究院与战略新兴产业发展》，《中国软科学》2014 年第 3 期。

续表

阶段	依附阶段	追赶阶段	自主阶段
服务企业情况	服务大企业 帮企业遴选技术，引进整体项目 提供共性技术	开始扶持中小型企业 逐渐成为中小企业技术的主要供应者	服务企业获得的收益逐渐增加 提供合同研发、产品检测、咨询建议等服务

（一）政府干预度

政府干预度是指政府对公共性技术服务平台的干预程度，包括经费支持力度、重大制度改革力度等。公共性技术服务平台的成长离不开政府"看得见的手"的干预，但是这种干预既是一种保护与扶持，亦是一种阻碍。如日本的日本产业技术综合研究院拥有独立法人地位、台湾的台湾工业技术研究院属于财团法人性质，这些都赋予了它们更大的灵活性。而韩国的韩国科学技术研究院则采取行政法人组织，属于事业单位性质，因此受到的政府约束较大，限制了它后来作用的发挥。

（二）自主创新能力

自主创新能力最早是指企业在技术引进消化吸收、在创新之后的一种特定的技术创新范式，后来"自主创新"被扩展为二次创新、集成创新和原始创新，这三者的本质差异在于核心技术知识的来源。公共性技术服务平台的自主创新能力，应包括从基础研究到应用研究各阶段的研发能力，其研究成果包括专利、论文等。公共性技术服务平台的自主创新能力不仅与其掌握的资源有关，也与自身的规模、研究人员数量、子机构数量有关。

（三）服务企业情况

服务企业情况是指公共性技术服务平台用自己孵化、成立衍生公司的形式进行产业化，待衍生公司发展起来之后，公共性技术服务平台就逐渐减少股份，将企业推向市场。或者对企业提供技术转移服务、合同研发服务、产品检测服务及专家咨询等服务。公共性技术服务平台除了对中小企业提供服务，还为许多国际知名的跨国企业提供技术服务，这既为自身提供了稳定的项目来源，又借助企业客户平台提高了知名度。如荷兰应用科学研究院的重要合作伙伴包括 TOYOTA、NOKIA、HONDA、VODAFONE、NXP、TOMTOM、NISSAN、DAF 等，以此拓展的企业客户网络达到上千家的规模，其 2014 年总收入为 52600 万欧元，其中有 24200 万欧元来源于企业委托的知识应用合同研究。由表 13—3 也可以看出，从 20 世纪 90 年代开始，台湾工业技术研究院就越来越注重对企业的服务，短短五年的时间其技术转移、委托合作开发、技术服务数目就呈多倍增长，这说明其服务企业的能力也在逐渐增强。

表 13—3　台湾工业技术研究院技术服务情况

名称		1990 年	1991 年	1992 年	1993 年	1994 年
技术转移	项目数	64	62	143	209	181
	企业数	74	101	212	297	358
委托合作开发	项数	318	402	419	751	904
	家次	295	461	691	1034	1382
技术服务	项目数	38196	31266	37141	38321	46594
	企业数	12348	16662	21943	19335	20177

资料来源：张保隆、燕千资：《产业科技与工研院——看得见的脑》，台湾工研院 2003 年版，第 265—294 页。

（四）发展阶段

根据前人的研究，日本的公共性技术服务平台经历过 4 个时期，第二次世界大战后的复兴期、赶超世界先进时期、迈上世界先进行列时期和奔向卓越中心（COE）时期。韩国经历过三个阶段分别为模仿阶段、内化阶段和创造阶段。台湾经历过生产导向阶段、投资导向阶段和创新导向阶段。由于公共性技术服务平台的功能是随着国家创新体系论的发展而发展的，因此，借鉴了刘立等人对国家创新体系论的阶段划分法，将其划分为依附、追赶和自主三个阶段。[①]

第二节　全球公共性技术服务平台发展现状与模式总结：全球 25 家公共性技术服务平台数据

一、现状特征与发展经验

（一）机构建设使命不同，发展中国家多设行业性公共性技术服务平台

分析当前主流公共性技术服务平台发现，其建设使命类型主要包括：以德国弗劳恩霍夫协会为代表的大中型企业技术项目型，以台湾工业技术研究院为代表的中小企

---

① 刘立、李正风、刘云：《国家创新体系国际化的一个研究框架：功能—阶段模型》，《河海大学学报》（哲学社会科学版）2010 年第 3 期。

业平台式技术服务型,以马来西亚工业技术研究院为代表的工业行业技术质量标准化型,以以色列魏茨曼科学研究所为代表的工业基础性共性技术开发型等。另外,如泰国、尼日利亚、埃及等发展中国家都设置了针对特定工业行业的技术研究机构。

(二)突破单一政府资助模式,组成多元化研究经费来源

国外公共性技术服务平台大部分都受政府的支持与资助,也有少数独立机构。研究经费来源有政府资助、营业收入、社会或个人捐赠等。与我国相关机构基本依靠政府资助的情况有所不同,国外多数工业技术研究机构的经费主要来源是来自于企业客户的营收,如德国弗劳恩霍夫应用研究促进协会的企业客户收入占比超过70%,巴西技术研究所平均年收入约3350万欧元,其中50%来自客户服务,年服务的客户达四千余个。

(三)优势技术领域互有交叉,整体符合全球科技发展趋势

当前,世界主要公共性技术服务平台都具备明显的优势技术领域,如丹麦国家工业技术研究院主要致力于新能源与生命科学技术,巴西技术研究所则关注能源利用和交通技术等。通过整理来自于25个公共性技术服务平台的核心技术领域发现,新能源开发、农业与食品、健康医疗、城市建设、通信技术等领域的交叉性较强,面向人类共同需求的特征也符合当前全球科技发展的主旋律。

(四)国际化协作程度普遍较高,机构间跨国合作项目密切

研究发现,主要公共性技术服务平台的国际化程度都较高,尤其是部分发达国家的技术研究机构通过技术援助、技术项目合作、企业技术服务等形式承担起全球"技术智库"的角色。如德国弗劳恩霍夫协会目前已在非洲、拉美、南美、亚洲等超过20个国家和地区开展实质性的项目合作,泰国科技研究所则与日本、埃及、以色列等十余个国家的技术机构开展合作研发等活动。

表13—4 部分世界公共性技术服务平台基本情况表

平台名称	依托组织	基本属性	优势领域
韩国科学技术研究院	韩国科学技术院	行业性	技术创新、科技发展的政策选择、合作
泰国科技研究所	泰国政府	行业性	农业、食品技术
印度中央制造技术研究所	印度政府	行业性	纳米技术、精密工程、机电一体化

续表

机构名称	依托组织	基本属性	优势领域
以色列魏茨曼科学研究所	以色列政府	行业性	生物、化学、物理
尼日利亚原材料的研究与发展委员会	尼日利亚联邦政府	行业性	原材料研发
瑞士欧米亚	无	行业性	碳酸钙制造
埃及国际研究中心	无	行业性	农业生物
巴西技术研究院	巴西政府	综合性	能源、交通
丹麦国家工业技术研究院	丹麦政府科学技术创新部门	综合性	建筑施工、能源、生命科学等
德国弗朗霍夫协会	德国联邦和各州政府	综合性	健康、安全、通信、能源
阿根廷英迪工业技术研究院	阿根廷政府	综合性	度量衡学、人力资源培训、社会整合等
荷兰应用科学研究院	无	综合性	产业创新、健康、国防、能源、城建
加勒比工业研究院	联合国发展计划署和联合国工业开发组织	综合性	食品技术、能源、工业材料、环境管理
马来西亚森林研究所	马来西亚政府	综合性	能源与环境、医疗、工厂和机械
中国台湾工业技术研究院	政府、财团法人、民间	综合性	智能产品、健康医疗、环境可持续

二、在华动向及未来合作方向

国外主要公共性技术服务平台在中国开展合作情况差异性较大，按照合作深度分为起始阶段（包括参观、访问等形式）、初级阶段（研究课题、学术性互访等形式）、中级阶段（实质性项目合作等形式）、高级阶段（设立分支机构等形式）等四个层次。就目前掌握的资料来看，国际上绝大多数知名的公共性技术服务平台在华活动仍处于起始阶段和初级阶段。如阿根廷国家科学技术研究院、马来西亚森林研究所等机构已访问中国并商讨下一步合作计划，而加勒比工业研究院、丹麦北欧可再生能源研究中心、意大利阿斯特研究院等机构则通过国际会议、高校机构等形式进行了相互接触。当然，荷兰应用科学研究院、埃及国际研究中心、泰国科技研究所等机构已与国内有关机构开展实质性的技术项目合作。瑞士欧米亚对华合作较为领先，目前在上海设有中国区总部，在内地多城市设有分公司与工厂。

从当前合作现状来看，全球公共性技术服务平台未来在中国必将继续加强合作深度和广度，一些可能的合作方向包括：第一，以中科院等一批国字号科研机构牵头，与知名公共性技术服务平台开展多领域基础性工业技术合作；第二，通过合同研究、技术转移、产品认证等形式推动专门公共性技术服务平台在华相应的区域和行业性项目开展；第三，联合国内高校、专门研究机构促进学术互访常态化，并通过设置国家导向的课题项目促进合作；第四，吸引更多国外公共性技术服务平台在华设立高级别办事处，加强技术信息沟通渠道建设；第五，拓展国外公共性技术服务平台在华的人才培训范围。

表13—5　部分世界公共性技术服务平台在华合作情况表

平台名称	阶段	具体情况
阿根廷英迪工业技术研究院	起始阶段	中科院访问英迪工业技术研究院，希望开展合作
马来西亚森林研究所	起始阶段	中科院代表团参观森林研究所，探讨合作可能性
德国弗朗霍夫协会	起始阶段	在中国设有北京代表处
加勒比工业研究院	初级阶段	共同参加世界工研院组织协会的一些会议
韩国科学技术研究院	初级阶段	双方共同参与国际会议，探讨科技创新与绿色发展等问题
丹麦北欧可再生能源研究中心	初级阶段	该中心常派代表参加中国可再生能源会议；中国代表也参观了该中心
意大利阿斯特研究院	初级阶段	与上海同济大学有合作协议
尼日利亚原材料的研究与发展委员会	初级阶段	北京秋天清洁能源技术联合公司呼吁和尼联邦政府合作发展甜高粱
丹麦国家工业技术研究院	初级阶段	上海海萨商务咨询有限公司已与丹麦国家工业技术研究院正式展开合作，负责亚太和北欧的认证工作
荷兰应用科学研究院	中级阶段	双方共同针对半导体前端设备及超高洁净真空技术开展合作
埃及国际研究中心	中级阶段	与中国合作开发生物杀虫剂的生产技术
中国台湾工业技术研究院	中级阶段	与中科院达成产业合作，并获得资助经费
泰国科技研究所	中级阶段	合作研发生物液体燃料和催化剂等
瑞士欧米亚	高级阶段	在上海设有中国区的总部，此外在中国多个城市设有分公司与工厂

资料来源：笔者整理。

第三节 面向中小企业的公共性技术服务平台服务模式创新

通过对国外公共性技术服务平台的分析，笔者发现大多数公共性技术服务平台都热衷于对中小企业提供服务。这是因为一般大企业都有自己内部的研究机构，有较强的研发实力，而中小企业在此方面较为薄弱，但中小企业又在国家或地区经济中占有重要地位、最具创新活力，所以，扶持中小企业也是公共性技术服务平台存在的主要目的之一。根据中小企业技术创新过程中的特点以及公共性技术服务平台的服务功能，笔者将面向中小企业的公共性技术服务平台服务模式分解成四个子模式，其模型如图13—3所示。

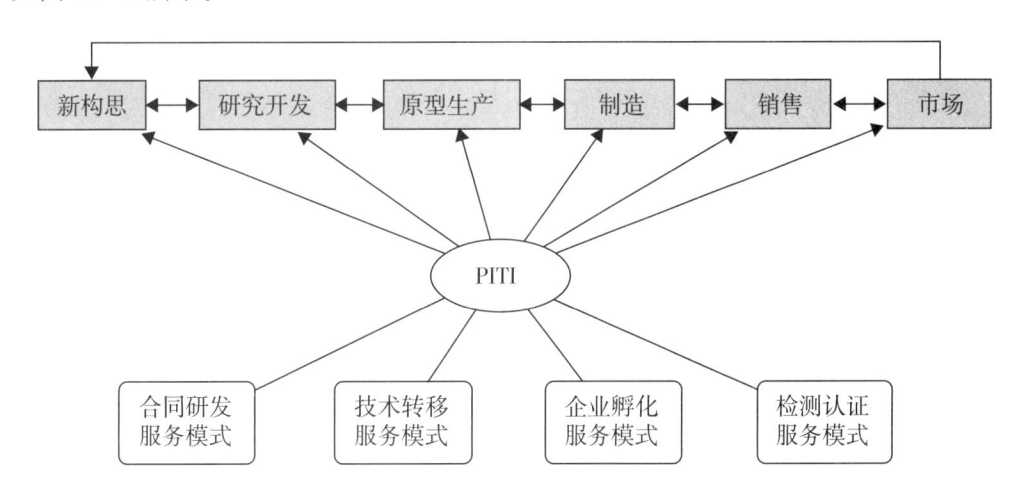

图13—3 公共性技术服务平台服务企业模型图

一、合同研发服务模式

"合同研发"是公共性技术服务平台服务中小企业的主要模式，也是通过与企业签订合同来解决其遇到的具体技术问题。在双方签署的合作合同中，事先规定预期的研究成果和相关的费用，重点是界定知识产权的使用问题。这种形式直接参与服务对象的创新全过程，服务层次深、服务内容综合，为中小企业提供了大量富有创新性并具有实用价值的科研成果。尤其是对那些不具备独立研发与开发能力的中小企业而言，合同研发是他们最重要也是最理想的创新方式。

"合同研发"最能满足客户需求，合同生效之后，客户便享有公共性技术服务平台各研究所雄厚的科研积累经验和高水平的科研队伍服务。公共性技术服务平台通过联合组内相关研究所、学科、题目的密切合作,并满足当今经济和社会飞速发展对工艺技术的需求,可以直接、迅速地为企业提供"量身定做"的解决方案和科研成果。实践证明,这是知识转化为生产力的捷径。

由于公共性技术服务平台是不以营利为目的、从硬技术与软科学的结合上为中小企业技术创新提供综合性服务的公益性技术服务机构,因此深受广大中小企业的欢迎和地方政府的重视,它是政府扶持中小企业的助手。以德国弗朗霍夫协会为例,其2014年度研究总经费达20亿欧元,其中17亿欧元来自于"合同研发"。

二、技术转移服务模式

公共性技术服务平台的技术转移服务类似于技术成果交易会、高新技术博览会、经济技术协作洽谈会、技术难题招标会、网上技术商店、技术商场、技术市场等形式,是将本机构内部成熟的研究成果与技术转移到企业中去。这类技术一般为产业共性技术,共性技术不同于实验室技术、应用技术和专有技术。[1] 共性技术能起到概念验证的实质性作用,可充分降低技术风险和市场风险,使得应用型研究开发投资成为企业的理想选择。[2] 共性技术又可以"一对多"进行转移,通过技术转让、技术入股、专利许可等形式扩散到多个企业中去,以促进科技成果的商品化和产业化。[3]

对非营利的公共性技术服务平台而言,企业委托的合同研发项目的收入根本不足以抵偿该项目前期的基础研究支出。因此,除了政府等公共资助之外,公共性技术服务平台也需要通过技术转移将所收取的资费来平衡收支,使得机构能够继续下一个基础研究项目,以维持机构的正常运营。

高校与实验室的大量科技成果中的大部分仍停留在论文和实验室样品阶段,只有约10%的成果被转化为现实生产力。为了使技术转移更加有效,公共性技术服务平台在选择科研课题时需要以市场为导向,大力培育和研发具有市场潜力并且最终能产业化或商业化的产品。在中试和产业应用之间进行重点突破,为中小企业的技术升级创造条件。

---

[1] 李纪珍:《共性技术供给与扩散的模式选择》,《科学学与科学技术管理》2011年第10期。
[2] Tassey G.,"Underinverstment in Public Good Technologies", *Journal of Technology Transfer*, No.1, 2005.
[3] 李明珍、宁建荣:《构建综合性工业技术研究机构 助推地方经济转型升级——浙江省工业技术研究院构建思路及路径研究》,《科技管理研究》2014年第3期。

三、企业孵化服务模式

公共性技术服务平台在孵化高新技术企业方面也做了很多贡献，比如台湾工业技术研究院成立四十年来，新创及育成 260 家公司，包括台积电、联电、台湾光罩、晶元光电、盟立自动化等上市公司。在孵化企业的过程中，公共性技术服务平台相当于孵化器，向处于初创期的高技术企业提供市场调研、可行性研究、系统培训、科技咨询、政策法律和赢利计算等方面的支持和服务，降低企业的创业风险，提高企业的成活率和成功率。

其技术咨询功能相当于科技咨询机构、科技评估机构、情报信息中心、软科学研究机构、知识产权事务中心、专利代理机构、各类行业协会等中介组织。该服务以信息为基础，综合运用智能、技术和经验所创造的知识产品，向中小企业提供决策咨询、管理咨询、技术咨询和法律咨询等方面的咨询服务以及可行性论证。由于信息的不对称性，中小企业直接获取和处理信息的交易成本非常高，而咨询业的服务有助于中小企业减少交易成本和提高管理效率。其包括技术、管理、法律和市场等各方面知识的人才，为中小企业提供了准确的咨询、诊断、论证、评估等方面的服务。

同时，公共性技术服务平台支持客户引进全新的组织形式与人才。一方面，公共性技术服务平台以研究型大学或大学群体为依托，可充分利用大学的综合资源优势，为企业提供人才培训、市场开拓等服务。事实上，公共性技术服务平台机构内部的人才在离职后也基本流向了企业，为企业带来了高新技术与创新管理模式。另一方面，在政府政策引导和支持下，与公共性技术服务平台合作的企业更容易获得包括风险投资在内的多元化投资渠道。

四、检测认证服务模式

公共性技术服务平台提供的检测服务包括产品检测、成分分析、仪器矫正、仪器维护等。中小企业由于资金不足，没有能力购买大型仪器设备和建立实验室，除了科研仪器外，像快速原型制造系统、计算机集成制造系统这样的大型生产设备以及一些大型化验、检测、规模设备等，都是单个中小企业无力购置和维持运营的。因此，公共性技术服务平台开放的实验室、大型仪器设备资源共享共用服务为中小企业带来了不少便利。认证评估服务则是由科技评估专员根据委托方的明确目的，遵循一定的原则、程序和标准，运用科学、可行的方法对科技政策、计划、项目、成果、机构、人员等所进行的专业性评判活动。

另外，公共性技术服务平台本身也是产业技术标准制定者，每年制定的大量行业标准能被多国采用。技术标准化就是提高技术发展的规范程度，降低厂商之间、厂商与消费者之间的交易成本，提高经济活动的效率，有利于规模经济实现。[①]

当然，上述的分类只是相对的，各子模块既相对独立，又相互交叉、相互渗透。各模块围绕提高中小企业技术创新能力这一总体目标，在不同方面和不同层次上为中小企业技术创新全过程提供不同程度的支持与服务，构成了一个协作运转的有机系统。

第四节　全球公共性技术服务平台运行机制：发达国家典型案例分析

一、德国弗朗霍夫协会模式

弗朗霍夫协会作为一家非营利性研究院，设立的下属分支机构有67家，其提供的合同科研服务涵盖微电子、信息通信、制造业、材料科学、生命科学和光子学等众多领域，从中小企业到政府部门均有服务合作。协会拥有近一万五千名研究人员（包括其合作院校的教授与学生），每年为近三千名客户制订科研开发项目。在近万项的开发项目中，三分之二是来自企业和公益机构的科研委托项目，其余部分项目来自联邦和各州政府的委托，以此提高项目研发工作的前瞻性，确保机构科研水平的领先地位。并且研究所所得经费中至少会有40%被拿出来作为非商业性的公益性质的研究。截至2014年，研究院年度经费高达21亿欧元。

弗朗霍夫协会的主要目标是将科学知识应用于经济界客户的委托项目中，并开发成熟实际的可行方案。在服务性企业、工业企业和公共部门等客户的支持下，协会不仅成功实现了实用研究，更为硕士生、博士生和其他科研工作者提供了实用领域的进修机会。此外，由于经济与科学研究的全球性格局，弗朗霍夫协会在欧盟技术项目范围内还在工业协会中参与技术问题的解决。

在这些项目中弗朗霍夫工业研究所采用最多的产学研合作方式是最基本的合同科

[①] 杨蕙馨、王硕、王军：《技术创新、技术标准化与市场结构——基于1985—2012年"中国电子信息企业百强"数据》，《经济管理》2015年第6期。

研，所得的年经费中几乎超过85%的经费即接近18亿欧元的研究经费是来自于合同科研，这么多的研究经费说明了合同科研是一种十分高效的产学研合作方式，为何与国内的效果相差如此之大，笔者将这个巨大的成功归结为以下四个原因。

（一）德国政府的投资

这是"弗朗霍夫模式"的第一大推动力。这个模式与私立企业的研究机构相比有着其独特的竞争优势。它至多只需从产业和政府项目中获取70%的年收入，而另外30%的收入则可以通过德国政府的资助来获得。研究院产业税收所得一般占总收入的30%，这部分基本是靠与中小企业所签订的合同所得。协会的公共收入则基本上占总收入的28%—30%，这些收入则主要来自于同德国联邦政府和各个州政府所签订的项目合同。值得关注的是，政府为协会提供的30%资金不是固定的，而是要看研究院的业绩。用一个公式表达就是政府基本投资=（协会产业收入+协会公共收入）/2。这样既起到了激励协会研究机构多争取企业或政府部门项目并提高运作效率的作用，同时也使客户从投资资金中获得了有形的政府补贴性经济收益。

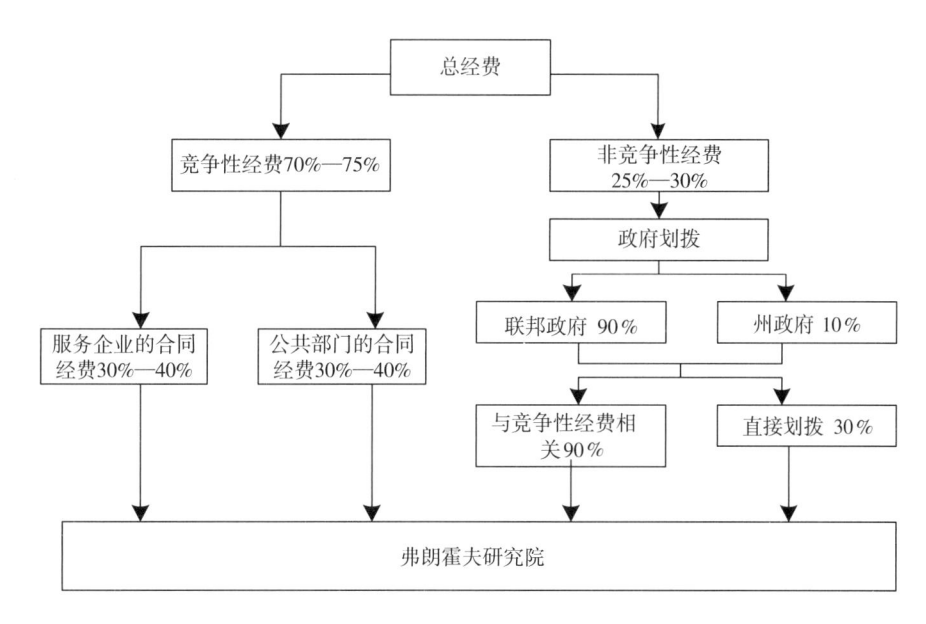

图13—4 弗朗霍夫研究经费来源示意

（二）从事研究的是由高技能、低报酬的研究生

这是德国弗朗霍夫模式的第二大推动力，研究院名下的各研究机构与一所或多所本地大学进行合作。在研究院众多的员工中，学生占据了40%的份额，这源于研究

院在高校基础研究和产业技术需求之间的桥梁作用,[①] 不仅使得机构拥有了更多的新鲜血液,而且更促进了产学研的创新衔接。同时弗朗霍夫先进的技术设备及大量的各领域的项目合同使得为研究院工作的学生及教授突破了大学资源的限制,给他们创造了一个更好的平台去做技术创新突破。学生一般工作周期为 5 年,而且是全职。并且在这段时间里,他们还要努力获得自己的博士学位,所有的学术工作也都由他们自己独立完成。一般来说,当学生们在结束了 5 年的研究工作后,他们同样也能成功地取得博士学位。在弗朗霍夫研究院工作期间,学生们都会被要求把自己看作一个企业家。也就是说他们的职责不但涵盖了完全负责管理好自己的研究工作,而且还包括了使专业知识市场化。学生员工和研究院员工一样,要为从产业中取得收入而努力工作。举个例子,一部分学生一年就能获得 30 万马克的收入,而这 30 万马克中,50%来自于产业合同项目。弗朗霍夫这种雇用学生员工的方式可以说是双赢的,不仅自己获得了大量的人力资源以及先进技术,同时还使这些天之骄子在结业时同时拥有了先进的技术专长以及一个企业家所应具备的各方面的商业技能,并且,他们还将拥有一张广泛的商业关系网。这些与一张单薄的博士文凭相比,实在算是双倍甚至多倍的收获了。

(三) 合同研究带来的"发展循环"

弗朗霍夫协会将政府投资和大学资源融为一体,建立起一种在企业问题解决和新产品开发中的"发展循环"模式。这包括反复尝试、不断摸索及为达到特定目标而朝一个新的方向前进的过程中所涉及的智力资源,还包括了该过程中没有投产的创意、资源所具有的商业、产业价值的发掘。因此,"弗朗霍夫模式"的成功不仅来源于其合作过程中提高能效的问题解决能力,更来源于在合同研究中所发掘知识解决问题的出众表现。这些知识在很大程度上帮助双方建立了良好的研究伙伴关系。

近五十年来,弗朗霍夫协会注册了近千项专利技术,大多数技术创新的专利权均为协会所有,而非企业或大学。合作伙伴想要获得专利的使用权,只有将该专利应用于指定的领域;同时,协会还可以将专利使用权授予其他将该专利用于不同的应用领域的企业。这一切不仅使得弗朗霍夫协会获得了丰厚的利益,更使其成为合作中的最大赢家。

---

① 马继洲、陈湛匀:《德国弗朗霍夫模式的应用研究——一个产学研联合的融资安排》,《科学学与科学技术管理》2005 年第 6 期。

（四）非营利性使创新差距拉大

弗朗霍夫协会作为一家非营利性学会，其将大学资源和政府投资结合的模式具有法律定义，但协会只是足敷开支，并没有从商业化运作和技术中获得收益。协会只是"为客户的产品开发寻找解决方案，并使产品成功进入市场"。此外，弗朗霍夫的员工薪酬水平相比商业性机构更接近政府机构的薪资标准。除了正常的薪酬支付，协会另有途径提高员工的薪资，即政府会为弗朗霍夫的成功业绩提供补贴，这些补贴占协会总收入的30%。这使得弗朗霍夫的员工与协会一直处于技术开发的前沿。

"CoSiP"就是一个典型的成功案例。"CoSiP"的意思是在协同设计芯片——封装系统的基础上，开发出一个浓缩的微型化、高性能的紧凑型系统。在2009年，由于微电子系统复杂程度日益增加，开发商必须在初期就对芯片、封装和印制电路板（PCB）的开发进行协调，尤其是系统级封装（SiP）。[①] 因此，为了对此类端到端系统级封装设计环境进行研究，弗朗霍夫研究院与西门子公司中央研究院、西门子医疗、博世公司汽车电子部和英飞凌科技股份公司以及 Amic Angewandte Micro-Messtechnik GmbH 等开展新设计方案的合作，目的是为了能够让系统级封装组件（即集成在同一芯片封装中的两个及以上的芯片）的开发和安装该芯片的印制电路板的开发同时进行，从而通过对芯片的调整，实现两者之间的匹配。"CoSiP"研究项目所需资金的50%由四家私营企业共同承担。同时，德国联邦教育与研究部负责为该项目提供另外50%的项目资金。

每一个项目合作伙伴的目标都是为系统级封装开发的设计工具打好基础，项目的研究成果将使系统级封装应用技术更好地应用于现有和未来的技术场景。

在过去，习惯做法是顺序、独立地进行系统级封装三大设计领域——芯片、芯片封装和印制电路板的开发，芯片开发与芯片封装或印制电路板开发之间一般不发生联系，而且，三大系统组件的优化工作也是分别进行。但是，系统开发的发展，要求以彼此协调的端到端方式来进行芯片、芯片封装和系统的协同设计。"CoSiP"研究项目正是在为实现这一目标铺平道路。在该项目完成后，系统级封装产品的开发时间将会缩短1/3甚至更多，成果也会被运用到几个合作伙伴各自的领域中。

二、泰国科技研究所模式

泰国科技研究所是一所非营利性质的科研机构，属于国有研究院。这家机构于

[①] 江兴：《德国开展"CoSiP"研究项目》，《半导体信息》2010年第2期。

1963年正式创建成立，随后开发拓展的领域有工业和农村实用技术，初期主要向创新能力薄弱的中小企业进行技术转移和扶持。到现在，泰国科技研究院研究的领域已经转变成有机食品、医疗设备、可再生能源、环保产品等，而且现在能为中小企业提供更加繁多的服务，涵盖了分析测试、校准定标、认证、咨询等。

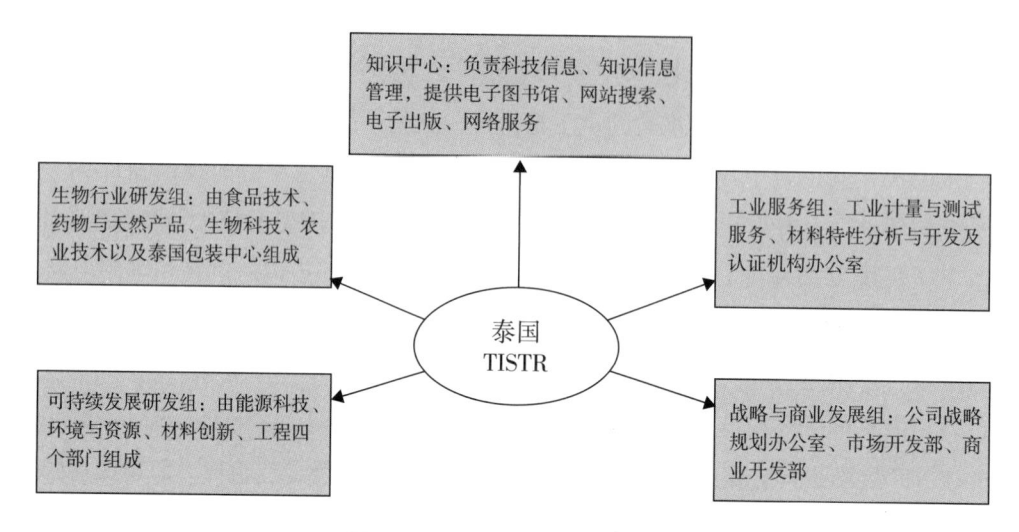

知识中心：负责科技信息、知识信息管理，提供电子图书馆、网站搜索、电子出版、网络服务

生物行业研发组：由食品技术、药物与天然产品、生物科技、农业技术以及泰国包装中心组成

工业服务组：工业计量与测试服务、材料特性分析与开发及认证机构办公室

泰国 TISTR

可持续发展研发组：由能源科技、环境与资源、材料创新、工程四个部门组成

战略与商业发展组：公司战略规划办公室、市场开发部、商业开发部

图13—5　泰国科技研究院组成

这四个小组和一个中心共同构成了泰国科技研究所模式，该模式特色在于有明确的发展扶持重点，农业和绿色生态是泰国较强的产业，研究院就大力帮助这些有技术优势的中小企业。其中比较典型的是方有隆公司。泰国的方有隆公司是一家主要制作椰子汁和椰奶的公司。自1990年与泰国科技研究所下设的食品科研院合作以来，规模迅速壮大，产值逐年攀升，到如今已经成为泰国罐装椰奶产量第一的公司。并且公司业务已经拓展到菠萝蜜、红毛丹、荔枝等果蔬罐头等累计超过80个品种。其中，350毫升装的罐装椰奶年产量4.04亿罐。[1] 可以看到，在泰国科技研究所的帮助下，泰国方有隆公司一直稳定而高速地发展着，尤其是前几年，公司的年产值几乎都是在倍升。

表13—6　泰国方有隆公司年产值

年份	1992	1995	1998	2001	2004
产值（万）	2146.8	4059.2	5648.0	8761.3	9437.8

资料来源：石小琼：《泰国的食品业——赴泰国考察见闻与感想》，福建省绿色食品暨冷藏技术研讨会论文资料集，2002年。笔者加以整理。

---

[1]　石小琼：《泰国的食品业——赴泰国考察见闻与感想》，福建省绿色食品暨冷藏技术研讨会论文资料集，2002年。

研究发现，泰国科技研究所主要是从人才、科研设备、政策三个方面来支持方有隆公司创新的。首先是从人才方面，科研所搜集了各层次学历人才，对他们经过短期的技术培训，让他们了解公司的生产过程。接着这些人员再通过运用现有知识和实践，对椰子的原材料进行试验，研究出如何种植培养可以得到优质的椰子，然后考究现有的工艺生产设备，寻找可以提升的环节，将整个生产环节向生产高效可持续发展转变。产品生产后，再对产品的质量进行各方面的检测，力求完美。其次是投入科研所设施设备，科研所拥有各种化学实验室，微生物指标分析化验室以及各种种植培养基地以及发酵分馏等食品加工实验室。科研人员可以在设施完备的实验室中调试出口味更佳的配方，并进行食品安全检测。方有隆公司的食品质量检测除了采用气相色谱分析仪、水分活度快速测器等进行食品安全的常规检查外，还采用了风味仪、色度仪等仪器对食品的色、香、味、质等外观指标进行全面仔细的测定与评价，并使之量化以保证公司食品的质量。最后，在政府职能部门的认同和支持下，泰国政府与科技研究所研讨商量后发布了一系列有关的福利政策，诸如在特定区域投资办厂，前三年，机械设备等一律是免税的，而且前五年的营业税也一律全免，并且企业所有的出口产品也全部免税。除了税务方面的扶持外，还有降低供应给公司生产线电的价格，尽量缩减其生产成本。并且贴息贷款给方有隆公司，促使其增大规模，茁壮发展。

方有隆公司只是泰国科技研究所扶持众多企业中的一个，每年泰国科技研究院都会帮助260多家企业解决超过1400个项目的研究。可以说，泰国这些年的经济腾飞离不开泰国科技研究所对中小企业的大力扶持。现阶段，泰国科技研究所的重心还在中小企业上，但政策正在经历着将重点扶持对象从中小企业向创业型企业的转变。在这种转变中，资源、人才、技术的高端链接非常重要，研究所目前致力于积极推动跨国技术转移，同时开展创业资源对接。农业和绿色生态是泰国较强的产业，科技研究所未来会进一步强调这些优势产业的国际技术转移。

第五节 推进公共性技术服务平台在华合作的相关政策建议

首先，以国家、区域、城市间科技合作协议推动公共性技术服务平台合作项目落地。我国目前已在多级政府层面与德国、瑞士、丹麦等发达工业国家达成科技合作协议，努力在此框架协议下推介国外重要公共性技术服务平台与国内机构、企业对接。先行经验如德国的弗劳恩霍夫协会目前已经在北京设立代表处，研究所参与实施的研发项目已经成为中德两国科技合作的重要组成部分。另外，在区域和城市层面引进国际知名工业技术研究机构，既能够为地方企业提供卓越的技术服务，还能够带动一批国内的研究机构发展，这将成为今后地方政府"招商引智"工作的重点。具体合作项目落地方式可以在工业集聚区、新型创业园区、产业大厦等周边引进国外公共性技术服务平台的分支机构、实验室、办事处等开展技术服务项目。

其次，尝试面向全球知名公共性技术服务平台的重大技术服务项目进行招投标模式。不少国外工业技术研究机构近年来都把目光放在中国市场上，但由于对中国政府项目以及企业技术需求缺乏了解，导致实质性技术项目难以达成。而目前已达成的部分科技合作项目往往都是地方政府花费巨资引进和促成的，且项目效果往往未能达到预期目标。通过采用科学、公平、开放的国际招投标方式，在全球化媒体平台上发布国内政府部门、研究机构以及大型企业的技术项目需求和技术指标参数进行公开招投标，或者面向特殊技术领域的知名公共性技术服务平台进行邀请招标等方式，这样有助于国外潜在工业技术研究机构掌握中国需求，提升项目投标意愿和技术服务质量。

再次，建立公益性技术信息平台为国内大量中小企业提供具体技术解决方案。与政府项目以及大型企业的技术需求不同，中小企业更多情况下需要的是"技术援助"。这类项目总量大、单个体量小、技术需求具体，招标方式显然效率不足，但基于点对点的技术咨询形式更具操作性。所以需要以政府牵头建立公益性的技术信息平台，直接向国外知名公共性技术服务平台推送技术项目需求，同时也在平台上发布国外最新的待转移技术项目。平台类型可以结合线上的信息发布平台以及线下的工业技术展览会等，合作方式可以包括技术专利授权、先进技术转让、短期技术合作等，既能够及时协助众多中小企业解决生产技术难题，避免专利使用困境，同时也将推动公共性技术服务平台技术成果向国内制造企业转移。

最后，发动高等院校和专业研究机构参与建立工业技术研究人才的培养机制。人才培养是真正能够推动国内工业技术研究能力的真实动力。通过政府层面的协助，积极鼓励具有研究基础的高等院校以及行业性研究机构"走出去"，建立起良性的专门人才培养机制。初始阶段可以通过调查访问、邀请讲座等形式建立起固定的学术性交流机制，进而尝试技术人才委托式培训、国外技术专家工作站、项目式学习等深度培养形式。

第五篇 中小企业技术源开发的企业能力培育问题研究

本篇的核心观点认为，内部要素禀赋以及创新能力培育对中小企业技术源开发起决定性的作用。本篇将解析中小企业的能力基础，主要分为五大部分内容：(1) 技术管理能力对中小企业技术创新活动的影响；(2) 中小企业技术创新能力的要素维度评价；(3) 中小企业技术采购战略的多要素期望；(4) 中小企业技术研发投入的决定性要素；(5) 中小企业技术管理人员聘用的决定性要素。

第十四章 科技型中小企业技术管理能力的动态演进

在激烈的市场竞争过程中，科技型中小企业（TBSMEs）相比大型企业具备市场嗅觉敏锐、组织柔性显著和技术创业能力强等独特优势。据2012年首届中小市值企业投资论坛报告，约有75%的颠覆性创新产品最初都是由科技型中小企业设计研发成功的。挖掘科技型中小企业的创新基因并提升科技型中小企业新技术、新产品的开发绩效，已上升到关系产业未来技术基础的战略性高度。

科技型中小企业最本质的特征是"技术制胜"，而技术管理能力则是有效推动其技术创新工作实现突破性进展的源动力。[1] 然而，由于科技型中小企业受制于研发资源等短板，其技术创新活动需要通过搜寻与连接外部技术信息来整合创新网络中的资源。而在有效获取和吸收技术知识后，科技型中小企业急需通过二次创新等模式实现关键步骤技术知识的内化过程，最终实现核心技术要件的研发以及创新产品的研制。所以，技术管理能力在科技型中小企业的技术创新过程中就显得极其重要，其贯穿于企业从信息探索到最终产品研发成功的整个技术创新活动过程。

技术管理活动对于企业创新绩效的正向推动作用已得到普遍认同，最新研究更加关注其动态过程。[2] 传统企业资源论认为企业技术管理绩效取决于企业内外部创新资源的丰裕程度。随着创新资源异质性研究以及技术管理概念的兴起，相关研究开始更多从企业能力观的视角对技术能力这一概念进行刻画，认为企业创新资源的存量与创新绩效之间会受到技术能力的影响，其中对技术知识的获取和整合能力尤为重要。在现代信息技术高速发展的背景下，封闭式技术管理逐步被开放式技术管理模式所取

---

[1] Lichtenthaler U.,"Technology Exploitation in the Context of Open Innovation：Finding the Right 'Job' for Your Technology", *Technovation*, No.7,2010.

[2] 程聪、谢洪明、杨英楠、曹烈冰、程宣梅：《理性还是情感：动态竞争中企业"攻击—回应"竞争行为的身份域效应》，《管理世界》2015年第8期。

代，交互式的技术研发网络成为主流。企业创新网络理论提出创新技术的产生是网络上各结点成员有效协同的结果，创新网络的结构完整性和关联程度将推动企业创新活动的有效展开。

第一节 基础理论整理及研究框架设计

本章关注科技型中小企业技术管理的全流程，整合了技术管理的资源观、能力观、网络合作观等核心理论观点，提出科技型中小企业的有效技术创新活动是一个系统性的开发过程，其中包含搜索技术资源、获取有效技术知识，以及内部技术整合等流程。科技型中小企业在进行技术创新活动的各阶段需要侧重不同属性特征的技术管理能力，[1] 本章从技术识别能力、技术迁移能力和技术加工能力三个维度出发，研究技术管理能力的结构性特征、动态演化过程及其对技术创新绩效的影响。

一、技术识别能力

技术资源搜索阶段处于科技型中小企业整个技术开发的前端位置，主要工作是识别技术项目的开发前景。科技型中小企业技术创新的深度很大程度上取决于初期对前端信息的处理，[2] 技术识别工作就是对技术知识的属性进行理解和认知。传统理论认为引进技术的先进程度会有利于技术创新绩效提升，因此，过去国家政策导向以及企业技术战略都倾向于采用国际先进技术。有部分学者坚持中小企业应更多考虑引进成熟技术，以此抵抗先进技术所带来的技术高风险性，因为引进成熟度高的技术将大幅降低科技型中小企业后期技术改造投入。[3] 当然，技术创新实践工作显示先进技术的可获得性以及引进后整合程度会出现不理想状态，而成熟技术战略则容易导致企业错失技术革新带来的快速成长通道。最新的理论研究开始关注外部技术与内部技术水平

---

[1] 吴伟伟、梁大鹏、于渤：《不确定性条件下企业技术管理运作的过程模式研究》，《科学学与科学技术管理》2009 年第 10 期。

[2] Christensen C. M., Bower J. L., "Customer Power, Strategic Investment, and the Failure of Leading Firms", *Strategic Management Journal*, No.3,1996.

[3] Lieberman M. B., Asaba S., "Why do Firms Imitate each other?", *Academy of Management Review*, No.2,2006.

的契合度问题,① 外部技术与企业本身技术存量之间的"匹配性"越高,将更有利于企业对引进技术的利用和转化效率。

此外有研究还考虑了行业性质、技术复杂程度、技术搜索范围等因素的影响。如加工制造等行业对技术总体要求较低,而新兴技术行业则对技术先进程度、技术操作复杂程度有明显的高要求。为获取这些成熟度高的行业领先技术,企业需要扩大技术搜索宽度和广度,② 其中,搜索宽度是指公司创新活动所依赖的外部创新资源或知识搜索渠道的数量;搜索广度是指不同外部知识源和知识搜索渠道的利用程度。企业还应综合评估获取的外部技术是否符合企业技术战略,③ 同时保证所识别技术在后期技术加工和消化吸收环节中的效率。

本章提出科技型中小企业的技术管理能力在资源搜索阶段主要体现为技术识别能力,具体可通过识别技术的先进性、复杂程度、成熟度、显性程度等要素衡量。

二、技术迁移能力

创新网络理论认为外部技术资源搜索完成后,科技型中小企业主要关注如何实现将外部技术知识转移到组织内部的过程。技术迁移能力直接决定科技型中小企业获取外部技术知识的效率,其中包括技术不确定性、研发成本、研发风险等多方面因素。通常认为外部技术知识的获取渠道越广泛,企业的技术获取成功率越高,所以科技型中小企业更倾向于获得开放性较高的技术。④ 另外,标准化程度较高的技术知识具备更强的操作性规范、系统性较强等特点,将更有助于科技型中小企业吸收掌握外部技术的核心知识。也有部分学者从技术知识的可得性角度出发,技术专利保护程度会成为技术引进企业获取技术知识的障碍,因此选择专利保护薄弱的外部技术成为科技型中小企业考虑的重要因素之一,⑤ 这不仅可以避免专利纠纷,同时也可有效降低技术

---

① Ahuja G., Katila R.,"Technological Acquisitions and the Innovation Performance of Acquiring Firms: A Longitudinal Study", *Strategic Management Journal*, No.3,2001.
② Rosenkopf L.,Nerkar A.,"Beyond Local Search: Boundary-Spanning, Exploration, and Impact in the Optical Disk Industry", *Strategic Management Journal*, No.4,2001.Katila R.,"New Product Search over Time: Past Ideas in Their Prime?", *Academy of Management Journal*, No.5,2002.
③ 洪进、洪嵩、赵定涛:《技术政策,技术战略与创新绩效研究——以中国航空航天器制造业为例》,《科学学研究》2015年第2期。
④ West J.,Vanhaverbeke W.,Chesbrough H.,"Open Innovation: A Research Agenda", *Research Policy*, No.11,2005.
⑤ 曹勇、赵莉:《专利获取,专利保护,专利商业化与技术创新绩效的作用机制研究》,《科研管理》2013年第8期。

知识的获取成本。当然一些竞争性较强的技术知识包含更多隐性知识，具有高度个人化和组织依赖性的特征，所以在技术知识转移过程中，大量以技术人才作为载体的技术知识转移可以减少企业对外部技术的适应周期，提高引进技术的利用效率。

本章提出科技型中小企业的技术管理能力在资源匹配阶段主要体现为技术迁移能力，具体可通过技术的开放性程度、标准化程度、专利保护强度以及技术人才引进等要素来衡量。

三、技术加工能力

科技型中小企业有效获取技术信息和知识后，将进一步整合技术资源，最终实现技术突破。科技型中小企业对引进技术的核心知识的掌握和理解是企业运用该项技术开发突破性创新产品的基础，技术的消化吸收程度决定了企业对该项技术的提升程度。科技型中小企业的突破性技术创新是实现将技术认知从"结构型理解"转变为"功能型理解"，对外部技术中的隐形知识编码化，形成能清晰表达的正式规范的显性知识，[1] 这个过程也是企业对引进技术的消化过程。在引进模仿和消化吸收这两个步骤完成后，企业才能开展技术深度加工工作。

也有学者提出技术集成程度对高动荡性竞争环境下的产品创新起到关键作用。[2] 基于知识创造的集成创新理论是将技术加工过程视为实现知识和技术的综合化组合，其中组织集成和战略集成是企业提升技术集成能力的关键点。[3] 另外，科技型中小企业的突破性技术创新活动还包括对技术知识的重构过程、知识演进和技术能力提升的质变结果等环节，这些导致的结果是结构性的创新系统演进。技术重构是一种创造型的融合过程，企业所获取的外部技术知识有序嵌入企业原有的知识基上，通过注入"创新因子"形成新的核心技术，突破性创新往往由此产生。核心技术通过一系列的试验所积累的有关核心部件和系统的经验性知识，最终形成企业自有的核心专利技术。[4]

本章提出科技型中小企业的技术管理能力在资源整合阶段主要体现为技术加工能力，具体可通过技术消化程度、技术吸收程度、技术集成效果、技术重构效果和技术

---

[1] 李柏洲、周森：《企业外部知识获取方式与转包绩效关系的研究——以航空装备制造企业为例》，《科学学研究》2012年第10期。

[2] Hardaker G., Ahmed P. K., Graham G., "An Integrated Response towards the Pursuit of Fast Time to Market of NPD in European Manufacturing Organizations", *European Business Review*, No.3, 1998.

[3] 余浩、陈劲：《基于知识创造的技术集成研究》，《科学学与科学技术管理》2004年第8期。

[4] 刘小鲁：《知识产权保护，自主研发比重与后发国家的技术进步》，《管理世界》2011年第10期。

自有程度等要素衡量。

四、理论框架

本章从动态资源观的视角对科技型中小企业的技术开发过程进行阶段性划分，厘清技术管理能力的结构性内涵及其动态演化过程，提出科技型中小企业技术创新过程中技术管理能力的阶段性特征以及布局问题，并基于以上理论基础提出技术管理能力的阶段性评价模型，具体如图 14—1 所示。

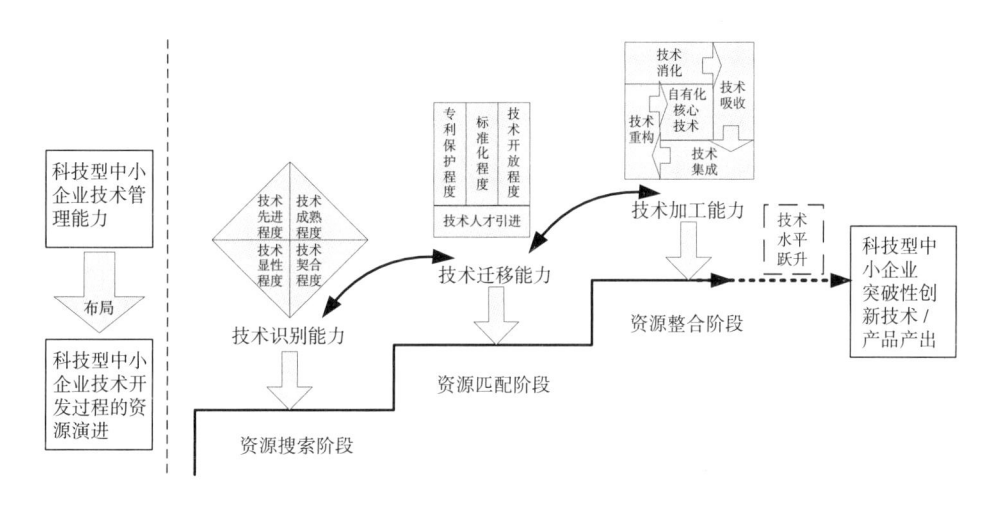

图 14—1 科技型中小企业技术管理能力理论评价的框架模型

第二节 科技型中小企业技术管理能力的关键要素识别

一、问卷设计及预测试

为验证科技型中小企业技术管理能力的理论研究框架，首先，采用问卷调查的方法搜集数据，经过信度分析检验之后开展因子分析，探究科技型中小企业的技术管理能力的影响因素是否由技术识别能力、技术迁移能力和技术加工能力三因素构成；其次，在确定三因素模型之后，进一步检验了三因素模型的合理性；最后，研究技术管理能力对科技型中小企业突破性创新的影响效应。

本章的问卷题项设计主要参照蒂斯[①]和格勒斯（Veugelers）[②]的研究成果，初步形成 12 项问题项。然后，在 2013 年 11 月第 15 届西湖中小企业研讨会上征询了多名中小企业研究领域的知名专家的意见，最终确定了 13 个测量题项，其中有关技术识别能力判别的有 4 个测量题项，有关技术迁移能力判别的有 4 个测量题项，有关技术加工能力判别的有 5 个测量题项。本调查问卷采用 Likert 七点量表对题项进行测量，问卷要求被调查企业回答对该问题的认同程度，1—7 分别代表认同程度从"非常低"到"非常高"，所有条目均采取正向记分。

二、数据来源及问卷回收

由于本章的研究对象为科技型中小企业，所以问卷调研对象设定在本区域内的中小型高新技术企业。为此，课题组通过浙江省科技厅及浙江省高新技术企业协会的双重渠道，选择截至 2013 年 10 月注册登记该协会会员资格的 1172 家浙江省籍高新技术企业进入目标企业库。通过限制企业规模（删除年生产产值超过 3 亿元人民币的大型企业），剩余 958 家待调查企业。为了测试问卷设计题项的合理性和有效性，课题组在待调查企业中随机选取 100 家，于 2013 年 10 月初通过电子邮件的方式开展第一轮问卷预调查，截至 2013 年 12 月上旬共回收 42 份问卷，回收比例为 42.0%，相关测试结果通过信度检验。

课题组于 2013 年 12 月中旬开始通过邮寄纸质问卷的方式向剩余 858 家企业寄送了第二轮问卷调查，截至 2014 年 2 月下旬回收 165 份问卷，回收比例为 19.2%，总体回收比例为 21.6%。课题组分析认为，除去挂号信遗失、公司办公地址变更等客观因素造成大约 15%—20% 的无效应答外，造成此次调查问卷回收率过低的主要原因是寄送问卷时间与公司年终事务重叠以及春节假期耽搁等有关。所以，课题组在 2014 年 3 月上旬通过电话联系和电子邮件追访的方式向未反馈的企业进行了第三轮问卷调查，截至 2014 年 3 月底又回收 112 份问卷，累计回收问卷 320 份，回收比例达到了 33.4%。经过剔除部分回答不规范、内容缺失、答题项无效等问卷 21 份，最后整理得到共计 298 份有效问卷，最终回收比例为 31.1%。样本基本属性特征如表 14—1 所示。

[①] Teece D. J., Pisano G., Shuen A.,*Dynamic Capabilities and Strategic Management*, Dynamic Capabilities and Strategic Management: Oxford University Press, 2009, pp.509-533.

[②] Veugelers R., "Internal R&D Expenditures and External Technology Sourcing", *Research Policy*, No.3,1997.

表14—1 样本属性统计学特征

属性	频数	有效百分比（%）	属性	频数	有效百分比（%）
所在地区	298	100	企业寿命	298	100
发达地市（杭州、宁波、温州、绍兴）	152	51.01	1—15年	122	40.94
次发达地市（金华、嘉兴、湖州、台州）	133	44.63	16—30年	147	49.33
不发达地市（舟山、衢州、丽水）	13	4.36	31年以上	29	9.73
所属行业	298	100	研发人员占比	298	100
传统制造行业	96	32.21	0—10%	72	24.16
纺织业	18	6.04	10%—20%	165	55.37
食品加工包装	3	1.01	20%以上	61	20.47
橡胶制品、建材	10	3.36	企业产权性质	298	100
化工、燃料、金属冶炼	12	4.03	国有及国有控股	21	7.05
机械制造	53	17.79	"三资"企业	33	11.07
新兴技术行业	202	67.79	民营中小企业	185	62.08
光电通信、电子信息技术	30	10.07	其他类型	59	19.80
生物环境制药等技术行业	38	12.75	研发部门级别	298	100
高端设备、零部件制造	82	27.52	国家级企业研发机构	17	5.70
有机化纤、有色金属冶炼	22	7.38	省级企业研发机构	199	66.78
新能源、新技术	18	6.04	地市级企业研发机构	43	14.43
软件开发	9	3.02	未申请认定	20	6.71
勘察、文化、物流等行业	3	1.01	无研发机构	19	6.38

三、研究结果

（一）信效度分析

研究采用克朗巴哈（Cronbach's α）系数对问卷的信度进行检验，克朗巴哈系数越大，说明被检验的因子信度越高，问卷内部一致性越强。本次检验的问卷总体克朗巴哈系数为0.778，各维度的克朗巴哈系数分别为0.833、0.791、0.805，均大于0.70，说明问卷信度水平较高。研究结果显示，所获得样本的KMO检验值为0.808，巴特利特球形检验数值为1549.606，显著性指标为0.000，因此拒绝"样本数据相关系数阵为单位阵"的原假设，说明样本数据适合开展因子分析研究。

（二）探索性因子分析

探索性因子分析结果如表14—2所示，从表中数据可以看到，科技型中小企业中技术能力的影响要素主要由技术识别能力、技术迁移能力以及技术加工能力三个因子组成。三个因子方差变异的解释率分别达到 20.726%、19.548% 和 22.128%，指标分别反映了科技型中小企业在对技术属性的识别能力、在转移获取技术方面的能力以及对技术内化和加工方面的能力。三个因子的累计解释方差率达到 62.402%，可以认为较好地支持了关于科技型中小企业的技术管理能力的来源及构成的理论分析结果。

表14—2 科技型中小企业技术能力的三因子结构（N=298）

问卷题项	技术识别	技术迁移	技术加工
Q1 贵企业引进/开发技术时能够识别其先进程度	0.855	−0.072	−0.017
Q2 贵企业引进/开发技术时能够识别其复杂程度	0.888	−0.015	−0.043
Q3 贵企业引进/开发技术时能够识别其成熟程度	0.817	−0.020	0.041
Q4 贵企业引进/开发技术时能够识别其显性程度	0.700	0.090	0.017
Q5 贵企业引进/开发技术时关注其专利保护强度	0.016	0.832	0.032
Q6 贵企业引进/开发技术时关注其标准化程度	0.052	0.678	0.209
Q7 贵企业引进/开发技术时关注其技术人才引进	−0.022	0.769	0.281
Q8 贵企业引进/开发技术时关注其开放性程度	−0.065	0.698	0.385
Q9 贵企业引进/开发技术时关注其消化程度	0.018	0.206	0.758
Q10 贵企业引进/开发技术时关注其吸收程度	−0.084	0.344	0.673
Q11 贵企业引进/开发技术时关注其集成程度	0.007	0.326	0.712
Q12 贵企业引进/开发技术时关注其重构效果	0.027	0.002	0.696
Q13 贵企业引进/开发技术时关注其自主程度	0.019	0.171	0.763
特征根值	2.694	2.541	2.877
解释变异百分比（%）	20.726	19.548	22.128
克朗巴哈系数	0.833	0.791	0.805

注：提取方法：主成分分析法；旋转法：具有 Kaiser 标准化的正交旋转法，旋转在4次迭代后收敛。

（三）验证性因子分析

为了进一步检验本章所提出的三个因子"技术识别能力""技术迁移能力""技术加工能力"之间的区分效度以及各个量表的相应测量参数，本章采用 AMOS17.0 进行验证性因子分析，同时比较科技型中小企业技术能力理论评价的三因子模型、二因子模型以及单因子模型间的拟合效度，数据结果见表14—3。

表 14—3　研究假设拟合指标（N=298）

模型	卡方值	df 值	卡方值／df 值	RMSEA	CFI	GFI	TLI	IFI
单因子模型	789.296	65	12.143	0.194	0.517	0.693	0.420	0.521
二因子模型 a	610.632	64	9.541	0.170	0.635	0.717	0.556	0.639
二因子模型 b	663.891	64	10.373	0.178	0.600	0.735	0.512	0.604
二因子模型 c	273.940	64	4.280	0.105	0.860	0.862	0.829	0.861
三因子模型	147.490	62	2.379	0.068	0.943	0.930	0.928	0.944

注：a 代表技术识别和技术迁移合并为一个因子；b 代表技术识别和技术加工合并为一个因子；c 代表技术迁移和技术加工合并为一个因子。

验证性因子分析结果表明（如图 14—2 所示），单因子模型的卡方值／df 值大于临界值 3，RMSEA 大于临界值 0.08，而 CFI、GFI 和 TLI 均小于 0.90，各项数据指标都表明单因子模型不能被接受。在随机抽取掉一个因子的三种可能情况下，二因子模型的 CFI、GFI 和 TLI 小于 0.90，说明拟合效果仍不理想。相比较而言，三因子模型的以上各项检验值都处于理想区间，所以三因子模型可被视为解释科技型中小企业技术管理能力较为理想的理论评价模型。

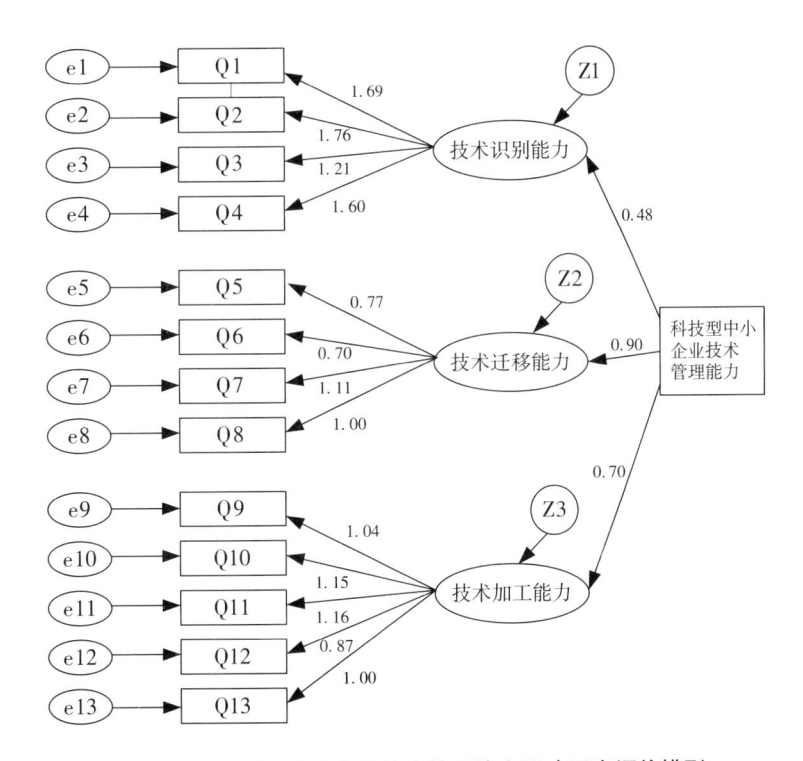

图 14—2　科技型中小企业技术管理能力影响因素评价模型

注：本章采用极大似然法对三因子模型进行参数估计，图中参数为标准化后结果。

第三节 技术管理能力对科技型中小企业突破性创新的影响效应

一、模型与变量设计

科技型中小企业的创新活动相比普通企业群体而言,突破性技术和产品的发生概率更高,所以,突破性创新指标对于评价科技型中小企业技术创新的效果更具代表意义。采用客观数据对科技型中小企业突破性创新进行测度较为困难,一是由于突破性创新发生的数量基很小;二是由于突破性创新的评价工作往往存在时间滞后期,[①] 因此通常采用问卷主观衡量的方法来描述企业突破性创新的绩效问题。借鉴周(Zhou)[②] 等研究的测度维度,可以将突破性创新与渐进式创新进行对照式判断。其中渐进式创新主要发生在流程创新、工艺创新、产品改良等方面,而突破性创新的发生载体是新产品、新业务、新商业模式的开发,所以,可以认为突破性创新是渐进式创新从量变到质变的结果。[③] 本章根据以上方法对科技型中小企业的突破性创新程度进行衡量,并采用0/1法进行测度,若受访企业近三年实现突破性新产品研制、或者开拓突破性新业务、或者构建了全新商业模式,则认为该企业有效实现了突破性创新工作,Y取值为1;反之,则Y取值为0。Logistic回归模型是目前处理因变量为二分变量的主流方法。建立相应的效应分析模型,具体表达式如下:

$$Logit(Y)=\alpha+\beta_1 TR+\beta_2 TT+\beta_3 TE+\beta_4 YEA+\beta_5 IND+\beta_6 LOC+\varepsilon$$

其中,$Logit(Y)$ 是被解释变量,表征突破性技术创新发生的概率值,三个解释变量分别为技术识别能力(TR)、技术迁移能力(TT)和技术加工能力(TE),由各题项得分计算算术平均值获得。企业创立年份 YEA、企业所属行业 IND、企业所处地域 LOC 等为控制变量。其中 YEA 表示企业创立到2013年的年数;IND 表示企业所属行业的属性,取值为1或2,分别代表属于传统加工制造类产业或新兴技术类产业;LOC 代表企业所处地域环境,取值为1、2、3,分别代表省内经济发达地市、次发达地市

[①] 付玉秀、张洪石:《突破性创新:概念界定与比较》,《数量经济技术经济研究》2004年第3期。

[②] Zhou K. Z.,Yim C. K.,Tse D. K., "The Effects of Strategic Orientations on Technology and Market-Based Breakthrough Innovations", *Journal of Marketing*, No.2,2005.

[③] 范钧、郭立强、聂津君:《网络能力、组织隐性知识获取与突破性创新绩效》,《科研管理》2014年第1期。

和不发达地市。

二、数据结果

选用二项 Logistic 回归模型，通过 SPSS17.0 软件对模型进行估计，模型卡方检验（Chisquare）值达到了 39.630，HL 的统计值为 8.693，可以认为观测数据和预测数据之间没有显著差异的零假设。此外，模型的似然比检验值-2LL 为 280.468，说明模型的总体拟合效果较好。模型预测的正确率达 79.9%，相对于模型中只有常数项而无自变量时的预测正确率有了一定的改进。

表 14—4 Logistic 模型回归结果

	系数	标准误差	Wald 统计值	显著性水平	幂指 Exp（B）
常量	−5.113	1.512	11.430	0.001	0.006
技术识别（TR）	0.458	0.197	5.418	0.020	1.582
技术迁移（TT）	0.416	0.200	4.328	0.037	1.516
技术加工（TE）	0.435	0.140	9.704	0.002	1.545
地区（LOC）			0.653	0.021	
地区（1）	−0.166	0.851	0.038	0.845	0.847
地区（2）	−0.390	0.849	0.211	0.646	0.677
年份（YEA）	−0.014	0.013	1.232	0.667	0.986
行业（1）（IND）	0.541	0.304	3.158	0.076	1.718

根据表 14—4 显示的估计结果，科技型中小企业技术管理能力对突破性创新绩效的影响效应归纳如下。

技术加工能力（TE）在 1% 的水平上显著，是影响科技型中小企业突破性创新绩效的关键因素。技术迁移能力（TT）、技术识别能力（TR）、企业所处地区（LOC）在 5% 的水平上显著，企业所处行业属性（IND）在 10% 水平上显著，也在一定程度上影响了科技型中小企业突破性创新的绩效。只有企业生存年限（YEA）变量在统计意义上不显著。

在 logistic 回归分析中，一般按照 Wald 统计值的大小对自变量及有关控制变量在回归方程中的重要性进行衡量，Wald 统计值越大表示其重要性越高。由表 14—4 可知，科技型中小企业突破性创新影响因素 logistic 回归方程中各自变量 Wald 统计量大小比较情况为：*TE>TR>TT>IND>YEA>LOC*，可以认为对科技型中小企业突破性创新产生影响程度从大到小分别为：技术加工能力、技术识别能力、技术迁移能力、企业所处行业属性、企业生存年限和企业所处地区。

第四节 理论成果及对提升我国中小企业技术管理能力的建议

本章运用因子分析及 Logistic 回归分析等研究方法主要验证了理论探索中关于科技型中小企业技术管理能力阶段性布局及其效应问题，主要得到以下一些结论：

第一，对于科技型中小企业技术管理能力的理论评价工作可以分解到企业创新资源动态演化的三个阶段，分别体现为技术识别能力、技术迁移能力以及技术加工能力：(1) 技术识别能力主要在资源搜索阶段发挥作用，主要识别了技术资源的先进程度、成熟程度、契合程度以及显性程度；(2) 技术迁移能力主要在资源匹配阶段发挥作用，主要考察技术知识的专利保护程度、标准化程度、开放性程度以及技术人员引进程度等；(3) 技术加工能力主要在资源整合阶段发挥作用，主要涉及技术的消化、吸收、集成、重构等流程，以及最终的自主性核心技术程度。

第二，技术识别能力、技术迁移能力和技术加工能力对科技型中小企业的突破性技术创新效率具有正向促进作用，其中技术加工能力的作用强度最大，技术识别能力次之，技术迁移能力相对较弱：(1) 科技型中小企业对外部技术知识进行加工改造工作是实现突破性技术或者产品最为重要的影响要素；(2) 科技型中小企业的技术创新工作很大程度上也受制于技术信息资源的搜索工作，实现与外部技术资源的交互协同是提升创新绩效的有效路径；(3) 科技型中小企业对于技术获取工作的重要程度相对较弱，说明传统的重视技术引进、专利购买等技术获取模式对于突破性技术创新绩效的贡献性正在下降。

第三，本章有关控制变量的研究结果显示：(1) 行业属性对科技型中小企业的突破性创新绩效有着显著影响。其中涉足新兴技术产业的企业相较于从事传统制造加工类产业的企业，其通过提升技术管理能力影响新产品产出效率明显更高。(2) 科技型中小企业所处地域环境对其创新绩效有显著影响。位于浙江省杭州、宁波等经济较发达地市的高新技术企业的新产品产出绩效更强，说明企业所在地域的创新外环境为创新活动输送更多有效创新资源。(3) 科技型中小企业的生存年限被证实对其突破性创新绩效的影响不显著。本章认为这与创立时间较长的企业更多处于传统产业有关，而一些创立年限为十余年的企业则掌握着更加前沿的创新理念及生产工艺。

综上所述，本章的研究成果对于科技型中小企业技术管理能力的理论评价模型及其对突破性创新的效应研究具有积极的研究价值：首先，科技型中小企业需要建立开放式创新的理念，关注包括资源搜索→资源匹配→资源整合的动态资源演进过程。其次，对技术知识的整合工作应该是科技型中小企业投入创新资源最密集的环节，特别是在对外部技术知识的消化吸收后，结合企业自身的技术储备开展更加具有生命力的创新技术或产品的研发工作。第三，科技型中小企业应将行业布局和地域选择放在更高的战略位置，选择符合国家政策导向的新兴技术行业，生产经营布点优先考虑创新资源丰富、创新服务完善的地区。最后，本章研究成果也为国家出台更为科学合理的科技型中小企业评价标准以及扶持政策提供了新的理论依据。

第十五章 科技型中小企业创新能力要素评价

第一节 基础理论整理及研究框架设计

在目前市场竞争日益加剧的大背景下,科技型中小企业通过有效的竞争以实现企业成长和提升商业绩效的目标。[①] 创新是企业培育自身竞争力的重要途径,因其在加快新产品研发方面形成了良好模板。特别针对信息和通信技术产品生命周期不断缩短的特点,创新能力对于科技型中小企业在市场竞争中的优胜劣汰就显得尤为重要。涉足新兴技术产业的中小型企业,其中以通信技术行业尤为典型,都被认为是拥有巨大潜力去成为产业创新的推动者。这些公司的创新绩效在以往实证研究中都被清晰解读过。然而,尽管目前已有许多关于创新的调查研究,但对于科技型中小企业如何提高自己的创新能力的理论研究和实证探讨仍然比较匮乏。描绘出评价创新工作的指标,有助于在技术追赶过程中向科技型中小企业提供信息技术产业的全局性创新表现。[②] 同时,创新评价指标也可以帮助企业,尤其是通信技术产业的科技型中小企业,评估他们应该通过何种途径来提升创新能力。此外,创新评价指标还能从战略视角重点提出一些关于创新能力培育的工作内容和主要步骤。

本章旨在努力建立一个理论框架来评估科技型中小企业创新能力的理论指标体系。本章内容涵盖了在 2004 年到 2006 年期间对我国浙江省科技型中小企业以及同期韩国科技型中小企业的调查数据。这个调查引出了有关企业创新的详细信息、创新能

[①] Jarunee Wonglimpiyarat, "Innovation Index and the Innovative Capacity of Nations", *Futures*, No.3, 2010.

[②] Jian Chengguan, Kai Huachen, "Measuring the Innovation Production Process: A Cross-region Empirical Study of China's High-tech Innovations", *Technovation*, No.5, 2010.

力以及大范围的对那些能力作出贡献的内部和外部因素等内容。显然，根据这个调查，不能完全得出有关通信技术行业企业创新能力的具体结论。但是，它可以给关于企业创新的研究带来一些帮助，从而有助于正在进行的创新研究，并在科技型中小企业制定战略、政策要点和实践经验的一些政策有关问题的时候引出一些新的理论探讨。

第二节 科技型中小企业创新能力的衡量方法

一、创新因素的评价指标

科技型中小企业要想在如今急速变化的竞争环境下得以生存，无疑创新能力是一个十分重要的因素，因为创新能力正是企业获得动态竞争优势的关键之处。那么什么是创新能力呢？创新能力是指有效地吸收、掌握和改进现有技术，创造出新的所需的技能和知识的一种能力。[1]

根据国际管理发展学院（IMD）和世界经济论坛（WEF）所做的关于竞争力因素的研究，笔者认为创新能力可以分为以下五种：组织创新能力、工艺创新能力、服务创新能力、产品创新能力以及提供创新能力评价指标的全部信息的营销创新能力。

创新的具体因素包括企业家们通过各种途径获得的物质投入和技术投入。有研究特别指出金融因素是企业成长方面最为严重的绊脚石，[2] 还有一些研究者提出高新技术企业的人力资源问题对其兼有影响。[3] 同时，对特定的本地网络关系的支持这一点也在某些研究中被提及，另外，政府的更广泛的外部支持的重要性也不容忽视，此问题特别是在基金和政策支持的形式方面显得尤为重要。[4]

---

[1] Giancarlo Barbiroli, "Elaborating a Technological Index for the Evaluation of Innovation Quality", *Technovation*, No.1, 1989.

[2] Henny Romijn, Manuel Albaladejo, "Determinants of Innovation Capability in Small Electronics and Software Firms in Southeast England", *Research Policy*, No.7, 2002.

[3] Helmi Ben Rejeb, Laure Morel-Guimarães, Vincent Boly, N'Doli Guillaume Assiélou, "MeasuringInnovation Best Practices: Improvement of an Innovation Index Integrating Threshold and Synergy Effects", *Technovation*, No.12, 2008.

[4] Blackman A. W., Seligman E. J., Sogliero G. C., "An Innovation Index Based on Factor Analysis", *Technological Forecasting and Social Change*, No.3, 1973.

二、科技型中小企业的创新能力评价指标构建

科技型中小企业创新能力的评价指标体系包括识别项目的关键要素，无疑，这一点与业务创新的定义有着密不可分的联系。对信息技术企业的研究在正确认识我国浙江省高新技术企业创新工作的情况时起到了不可磨灭的作用。当然，笔者认为在选择创新能力评价指标的时候应该遵循科学、可行和多靶点原则。

对于科技型中小企业创新评价指标的分析主要得益于那些由讨论组在企业技术创新能力和一些相关研究结果中得到检验的成果，同时把科技型中小企业以往创新工作的成败因素也结合于其中。需要注意的是在选择评价指标时，要尽量趋向于那些相对可比的指标。然后在进行数据采集工作时，既要考虑客观数据也要考虑主观企业评价，尽管其中客观数据占大部分。因为这样避免了原来那种只强调主观分数评价体系可能会导致一些不理智成果指标的研究。根据笔者在此项研究中取得的问卷信息，将采用多层次的架构评估框架去评价科技型中小企业的创新能力的评价指标体系。通过大量的文献检索，最终选取了17项与科技型中小企业创新最密切的指标，见表15—1。

表15—1 科技型中小企业创新能力评价指标体系

序号	指　　数	计算方法
1	R&D 投资	R&D 投入／销售总额
2	新产品投入力度	新产品投入／总销售额
3	新产品的销售份额	新产品销售额／总销售额
4	技术购买强度	技术购买支出／R&D 投入
5	技术知识存储	技术人员的年均增速
6	自有专利	专利数量／技术人员
7	技术市场率	销售人员数／专利数
8	自有 R&D 机构设置率	独立、联合、无（分别记分为 3、2、1）
9	外部 R&D 经费支持	外部 R&D 经费
10	政策支持	政策性资助
11	R&D 人力资源	技术人员
12	劳动生产率	工业增加值／雇员
13	总产出	企业产出
14	利润边际	利润／产出
15	企业根植性	企业在当地开办时间（年）
16	创新战略	低—高（得分：1—5）
17	创新文化	低—高（得分：1—5）

第三节 科技型中小企业创新能力测度模型及评价：中韩对比数据

一、数据收集和分析

为了深入了解科技型中小企业创新特性及其在浙江省的发展情况，本章使用涉及浙江省2005年度1722家高新技术企业的调查数据。通过对企业总样本的筛选，课题组最终选择378家IT企业作为目标样本。以区域划分，目标样本企业主要集中在浙江省的杭州、宁波、金华、温州等地区。以上样本主要涵盖软件工程、计算机硬件与技术、网络通信、电子元器件制造和自动化设备等IT产业领域。一些主要的样本参数示于表15—2中。作为对照组样本，本章研究通过韩国合作学者收集了120个信息技术产业的企业样本。

表15—2　中国IT产业样本企业的特征性描述

样本企业	数量	样本企业	数量
电脑软件	93	自动化设备	25
电脑硬件	37	半导体设备	6
计算机技术	68	电子商务	11
网络通信	53	网络服务	14
电子元器件	29	通信设备	43
总和			378

对创新能力的各种影响因素的评价由不同的尺度来确定，而且指标的单位因数据而不同。因此，笔者认为不能简单地用数据来比较它们，有必要将数据标准化，消除其单元差值，使其具有可比性。数据变换处理包括两个步骤：首先，数据集中的过程；然后，通过标准化偏差进行处理。具体如下：

由公式可知，j列中的数据可以集中表示为以下公式：$z_{ji}=x_{ji}-\bar{x}_j$（$j=1, 2, \cdots, n$；$i = 1, 2, \cdots, m$），其中，x_{ji}表示数据中第i个样本的第j个创新能力指标值。

然后，笔者认为可以得到m个样本的n个统计参数的集中数据表示为以下矩阵形式：

$$Z_{n\times m}=\begin{bmatrix} Z_{11}Z_{12}\cdots\cdots Z_{1m} \\ Z_{21}Z_{22}\cdots\cdots Z_{2m} \\ \cdots\cdots\cdots\cdots \\ Z_{n1}Z_{n2}=\cdots Z_{nm} \end{bmatrix}$$

数据的标准化过程是依据以下计算公式进行:$Z_{ji}^*=Z_{ji}/S_j$,其中 $S_j=\sqrt{\dfrac{\sum_{i=1}^{m}x_{ji}-\overline{x_j}}{m-1}}$。最后,由已知数据得到用于评价指标比较的如下矩阵:

$$Z_{n\times m}^*=\begin{bmatrix} Z_{11}^*Z_{12}^*\cdots Z_{1m}^* \\ Z_{21}^*Z_{22}^*\cdots Z_{2m}^* \\ \cdots\cdots\cdots\cdots \\ Z_{n1}^*Z_{n2}^*\cdots Z_{nm}^* \end{bmatrix}$$

二、分析方法

首先,在采用主成分分析法来估算 17 项创新能力评价指标的重要性序列之前,笔者已经进行了 KMO 和巴特利特球形测试。此方法的目标是将相关回归系数估计的影响趋向最小化。然后,笔者使用统计软件 SPSS10.0 对数据进行了分析。用 KMO 和巴特利特球形模型对 17 项因子分析试验的结果示于表 15—3 中。

表 15—3　KMO 和巴特利特球形检验测试结果

KMO 抽样充足性测试		0.814
巴特利特球形检验值	近似卡方分布	1347.762
	自由度	378
	显著性概率	0.000

表 15—3 显示出 KMO 值为 0.814,表明这组数据是满足主成分分析的基本条件的(KMO>0.7);巴特利特球形检验测试结果具有 0.000 概率统计意义,小于 1%,表明该基质是高相关矩阵。因此,因子分析的理论意义是不存在疑义的。紧接着通过因子分析,得到了 17 项创新能力评价指标旋转后的矩阵,其结果列于表 15—4。

表 15—4　各因素的重要性旋转后的加载矩阵

评价指标	公共因子				
	F1	F2	F3	F4	F5
新产品输入强度 A1	0.841	0.088	0.085	0.074	0.058
R&D 投资 A2	0.796	0.115	0.145	0.178	0.046

续表

评价指标	公共因子				
	F1	F2	F3	F4	F5
R&D 人力资源 A3	0.678	0.057	0.197	0.392	0.194
技术买盘力度 A4	0.634	0.201	0.307	0.267	−0.032
劳动生产率 B1	−0.083	0.868	0.029	0.062	0.162
总输出 B2	0.194	0.753	0.081	−0.095	0.232
利润率 B3	0.175	0.638	−0.050	0.163	0.079
企业根植性 B4	0.195	0.549	0.398	0.159	−0.064
自有 R&D 机构设置率 C1	0.013	−0.029	0.744	0.187	0.077
创新文化 C2	0.213	−0.032	0.697	0.308	−0.015
技术知识存储 C3	0.320	0.233	0.665	−0.138	0.112
创新战略 C4	0.476	0.161	0.529	0.167	0.072
新产品的销售份额 D1	0.070	0.128	0.236	0.779	0.101
技术营销率 D2	0.000	0.104	0.002	0.776	−0.011
专利 D3	0.303	−0.011	0.227	0.576	0.096
外部 R&D 经费支持 E1	0.192	0.094	0.001	0.076	0.803
政策支持 E2	−0.044	0.266	0.132	0.069	0.753
总方差解释	73.645%				
可靠性系数 α	0.878				

观察以上数据结果，可将多因素主要区分为五个公共因子：F1（A1—A4）、F2（B1—B4）、F3（C1—C4）、F4（D1—D3）、F5（E1—E2），它们分别代表创新投入强度、企业经营能力、创新管理能力、创新输出能力、外部支持力度。这五个因素可以在73.6%的程度上共同解释在表15—4中显示的17项创新要素的信息。因此，可以看出因子提取是有效的。并且17项指标组成的系统可靠性系数 α 为0.878(>0.7)，这表明这些指标具有良好的内部一致性。

三、科技型中小企业的创新能力的要素评价结果分析

（一）创新能力评价指标的重要性排名

用所得样本数据的平均值、标准误差、标准差去衡量每个评价指标的重要性程度。首先采用378家中国信息技术企业的数据分析得到有关结果，然后才有韩国信息技术产业企业的样本数据作为对比组分析得到对应结果。两国高新技术企业的对比数据分别列示于表15—5和表15—6。

表 15—5　影响中国科技型中小企业创新评价指标的重要性排名

因子	平均值	标准误差	标准差	排名
新产品的输入强度 A1	3.6531	0.05480	0.85773	1
利润率 B3	3.5959	0.06270	0.98138	2
自有 R&D 机构设置率 C1	3.4653	0.04890	0.76543	3
劳动生产率 B1	3.3918	0.05554	0.86929	4
技术知识存储 C3	3.3714	0.06352	0.99452	5
新产品的销售份额 D1	3.3673	0.05532	0.86588	6
创新文化 C2	3.3265	0.05393	0.84416	7
R&D 人力资源 A3	3.2571	0.04955	0.77565	8
R&D 投入 A2	3.2245	0.06997	1.09517	9
总输出 B2	3.2204	0.05077	0.79470	10
专利 D3	3.2000	0.05351	0.83764	11
技术买盘力度 A4	3.1878	0.06510	1.01901	12
技术营销率 D2	3.0327	0.03960	0.61982	13
创新战略 C4	3.0204	0.05188	0.81205	14
企业根植性 B4	3.0041	0.06832	1.06931	15
政策支持 E2	2.9510	0.06407	1.00289	16
外部 R&D 经费支持 E1	2.9184	0.05613	0.87863	17

表 15—6　影响韩国科技型中小企业创新评价指标的重要性排名

因子	平均值	标准误差	标准差	排名
技术买盘力度 A4	4.1388	0.06327	0.99028	1
劳动生产率 B1	4.1224	0.05114	0.80043	2
R&D 投入 A2	4.1020	0.05905	0.92428	3
利润率 B3	4.0980	0.05750	0.90002	4
总输出 B2	4.0653	0.05562	0.87064	5
技术知识存储 C3	4.0245	0.05665	0.88673	6
自有 R&D 机构设置率 C1	4.0245	0.05454	0.85376	7
R&D 人力资源 A3	4.0041	0.05770	0.90308	8
新产品的输入强度 A1	3.9429	0.06038	0.95213	9
创新战略 C4	3.8082	0.05983	0.93647	10
专利 D3	3.8041	0.05735	0.89762	11
技术营销率 D2	3.8000	0.05859	0.91705	12
创新文化 C2	3.7429	0.05679	0.88891	13
新产品的销售份额 D1	3.6571	0.06610	1.03465	14
外部 R&D 经费支持 E1	3.5306	0.06190	0.96882	15
政策支持 E2	3.4939	0.06353	0.99433	16
企业根植性 B4	3.4245	0.06842	1.07095	17

（二）数据分析结果

根据表 15—5 显示的 328 家中国的科技型中小企业样本数据，分析得知，对中国浙江省科技型中小企业创新能力起决定性的评价指标是：新产品的投入力度、利润率、自持的 R&D 机构设置率和劳动生产率，平均值分别达到 3.6531、3.5959、3.4653 和 3.3918，这表明这些因素给科技型中小企业的创新能力带去最显著的影响。笔者还发现，两项数据的分析结果中都展现出劳动生产率和利润率在科技型中小企业和高新技术企业创新能力方面的重要影响。然而，技术买盘力度、总产量和创新文化的重要性在高新技术企业和科技型中小企业之间显著不同。与前面的理论分析相结合，笔者认为之所以存在这些差异，是由于科技型中小企业具有其自身的独特特点。

相反，根据表 15—6 中接受调查的样本数据分析的结果显示，影响韩国高新技术企业创新能力最主要的评价指标是技术买盘力度、劳动生产率、研发投入和利润率，它们的平均值分别高达 4.1388、4.1224、4.1020 和 4.0980，表明这些因素对分析的结果影响最显著；而影响最小的三个因素分别是平均值为 3.4245、3.4939 和 3.5306 的外部研发资金支持、政策支持和企业根植性，说明这些因素对高新技术企业的创新贡献率极低，甚至可能造成负面影响。

首先，通信技术行业的科技型中小企业具有产品快速周转的特点，以作为最具代表性的产品——电脑的 CPU 为例，其一般会在 12—18 个月之间经历一个产品升级的重大飞跃。因此，科技型中小企业创新能力的强弱在很大程度上取决于公司的新产品开发能力和决定企业成功关键的新产品的市场开拓能力。这两点决定着科技型中小企业新产品的发展强度，进而对其创新能力带来不容小觑的影响，在分析中，笔者还发现，新产品的投资和科技型中小企业创新能力的销售具有较高的正相关性，高的相关系数无疑就使这一点得到证实。

其次，通信技术行业的科技型中小企业的产品需快速、有效地推向市场，而这种需求需从整个过程中的技术支持——产品的性能设计、主要功能、附加功能、产品设计等方面突破，而所有的技术支持需要企业技术部门雄厚的技术基础、灵活的营销能力，以及高度的灵活性等方面的支持。如果公司已成立了自己的研发机构，那么将会大大提高产品的掌握程度和对市场回馈的速度。因此，在科技型中小企业的创新能力评价因素分析中研发机构设置率雄居榜首，这正好与笔者的分析是一致的。

最后，技术买盘和技术转让输入对通信技术行业的科技型中小企业的创新能力并无显著有效作用。科技型中小企业的发展需倚靠有效营销的强力竞争力和产品或服务的异质性。通过高新技术产业和科技型中小企业的分析结果之间显示出的差异，笔者认为可以知道仅仅靠引进简单的设备或技术是很难赢得市场的，更不用说维持企业的创新能力了。此外，科技型中小企业的企业文化也格外亮眼。在笔者之前研究的很多公司中，诸如此类的人性化办公空间的设计、员工和领导之间的沟通渠道以及应对危机的处理方式都非常引人关注，而高新技术企业通常忽略了这一点。这一点与科技型中小企业的职员们也是密切相关的，所以员工更倾向于具有人文关怀管理的企业。

（三）中、韩两国数据对比分析

图 15—1 是中、韩两国通信技术行业科技型中小企业对于创新能力因素打分值在 IPA 网格中的四个区域的映射分布比较。

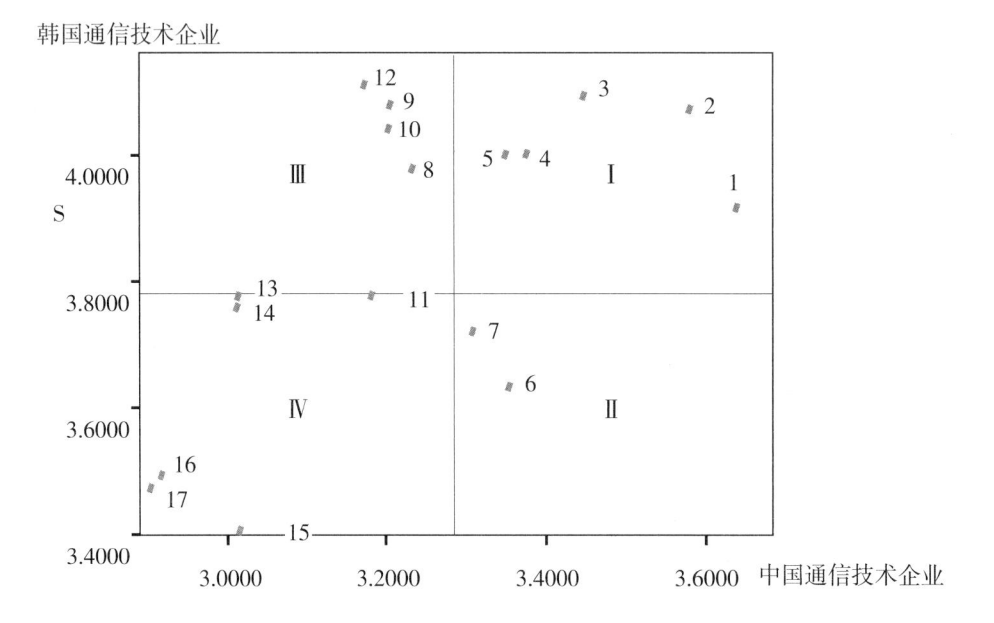

图 15—1 中、韩两国通信技术行业科技型中小企业之间的创新能力指标对比

注：1 代表新产品投入力度；2 代表利润率；3 代表自有研发机构设置率；4 代表劳动生产率；5 代表技术知识存储；6 代表新产品的销售份额；7 代表创新文化；8 代表 R&D 人力资源；9 代表 R&D 投资；10 代表总输出；11 代表专利持有；12 代表技术买盘力度；13 代表技术营销率；14 代表创新战略；15 代表企业嵌入；16 代表政策支持；17 代表外部研发经费支持。

第 I 区域表示的是中、韩两国的科技型中小企业样本都给予积极性评价的指标。在这个区域的五个因素分别是：新产品的投入力度、利润率、自有 R&D 机构设置率、劳动生产率和技术知识存储，这些因素同时给予了通信技术行业内科技型中小企业创新能力不可磨灭的贡献，可以被认为是科技型中小企业创新能力构建的基础性要素，跨国的企业样本数据对此提供了数据支持。因而，这些因素在相关政策制定的时候应被锁定为主要政策目标。

第Ⅱ区域包含对中国科技型中小企业创新能力有较大影响而对韩国科技型中小企业影响甚微的指标，主要包括新产品的销售份额和创新文化这两个评价指标。形成这样分布的原因已在上述分析中有所讨论，正是因为中国科技型中小企业处于更为显著的买方市场环境下，所以对于企业产品的销售投入会明显强于韩国同行企业。此外，中国科技型中小企业中存在大量民营中小企业，在当前发展环境下开始特别注重企业文化的塑造，这也是与众多规范性更强的韩国企业所明显区别的。

相反，第Ⅲ区域涵盖那些对韩国通信技术行业科技型中小企业创新能力有举足轻重的影响而对中国科技型中小企业影响甚微的评价指标。这些因素充分体现了韩国通信技术行业科技型中小企业的发展重点。该区域包含的七个主要因素如下：R&D人力资源、R&D投资、总输出、专利持有、技术买盘力度、技术营销率和创新战略。其中大部分评价指标可以在企业的生产效率的总体评估中涉猎到。当然对于中国的科技型中小企业来说并非以上指标的重要性不强，而是在与韩国企业数据的横向对比中处于弱势地位。从以上指标中可以看出，韩国通信技术行业的科技型中小企业更加关注企业技术研发、技术人员培养以及外部技术购买等方面的工作，这也是中国企业需要进一步加强的方面。

与前面相比，在第Ⅳ区域的企业根植性、政策支持和外部研发经费支持这三个评价指标的重要性对于中韩两国企业来说都相对较低。一般来说，企业嵌入在一般制造企业中显得比较重要，而对于高新技术企业其重要性并不乐观。此外，笔者调查的高新技术企业一般是没有超过10年经营期的，这一点无疑也是造成以上因素表现出微弱影响的原因。再者，由于对该问卷中对这两点数据的理解欠佳，导致对这两个因素在一定程度上有所限制。然而在实际情况下，科技型中小企业中对创新工作影响颇深的申请项目协助、资金和良好的政策援助等现象是十分普遍的。

第四节 理论成果及对培育我国中小企业创新能力的建议

创新无疑是一项庞大的工作，一个行业的创新能力不仅仅取决于创新和资源，更重要的是投资规模、知识创新体系和分配创新资源的能力。因此，产业技术创新政策的设计应该侧重于利用现有资源进行整合，同时通过与各组织之间的协调来提高资源配置，进而增加资源投入。针对本章实证研究结果，接下来讨论一些具体的政策。

首先，政府职能部门的管理观念不能一成不变，需从直接干预的政策策略转向间接干预，从面向扶持少数大型核心企业转向扶持多数企业以扩大政策范围，从功能性政策向完善创新环境政策转变，从为中小企业群体提供供给型导向政策转向提供需求型导向政策。

其次，鉴于以上分析的结果，应该有针对性地提出出台新的政策来促进科技型中小企业的创新意愿，特别是鼓励科技型中小企业建立企业研发机构，因为中、韩对比数据结果显示该因素极大地影响着科技型中小企业的创新能力。但就目前而言，资金和技术人员的缺乏无疑是科技型中小企业在建立企业研发机构方面的最大挑战，因此，需出台相关政策为科技型中小企业提供一些必要的创新资源并创造良好的创新环境就显得尤为重要。

再次，对于科技型中小企业而言，政府应尽量将大学、科研机构的科研资源和科技型中小企业联结起来，因为政府正是能搭起这些组织之间合作关系的最佳桥梁。此外，就印度的软件产业集群的经验而谈，在创新体系发展到一定规模时社会中介组织的合作就会发挥出必不可少的作用，所以有必要积极培育社会中介组织。基于研究机构的基础研究和科技型中小企业的创新工作，这类行业协会得以产生竞争与合作的机制。

最后，鼓励企业形成自己独特的创新文化。根据之前的研究，对于高新技术企业来说，文化建设日趋重要，科技型中小企业在这方面的重要性更是不言而喻。基于产业技术创新体系的发展和完善，先进的创新文化当然是良好的创新机制中不可或缺的一部分。

第十六章　中小企业技术采购战略的多要素期望模型及实证

第一节　基础理论整理及研究框架设计

中小企业的技术源开发活动从企业边界视角来区分主要可以划分为外部获取（包括技术并购、技术采购、技术委托研发、技术合作开发等）和内部获取（自主创新、二次开发等）两大类。当前，以开放、共享为特征的经济态势不断深化，如何有效识别外部技术源并获取有益的技术成为中小企业技术管理的核心问题。技术采购是中小企业从外部获取有益技术的最直接途径，能够起到立竿见影的作用，已有研究主要涉及技术采购的诱导因素和实施过程。[1] 最近一些研究开始关注到，企业所有权特征对中小企业技术采购决策起到显著影响，特别是在关键管理者的自由裁量权塑造了其战略行为。通常认为非经济性目标使得民营中小企业采取更加谨慎的技术投入战略，以避免不确定性所带来的管理风险。当企业考虑对外实施技术采购的战略，这一行为显然能够为组织提升获利能力提供更大机会，但也同时增加了组织管理的变异性，长期以来这都被广泛认为是在企业层面研究战略风险的一个关键维度。中小企业的技术投入期望并不总是与企业的经济目标相一致，两者的共存很可能引起更复杂的战略行为决策。讨论中小企业在何种情况下可能乐观地接受战略风险并增加技术采购是目前中小企业技术管理的一个前沿课题。[2]

---

[1] Chrisman J. J., Patel P. J., "Variations in R&D Investments of Family and Non-Family Firms: Behavioral Agency and Myopic Loss Aversion Perspectives", *Academy of Management Journal*, No.4,2012.

[2] De Massis A., Frattini F., Lichtenthaler U., "Research on Technological Innovation in Family Firms: Present Debates and Future Directions", *Family Business Review*, No.1,2013.

企业行为理论（BTOF）很早就开始关注以上理论问题了。[①] 企业行为理论主要利用组织绩效去对期望和结果进行调整，即当组织绩效低于期望时，组织会倾向于承担风险并开始寻找新的路线、业务以及技术机会。管理者应该对管理目标进行持续关注，且在这一过程中实现组织绩效目标也存在优先次序，这包括组织的经济性管理目标和非经济性管理目标。由费根堡（Fiegenbaum）等人提出的战略参考点理论（SRPT）采取了不同的立场，这也是关于战略风险的非传统解释。[②] 战略参考点理论与企业行为理论具有以下共性认知：当企业绩效低于期望水平，它们更有可能承担战略风险。管理者是基于绩效反馈而不是主动作出决策，且他们会选择个人偏好和文化相似的愿望作为战略参考点，从而来实施战略决策。以上理论模型对单一化的战略参考维度（即经济绩效）也提出重大挑战，提出管理者会同时关注多维度和多变量的参考点，从本质上来说也体现了管理者对内部能力和外部条件的共同关注。尽管多种多样的外部因素很有可能是相关的，但是为了简便，笔者专注于研究对三组外部利益相关者的主要组合的影响，其中包括了竞争者、消费者和供应商。克里斯曼（Chrisman）和帕特尔（Patel）进一步指出企业发展愿景会影响中小企业技术采购决策，当中小企业的经济目标完成度不高时，会更倾向于大幅增加对外的技术采购强度。[③] 中小企业的管理控制点通常是指其发展愿景或者经济目标，但由于企业所有权属性对于中小企业在技术购买决策控制点的变动会展现出巨大的差异性。

技术采购决策如何受到企业属性等关键因素的作用而产生不同的战略取向，这也是目前研究家族管理对战略风险影响的热门维度。技术采购是中小企业开展新工艺或新产品的研发的一项重要工作，但是由于技术和市场的不确定性，增加了技术采购以及企业未来经济绩效的战略风险。已有研究对中小企业技术采购的战略风险行为的讨论表明，[④] 技术采购增加了民营中小企业实现其非经济目标的战略风险，主要基于以下原因：第一，研发投资带来了高风险的破产，[⑤] 破产则带来了企业社会情感财

[①] Cyert R. M., March J. G., *A Behavioral Theory of the Firm, Englewood Cliffs*, NJ: Prentice-Hall Press, 1963.

[②] Fiegenbaum A., Hart S., Schendel D., "Strategic Reference Point Theory", *Strategic Management Journal*, No.3, 1996.

[③] Patel P. C., Chrisman J. J., "Risk Abatement as a Strategy for R&D Investments in Family Firms", *Strategic Management Journal*, No.19, 2013.

[④] Chen H. L., Hsu W. T., "Family Ownership, Board Independence, and R&D Investment", *Family Business Review*, No.4, 2009.

[⑤] Miller K. D., Bromiley P., "Strategic Risk and Corporate Performance: An Analysis of Alternative Risk Measures", *Academy of Management Journal*, No.4, 1990.

富的损失;① 第二,技术采购减少了自由供给的资源数量,因此对民营中小企业管理者的自由裁量权来说构成潜在威胁;第三,通过增加杠杆或寻求外部权益来增加技术采购,会导致将家族控制置于风险之中;② 第四,技术采购要求做好详细的战略规划,这也迫使民营中小企业管理者必须披露其战略信息,同时向外聘技术管理人员分配管理权,随之而来的就是家族管理层在企业决策权方面的削弱。总体来说,技术采购引发了多样化的非经济后果,涵盖了与企业经济目标和非经济目标相关的战略风险,所以,需要对中小企业技术采购战略决策过程开展更深层次的研究。

本章试图对民营中小企业管理机制对技术购买战略风险的影响提供一份完整描绘,对民营中小企业技术购买决策过程中的风险评估行为进行理论解析。基于战略参考点理论的基本论点,笔者结合以往调查中所总结的经验要点设计了理论分析模型。在技术购买战略决策过程中,选择不同的控制维度将对企业战略风险产生不同程度的影响,笔者试图通过纳入多个控制点来拓宽企业行为理论模型。具体而言,本章中提出的概念模型将战略投入、战略输出和外部基准对组织技术购买战略风险的影响都纳入到研究框架中,预测出中小企业技术管理显著降低了战略风险行为。研究结果对中小企业如何平衡战略愿景和战略风险,制定一个对战略风险更为具体的控制点具有一定的理论价值。③

第二节 技术采购的战略风险及其影响因素

尽管企业行为理论及其衍生研究对于中小企业的战略行为贡献巨大,但笔者仍将战略参考点理论作为解析中小企业战略风险的影响机理的最佳理论。这是因为:第一,大量实证数据表明,民营中小企业的战略选择对经济绩效并不敏感,其行为受企业愿景影响更为深刻;④ 第二,已有研究表明中小企业愿景干扰了企业的经济目标,

---

① Gomez-Mejia L. R., Makri M., Larraza-Kintana M., "Diversification Decisions in Family-controlled Firms", *Journal of Management Studies*, No.2,2010.
② Schulze W. S., Lubatkin M. H., Dino R. N., Buchholtz A. K., "Agency Relationships in Family Firms: Theory and Evidence", *Organization Science*, No.2,2001.
③ Miller K. D., Bromiley P., "Strategic Risk and Corporate Performance: An Analysis of Alternative Risk Measures", *Academy of Management Journal*, No.4,1990.
④ Gomez-Mejia L. R., Makri M., Larraza-Kintana M., "Diversification Decisions in Family-controlled Firms", *Journal of Management Studies*, No.2,2010.

引起了更多的异质性战略选择。① 本章将战略参考点理论应用在中小企业技术采购活动的战略风险分析中，结合企业所处的环境要素和组织因素纳入战略参考点进行分析。笔者假设，组织的战略行为受到高层管理者的战略参考点选择的直接影响。基于此，提出以下理论模型（见图16—1），解释了中小企业管理者战略参考点的多维度分布情况，准确描述了中小企业技术采购活动中战略风险的产生过程，同时描述了企业愿景和经济目标一致或矛盾时对中小企业技术采购战略的不同影响。

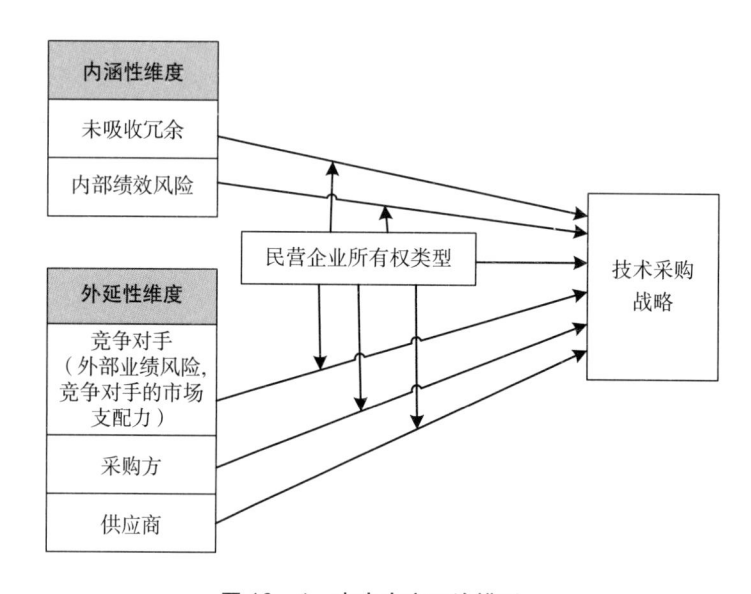

图16—1 本章内容理论模型

一、企业管理属性的影响

影响民营中小企业技术采购战略的一个重要因素是企业所有权，家族影响作为一个利益相关者群体的存在，它有权力和权威在企业经济目标之外设置其他企业发展愿景。② 这些企业愿景主要表现为控制和保护家族积累的社会情感财富的意愿，包括有能力去自由实施企业经营和战略管理、满足归属感以及情感需要、通过企业来培养家庭价值观、维护中小企业的社会资本、通过代际传承来延续家族管理等等。③

---

① Berrone P., Cruz C., Gomez-Mejia L. R., Larraza-Kintana M., "Socioemotional Wealth and Corporate Responses to Institutional Pressures: Do Family-Controlled Firms Pollute Less?", *Administrative Science Quarterly*, No.1,2010.
② Kotlar J., De Massis A., "Goal Setting in Family Firms: Goal Diversity, Social Interactions, and Collective Commitment to Family-centered Goals", *Entrepreneurship Theory and Practice*, No.6,2013.
③ Berrone, P., Cruz, C., Gómez-Mejía, L.R., "Socioemotional Wealth in Family Firms: Theoretical Dimensions, Assessment Approaches and Agenda for Future Research", *Family Business Review*, No.25,2012.

大量的文献资料表明，设置不同层次企业愿景极有可能影响中小企业的战略风险选择偏好。① 其中，中小企业的技术采购活动直接增加了实现非经济性目标的战略风险，因为随着新技术项目的实施以及新的技术管理层进入企业，董事局势必会稀释民营中小企业原有的所有权集中度。因此，在民营企业所有者（管理者）看来，关于增加技术采购的决定是需要通过严格的风险评估的，即使这样的企业决策也还是有可能会损害到企业的长期经济绩效和非经济性愿景。基于战略参考点理论思想，企业高层管理者会基于其不同身份属性和战略风险偏好，作出积极性的战略决策或者被动的代理性质的决策。鉴于民营中小企业管理者必然会将追求以家族为控制权中心作为管理目标，本章提出了民营中小企业技术采购战略的多要素期望假设。

假设1：民营中小企业的所有权属性会减弱积极性技术采购战略的实施。

尽管笔者认为民营中小企业普遍不情愿去承担战略风险，但必须承认这种普遍的趋势会在特殊情境下变弱，有些时候甚至可以表现出风险寻求战略行为，这取决于中小企业非经济性愿景和企业经济目标的相互作用。② 所以，笔者把战略参考点理论模型应用在本章研究内容中，试图解释中小企业多维度愿景和企业内外部因素之间的衔接如何影响中小企业的战略风险承受度。

二、企业内涵型要素的影响

（一）未吸收的冗余资源

冗余资源是企业在培育过程中超额的、自由流动的资源要素，本章研究内容特别关注那些可供管理者自由使用的财务冗余资源。冗余资源的一个重要功能是缓冲环境波动性带来的冲击，允许企业进行拟定战略进行企业运营。有证据表明冗余资源倾向于在企业处于危机或预算削减时期被紧缩。③ 从这个角度看，财务冗余放宽了对组织内部和外部构成的资源限制，引导企业对已有技术能力进行崭新的技术探索及技术开发。④ 所以，

---

① Berrone P., Cruz C., Gomez-Mejia L. R., Larraza-Kintana M., "Socioemotional Wealth and Corporate Responses to Institutional Pressures: Do Family-controlled Firms Pollute Less?", *Administrative Science Quarterly*, No.1, 2010.

② Kellermanns F. W., Eddleston K. A., Sarathy R., Murphy F., "Innovativeness in Family Firms: A Family Influence Perspective", *Small Business Economics*, No.1, 2012.

③ Staw B. M., Sandelands L. E., Dutton J. E., "Threat Rigidity Effects in Organizational Behavior: A Multi-level Analysis", *Administrative Science Quarterly*, No.4, 1981.

④ Hu S., Blettner D., Bettis R. A., "Adaptive Aspirations: Performance Consequences of Risk Preferences at Extremes and Alternative Reference Groups", *Strategic Management Journal*, No.13, 2011.

笔者提出以下假设：

假设 2a：未吸收的冗余资源和积极的技术采购战略呈负相关关系。

民营中小企业倾向于承担更低的战略风险，是因为它会折中解决控制性家族的社会情感禀赋问题，[①] 通过对长期高风险项目的追求，财务冗余有可能减轻实现中小企业愿景与提升竞争优势这两者之间存在的冲突问题。[②] 已有研究表明中小企业更倾向用内部资金做风险项目投资，而且中小企业在管理过量资源时的态度通常是"极度节俭"的。因而，大量财务冗余可以被解释为企业处于一个有意愿承担战略风险的阶段。有研究提供实证研究结果验证了以上假设，该研究表明冗余资源在影响家族所有权和技术研发强度之间关系存在着积极的相互作用。[③] 因此，笔者假设：

假设 2b：未吸收的冗余资源和技术采购战略之间的关系由企业所有权来调节，当冗余资源可利用时，民营中小企业更倾向于采用积极的技术采购战略。

（二）内部绩效风险

企业会在明确绩效指标的基础上设置参考点，这反映了企业的战略期望或者说是企业的经营业绩预期。当面临绩效下降时，管理者一般将会试图改变已有项目的实施现状并尝试追求增加绩效的解决方案。正因为如此，行为理论及其有关实证研究[④]提出，承担更高的战略风险有可能会发生在那些绩效低于期望水平，以及需要提高未来绩效目标的组织。内部参考维度通常对比过去的绩效，管理期望通常和历史绩效比较作为参考线。因此，笔者提出以下假设：

假设 3a：内部绩效风险（历史业绩与目标的负向差异）和积极的技术采购战略之间呈正相关关系。

正如上面所讨论的，在中小企业中，技术采购有可能保持低水平，是因为它们对控制性企业目标来说是一种威胁。当失败的风险增加时，中小企业愿景很可能和企业

[①] Go mez-Mejı a L. R., Haynes K. T., Nu n˜ez-Nickel M., Jacobson K. J. L., Moyano-Fuentes J., "Socio-emotional Wealth and Business Risks in Family-controlled Firms: Evidence from Spanish Olive Oil Mills", *Administrative Science Quarterly*, No.1, 2007.

[②] Cyert R. M., March J. G., *A Behavioral Theory of the Firm, Englewood Cliffs*, NJ: Prentice-Hall Press, 1963, p.221.

[③] Kim H., Lee P. M., "Ownership Structure and the Relationship between Financial Slack and R&D Investments: Evidence from Korean Firms", *Organization Science*, No.3, 2008.

[④] Chen W. R., "Determinants of Firms' Backward-and Forward-looking R&D Search Behavior", *Organization Science*, No.4, 2008.

的经济目标一致,这在绩效下降时变得明显。[1]事实上,民营中小企业的特征是股权高度集中而家族财富通常是不变的(中小企业中的绝大部分投资),这表明如果企业没有存活下来,那么将会失去所有的家族经济目标和控制权。[2]因此,笔者假设:

假设3b:企业所有权使内部绩效风险和技术购买战略之间的关系变得缓和,当绩效下降低于历史绩效目标时,民营中小企业具有更强的战略风险倾向。

三、外延性要素的影响

(一)竞争者的影响

除了战略输入和输出设定企业内部战略维度以外,风险决策还包含核心企业外部的评价参考指标。[3]在战略管理文献中,最主流的观点来自于产业经济学,主要指与企业主要竞争者的绩效进行对比。[4]第一,很多企业的经济目标设定为产业平均数这一指标,[5]企业将通过承担潜在结果中更高的可变性的项目,因此愿意承担更高的战略风险,但这也为恢复企业竞争优势提供了可能性。所以,笔者提出以下研究假设:

假设4a:外部绩效风险(对比相关企业绩效的负差异值)和积极的技术采购战略之间呈正相关。

除了将经济绩效与外部基准进行比较外,企业也会考虑竞争对手的相对力量,这是影响战略行为的因素之一。将目前的竞争格局设置成一个参考点,当企业面临威胁时,企业也许会在直接竞争者的市场势力中以增加投资的形式增加战略风险。类似地,当直接竞争对手的市场势力下降时,企业有可能感觉压力变小,因此保持了低水平的战略风险。总而言之,笔者提出将竞争者的市场势力作为战略风险的参考维度之一,提出研究假设如下:

---

[1] Gomez-Mejia L. R., Makri M., Larraza-Kintana M., "Diversification Decisions in Family-controlled Firms", *Journal of Management Studies*, No.2,2010. Chrisman J. J., Patel P. J., "Variations in R&D Investments of Family and Non-Family Firms: Behavioral Agency and Myopic Loss Aversion Perspectives", Academy of Management Journal, No.4,2012.

[2] Gomez-Mejía L. R., Haynes K. T., Nuñez-Nickel M., Jacobson K. J. L., Moyano-Fuentes J., "Socioemotional Wealth and Business Risks in Family-controlled Firms: Evidence from Spanish Olive Oil Mills", *Administrative Science Quarterly*, No.1,2007.

[3] Fiegenbaum A., Hart S., Schendel D., "Strategic Reference Point Theory", *Strategic Management Journal*, No.3,1996.

[4] Porter M. E., *Competitive Strategy*, New York: Free Press,1980, p.324.

[5] Frecka T. J., Lee C. F., "Generalized Financial Ratio Adjustment Processes and Their Implications", *Journal of Accounting Research*, No.1,1983.

假设 4b：竞争对手的市场势力强度和积极的技术采购战略之间呈正相关。

为了调整企业经济愿景而增加战略风险容忍程度，民营中小企业的管理者通常会将企业业绩的下降（同以往业绩情况比）视为对经济目标和控制权目标的一种危害，并且这种战略风险容忍度会随着目前和过去绩效之间的负差异而增加。具体来说，管理者将绩效下降解释为组织失败的前因，并将其视为对企业控制权的一种威胁。然而，拥有比产业平均数低的绩效并不总是决定了经营的高风险，例如民营中小企业对比竞争对手也能接受更低的经济性回报，只要他们能实现诸如保护社会情感、保持低的战略风险性等目标。因此，中小企业非经济性愿景有可能优先于企业的经济目标。这样民营中小企业对于外部基准的绩效差异的反应应该相对更低。[①] 因此，笔者提出以下研究假设：

假设 4c：当企业绩效下降到低于参考绩效目标时，民营中小企业更倾向实施技术采购战略。

同样，竞争对手市场势力的强度也应该对中小企业的战略风险有着更小的影响。[②] 中小企业在战略风险中的研究已经表明，民营中小企业跟非民营中小企业相比趋于更"内向型"[③]，而且这有可能导致其在战略制定上更加不重视竞争对手的市场势力。[④] 所以笔者提出以下研究假设：

假设 4d：当企业竞争对手的市场势力增长时，民营中小企业更倾向实施技术采购战略。

（二）采购商和供应商的效应

除了竞争者的行为，在制定战略决策中，管理者还需要考虑企业价值链上的其他外部单位的行为。议价能力一般被视为评价企业利益相关者的可替代性的一项重要指标。如果企业从数量有限的关键供应商购买资源的比例大幅上升，或者从很少一部分的关键采购商赚取收入的比例大幅上升，那么这个企业必须遵守来自价值链垂直方的更高要求，对数量和价格的谈判能力变弱。所以，民营中小企业应该把供应商和采购商谈判能力的提高作为降低企业利润能力的一种威胁。管理者会倾向于通过采取战略

[①] 克里斯曼和潘特尔（Chrisman and Patel, 2012）在考虑历史、社会绩效和相同结构的替代措施比较的情况下检验了该假设，所以笔者提出内部和外部绩效差异在民营中小企业中应具有不同解释。

[②] Cruz C., Nordqvist M., "Entrepreneurial Orientation in Family Firms: A Generational Perspective", *Small Business Economics*, No.1, 2012.

[③] Dunn B., "Family Enterprises in the UK: A Special Sector?", *Family Business Review*, No.2, 1996.

[④] Donckels R., Fröhlich E., "Are Family Businesses really Different? European Experiences From STRATOS", *Family Business Review*, No.2, 1991.

行动增加企业的谈判能力,确保企业在未来更独立于外部约束。[①] 以上战略行为通常通过搜索新技术、技术采购等具体活动来达成,当然这一过程中企业所承担的战略风险也势必大幅提升。基于以上原因,笔者提出以下研究假设:

假设 5a：采购商议价能力的上升和技术采购战略之间呈正相关。

假设 6a：供应商议价能力的上升和技术采购战略之间呈正相关。

采购商和供应商的谈判能力之间相关的影响关系也可能体现到民营中小企业的管理决策上。具体来说,当供应商和采购商的谈判能力增强时,不仅仅对核心公司在未来持续保持赢利能力有一定的消极影响,更为重要的是企业从其他渠道获取经营管理所需资源的难度提升了。民营中小企业必须更谨慎地回应采购商和供应商的需求,资源依赖性的增强带来的是对管理层自由决策的限制。管理者一般不愿意依赖处于其控制范围之外的供应商和采购商,因为这直接危害了战略选择,削弱了管理层的控制权。因此,笔者假设:

假设 5b：当采购商的议价能力上升时,民营中小企业更倾向实施技术采购战略。

假设 6b：当供应商的议价能力上升时,民营中小企业更倾向实施技术采购战略。

第三节　中小企业技术采购战略多要素期望模型的实证：西班牙企业数据

一、数据来源

为了检验本章所提出的研究假设,笔者从企业战略研究（ESEE）数据库[②] 中获取了西班牙制造企业的数据作为本次研究的实证样本。该数据库为了描绘出西班牙制造业的发展蓝图,专门调查整理了全国制造业企业的样本数据并建成一个规模庞大的企业数据库。自从 1990 年以来,该数据库每年开展调查,并形成了一个非平衡面板数据。该数据库的主要信息数据涉及企业经营的多方面信息,包括经营活动、产品、市场、供应商、采购商、竞争对手、技术活动以及企业会计资产负债情况等。

由于本次研究主要针对企业战略决策中的技术采购活动,涉及企业的经济目标以及实质性战略风险,所以笔者认为选择制造业企业样本是比较合适的。这是由于制造

---

① Oliver C., "Strategic Responses to Institutional Processes", *Academy of Management Review*, No.1,1991.

② 该企业数据库由基金出版公司（Fundacion Empresa Publica）创建,是受西班牙工业部资助的一家公共性质的机构。

企业的产品更新换代速度较快，技术采购通常被认为是维持可持续竞争优势的一项重要战略决策活动。[1] 本次数据样本存在不平衡特征，在同一时期，限制公司观测的样本会影响样本的随机性，包括企业在面临绩效下降的情况下将存在一个更低的可能性。在剔除缺失的观测数据之后，笔者得到从2000年到2006年期间来自于20种不同制造业门类437家公司的1019个时间序列的横截面观测数据。这437家企业中有30%属于典型的民营中小企业，其高层管理中有一个或更多的控制性家族成员。虽然在所有制造业门类中都观测到技术采购活动，但描述性统计指标显示跨工业领域的差异，其中，"其他运输设备"（占销售收入的3.87%）和"化学药品"（占销售收入的2.18%）等行业中技术购买活动较为活跃，在"皮革和鞋类"（占销售收入的0.02%）和"出版印刷"（占销售收入的0.01%）等行业中技术购买活动较少。企业战略研究数据库中有关企业的附加信息，已经被用于战略管理以及和中小企业技术管理的研究中。[2]

二、变量测度

（一）因变量

技术采购变量具体指一个企业跨时期内在技术采购水平上的变化范围，主要通过在销售额中减去技术采购支出后的比例来表征，笔者在数据库中 t_1 到 t_0 期分别取值技术采购值，其中 t_0 表示期初年份，t_1 表示期末年份。技术采购这一变量随行业的异质变化幅度较大，所以笔者拟通过按行业水平来调整技术采购变化，以控制产业区别所带来的影响。

（二）自变量

1. 民营中小企业管理属性

笔者将民营中小企业定义为一类具有特殊商业愿景的企业。然而，家族愿景和目标的直接测量并不可行，所以以上分析不能直接测试笔者的一些理论论点。已有研究通过假设家族愿景与家族管理者参与程度的高度相关来进行衡量，笔者采取了家族影

---

[1] Astrachan J. H., Shanker M. C., "Family Businesses' Contribution to the US Economy: A Closer Look", *Family Business Review*, No.3, 2003.

[2] Albarran P., Carrasco R., Holl A., "Domestic Transport Infrastructure and Firms' Export Market Participation", *Small Business Economics*, No.4, 2013.

响决策的客观指标,[①] 主要采用了企业样本数据中所报告的企业所有者和高层管理者中的家庭成员的数量,同时也关注高层管理团队的家族地位。以此为基础,笔者建立了中小企业管理属性这一持续变量,该变量计算了高层管理职位上的家族成员的数量,并利用它来检验家族直接管理和战略风险关系的假设1。

2. 未吸收的冗余资源

为了检验假设2a和假设2b(调查了未吸收的冗余资源和战略风险的关系),笔者采取了已有研究中测度未吸收冗余的一种措施。[②] 笔者特别关注未吸收的财务冗余,计算企业冗余资产与销售额的比例(冗余资产包括现金和有价证券),这表征了不受约束且具有高度自由裁量权的冗余资源比例。在民营中小企业的战略风险管理研究中,亦有研究采取了相似的措施。[③] 该变量采用滞后一年期数据。

3. 内部绩效风险

内部绩效风险被定义为当前绩效和内部期望之间的负差异,主要用于检验假设3a和假设3b。根据已有研究结果,笔者定义了这样一个连续变量来测量期望和绩效之间的负差异:当企业绩效和历史绩效之间的负差异变宽时,反映了决策者更有可能察觉到当前绩效(t_1)和期望(t_2)之间的差距。负差异的测量是按百分比的形式来衡量每个企业在t_1到t_2期间销售额的不同,零分意味着目标达到或者超过,而正数表明了负的历史目标差异。例如,0.10表示在t_1年到t_2年间有10%的销售额减少。

4. 竞争对手

假设4a、假设4b、假设4c和假设4d涉及了民营中小企业管理属性及其对竞争对手的战略参考点上绩效差异的回应。笔者发现了两种类型的变量,可以用来解释竞争对手的参考点。一个是外部绩效风险,计算出了核心企业在每个时期的绩效(即销售收入),和其他企业在相关度为两位数的欧盟经济活动统计分类体系(NACE)产业上的平均绩效之间的差分比。这个变量表明了目标企业与整个行业的比较。类似于内部绩效风险,通过定义一个连续的比率变量来测量t_1时期企业绩效,与t_2时期同一行业不同企业绩效之间的负差异。另一个变量是竞争者的市场支配力,用来表示一个目标企业关键竞争者的市场支配力的变化。企业战略研究数据库每年报道每个企业

[①] Cruz C. C., Gomez-Mejia L. R., Becerra M., "Perceptions of Benevolence and the Design of Agency Contracts: CEO-TMT Relationships in Family Firms", *Academy of Management Journal*, No.1,2010.

[②] Bromiley P., "Testing a Causal Model of Corporate Risk Taking and Performance", *Academy of Management Journal*, No.1,1991.

[③] Kim H., Lee P. M., "Ownership Structure and the Relationship between Financial Slack and R&D Investments: Evidence from Korean Firms", *Organization Science*, No.3,2008.

市场中主要四大竞争对手的市场占有率。在这个信息的基础上，笔者计算出在 t_1 时期和 t_2 时期分数之间的比率差异。正值表示核心企业的主要竞争对手已经增加其市场占有率，因此其市场支配力也得到提升。

5. 供应商和采购商

为了检验假设 5a、假设 5b、假设 6a 和假设 6b，笔者需要测量企业采购商和供应商的议价能力。企业战略研究数据库每年报道每个企业从最大三家供应商的购买额的百分比及其最大三家采购商占销售额的百分比。该变量越接近 0，意味着企业具有大量的供应商或销售给大量的顾客；而越接近 100，意味着一个企业的供应商和采购商总体上少于四家。在这一信息的基础上，笔者定义变量来表示供应商的议价能力在 t_1 时期和 t_2 时期的比率差值。正值表示企业供应商的数量正在增加，所以也指出了供应商集中度和议价能力的上升。笔者定义了一个相似的且表示采购商议价能力的变量，计算出主要采购商在 t_1 时期和 t_2 时期的销售额百分比的比率差值。

（三）交乘项

为了调查民营中小企业管理属性和各种战略参考变量之间的相互影响（即假设 2b、假设 3b、假设 4c、假设 4d、假设 5b、假设 6b），笔者需要考虑构建内部和外部参考变量与调节变量之间的交乘项。笔者特别关注了潜在的多重共线性问题，结果显示变量之间的相互关系是适度的（见表 16—1），因而笔者采取将自变量标准化后来计算所有乘数项。

（四）控制变量

笔者认为，参考之前的战略风险和技术采购的有关文献，需要考虑以下几个滞后一年期的控制变量来排除一些未被解释的因素。第一，包括企业规模（即在 t_1 时期的销售对数）和组织年龄（即基础年限），并将两者作为对组织惯性的控制。第二，包括 t_1 时期的资产收益率（ROA）去控制企业整体效率。第三，包括变量的内部正绩效差距及外部正绩效差距，这是构造镜像的过程中自变量的内部和外部绩效风险，以分别控制超过内部和外部目标的绩效。这样一来，模型包括了针对于内部和外部绩效差距的双套措施。负差距是笔者假设的重点，而后者则被用来控制。笔者同时控制了组织吸收的资源量因此无法管理自由裁量权，其中包括吸收资源的变量等。[1] 第四，

---

[1] George G., "Slack Resources and the Performance of Privately Held Firms", *Academy of Management Journal*, No.4, 2005.

有关存量技术投入的变量，这是在 t_2 时期控制技术采购的路径依赖时技术采购与销售额的比率，[①] 而财政支援研发的变量可计算出，用以表示一个由公共机构接收用于研发活动的公司财政资源的总数量。第五，包括产品多元化的变量，测量出一个活动多样化企业的部门数量以及国际业务的变量，来测量出 t_1 时期国外的购买量除以销售额的比率，以控制与技术采购相关的可能经济范围。第六，包括市场活力变化的变量，以控制一个企业核心市场的转移，这或许会影响该企业对风险的态度。[②] 特别是企业战略研究数据库每年都会统计有关企业的核心市场的变化情况，主要超过设置有关问卷题项请填报企业选择核心市场处于扩张状态、保持稳定状态，抑或处于缩小状态。在此基础上，笔者建立了变量作为在 t_1 期间和 t_2 期间市场活力之间的差异。最终，笔者控制了潜在的外部行业水平对企业战略风险决策的影响。因为笔者发现管理者用行业平均水平作为战略决策的整体参考，所以笔者采用包括了行业绩效等变量来测量每年各个行业的平均资产收益率，并在分析中对它进一步控制。

表 16—1 本章研究变量的特征性要素分析

变量	均值	标准差	1	2	3	4	5	6	7	8	9
1. 技术采购上的变化	0.01	1.52	—								
2. 中小企业管理属性	0.46	0.81	−0.05	—							
3. 负外部绩效期望	0.48	0.60	0.00	0.20	—						
4. 负内部绩效期望	0.03	0.08	−0.02	−0.01	0.05	—					
5. 供应商议价能力的变化	0.14	2.56	−0.02	−0.02	−0.03	0.00	—				
6. 竞争者市场支配力变化	−0.02	0.32	−0.02	−0.05	−0.01	−0.05	0.01	—			
7. 采购商议价能力的变化	0.17	2.85	−0.01	−0.02	−0.03	0.00	0.01	0.03	—		
8. 未吸收冗余	0.05	0.24	0.01	0.05	0.06	0.03	−0.01	0.02	−0.01	—	
9. 正外部绩效期望	0.76	2.48	0.00	−0.15	−0.25	−0.06	0.13	0.02	0.00	−0.05	—
10. 正内部绩效期望	0.14	1.02	0.00	−0.03	−0.03	−0.06	0.00	−0.05	0.00	0.00	0.05
11. 企业年龄	31.26	21.80	−0.04	−0.14	−0.23	−0.01	−0.02	0.04	0.00	0.01	0.16
12. 企业规模	16.63	1.98	0.05	−0.33	−0.57	−0.13	0.09	0.06	0.05	−0.09	0.50
13. 资产收益率	2.61	13.90	0.00	0.07	0.01	−0.07	0.00	0.02	0.00	−0.02	−0.02
14. 吸收冗余	0.76	0.17	−0.04	0.00	0.09	0.19	0.01	0.03	0.03	0.07	−0.03
15. 先前的研发活动（t_2）	0.45	1.71	0.02	−0.05	−0.06	−0.04	−0.01	−0.04	−0.02	0.09	0.02

---

① Sydow Jörg and J.Koch, "Organizational Path Dependence: Opening the Black Box", *Academy of Management Review*, No.4,2009.

② Shinkle G. A., "Organizational Aspirations, Reference Points, and Goals", *Journal of Management*, No.1,2012.

续表

变　量	均值	标准差	1	2	3	4	5	6	7	8	9
16. 产品多样化	0.22	0.57	−0.02	0.02	−0.03	−0.01	0.04	−0.04	−0.01	0.04	0.10
17. 对研发的财政援助	5.38	42.98	0.09	−0.07	−0.04	−0.03	−0.01	−0.04	−0.01	0.14	0.13
18. 市场动态的变化	0.13	0.50	0.07	0.02	−0.04	0.12	−0.01	−0.01	0.06	0.03	0.01
19. 进口强度	0.05	0.09	−0.08	−0.13	−0.12	−0.04	0.01	0.03	0.01	0.07	0.15
20. 公司年平均绩效	2.69	1.40	−0.05	−0.06	−0.07	0.03	0.05	0.02	0.02	−0.17	0.00

变　量	10	11	12	13	14	15	16	17	18	19	20
11. 企业年龄	−0.04	—									
12. 企业规模	0.04	0.34	—								
13. 资产收益率	0.02	−0.02	−0.05	—							
14. 吸收冗余	−0.04	−0.05	−0.12	−0.18	—						
15. 先前的研发活动（t_2）	0.00	0.10	0.14	−0.03	−0.05	—					
16. 产品多样化	0.09	−0.06	0.02	0.03	0.04	−0.03	—				
17. 对研发的财政援助	0.00	0.02	0.12	−0.02	−0.01	0.38	0.07	—			
18. 市场动态的变化	−0.02	−0.02	0.05	0.04	−0.01	0.01	−0.02	0.01	—		
19. 进口强度	−0.02	0.14	0.29	−0.05	0.07	0.25	−0.01	0.13	−0.03	—	
20. 公司年平均绩效	0.05	−0.08	−0.05	0.09	−0.03	−0.25	0.07	−0.11	−0.01	−0.42	—

注：在双侧检验中，所有相关系数大于|0.03|的显著性水平为 0.05 或更低。在双侧检验中，所有相关系数大于|0.09|的显著性水平为 0.01 或更低。

三、数据结果

变量的描述性统计和相关性结果见表 16—1。因为正态分布的假设不能满足普通最小二乘法（OLS）回归模型，所以笔者进行纵向回归分析开展研究。为了检验回归分析结果是否存在多重共线性，笔者计算方差膨胀因子，结果低于 2.50，表明没有显著的多重共线性偏差。豪斯曼检验证明了固定效应模型广义最小二乘法（GLS）面板比随机效应更合适（$x^2=131.75$，$p<0.001$）。因此，笔者用固定效应面板回归作为主要分析工具。主要回归结果报告见表 16—2。

表16—2 面板回归分析结果

变量	技术采购上的变化 回归系数	标准误差
直接效应		
假设1：中小企业管理属性	−0.131*	0.055
假设2a：未吸收冗余	−0.768***	0.176
假设3a：内部绩效风险	0.613+	0.339
假设4a：外部绩效风险	0.258***	0.074
假设4b：竞争者的市场支配力	−0.401*	0.205
假设5a：采购商议价能力的变化	−0.004*	0.002
假设6a：供应商议价能力的变化	−0.016	0.016
相互效应		
假设2b：中小企业管理属性 × 未吸收冗余	0.528***	0.117
假设3b：中小企业管理属性 × 内部绩效风险	0.264+	0.137
假设4c：中小企业管理属性 × 外部绩效风险	−0.137*	0.063
假设4d：中小企业管理属性 × 竞争者的市场支配力	0.320+	0.173
假设5b：中小企业管理属性 × 采购商议价能力的变化	0.048*	0.019
假设6b：中小企业管理属性 × 供应商议价能力的变化	0.160***	0.029
控制变量		
企业年龄	−0.001	0.001
企业规模	0.375***	0.114
正内部绩效差距	−0.134	0.107
正外部绩效差距	−0.173+	0.076
资产收益率	0.002+	0.001
吸收冗余	0.762	1.015
先前的技术采购	−0.416*	0.169
财政支援研发	0.023	0.045
产品多元化	0.001	0.003
市场趋势变化	0.252*	0.098
输入强度	−3.032*	1.230
年平均绩效	−0.212*	0.088
逆米尔斯比率	−0.141	0.110
常量	−5.918**	2.263
拟合度 R^2	0.17	
F检验值	1.46***	
豪斯曼检验值	122.07***	

注：+ 代表 $p<0.10$；* 代表 $p<0.05$；** 代表 $p<0.01$；*** 代表 $p<0.001$。

第四节　理论成果及对我国中小企业技术采购战略的借鉴

表16—2给出了以技术采购变化作为因变量的回归结果。为了有助于理解复杂的相互作用和进一步说明在一些变量系数中观察到的与理论假设之间的偏差结果，笔者在图16—2中更形象地呈现了结果，还分别报告了调节变量设置高标准差和低标准差（分别加上和减去一个标准偏差的平均值）情形下的结果。

假设1预测了控制家族成员在高层管理中的参与和战略风险之间呈负相关。笔者发现，民营企业管理属性减少了企业跨时期改变技术采购水平的可能性（B=-0.13，$p<0.05$）。因此，假设1是成立的。正如预期的并和文献阐述相同的是，本章研究结果的负相关关系表示，民营企业管理属性对战略风险产生了直接的负面影响。[①] 更确切地说，从管理者的角度来看，技术采购是极其有风险的，因为它们包括了来自经济和非经济以及家族核心目标方面的潜在损失。

假设2a通过假设3a关注了内部参考点和战略风险之间的关系，以及民营企业管理属性对这些关系的影响。假设2a预测出未吸收冗余和战略风险之间呈负相关。假设3a预测了当企业的绩效下降至低于历史水平时，这将会增加战略风险。以上结果表示，技术采购变化在冗余资源存在时显著较低（B=-0.77，$p<0.001$），而当绩效低于历史水平时显著较高（B=0.61，$p<0.10$）。因此，假设2a和假设3a都是成立的。假设2b预测了对民营中小企业来说，未吸收冗余资源对战略风险的负面影响是较低的。假设3b预测，民营企业管理属性加强了内部绩效风险和战略风险之间的正相关关系。民营企业管理属性和未吸收冗余之间有正的且显著的交互作用（B=0.53，$p<0.001$）。图16—2a形象地展示了这种交互效应。正如所预测的，在非民营中小企业中，未吸收冗余和研发强度变化之间存在一种强烈的负相关关系（B=-0.59，$p<0.05$）。此外，当未吸收冗余很低，而控制性家族没有积极参与企业高层管理时，可以看到技术采购达到最大变化值。在家族管理的企业中，未吸收冗余和技术采购变化之间的关系越来越弱（B=-0.04，$p<0.05$）。因此，假设2a和假设2b都是成立的。民营企业管理属性和内部绩效风险之间有正的且显著的交互作用（B=0.26，$p<0.10$）。图16—2形象地表现出，与非民营中小企业相比，民营中小企业的内部绩

[①] Chen H. L., Hsu W. T., "Family Ownership, Board Independence, and R&D Investment", *Family Business Review*, No.4, 2009.

效风险对研发强度变化的积极影响更强（B=1.84，p<0.05）。因此，假设 3a 和假设 3b 都成立。

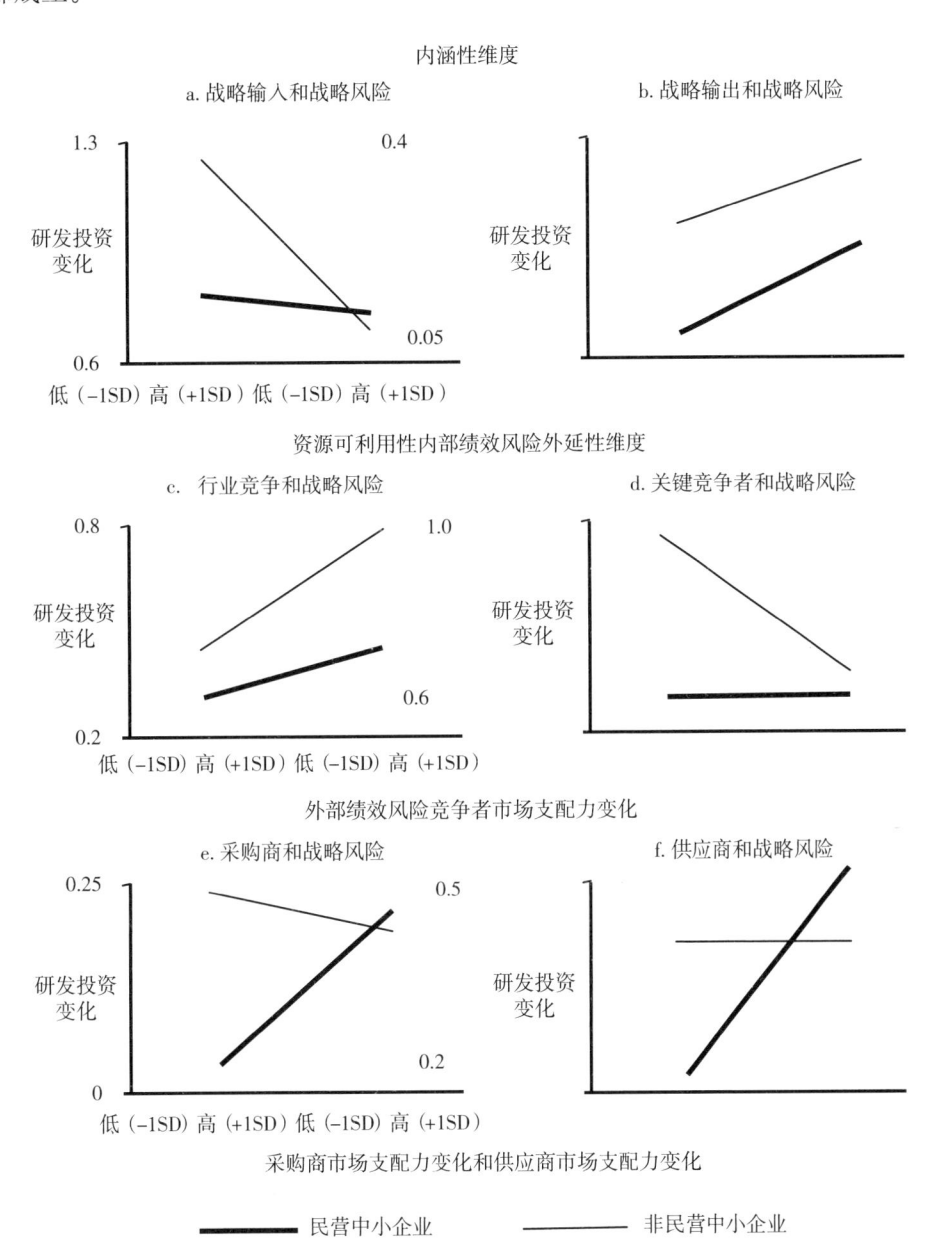

图 16—2　战略参考点和民营企业管理属性在预测研发强度变化时的相互作用

本章所提出的大多数研究假设得到了数据结果的验证，并与先前的文献保持一致，说明由于民营中小企业面临更大的资源限制，因此家族参与为了更有效地利用内部资源，创造了更多的刺激因素。[①] 与非民营中小企业相比，民营企业管理者更密切地监督其内涵性维度上的绩效，上述发现也为这一观点提供了全面支持。所以民营企业管理者为了对战略投入或输出的负向差值作出回应，就有可能以更强势的方式改变企业战略，在本次研究中特别针对技术购买战略实施的变量得到了验证。这些结果显示出在中小企业的组织目标中，参考点内涵性维度中的负面反馈形成了偏好颠倒，最终导致中小企业形成高度异质性行为。[②] 在闲置资源存在的情况下，企业的经济目标应该引导管理者去加大对已有优势的探索，以及利用额外资源去回报股东。而民营中小企业同时会利用未吸收冗余资源去探索新的商业机会，或者从内部来源形成新的商业机会。相似的是，笔者发现面对企业业绩下降时，民营中小企业的反应非常强烈。这一发现再次表明在民营中小企业管理者看来，绩效下降不仅仅是对企业产生经济回报能力的一种威胁，而且主要是对企业控制权延续的损害。

假设4d、假设4a的验证结果验证了民营和非民营中小企业与竞争者相关的几个参考变量的作用。假设4a预测了内部绩效风险和战略风险之间呈正相关。假设4b预测出当民营中小企业的关键竞争对手增加其市场支配力时，那么民营中小企业将会承担相应的战略风险。结果显示当企业绩效下降至低于行业平均绩效时，技术采购变化程度显著较高（B=0.26，$p<0.001$）。但意想不到的是，为了对主要竞争对手市场支配力的经济效益作出回应，技术采购的变化是消极的（B=−0.40，$p<0.05$）。因此，假设4a成立而假设4b不成立。假设4c预测，来自外部的战略风险对民营中小企业来说影响更低，民营企业管理属性和内部绩效风险之间的相互作用是负面且显著的（B=−0.14，$p<0.05$），图16—2c直观地表现出这一相互作用。正如所预测的，笔者发现外部绩效风险和技术采购变化之间不存在企业管理属性调节下的正向关系（B=0.30，$p<0.10$）。然而，当家族成员积极参与到高层管理中时，外部绩效风险和技术采购变化之间联系的斜率变小（B=0.14，$p<0.10$）。因此，假设4c成立。假设4d预测，民营企业管理属性削弱了竞争对手市场支配力和战略风险之间的联系。民营企业管理属性和竞争者市场支配力之间的相互作用是积极且在10%的范围上显著（B=0.32，$p<0.10$）。图16—2d直观地展现了竞争对手的市场支配力对非民营中小企业有很强的负面影响（B=−0.50，$p<0.05$），对民营中小企业有略微的正面影响（B=0.04，$p<0.05$）。图16—2d也指出，民营中小企业的技术采购变化程度更低，不论竞争对手

[①] Carney M., "Corporate Governance and Competitive Advantage in Family-Controlled Firms", *Entrepreneurship Theory and Practice*, No.29, 2005.

[②] Patel P. C., Chrisman J. J., "Risk Abatement as a Strategy for R&D Investments in Family Firms", *Strategic Management Journal*, No.19, 2013.

的市场支配力如何变化。这个序数图表示，虽然存在交互作用，但是竞争者市场支配力的总体效应有可能受民营企业管理属性的影响控制。因此，假设 4d 部分成立。

总体来说，这些结果表明与非民营中小企业相比，民营中小企业趋向于更少强调与竞争对手相关的外部参考点。事实上，民营中小企业对内部绩效风险的反应优于非民营中小企业，反之，民营中小企业对外部绩效的风险则不那么敏感。这一发现证实了与社会期望相关的负绩效差异（建模过程中被笔者分析为行业平均绩效）使中小企业产生了目标逆转，因为当这些企业的绩效下降至低于期望水平时，它们趋于以增加技术采购的形式来承担战略风险。然而，事实是与它们对内部绩效差异的反应相比，它们对外部绩效差异的反应更弱。

最后通过假设 6b，假设 5a 关注了采购商和供应商对企业战略风险的影响。假设 5a 预测采购商议价能力和战略风险之间呈正相关。假设 6a 预测供应商的议价能力和战略风险之间也存在相似的效应。结果显示当采购商议价能力增强时，技术采购变化程度显著降低（B=-0.004，$p<0.05$），但是供应商的议价能力和技术采购变化之间的关系并不显著。因此，假设 5a 和假设 6a 不成立。类似地，假设 6b 预测民营中小企业管理属性增强了对供应商议价能力的影响。民营企业管理属性和采购商议价能力之间的相互作用是积极且显著的（B=0.05，$p<0.05$）。图 16—2e 形象地表现出这一相互作用。在非民营中小企业中，采购商的议价能力和技术采购的变化之间存在弱负相关关系（B=-0.003，$p<0.05$），这是一个意料之外的结果。当一个控制性家庭积极参与到高层管理中去，那么采购商的议价能力和技术采购变化之间呈正相关（B=0.06，$p<0.05$）。因此，假设 5b 成立。民营企业管理属性和供应商的议价能力之间的相互作用是积极且显著的（B=0.16，$p<0.001$）。图 16—2f 形象地表现出，在非民营中小企业中，供应商议价能力的增加和技术采购变化并没有显著的关联（B=-0.02，n.s.），反之在民营中小企业中两者关系是积极且显著的（B=0.09，$p<0.01$）。因此，假设 6b 也成立。

综上所述，民营中小企业技术购买决策的多要素期望模型基本得到了数据结果的支持，数据总结见图 16—3。在模型的第一部分（即内部参考点、民营企业管理属性和以技术采购变化为形式的战略风险之间的关系），研究结果显示：首先，未吸收冗余资源对战略风险产生负面影响，以及内部绩效风险对战略风险产生了正面影响；其次，民营企业管理属性正向调节了与这两者的关系（见表 16—2、图 16—2 和图 16—3）。对模型的第二部分来说（即外部参考点、民营企业管理属性和以技术采购为形式的战略风险之间的关系），结果显示：首先，外部绩效风险对战略风险有正面影响，然而竞争对手的市场支配力、采购商和供应商的议价能力对战略风险有负面影响；其次，

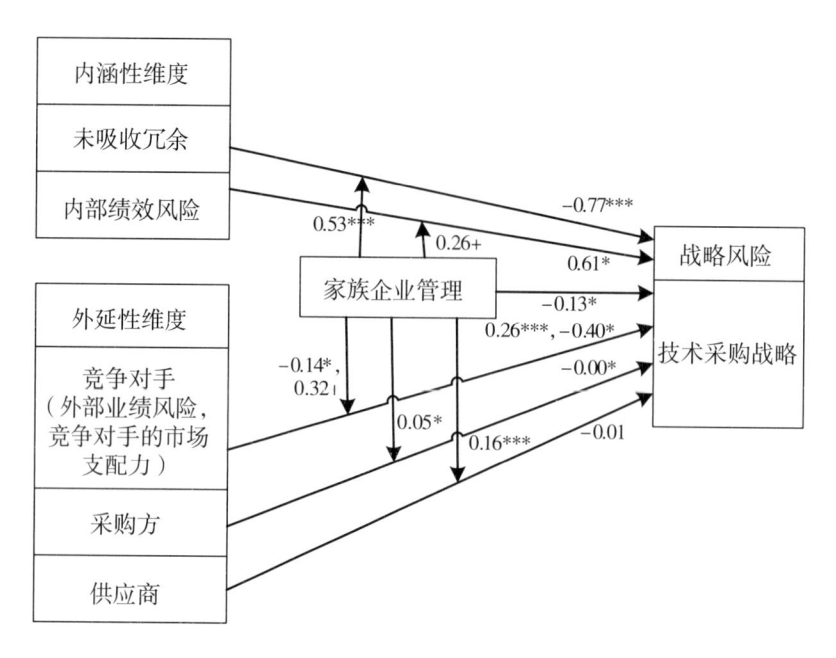

图16—3 实证数据结果展示

民营企业管理属性负向调节了对外部绩效风险的影响，正向调节了对竞争对手市场支配力、采购商和供应商议价能力的影响（见图16—3）。

总体而言，本章研究内容为建立在企业战略参考点基础上的战略风险模型提供了新的理论和实证支持，并进一步新增了关于内涵性维度和外延性维度的解释。回归分析结果显著表明，战略输入、战略输出、竞争对手和其他利益相关者的反馈信息在驱动组织战略风险上都是重要因素，而对民营中小企业以及非民营中小企业来说，调整企业战略风险水平的参考点选择是不同的。

鉴于以上分析结果，本次研究的主要贡献在于，利用战略参考点理论来丰富关于民营和非民营中小企业在战略风险行为上的预测差异。笔者通过这一理论来揭示中小企业参考点的多维和多元性，是识别民营企业管理目标和经济目标一致或矛盾的关键事件。该研究对最近的研究作出了回应，特别是关于探索家族目标如何影响战略和创新过程，[1] 以及驱动中小企业异质性的战略行为的因素等。它通过引入一个更广泛的维度，来扩大以前研究在经济性参考点上的狭义关注点。

此外，本次研究了丰富战略参考点理论，这项研究也促成了在更广泛领域的战略风险的决定因素的理论形成。通过揭示组织作出决策时的一些关键参考点内容，以及

---

[1] Lumpkin G., Steier L., Wright M., "Strategic Entrepreneurship in Family Business", *Strategic Entrepreneurship Journal*, No.4.2011.

展示不同类型的企业给不同参考点设置不同的权重,该研究开发了一个实用性的理论框架来识别战略风险决策中的多维性参考点问题。此外,本研究对费根鲍姆(Fiegenbaum)等人在1996年提出的理论提供了支持,也加强了笔者对战略参考点被应用在组织决定战略行动上的理解。[1] 笔者的发现也支持"行为理论中的价值函数随着企业的不同而不同"这一概念,就像对某些企业来说是看似巨大的损失,但对其他企业来说却并不重要。

最后,笔者的研究对关于中小企业创新的学术辩论作出了一定贡献。在此类文献中,学者通常关注技术采购的水平,并得到民营中小企业的平均技术采购强度比非民营中小企业更低这一结论。[2] 笔者的分析中增加了一些理论发现,并表示中小企业也不太可能跨期改变它们的技术采购水平,而战略参考点的影响将在内涵性和外延性维度上产生影响。

---

[1] Holmes R. M., Bromiley P., Devers C. E., Holcomb T. R., McGuire J. B.,"Management Theory Applications of Prospect Theory: Accomplishments, Challenges, and Opportunities", *Journal of Management*, No.4.2011.

[2] Munari F., Oriani R., Sobrero M., "The Effects of Owner Identity and External Governance Systems on R&D Investments: A Study of Western European Firms", *Research Policy*, No.8,2010.

第十七章　中小企业多元管理目标与技术研发投入决策研究

第一节　理论背景和研究框架设计

中小企业的技术研发投入具有支持企业技术创新，进而变革组织和行业面貌的潜力，并且能够被企业用来创造和维持竞争优势。技术研发投入能够带动新产品研发项目，促使新型技术注入企业，保持企业掌握最新的技术进步趋势，从而提高研发市场需求的新产品和服务的成功率。然而，技术研发投入会占据企业大量成本，这对企业组织的稳定性以及合法性提出了巨大的挑战。[1] 因此，创新管理方向的研究学者长期关注管理者在技术研发投入决策过程中，如何权衡潜在的利益及伴随其产生的风险问题。

本章将企业行为理论[2]作为主导范式，把民营中小企业技术研发投资决策视为一种搜索绩效问题解决方案的行为，并假设这种决策行为会受到企业绩效评估过程的动态影响。[3] 由于技术研发投资和企业绩效之间的相互关系存在不确定性，管理者需要根据管理目标设立参照点，并基于公司绩效与参照点的偏差值来作出增加或减少技术研发投资的决策。虽然管理者会设定多重目标，但企业盈利目标被认为是最为重要的考量目标。相对应的，公司行为理论认为当赢利能力相对低于期望水平的时候，技术

---

[1] Greve H. R., "A Behavioral Theory of R&D Expenditures and Innovations: Evidence from Shipbuilding", *Academy of Management Journal*, No.6, 2003.

[2] Cyert R. M., March J. G., *A Behavioral Theory of the Firm, Englewood Cliffs*, NJ: Prentice-Hall Press, 1963.

[3] Greve H. R., "A Behavioral Theory of R&D Expenditures and Innovations: Evidence from Shipbuilding", *Academy of Management Journal*, No.6, 2003.

研发投资就会增加。

但是，对于大量的民营中小企业来说，以往研究中强调企业赢利目标的观点仅仅对企业技术投入决策过程提供了非常有限的见解。因为对于民营中小企业来说，家庭成员对企业的战略行为有很强的影响，他们通过股权占比优势以及管理控制权对企业决策产生重大影响。家族成员参与企业控制权和管理工作通常是出于创造更多利益的发展理念，同时在代际传承过程中，设置一些以家族为中心的非经济目标，比如维护控制权和自由裁量权，来保证企业控制权始终掌握在家族成员手中。[1] 技术研发投资对企业赢利性能够产生潜在影响，但同时也会要求稀释家族的管理所有权，迫使他们放弃一些权力给非家族技术管理人员，[2] 这一结果显然会与家族成员的非经济目标产生矛盾。[3] 基于上述原因，研究民营中小企业的学者普遍赞同以下观点：民营中小企业倾向于保守和回避增加技术研发投资等可能提高绩效变化的战略决策。虽然民营中小企业的技术研发投资决策涉及经济和非经济两类目标，但这两类目标如何交互作用，从而决定民营中小企业技术研发投资决策变化，目前研究仍然知之甚少，不过这一理论交集领域也正在成为理论热点。目前为止还没有通过实证研究来审视民营中小企业技术研发投资决策制定时，如何共同考虑利益目标和控制目标的相关研究。

笔者基于资源依赖理论[4]的观点，将企业主要供应商的集中度作为民营中小企业管理者评估其对组织控制权的测量维度，因为民营企业管理者将供应商的集中度及其议价能力视作对企业控制目标的直接威胁。相应的，民营中小企业会通过增加技术研发投资的决策来回应供应商高度集中所带来的控制权威胁。此外，笔者试图解析企业赢利目标完成情况对民营中小企业追求企业控制权目标的影响，并具体通过进阶式聚焦理论和心理适应理论等两种逻辑展开理论阐述，从而解释了赢利参照点和控制权参照点在民营中小企业技术研发投资决策形成过程中的交互关系和作用结果。本章通过2000年至2006年间431家西班牙工业制造企业的面板数据来对以上理论假设进行实证检验。本章内容将进一步拓展对民营中小企业技术研发投入决策中各要素的直接影响及联合影响，为民营中小企业创新管理领域提供了重要的理论与实践影响。

---

[1] Kotlar J., De Massis A., "Goal Setting in Family Firms: Goal Diversity, Social Interactions, and Collective Commitment to Family-centered Goals", *Entrepreneurship Theory and Practice*, No.6,2013.

[2] Chrisman J. J., Patel P. J., "Variations in R&D Investments of Family and Non-Family Firms: Behavioral Agency and Myopic Loss Aversion Perspectives", *Academy of Management Journal*, No.4,2012.

[3] Block J. H., "R&D Investments in Family and Founder Firms: An Agency Perspective", *Journal of Business Venturing*, No.2,2012.

[4] Kotter J. P., "Managing External Dependence", *Academy of Management Review*, No.1,1979.

第二节 中小企业赢利目标和控制权目标的均衡关系及其作用机制

一、多元目标理论和技术研发投入决策

企业行为理论表明企业追求众多内部协调的目标过程中，会通过比较目标参照点和实际成果间的差距来作出组织行为的决策。[1]当实际成果下降甚至低于参照点时，管理者便开始问题解决式探索，以期重建现状并在未来高于期望地完成任务。[2]已有研究表明，参照点未达到预期水平反而会激励管理者愿意承担更多风险来改变公司策略，包括改变技术研发投资战略，以期开发出具有转折性的新产品和服务。[3]

虽然管理者需要追求多种目标，但是赢利目标通常被认为是管理者的首要参照点，因此在学术界一直以来都备受关注。[4]企业赢利目标是高层管理者的第一驱动力和价值体现，同时也是下属管理者或从业者提升职业生涯高度的关键因素。基于以上原因，企业管理者往往最关注赢利参照点。此外，民营中小企业的所有权、管理参与度与企业主营业务紧密联系，[5]也使得企业受益于一些非经济性的公用事业，如保持家族控制力和影响力，与企业内部家族成员共享知识，与股东建立社会联系，通过世袭更新家庭纽带等。[6]

之前很多研究表明，家庭管理者制定不同的战略决策取决于企业利益是高于抑或低于赢利期望值。经验证据也表明，民营中小企业在经营稳定的情况下并不情愿增加技术研发投资。[7]但是当企业的经营表现低于赢利目标，低风险偏好的民营中小企业

---

[1] Fiegenbaum A., Hart S., Schendel D., "Strategic Reference Point Theory", *Strategic Management Journal*, No.3,1996.

[2] Cyert R. M., March J. G., *A Behavioral Theory of the Firm*, Englewood Cliffs, NJ: Prentice-Hall Press,1963.

[3] Greve H. R., "A Behavioral Theory of R&D Expenditures and Innovations: Evidence from Shipbuilding", *Academy of Management Journal*, No.6,2003.

[4] Greve H. R., "A Behavioral Theory of Firm Growth: Sequential Attention to Size and Performance Goals", *Academy of Management Journal*, No.3,2008.

[5] Chua J. H., Chrisman J. J., Sharma P.,"Defining the Family Business by Behavior", *Entrepreneurship Theory and Practice*, No.4,1999.

[6] Kotlar J., De Massis A., "Goal setting in Family Firms: Goal Diversity, Social Interactions, and Collective Commitment to Family-centered Goals", *Entrepreneurship Theory and Practice*, No.6,2013.

[7] Kotlar J., De Massis A., "Goal setting in Family Firms: Goal Diversity, Social Interactions, and Collective Commitment to Family-centered Goals", *Entrepreneurship Theory and Practice*, No.6,2013.

也会愿意作出增加技术研发投资的决策，包括从事技术收购①、加强业务多样化②等，使得企业承受高战略风险的挑战。另外，以控制权为中心的非经济目标在民营中小企业的决策制定中所扮演的角色仍未得到共识，尽管事实上该目标被认为是对家族管理者最为重要的。③ 从理论上讲，当多重目标同时在组织内环境中共存，将导致决策制定过程变得极为复杂。④ 特别是考虑到民营中小企业与非民营中小企业管理者对于目标制定的潜在差异。

有关民营中小企业的理论文献普遍认为家族管理者最关注的是保持控制力和把握管理方向的能力。⑤ 本章将供应商议价能力作为对民营中小企业管理者的一个重要参照点，假定管理者决策行动的目标是实现和保持一定水平的自由控制。笔者将阐述供应商议价能力是如何进入民营中小企业决策制定过程中，并对技术研发投资决策造成重要影响的。笔者还将解释盈利期望如何作用于供应商议价能力对民营中小企业决策的影响过程。

二、控制目标和民营中小企业技术研发投入决策

选择供应商作为决策参照点主要源自企业垂直部门的议价能力会影响管理者决策制定的理论观点。供应商的议价能力往往被认为是企业考虑是否更换供应商来控制成本的一种途径。⑥ 供应商的议价能力增强可能会导致一般企业降低生产力来获得适当的利润，因此，供应商议价能力与企业赢利能力之间似乎没有形成直接关联。但是，民营中小企业管理者可能把供应商议价能力的增强视为对企业控制权和管理自由裁量权的直接威胁，因为供应商议价能力的增长意味着企业将不得不应对来自企业垂直管理层更高的要求，对于订单数量和价格的协商也可能处于劣势，并且可能致使企业长

---

① Kotlar J., De Massis A., Frattini F., Bianchi M., Fang H., "Technology Acquisition in Family and Non-Family Firms: A Longitudinal Analysis of Spanish Manufacturing Firms", *Journal of Product Innovation Management*, No.6, 2013.

② Gomez-Mejia L. R., Makri M., Larraza-Kintana M., "Diversification Decisions in Family-controlled Firms", *Journal of Management Studies*, No.2, 2010.

③ Kotlar J., De Massis A., "Goal setting in Family Firms: Goal Diversity, Social Interactions, and Collective Commitment to Family-centered Goals", *Entrepreneurship Theory and Practice*, No.6, 2013.

④ Fiegenbaum A., Hart S., Schendel D., "Strategic Reference Point Theory", *Strategic Management Journal*, No.3, 1996.

⑤ Berrone, P., Cruz, C., Gómez-Mejía, L.R., "Socioemotional Wealth in Family Firms: Theoretical Dimensions, Assessment Approaches and Agenda for Future Research", *Family Business Review*, No.25, 2012.

⑥ Porter M. E., *Competitive Strategy*, New York: Free Press, 1980, p.324.

期受供应商牵制。① 因此，民营中小企业管理者会考察供应商议价能力积极或消极的改变作为决策参照点，并在制定新的企业战略决策时来应对该外部约束，以期在未来获得更大的企业独立性。② 技术研发的投资决策是典型的企业战略决策，能够间接削弱供应商的议价能力，③ 因为增加技术研发投资能导致技术知识的更新和累积，提高新产品研发成功的可能性，从而增加企业应对供应商垂直整合威胁的能力。此外，技术研发投资有利于产品组件实现更高水平的标准化生产，从而大幅降低因更换供应商所带来的转换成本。还有研究证明高强度的技术研发投资能改进生产工艺，降低原材料和零部件的消耗，从而降低企业对供应商的依赖度。

尽管管理者不愿意依赖处于企业控制范围以外的因素，④ 民营中小企业管理者在追求对决策制定的控制时，可能会更多地考虑关注供应商的议价能力。这是因为供应商议价能力的提高意味着企业在运营过程中获取关键资源的成本越高，且越难获取替代资源。⑤ 对供应商的高依赖程度可能会限制家庭管理者的管理决策行为，从而威胁到家族发挥控制决策的能力。⑥ 因此，民营中小企业管理者可能通过实施新战略来应对供应商议价能力增加所带来的挑战，从而提供更大的自治权来应对来自于供应商的限制。笔者认为，尽管民营中小企业管理者保持决策制定控制能力的意愿会导致民营中小企业增加技术研发投资，但是不同的控制目标可以形成参照点，使得供应商议价能力在民营中小企业技术研发投资的决定中作用重大。

假设1：随着供应商议价能力的提升，民营中小企业会更倾向于作出增加技术研发投资决策。

三、经济绩效和控制目标的联合作用

企业组织会通过制定包括增加技术研发投资等战略决策来应对预期绩效落差。⑦

---

① Kotter J. P., "Managing External Dependence", *Academy of Management Review*, No.2, 1979.
② Oliver C., "Strategic Responses to Institutional Processes", *Academy of Management Review*, No.1, 1991.
③ Baird I. S., Thomas H., "Toward a Contingency Model of Strategic Risk Taking", *Academy of Management Review*, No.2, 1985.
④ Pfeffer J., "Interorganizational Influence and Managerial Attitudes", *Academy of Management Journal*, No.3, 1972.
⑤ Kotter J. P., "Managing External Dependence", *Academy of Management Review*, No.1, 1979.
⑥ Chrisman J. J., Patel P. J., "Variations in R&D Investments of Family and Non-Family Firms: Behavioral Agency and Myopic Loss Aversion Perspectives", *Academy of Management Journal*, No.4, 2012.
⑦ Greve H. R., "Performance, Aspirations, and Risky Organizational Change", *Administrative Science Quarterly*, No.1, 1998.

前期研究已经表明，技术研发投资决策的制定受到企业与其竞争对手的力量对比影响，① 其决策参照点主要来自行业标准，而行业标准通常是由竞争对手的平均表现生成。② 事实上，行业平均水平作为许多公司盈利期望值，③ 常被用来应对与预期赢利之间的负面差距，企业希望通过增加技术研发投资等决策来恢复企业竞争力优势。

赢利目标也是民营中小企业日常决策过程中的重要考量，④ 因为实现财务目标是企业生存和发展的前提条件，因此民营中小企业管理者的一项关键职能就是关注创造和保持对核心业务的绩效控制。控制目标会引导民营中小企业管理者建立新的决策参照点，如上文讨论的为应对供应商议价能力的提升而增加技术研发投资。无论赢利目标还是供应商的议价能力都与民营中小企业的非经济目标强烈相关，两种目标的成功都需要企业资源的支持，因此，很容易得出以上两个目标对决策制定的影响是完全独立且互不影响的表面性结论。本章试图探寻多重目标能否以及如何相互发生作用，如赢利能力和供应商议价能力，能够影响民营中小企业的战略决策制定成为了一项非常有趣的研究课题。

大量已有研究已经解决多个目标如何从多种途径一致作用于决策制定。有研究表明，会计和股市赢利等多个目标能够产生综合作用，并已被用于预测风险承担。此外也有研究将多个目标涵盖在一个模型中，假设多个目标的影响是相互独立且作用效果可相互叠加，比如市场份额和网络状态的目标都能影响企业初始网络连接效率。研究文献表明，与非民营中小企业管理者相比，民营中小企业管理者有更广泛的管理目标，两者可能是冲突抑或兼容的。⑤ 现实经验表明，无论赢利高于或低于参照点，民营中小企业技术研发投资的决策都会改变，这说明企业控制目标的影响可能取决于是否完成预期表现，并只能在某些性能配置下被激活。

本章对以上交互作用提出两种备选理论逻辑解释。第一种是进阶式聚焦理论，这主要基于有限关注的理论假设前提，即决策制定一次只能参考一个目标，当第一个

---

① Fiegenbaum A., Hart S., Schendel D., "Strategic Reference Point Theory", *Strategic Management Journal*, No.3,1996.
② Porter M. E., *Competitive Strategy*, New York: Free Press,1980, p.224.
③ Frecka T. J., Lee C. F., "Generalized Financial Ratio Adjustment Processes and Their Implications", *Journal of Accounting Research*, No.1,1983.
④ Chrisman J. J., Patel P. J., "Variations in R&D Investments of Family and Non-Family Firms: Behavioral Agency and Myopic Loss Aversion Perspectives", *Academy of Management Journal*, No.4,2012.
⑤ Kotlar J., De Massis A., "Goal Setting in Family Firms: Goal Diversity, Social Interactions, and Collective Commitment to Family-centered Goals", *Entrepreneurship Theory and Practice*, No.6,2013.

目标取得的绩效高于参照点时，则向着下一个目标继续前进。[①] 决策制定目标的层级取决于目标联合的偏好，这在不同企业组织中可能会有不同表现。赢利目标等管理目标与公司的生存密切相关，在民营中小企业中具有较高层次的优先级。控制权目标相比赢利目标常被视为是次重要的，一些企业决策制定者可能愿意放弃管理控制权来实现企业长期收益，使企业能够顺利传承。综上所述，这个理论原则表明，在民营中小企业中，当赢利目标已经满足，则以控制权为目的的目标可以得到更多的关注。换句话说，赢利目标会削弱控制权目标的重要性，民营企业管理者认为控制目标更次要一些，因此削弱控制权目标和企业决策制定之间的因果关系。考虑到实现以上两个目标都需要投资资源，所以民营中小企业决策制定者在资源投资时会表现出取舍。[②]

另一种解释是心理适应理论[③]，该理论（又称为相互激活理论）判断尽管赢利目标和控制目标对决策制定都有各自独立的影响，其组合应该减少而不是增加每种类型单目标的累积效应。根据海尔森（Helson）的理论，当人们暴露在一系列的刺激物下，他们会产生一定的适应水平来应对这些刺激，以至于未来接触任何类似的刺激，反应就会较中立（或最小）。基于这一理论，民营中小企业的决策制定者会将两种管理目标作为两个刺激物来决定决策制定，且两种目标的结合会小于两种目标的单独作用影响。这些参数的设定与民营中小企业特别相关，因为赢利能力和供应商议价能力都与家族的非经济目标强烈相关。

总体来说，按照进阶式理论逻辑，供应商议价能力的增加通常会导致家族管理者增加技术研发投资，但是因为赢利目标更显著，供应商议价能力和技术研发投资的改变之间的关系会变得薄弱，特别是当赢利能力低于决策参照点，那关系更可能是接近于零作用。因此进阶式聚焦理论建议以下假设：

假设 2a（进阶式聚焦逻辑条件下）：对于民营中小企业来说，消极的赢利预期差距会减缓供应商议价能力对技术研发投资改变的积极影响，并使得这种影响变得更弱。

假设 2b（进阶式聚焦逻辑条件下）：对于民营中小企业来说，积极的赢利预期差距会增强供应商议价能力对技术研发投资改变的积极影响，并使得这种影响变得更强。

[①] Cyert R. M., March J. G., *A Behavioral Theory of the Firm*, Englewood Cliffs, NJ: Prentice-Hall Press, 1963, p.295.

[②] Carney M., "Corporate Governance and Competitive Advantage in Family-Controlled Firms", *Entrepreneurship Theory and Practice*, No.3, 2005.

[③] Helson H., "Adaption-Level Theory: An Experimental and Systematic Approach to Behavior", *Psychological Record*, No.2, 1964.

在赢利和控制目标共同存在的情况下，相互激活逻辑也可以作为合理的备选假设。目标以某种方式有原因地联系在一起，这样一个目标的实现能帮助下一个目标的完成。[1] 企业组织增加供应商议价能力可能导致较差的赢利能力，因为强大的供应商能决定价格水平，从而导致生产效率降低。[2] 在这种情况下，增加技术研发投资能通过改进生产过程来降低对外部依赖程度。此外，增加技术研发投资可能会提供一个供应商之外的新的组织领域，民营中小企业管理者同样能够增强不受约束控制的能力。因此，民营中小企业管理者遵循互相激活逻辑也是合理的，可以假设实现控制权目标能有助于实现赢利目标，特别是当企业绩效低于决策参照点时，增加技术研发投资会被认为是良好的解决办法。这意味着，与假设2a和假设2b相反，当经济绩效低于（高于）参照点时，供应商议价能力和技术研发投资改变之间的关系会更强（更弱）：

假设3a（相互激活逻辑条件下）：对于民营中小企业来说，消极的赢利预期差距会增强供应商议价能力对技术研发投资改变的积极影响，并使得这种影响变得更强。

假设3b（相互激活逻辑条件下）：对于民营中小企业来说，积极的赢利预期差距会减缓供应商议价能力对技术研发投资改变的积极影响，并使得这种影响变得更弱。

第三节　多元管理目标对技术研发投入决策的影响：西班牙企业数据

一、样本来源

笔者通过企业战略研究数据库获得西班牙制造业企业数据，以期验证以上理论假设。该数据库是由西班牙工业部投资的 SEPI 基金赞助研发的。数据库提供了西班牙国内拥有10人以上的制造业企业的大量信息，包括技术研发投入的信息。这份调查从1990年起每年实施，属于非平衡面板数据。根据研究目的，笔者主要分析2000—2006年这一时间。企业战略研究数据库的企业数据覆盖所有超过200名员工的制造业企业，具有很强的代表性，通过分层随机抽样，选取5%的样本，样本为至少有10名但少于200名员工的企业。本次调查还关注以下两类企业：第一种情况，企业重视其在参与调查时作出的重要社会贡献；第二种情况，新企业不包含在面板数据中，从

---

[1] Greve H. R., "A Behavioral Theory of Firm Growth: Sequential Attention to Size and Performance Goals", *Academy of Management Journal*, No.3,2008.

[2] Kotter J. P., "Managing External Dependence", *Academy of Management Review*, No.2,1979.

而防止行业和数据分段之间覆盖率的减少。另外,本次调查数据的质量也在数据收集过程中注意丰富化,针对每个公司的多个组织成员根据自己最直接的反应和信息获取程度(最终数据中每家企业平均有约 2.5 人参与调查)填写不同的调查部分,还有相关内容的后期验证等。这些成果都是与 SEPI 基金公司紧密合作完成的,他们直接负责现场工作和提供反馈信息。

笔者对中小企业技术研发投资的变化最为感兴趣,而选取制造业企业是由于其产品具有高度退化性的特征,这造成其相对较短的生命周期中研发投资可能经常用于寻找可持续的竞争优势,并且民营中小企业在制造业中也是最为常见的组织形式。[①] 本书最终确定的样本共包括 4475 家企业的历年数据,剔除缺失数据后,共获取到 995 个时间序列的截面数据,包括 20 个不同的制造业领域里的 431 家公司的历年数据。

二、变量测度

(一)技术研发投资

这个变量主要表征跨期研发投资水平改变的程度。笔者通过计算在时间 t_1(期末)至 t_0(期初)研发支出与销售的比率的差值来计算该变量。为了排除产业特殊性对研发投资的影响,笔者调整这个变量为行业历年的平均水平。

(二)供应商议价能力

供应商议价能力相对于企业可被定义为以下两个维度:购买的重要性和购买产品的临界值。企业战略研究数据年度报告指出,分析一家企业采购商比例一般主要来自于其最大的三大供应商,并以此设定可测度的参数(分数越接近 0,表明企业有庞大数量的供应商;而分数越接近 100,则说明公司的供应商不超过 4 家)。基于此,笔者构建变量供应商议价能力作为时间 t_1—t_2 分数之间的比例区别,该变量越大表明企业的主要供应商较集中,所以需要增加供应商议价能力。但是由于企业战略研究数据库不包括该变量的临界值更详细的信息,因此笔者无法综合以上两个维度来构建供应商议价能力的准确测量方法。所以,本次研究聚焦于主要供应商的重要性,这被认为是经理人测量评估其控制目标的重要维度,因为企业经理依靠更少的供应商来购买大部分的货物,这样可以预期更多更分散的供应商有利于对数量、价格和其他战略选择等

---

① Astrachan J. H., Shanker M. C., "Family Businesses' Contribution to the US Economy: A Closer Look", *Family Business Review*, No.3, 2003.

实现更强的控制。本章内容中,供应商议价能力变化的定义是通过以上定义来测试假设1的,民营中小企业与供应商议价能力的相互作用的积极系数表明假设1得到支持,这意味着供应商能力的增强促使民营中小企业在研发活动上增加投资。

(三) 赢利能力与预期差距

根据前期研究,笔者构建连续变量来衡量赢利与预期之间积极或消极的差距。这主要反映以下理论假设:随着企业业绩和竞争对手业绩之间积极或消极的差异越来越大,决策制定者会更容易感知当前的赢利能力的强弱。积极的赢利能力与预期差距通过企业业绩的绝对差值计算得到(如资产比率)。相应的,消极的赢利能力与预期差距也以此方法计算。本书中主要涉及了两类逻辑来对差距值进行解释,包括顺序逻辑(假设2a&假设2b)和相互激活逻辑(假设3a&假设3b)。如果顺序逻辑更好地预测民营中小企业的决策,笔者希望看到一个消极赢利能力与预期差距和供应商议价能力之间相互作用呈现负估计系数(假设2a),而积极赢利能力与预期差距和供应商议价能力之间相互作用则呈现正估计系数(假设2b)。相反,如果相互激活逻辑更好地预测民营中小企业的决策制定,笔者希望看到一个消极赢利能力与预期差距和供应商议价能力之间相互作用呈现正估计系数(假设3a),而积极赢利能力与预期差距和供应商议价能力之间相互作用则呈现负估计系数(假设3b)。

(四) 控制变量

根据战略风险和研发投资文献回顾,本次研究概括了几个滞后一年期的控制变量来完善理论模型。第一,本次研究控制环境因素(竞争对手、买家和市场动态)可能影响民营中小企业和非民营中小企业的投资研发决定。竞争对手的市场能力变量表明目标企业主要竞争对手的市场能力变化。企业战略研究数据库的年度报告主要描述四个主要竞争对手在各自主要市场领域的市场份额,本章以此计算在时间段 $t_1—t_2$ 年分数间的比率差异。与供应商议价能力相似,买手的议价能力变量被计算为在时间段 $t_1—t_2$ 年四个主要客户的销售收入百分比的比率差异。本次研究还概括市场活力变化变量来控制企业的目标市场的变化,这可能会影响其对风险的态度。[①] 企业战略研究数据库年度报告特别对企业目标市场的状况进行了衡量,包括:(1)扩张;(2)保持稳定发展;(3)依照合同。基于以上信息,本次研究构建此变量作为时间段 $t_1—t_2$ 年

[①] Shinkle G. A., "Organizational Aspirations, Reference Points, and Goals", *Journal of Management*, No.1, 2012.

之间的市场动态差异。第二，本次研究包括未被吸收的可用于 t_1 年的目标企业资源，以此测算流动资产（现金和有价证券）比率。本次研究还考虑了组织年龄（即年基础）和企业规模（即时间 t_1 年的销售对数）等变量，对组织惯性进行控制。第三，本次研究将时间年 t_1 的资产利润率纳入分析框架来控制整个企业的绩效。第四，笔者增加时间 t_1 的债务强度（债务／销售额），用于衡量金融活动带来的对公司生存的威胁。第五，组织吸收大量外部资源会增加管理系统的复杂性，从而限制研发投资决定，所以笔者设计吸收资源变量对此进行控制，计算方法为时间 t_1 年销售和总支出除以销售的比率。第六，本次研究考虑了前期研发投资比，即时间 t_2 研发费用与销售的比率，以此控制研发投资变化率的尺寸效应；产品多样化，测量企业可多元化其活动的部门的数量；金融支持研发，作为金融资源的总数，表现为企业从公共机构收到用于研发活动的资金。第七，本次研究还考虑了国际经营变量，用时间 t_1 年外国购买比例除以销售这一数值计算得出，从而控制对研发投资产生影响的范围经济。第八，为了排除 2000 年至 2006 年西班牙整体经济波动所带来的影响，本次研究还包括了测度年均行业企业业绩的变量（比如资产利润）。

三、数据分析

描述性统计和变量的相关性数据见表 17—1。其中，企业的平均寿命为 31 年，企业平均营业收入为 1700 万欧元，平均员工数为 392 名。为了测试假设 1，民营中小企业与非民营中小企业都被包括进样本（模型 1）。为测试顺序和相互激活逻辑，笔者只专注于观察民营中小企业（模型 2）。笔者同样对非民营中小企业做了同样的测试（模型 3）。由于无法满足正态分布假设，所以本次研究放弃使用普通最小二乘回归模型，而是采用了纵向回归分析方法。笔者计算出每一次回归的方差膨胀因子来测试结果是否受到多重共线性，得出的数值均低于 5，表明估算值没有出现任何明显的多重共线性。豪斯曼测试表明固定效果模型比随机效应回归模型更适合本次研究模型。横截面修正协方差的怀特（White）估计量用来控制异方差性和序列相关性。因为在理论上纠正家族控制的自我选择十分重要，所以，本次研究包括将模型的逆米尔斯比率转换为第二阶段的模型。米尔斯比率在第二阶段中参数表现为不显著，这表明家族控制潜在的内生性不能逆向影响之前的研发投资变化的估计结果。

表17—1 描述性统计及相关性分析

	均值	SD	1	2	3	4	5	6	7	8	9	10	11	12	13	14	15	16	17	18	19
1.技术研发投入	0.02	1.39	1.0																		
2.民营企业	0.30	0.46	−0.06	1.0																	
3.利润逆差	39.10	70.38	0.00	0.02	1.0																
4.利润顺差	2.15	10.26	−0.02	0.09	−0.02	1.0															
5.供应商议价能力	0.14	2.59	−0.01	−0.02	−0.01	−0.01	1.0														
6.竞争者市场能力	−0.02	0.33	−0.04	−0.04	0.01	0.02	0.01	1.0													
7.消费者议价能力	0.17	2.89	0.00	−0.02	0.00	0.02	0.01	0.03	1.0												
8.市场波动	0.13	0.49	0.04	0.00	0.00	0.07	−0.01	−0.01	0.06	1.0											
9.资源可得性	0.04	0.21	0.00	0.07	0.12	0.01	−0.01	0.02	0.00	0.00	1.0										
10.企业年龄	31.14	21.78	−0.04	−0.13	−0.06	−0.04	−0.02	0.04	−0.01	−0.02	0.00	1.0									
11.企业规模	16.66	1.95	0.07	−0.43	−0.02	−0.12	0.09	0.06	0.05	0.05	−0.04	0.34	1.0								
12.资产比率	2.68	14.03	−0.01	0.07	−0.03	0.76	0.01	0.00	0.04	−0.02	−0.02	−0.05	1.0								
13.负债率	3.16	27.11	−0.01	−0.01	0.00	−0.01	0.00	0.01	0.00	0.05	0.03	−0.06	0.02	−0.01	1.0						
14.吸收冗余	0.76	0.16	−0.05	0.02	0.06	−0.07	0.01	0.00	0.01	0.05	−0.07	−0.11	−0.18	0.03	1.0						
15.R&D存量	0.46	1.73	0.08	−0.06	0.00	−0.04	−0.01	−0.04	−0.02	0.01	0.12	0.10	0.14	−0.03	0.00	−0.05	1.0				
16.产品多样化	0.23	0.57	0.00	0.00	0.01	0.01	0.03	−0.04	−0.02	−0.02	−0.08	0.02	0.03	−0.02	0.03	−0.03	1.0				
17.R&D资金	5.51	43.49	0.10	−0.08	−0.01	−0.02	−0.01	0.00	0.00	0.17	0.02	0.12	−0.02	0.00	−0.01	0.38	0.07	1.0			
18.进口强度	0.05	0.09	−0.01	−0.15	−0.01	−0.06	0.01	0.03	0.01	−0.03	0.14	0.28	−0.05	0.00	0.08	0.25	−0.01	0.13	1.0		
19.年均行业绩效	2.69	1.40	0.00	−0.06	−0.13	0.08	0.02	−0.01	−0.17	−0.06	0.09	0.03	−0.04	−0.25	0.07	−0.11	−0.42	1.0			

注：相关性系数的绝对值大于等于0.05表示在1%水平上显著。

四、数据结果与讨论

模型1展示了民营中小企业与非民营中小企业对于供应商议价能力改变不同反应的回归结果。与主流理解一致，民营中小企业变量有轻微显著的负系数（B=−0.302，p<0.10），这说明一般来说民营中小企业是不愿意增加研发投资的。民营中小企业变量的标准系数（β=−0.100）是所有重要系数中的第三大系数，这支持民营中小企业更不愿意跨期增加研发投资这一基本假设。预计供应商议价能力变化的系数是毫无意义的，这也表明供应商议价能力的改变一般不会影响研发投资决定。

假设1供应商议价能力减轻民营中小企业变量和研发投资变化之间的消极关系，这样使得原始的消极关系变得积极。考虑到供应商议价能力的增加，如模型1所示，民营中小企业之间的相互作用系数和供应商议价能力改变是积极的、重要的

（B=0.151，p<0.05），标准系数为0.026。与民营中小企业变量的消极系数相结合，这就意味着供应商议价能力的标准差的增加，使得民营中小企业变得更积极，也使得研发投资增加了约2.6%，这表明假设1是成立的。

假设2（假设2a和假设2b）与假设3（假设3a和假设3b）关注在民营中小企业的决策制定过程中连续的和相互激活的逻辑。如果连续逻辑用多个参照点解释了决策制定，那么，消极的赢利与预期差距和供应商议价能力的改变之间的相互作用可能会变得消极，而积极的赢利与预期差距和供应商议价能力的改变之间的相互作用也可能会变得积极。如果相互激活逻辑用多个参照点解释了决策制定，那么消极的赢利与预期差距和供应商议价能力的改变之间的相互作用可能会变得积极，而积极的赢利与预期差距和供应商议价能力的改变之间的相互作用也可能会变得消极。

模型2报告了针对民营中小企业观察的回归结果。与前期研究结果一致，消极和积极的赢利与预期差距被发现分别有积极和消极的估计系数。因为供应商议价能力和消极的赢利与预期差距之间的相互作用系数是消极的、十分重要的（B=-0.0002，p<0.001），假设2a得到支持。考虑到较高的消极赢利、预期差距与较低的消极赢利、预期差距相比，使得供应商议价能力和研发投资变化之间的斜率变得更加平缓。假设2b没有得到数据支持（B=0.012，p>0.10），尽管系数的方向与时序逻辑是一致的。假设3a和假设3b也不支持民营中小企业的样本数据分析结果。

模型3报告了非民营中小企业观察的回归结果。模型3和模型2的比较为本次研究的理论假设提供了额外的支持，特别是假设1：民营中小企业的管理者通过增加研发投资来应对越来越多的供应商议价能力（B=0.117，p<0.05），而非民营中小企业的管理者对于这种差异并不敏感（B=-0.142，p>0.10）。此外，非民营中小企业的积极和消极赢利与预期差距的未标准化系数比民营中小企业的更大，这表明，在一般情况下，赢利目标对民营中小企业的管理者来说不太突出。这符合以下观点：民营中小企业研发投资决定包括赢利能力和额外的权衡以外其他目标的考虑。另外，供应商议价能力和积极的赢利与预期差距之间的相互作用是消极的，但是仍然十分重要（B=-0.042，p<0.10）。总体来说，这些结果表明，时序逻辑更好地解释了民营中小企业决策制定过程中会受到多个参照点影响的理论假设。

表17—2 固定效应回归分析结果

变量	技术研发投入					
	模型1（FF&NFF）		模型2（FF）		模型3（NFF）	
	B	β	B	β	B	β
民营中小企业（FF）	−0.302+	−0.1+				
供应商议价能力（SBP）	−0.012	−0.023	0.117*	0.047*	−0.142	−0.292
FF×SBP	0.151*	0.026*				
利润逆差（NP）			0.0004***	0.025***	0.037***	0.97***
利润顺差（PP）			−0.015***	−0.189***	−0.040**	−0.22**
NP×SBP			−0.0002**	−0.014**	−0.012	−0.474
PP×SBP			0.012	0.054	−0.042	−0.058+
竞争者市场能力	−0.204***	−0.048***	−0.132*	−0.041*	−0.289	−0.062
消费者议价能力	0.001	0.002	−0.017	−0.014	0.003+	0.008+
市场动态性	0.179**	0.064**	0.045	0.02	0.193*	0.064*
资源可得性	−0.435**	−0.065**	−0.094	−0.022	−1.065***	−0.127***
企业年龄	0.001	0.018	−0.006***	−0.101***	0.002	0.034
企业规模	−0.395***	0.553***	0.179	0.236	0.275***	0.345***
资产回报率	0.001	0.015	0.019***	0.257***	0.041***	0.369***
负债率	0.000	0.001	0.0003**	0.002**	0.000	0.084
吸收冗余	0.622	0.073	0.668+	0.074+	0.863	0.102
R&D存量	−0.285*	−0.354*	0.004	0.005	−0.304	−0.367
产品多样性	0.116	0.048	−0.361+	−0.202	0.092	0.034
研发资金援助	0.002***	0.063***	0.012	0.036	0.002**	0.075**
进口强度	−0.001	0.000	1.413***	0.080***	−1.731*	−0.011*
年均行业绩效	−0.017	−0.018	0.013*	0.017*	−0.049	−0.045
Miller指数	−0.032	−0.046	−0.016	−0.017	−0.006	−0.008
样本大小	995		298		697	
R^2	0.087		0.296		0.113	
F值	2.88***		26.40***		2.72***	
豪斯曼检验值	703.54***		705.59***		425.18***	

注：+为$p<10\%$，*为$p<5\%$，**为$p<1\%$，***为$p<0.1\%$。NFF表示非民营企业。

第四节　理论成果及对我国民营中小企业研发投入战略的借鉴

管理者在技术研发投资决策过程中设定和采用多个参照点这一理论一直在组织理论研究中占有一席之地。有关研究表明，民营中小企业往往会因为追求以家族控制权为中心的非经济性目标而作出减少研发投入的企业决策。研究人员感兴趣的民营中小企业投资决策剖析迄今为止一直强调赢利能力优先，从而忽视其他组织目标，导致民营中小企业作出研发投资决策过程会产生额外的异质性因素。实际上，本章的理论研究发现赢利能力和家族为中心的企业目标在民营中小企业管理决策过程中共同存在并互相作用。其中，民营中小企业供应商议价能力作为影响研发投资决策的战略参照点这一发现是十分重要的，因为这一理论发现丰富了有关企业在赢利能力之外的组织目标研究，揭示了民营中小企业家族管理者视角下的控制目标在民营中小企业研发投资决策时产生异质性的可能性。

一、主要理论发现

本章为企业行为理论提供了新的视角，理论研究结果解释了民营中小企业和非民营中小企业在制定研发投资决策时的区别。结果表明，在以往研究的强调经营业绩的参照点以外，本章加入其他有关民营中小企业研发投资决策参照点，主要为了反映家族管理者关于以民营企业为中心的企业控制权目标。针对这些目标，民营中小企业管理者形成供应商议价能力的参照点，并运用这些来作出判断外部阻碍其自由和管理自由裁量权的程度。另外，本次研究显示赢利目标和以家族为中心的控制权目标之间的相关性，为了控制民营中小企业制定决策时遵循时序逻辑，这使得民营中小企业应对供应商议价能力增加时的能力更强，特别是当企业赢利能力达到预期参照点时。总体来说，本次研究为民营中小企业技术创新带来了新的研究视角，也延伸拓展了由家族参与企业管理组织产生的这一独特的组织过程的研究。本次研究还表明未来的研究需要理解民营中小企业与非民营中小企业创新决策行为过程的差异性。

关于民营中小企业设置多目标影响决策的研究打开了民营中小企业创新领域的新视角。民营中小企业决策制定时控制参照点的相关性，改变取决于赢利目标的目的预见与否。因此，经验证据在本次研究中报告了民营中小企业应对供应商议价能力参照点的改变时赢利目标调节效应的存在是尤其重要的：民营中小企业的赢利能力低于预期参照点，供应商议价能力的改变和研发投资之间的关系变得更弱了。这项研究似乎是第一个使用定量方法进行经验论证的。民营中小企业决策制定者对控制和赢利目标连续关注。为了测试时序关注的假设，笔者使用最初由格雷夫（Greve）提出的方法，变量的相互作用显示了供应商议价能力的参照点与审查变量捕获赢利参照点变量实现与否之间的矛盾。如格雷夫指出的，该方法可以轻易复制，因此对民营中小企业时序关注组织目标的后期研究有用。[①]

本次研究是对民营中小企业支持时序关注假设的研究结果，应该指出的是，非民营中小企业回归分析的结果提供了较为显著的结果，这样也支持了共同激活逻辑下的研究假设。本章内容引入了两个相互矛盾的理论来探索民营中小企业多个战略参照点的存在，同时讨论相互激活逻辑不适合民营中小企业的理论原因。在本次研究中，认为激活逻辑假设下、管理决策行为假设下，减少外部依赖关系可能对公司绩效有积极的影响。这个论点部分支持非民营中小企业的管理者更多地将对供应商议价能力作为赢利能力间接的前提条件。因此，当赢利能力高于参照点，非民营中小企业的管理者不考虑供应商议价能力作为其决策制定时的相关维度，但是当赢利能力低于参照点，他们也开始考虑增加企业研发投资。然而和研究预期一致的是，家族管理者遵循不同的逻辑（时序关注逻辑），因此只有达到赢利目标时，他们才开始考虑供应商议价能力的维度。这一发现支持了本章提出的理论假设，特别是关于家族管理者在追求赢利目标的同时还追求控制目标的理论创新点，所以这也就解释了民营中小企业主要供应商的集中度被家族管理者视为他们评估决策制定控制变化的参照维度。

此外，本次实证检验结果显示了一些其他有趣的结论：首先，民营中小企业和非民营中小企业的管理者会倾向于使用不同的战略参照点，甚至不同程度地解释相同的参考维度（比如，非民营中小企业的管理者视供应商议价能力为企业赢利能力的前驱因素，而民营中小企业管理者视之为其决策制定控制的决定因素），这可能反映了这两类企业管理者之间的不同知识配置。比如，非民营中小企业可能更多从明确的知识体系中获利，而民营中小企业管理者则可能更多地关注"干中学"的知识。第二，以往研究文献通常推测民营中小企业管理者制定战略决策主要受家族为中心的非经济目标所驱动，但是本次的研究证据表明，当关注研发投资的变化时，赢利目标在家族经理人评估过程中占有优先。未来的研究需要扩展这些疑虑，例如，审视前人对于民营

---

① Greve H. R., "A Behavioral Theory of Firm Growth: Sequential Attention to Size and Performance Goals", *Academy of Management Journal*, No.3, 2008.

中小企业管理者和非营中小企业管理者使用定性研究方法的评估过程，检查赢利能力和控制目标对其他战略行为的影响，比如国际化、新产品介绍、企业并购，这些都表现出民营中小企业和非民营中小企业的管理者不同的权衡。另外，未来的研究可以进一步扩展笔者的研究是通过考虑绩效评估和决策过程的时间框架。而笔者的研究结果表明，赢利能力和控制目标在研发投资有关的决策时遵循时序逻辑，当更多短期导向的战略行为被关注时，这些目标可能会有相辅相成的效果。因此，未来的研究可以关注在民营中小企业中控制和赢利目标如何共同影响企业行为，这可以采用更多的短期导向策略，比如营销投资或裁员的决定来比较长期的战略决策。

供应商议价能力只是民营中小企业管理者在多种目标关系中的战略参照点之一，但在研发投资中有特别意义，因为管理者采取行动是为了在他们企业实现和维护一定程度的决策制定控制，这些行动是民营中小企业非常重要的创新战略。[1] 事实上，民营中小企业在技术创新等方面做的决定比如随着时间的推移，一个企业是否应该增加或减少研发投资，或获得技术，或进入合资企业，这些都已在前期研究中从其他视角论证过。现在是时候重新研究审视这些供应商议价能力参照点或其他基于外部依赖维度的结果，作为一个预测变量维度。

设置不同战略参照点对民营中小企业的研发投资决策进行解释是本研究的核心创新点。当民营中小企业管理者相信自己对决策制定的控制十分有限时，他们会通过增加研发投资寻求开发新的技术知识。这个解释具有较强的理论价值，因为它使用了关于个人决策制定和组织行为众所周知的事实来开发新的预测。组织追求目标和社会建构参照点是管理者决策制定的微观理论，这已获得了足够的实证支持。当结合外部利益相关者对中小企业管理者管理决策过程所施加的影响时，这种影响关系虽然具有潜在相关的可能性，但却是难以进行度判断的，前提就是民营中小企业管理者能够充分利用可获得的信息，通过历史数据比较后得到的预期差距值来对新的企业战略决策形成影响。当企业内部知识与企业外部依赖资源相结合时，这个前提能明确、具体地预测出民营中小企业管理者如何对参照点作出判断。

二、主要管理启示

本章研究内容对民营中小企业的管理实践也具有重要启示。研究结果挑战了如下

---

[1] Kotlar J., De Massis A., Frattini F., Bianchi M., Fang H., "Technology Acquisition in Family and Non-Family Firms: A Longitudinal Analysis of Spanish Manufacturing Firms", *Journal of Product Innovation Management*, No.6, 2013.

想法：以家族控制权为中心的非经济目标在民营中小企业中总是主导力量，这也说明了当赢利目标无法达到时，民营中小企业的决策制定者可能会倾向于淡化维护控制和制定战略决策的重要性，比如，增加研发投资水平，尽管这需要向职业经理人让渡一部分权力，甚至有时会稀释家族所有权股份。这表明，在危机时期，性能远低于目标值时，民营中小企业决策制定者可能会放弃以家族为中心的目标追求，实施战略性的、长期的、有风险的决策。这可能代表民营中小企业相对的竞争优势之一，与非民营中小企业同行相比，通常从事风险规避行为，特别是在技术创新方面。然而，即使民营中小企业为研发投资找到很好的理由，但作为民营中小企业管理者依然倾向保持控制他们的组织意愿。这些目标在民营中小企业在更高的外部依赖情况下被激活，如本研究涉及的当供应商议价能力增加时。民营中小企业的职业经理人应该利用这一动态，比如，在组织业绩下降至低于目标值时，提交长期战略项目至顶层管理团队；与笔者的直觉相反，在这种情况下项目的机会被批准增加，而不是在公司性能特别好的时候。此外，民营中小企业管理者应该仔细评估研发投资的后果以及企业赢利目标，设计他们民营中小企业的创新战略。

三、未来研究方向

本次研究也有一定的局限性，其中一些还代表未来研究的机会。首先，本次研究结果的普遍性必须经过更广泛的验证。本次研究是使用西班牙私人工业企业的样本来测试本次假设，这让笔者更专注于理想设置，假设企业能够为市场成功带来新产品和服务，这对竞争优势和精心研发投资决策来说尤为重要。未来研究需要使用其他工业领域和西班牙之外的上市公司样本以扩展本次研究结果的有效性。其次，本次研究依赖于二手数据源和类似的最近其他研究，笔者关注以家族为中心目标的重要性，用家族所有权和参与顶层管理制定决策。然而，笔者还展示了无视家族参与的类似情况，民营中小企业可能改变其控制权目标的重要性。因此，研究需要进一步完善笔者对民营中小企业的定义，进一步扩展笔者对家族参与、家族影响和家族目标之间联系的理解。最近的研究也表明，以家族为中心的目标随着时间而改变的重要性，这会影响民营中小企业创业行为。未来的工作应把时间维度引入研发投资决策的辩论，并研究了企业年龄如何帮助解释民营中小企业的研发投资行为，这是未来的另一个有趣的研究领域；最后，受到数据可用性的限制，本次研究评估供应商议价能力的改变，只通过依赖于一个主要的维度，即主要供应商的重要性，但是并没有评估这样的供应商提供的货物临界值。精炼这种测量可能可以合理地提供更坚固稳定、更明显可信的结果。

本章内容还对未来研究产生强烈影响，特别是了解民营中小企业的技术创新过程的原理。近期研究表明，家族治理的特点在技术创新领域需要特殊的行为，并与非民营中小企业发现的行为差异很大。这些行为模式与建立创新理论的预测往往是不一致的，这在很大程度上得到发展，与理论或实践上确认民营中小企业的突出无关。本章提出了一个非常有希望的方法来克服建立创新理论的限制，这需要关注具象的目标和参照点，来制定民营中小企业的决策。除了研发投资有关的决策之外，参照点理论在本章中还被用于扩展笔者前期对于民营中小企业与非民营中小企业之间的区别审视的理解，比如，从企业以外边界的技术收购和技术采纳，或者其他未被深层研究的领域，例如革命性创新或渐进性创新与决策之间的选择第三方专有技术。

第十八章　中小企业技术管理人员聘用的战略分析

第一节　核心理论梳理及研究框架设计

技术管理人员的聘用对于企业技术创新活动具有决定性的作用，其重要程度甚至超越了装备、专利、图纸等其他技术载体，[1] 也有研究认为，正是人的因素才使得以上这些物化载体的功能得以充分实现。[2] 关于民营中小企业聘用外部的技术管理人员的相关文献曾集中探讨过其决策影响因素问题，[3] 但是依然存在许多空白研究领域。最值得注意的是，虽然民营中小企业对聘用非家族技术管理人员的经济和非经济理由都已被探讨过，但是关于家族所有权和隔代继承意图是如何影响非家族技术管理人员的聘用仍有待研究。家族通过所有权来控制企业已被普遍认可，因为所有权为民营企业提供了追求企业利益的自治权。因此可以认为，企业控制权具有经济和社会情感双重因素。同样的，那种想要将公司的控制权转移给家族业主后代的想法不仅是表面上受到社会情感的影响，还与公司内部的经济可行性有关。此外，由于家族所有权是必要但不是充分的，家族内部继承情况的发生，这两者是相关的，但没有明显的证据说明这两者对聘用非家族技术管理人员的影响程度。因此，这两个问题是互补的，而不

---

[1] Chua J.H., Chrisman J.J., Steier L.P., Rau S.B., "Sources of Heterogeneity in Family Firms: An Introduction", *Entrepreneurship Theory and Practice*, No.36, 2012.

[2] De Massis A., Kotlar J., Chua J.H., Chrisman J.J., "Ability and Willingness as Sufficiency Conditions for Family-Oriented Particularistic Behavior: Implications for Theory and Empirical Studies", *Journal of Small Business Management*, No.52, 2014.

[3] Blumentritt T.P., Keyt A.D., Astrachan J.H., "Creating an Environment for Successful Non-family CEOs: An Exploratory Study of Good Principals", *Family Business Review*, No.20, 2007.

是含蓄地选择性地解释民营企业间的，以及民营企业与非民营企业间的变量。①

尽管民营企业管理特性的时间动态性已被广泛认可②，但是诸如企业规模等其他因素，会随着时间的推移而变化，所以仍有待深入研究。虽然企业规模常被视为一个重要的偶然性因素，③但是研究还是通常把企业规模看作控制变量，假定它只对民营企业的行为和绩效产生直接影响。然而，检验只对企业的特征有直接的影响，比如企业规模缩小视为企业的改变，那么家族和企业的目标也是如此。④ 这些可能会改变企业的其他特征，比如家族所有权和继承意图，影响企业策略和管理的决定，包括那些关于聘用非家族技术管理人员的决定。⑤ 因为非家族技术管理人员通常会在民营企业扮演一种重要的角色，为了增加笔者对民营企业的理论理解，需要增加更多的诸如企业规模的影响变量。确实，以往的研究表明，民营企业经常按一种异质模式成长，并且传统智慧来源于非民营企业的研究，即非民营企业的成长模式不能直接适用于民营企业。⑥

本章旨在调查家族所有权和隔代继承意向对聘用非家族技术管理人员聘用决定的影响程度，以及这些关系是如何受企业规模的影响。笔者采用了来自于美国7299个私有中小型企业的样本数据，采用托比回归分析这些企业与家族所有权的牵连关系。笔者专注于中小企业（那些只有5—500名员工的企业），这样笔者的结果就不会与事实混淆，即企业规模能简单地影响聘用非家族技术管理人员的决定，因为家族成员有限，难以满足技术管理人员随着民营企业成长的要求。笔者希望确保样本由如下民营企业构成：这些民营企业有固定所有权和任意决定权去做重要决定，比如是否去聘用非家族技术管理人员的决定。

---

① Zellweger T.M., Kellermanns F.W., Chrisman J.J., Chua J.H., "Family Control and Family Firm Valuation by Family CEOs: The Importance of Intentions for Trans-Generational Control", *Organization Science*, No.23,2012.

② Sharma P., Salvato C., Reay T., "Temporal Dimensions of Family Enterprise Research", *Family Business Review*, No.27,2014.

③ Gómez-Mejía L.R., Cruz C., Berrone P., De Castro J., "The Bind that Ties: Socioemotional Wealth Preservation in Family Firms", *The Academy of Management Annals*, No.5,2011.

④ Kotlar J., Fang H., De Massis A., Frattini F., "Profitability Goals, Control Goals, and the R&D Investment Decisions of Family and Non-Family Firms", *Journal of Product Innovation Management*, No.31,2014.

⑤ Kotey B., Folker C., "Employee Training in SMEs: Effect of Size and Firm Type—Family and Non-Family", *Journal of Small Business Management*, No.45,2007.

⑥ Colombo M.G., De Massis A., Piva E., Rossi-Lamastra C., Wright M., "Sales and Employment Changes in Entrepreneurial Ventures with Family Ownership: Empirical Evidence from High-Tech Industries", *Journal of Small Business Management*, No.52,2014.

从理论上讲,笔者假设,聘用非家族技术管理人员会导致所有权和控制权的分离,这样会增加代理成本[①]并且会降低经济绩效。此外,聘用非家族技术管理人员会减少社会情感财富,这是民营企业重点关注的问题。最后,家族所有权和家族内部继承意向会让非家族技术管理人员对就业机会与公平待遇产生消极看法,它会降低可用劳动力的质量,降低家族业主对聘用非家族技术管理人员的预期收益。总之,这些因素表明,所有权和家族内部继承意向这两者与非家族技术管理人员在民营企业中聘用的比例呈负相关。

随着企业规模的扩大,民营企业会更专业化,成立机构正式代理成本控制机制,并以一种实现经济和非经济目标的方式来获得高绩效。这些因素可能会增加就业机会,在绩效评估中减少徇私舞弊,减少信息不对称,让民营企业更有机会接触更优质的管理类劳动人才。因此,企业规模减少了成本,增加了民营企业聘用非家族技术管理人员的利益。因此,笔者预测企业规模能调节家族所有权、家族内部继承意向和非家族技术管理人员的聘用之间的关系。[②]

笔者研究了检验以上关系的文献,但这些文献仅对关系进行了推测,对民营企业没有基础价值。[③] 笔者的研究结果表明,家族所有权和隔代继承意图这两者与非家族技术管理人员在民营企业中的聘用比例是负相关的。更重要的是,笔者要解决企业规模,通常用作可变对照,是否在家族商业环境里具有更大的理论和经验显著性。笔者发现企业规模通过减少有关负面影响来调节家族所有权和继承意图对非家族技术管理人员聘用的影响。一般来说,笔者的研究结果表明,企业规模会改变家族业主和管理者对于非家族技术管理人员如何影响企业正常和目标实现的看法。在笔者的研究中,企业规模的直接影响不如其调节作用重要。换句话说,这不仅仅是与企业规模相关的供需问题会影响非家族技术管理人员的聘用。相反,代理机构和社会情感财富问题与非家族技术管理人员的聘用的重要性会随着企业增长而减弱,这是由于家族所有权和控制权的分离而日益增长的。[④] 这表明,如企业规模的变量可能导致民营企业所展现的独特行为的程度和类型这两者之间产生差异。

为了描述家族所有权,家族内部继承和企业规模如何影响非家族技术管理人员在

---

① Chua J.H., Chrisman J.J., Bergiel E.B., "An Agency Theoretic Analysis of the Professionalized Family Firm", *Entrepreneurship Theory and Practice*, No.33,2009.
② 笔者认为这些关系在员工人数超过 500 人的大企业中影响更深。
③ Chua J.H., Chrisman J.J., Sharma P., "Succession and Non-Succession Concerns of Family Firms and Agency Relationship with Non-Family Managers", *Family Business Review*, No.16,2003.
④ Cruz C. C., Gomez-Mejia L. R., Becerra M., "Perceptions of Benevolence and the Design of Agency Contracts: CE-TMT Relationships in Family Firms", *Academy of Management Journal*, No.1,2010.

民营企业中的聘用比例，笔者考虑了代理理论、社会情感财富问题，以及非家族技术管理人员的聘用偏好。

一、家族所有权和非家族技术管理人员的聘用

在代理理论的领域内，当业主聘用有权威的，并预计会代表业主最高利益的技术管理人员时，一个委托代理关系便会出现。根据杰森（Jensen）和麦克林（Meckling）的想法，代理问题来源于利益分歧，利益问题会刺激技术管理人员的机会主义行为，导致信息不对称，并且利益分歧会使这些行为很难被发现。① 对此，业主可能会投资监控资源，提供管理激励。② 因此，代理成本由控制代理行为的成本和那些不能被控制的机会主义行为的剩余亏损组成。业主承担这些成本的冲击，这些成本相应地按比例分担，不像那些私人的控制利润归一个人所有。因此，随着业主的股权增加，减少代理成本的动力也会增加。

一般来说，研究已经表明，民营企业的代理成本是很低的。③ 理论上，这还只是假设，因为当业主和管理者之间的家族联系出现时，代理矛盾和成本也会从各个方面随之而来。尽管独特的代理矛盾会随着利他主义而产生，④ 代理理论已经表明，当业主和技术管理人员被绑为一体时，利益矛盾会最小化，因为家族关联会促进业主和技术管理人员之间的利益联盟。⑤ 然而，因为非家族技术管理人员的定义规定其与家族业主没有家族联系，那么，这些非家族技术管理人员就可能会公开家族动态以允许家族技术管理人员来运行减少代理矛盾的项目。因此，非家族技术管理人员可能更容易产生机会主义行为。⑥

---

① Jensen M.C., Meckling W.H.,"Self-Interest, Altruism, Incentives, and Agency Theory", *Journal of Applied Corporate Finance*, No.7,1994.

② Eisenhardt K.M.,"Agency Theory: An Assessment and Review", *The Academy of Management Review*, No.14,1989.

③ Le Breton-Miller I., Miller D., Lester R.H.,"Stewardship or Agency? A Social Embeddedness Reconciliation of Conduct and Performance in Public Family Businesses", *Organization Science*, No.22,2011.

④ Schulze W. S., Lubatkin M. H., Dino R. N., Buchholtz A. K.,"Agency Relationships in Family Firms: Theory and Evidence", *Organization Science*, No.2,2001.

⑤ Fama E.F., Jensen M.C.,"Separation of Ownership and Control", *Journal of Law and Economics*, No.26,1983.Jensen M.C., Meckling W.H.,"Theory of the Firm: Managerial Behavior, Agency Costs, and Economic Organization", *Journal of Financial Economics*, No.4,1976.

⑥ Wu S., James M.X., Wang B., Jung J.Y.,"An Agency Approach to Family Business Success in Different Economic Conditions", *International Journal of Management Practice*, No.5,2012.

此外，家族社会关系和共同的历史，减少了家族负责人和家族代理之间的信息不对称。因此，家族负责人有能力同时使用非正式的监督机制和家族的制裁来控制后者的行为，这限制了家族和代理之间机会主义的出现，减少了昂贵的正式控制机制的投资需求。[1] 遗憾的是，随着家族业主更偏好非正式控制机制来监控家族而不是非家族代理的倾向越来越严重，非家族技术管理人员与家族之间的分离会导致非家族技术管理人员和家族业主之间关系的恶化。[2] 其结果是，家族业主往往不愿意聘用非家族技术管理人员，[3] 因为非家族技术管理人员往往需要不同的和更昂贵的控制方法。

然而，非家族技术管理人员可以促进民营企业获得家族成员无法提供的技能。[4] 在管理劳动力市场很可能包含更高质量的个人而不是有限的适合民营企业聘用的家族成员的数量。[5] 假设民营企业可以从整个劳动力市场中找到非家族技术管理人员，家族业主可能会面临那些可能能力不高，但是努力推动企业向前的家族技术管理人员和那些不太努力推动企业向前但是能力较高的非家族技术管理人员之间的选择。[6]

另外，文献也承认非经济目标[7]和民营企业中社会情感财富的重要性，这种社会情感财富来源于家族所有权。[8] 根据定义，几乎非家族经理不太可能会从导致社会情感财富的非经济目标出发作出贡献或带来利益。此外，非家族技术管理人员的存在可

---

[1] Pollak R.A., "A Transaction Cost Approach to Families and Households", *Journal of Economic Literature*, No.23,1985.

[2] Chua J.H., Chrisman J.J., Bergiel E.B., "An Agency Theoretic Analysis of the Professionalized Family Firm", *Entrepreneurship Theory and Practice*, No.33,2009.

[3] Ilias N.,"Families and Firms: Agency Costs and Labor Market Imperfections in Sialkot's Surgical Industry", *Journal of Development Economics*, No.80,2006.

[4] Bennedsen M., Nielsen K.M., Pérez-González F., Wolfenzon D.,"Inside the Family Firm: The Role of Families in Succession Decisions and Performance", *The Quarterly Journal of Economics*, No.122,2007.

[5] Chrisman J.J., Memili E., Misra K.,"Non-Family Managers, Family Firms, and the Winner's Curse: The Influence of Non-Economic Goals and Bounded Rationality", *Entrepreneurship Theory and Practice*, No.38,2014.

[6] Verbeke A., Kano L.,"The Transaction Cost Economics Theory of the Family Firm: Family-based Human Asset Specificity and the Bifurcation Bias", *Entrepreneurship Theory and Practice*, No.36,2012.

[7] Chrisman J. J., Chua J. H., Pearson A. W., Barnett T., "Family Involvement, Family Influence, and Family Centered Non Economic Goals in Small Firms", *Entrepreneurship Theory and Practice*, No.2,2012.

[8] Gómez-Mejía L.R., Haynes K.T., Núñez-Nickel M., Jacobson K.J., Monyano-Fuentes H., "Socio-emotional Wealth and Business Risk in Family-controlled Firms: Evidence from Spanish Olive Oil Mills", *Administrative Science Quarterly*, No.52,2007.

能会限制家族对无私行为和转移资源的判断以及停止对家族成员的控制。[1] 这可能会降低家族业主对聘用非家族技术管理人员的兴趣，因为他们认识到他们不能为创造社会情感财富的家族导向的非经济目标的成就做贡献。

相反，在企业中，家族所有权也可能会阻碍民营企业追求聘用一些非家族技术管理人员。例如，非家族技术管理人员可能会担心程序化和民营企业的利益分配是否公正。[2] 非家族技术管理人员可能会认为积极的家族业主作为一个因素限制他们职业成就的潜能，并且转而受聘于更高绩效的非民营企业。最后，高绩效家族所有权可能会暗示相对较差的人力资源实践并限制锻炼的机会。

在交流中非经济性的目标变得比经济目标更加困难，[3] 部分是因为非经济绩效通常是自然主观的，比经济绩效更难以衡量。对非经济目标的追求创造了民营企业的社会情感财富，也可能会引起特质的战略和行为。由于技术管理人员的绩效取决于他们理解和实现目标的能力，而非家族技术管理人员不是家族的一部分，可能在家族中心的非经济目标和社会情感财富的环境里没有优势，这是非常重要的原因。[4] 这种信息不对称可能加剧对职业成就和非家族技术管理人员自我发展的障碍。[5] 另外，非家族技术管理人员可能不能对他们的绩效作出完全的补偿，因为家族业主可能会偏向他们的评价和期望，或者更看重家族的社会情感财富的贡献而不是企业的经济绩效。[6]

非家族技术管理人员拥有一些与民营企业文化冲突的个人特质也值得一提。[7] 由

---

[1] Chua J.H., Chrisman J.J., Bergiel E.B., "An Agency Theoretic Analysis of the Professionalized Family Firm", *Entrepreneurship Theory and Practice*, No.33,2009.

[2] Colombo M.G., De Massis A., Piva E., Rossi-Lamastra C., Wright M., "Sales and Employment Changes in Entrepreneurial Ventures with Family Ownership: Empirical Evidence from High-tech Industries", *Journal of Small Business Management*, No.52,2014.

[3] Mitchell R.K., Morse E.A., Sharma P.,"The Transacting Cognitions of Non-Family Employees in the Family Businesses Setting", *Journal of Business Venturing*, No.18,2003.

[4] Chrisman J.J., Memili E., Misra K., "Non-Family Managers, Family Firms, and the Winner's Curse: The Influence of Non-Economic Goals and Bounded Rationality", *Entrepreneurship Theory and Practice*, No.38,2014.

[5] Colombo M.G., De Massis A., Piva E., Rossi-Lamastra C., Wright M., "Sales and Employment Changes in Entrepreneurial Ventures with Family Ownership: Empirical Evidence from High-tech Industries", *Journal of Small Business Management*, No.52,2014.

[6] Berrone, P., Cruz, C., Gómez-Mejía, L.R., "Socioemotional Wealth in Family Firms: Theoretical Dimensions, Assessment Approaches and Agenda for Future Research", *Family Business Review*, No.25,2012.

[7] Barnett T., Long R.G., Marler L.E., "Vision and Exchange in Intra-Family Succession: Effects on Procedural Justice Climate among Non-Family Managers", *Entrepreneurship Theory and Practice*, No.36,2012.

于家族经常会建立一系列复杂且充满斗争的民营企业特征,[1] 而非家族技术管理人员可能会在对待这些组织特征时有所差异。总体来说,非家族经理在能够胜任完成企业目标,价值,和家族规范之前,他们在民营企业工作一般要求有较高的社会地位,[2] 他们其中一些人就要克服他们自己的日常工作。[3]

就业机会减少,非经济目标降低,偏好减弱,以及公平待遇的缺乏都会导致民营企业中的非家族技术管理人员的职位减少。[4] 然而,由于民营企业普遍存在,潜在非家族技术管理人员的劳动力市场会减少,但是不会消除。劳动力市场排序会导致大量合格的候选人避开民营企业的聘用,而更倾向选择非民营企业。[5] 少量符合要求的候选人会减少选择性。

笔者的理论意味着家族业主要从低质量的劳动力市场寻找人才,劳动力市场会降低聘用非家族技术管理人员的收益并因此降低他们的兴趣。然而潜在的代理理论问题仍然存在,只是由于获得高质量人才的概率减少了导致获得的利益。事实上,代理问题的潜在可能性会增加,因为如果高质量的应聘者是效用最大化的,他们会以较少的努力获得较大的效用;由于他们能力较低,他们不愿意付出较大的努力。[6]

总而言之,包括潜在的与聘用非家族技术管理人员有关的社会情感财富流失的代理风险可能被认为超过了潜在的管理者能为企业提供的经济利益。由于所有权赋予业主对企业的决策权和使用权,笔者认为聘用非家族技术管理人员的动机会直接与家族所有权和控制权的水平呈比例关系。因此,在高速增长之下,家族所有权的增长应该与非家族技术管理人员比例的降低有关。

假设1:家族所有权与民营企业中非家族技术管理人员的比例呈负相关关系。

---

[1] Shepherd D., Haynie J.M., "Family Business, Identity Conflict, and an Expedited Entrepreneurial Process: A Process of Resolving Identity Conflict", *Entrepreneurship Theory and Practice*, No.33,2009.

[2] Blumentritt T.P., Keyt A.D., Astrachan J.H., "Creating an Environment for Successful Non-Family CEOs: An Exploratory Study of Good Principals", *Family Business Review*, No.20,2007.

[3] Hall A., Nordqvist M.,"Professional Management in Family Businesses: Toward an Extended Understanding", *Family Business Review*, No.21,2008.

[4] Chrisman J.J., Memili E., Misra K., "Non-Family Managers, Family Firms, and the Winner's Curse: The Influence of Non-Economic Goals and Bounded Rationality", *Entrepreneurship Theory and Practice*, No.38,2014.

[5] Schulze W. S., Lubatkin M. H., Dino R. N., Buchholtz A. K., "Agency Relationships in Family Firms: Theory and Evidence", *Organization Science*, No.2,2001.

[6] Chua J.H., Chrisman J.J., Bergiel E.B., "An Agency Theoretic Analysis of the Professionalized Family Firm", *Entrepreneurship Theory and Practice*, No.33,2009.

二、家族内部继承意向与非家族技术管理人员的聘用

尽管家族所有权是追求和保留社会情感财富的必要组成，但是隔代继承意向已经被高度重视为影响社会情感财富保留目标的家族政策的主要组成部分。① 的确，隔代继承意向已经表明增加了家族业主的企业财政价值的预期，因此正在努力举例说明一个基础的且重要的民营企业的区别性因素。② 相反，隔代继承的风险经常来自家族内部争夺社会情感财富的斗争，这种扩展家族企业的制度意义不大。③ 总之，这些观点和证据都说明，一系列的非家族技术管理人员在民营企业中的角色意义。

尤其是非家族技术管理人员的聘用和家族控制权的分解会降低家族内部继承的意向和计划。④ 比如说，潜在继承者和非家族技术管理人员的斗争是阻止家族内部继承事件的主要因素。而且，那些依赖非家族技术管理人员的民营企业不太可能向潜在家族继承者转移具有企业特征的知识。⑤ 最后，因为继承者的满意度主要取决于现任领导者是否愿意转移领导关系控制权，以及"位置加热器"的完美解释的策略涉及非家族首席执行官（CEO）的临时任命能被撤回。因此，有隔代继承意向的民营企业可能更倾向将管理职位留给家族成员。

另外，符合要求的专业代理可能没有引起那些坚持家族内部继承的民营企业的注意，因此意向标志着家族中心文化或身份的存在，综上所述，非家族技术管理人员可能会感到非兼容性。⑥ 而且，成功的隔代继承一般要求核心家族和非家族员工有强烈的联系，并且，非家族技术管理人员会觉得这对他们的专业性发展和自我利益有冲突。⑦ 最终，家族业主有效地消除非家族技术管理人员成为 CEO 机会的家族

---

① Berrone, P., Cruz, C., Gómez-Mejía, L.R., "Socioemotional Wealth in Family Firms: Theoretical Dimensions, Assessment Approaches and Agenda for Future Research", *Family Business Review*, No.25,2012.

② Zellweger T.M., Kellermanns F.W., Chrisman J.J., Chua J.H., "Family Control and Family Firm Valuation by Family CEOs: The Importance of Intentions for Trans-generational Control", *Organization Science*, No.23,2012.

③ Eddleston K.A., Otondo R.F., Kellermanns F.W., "Conflict, Participative Decision-making, and Generational Ownership Dispersion: A Multilevel Analysis", *Journal of Small Business Management*, No.46,2008.

④ Sonfield M.C., Lussier R.N., "Non-Family-Members in the Family Business Management Team: A Multinational Investigation", *International Entrepreneurship and Management Journal*, No.5,2009.

⑤ Chirico F., Nordqvist M., "Dynamic Capabilities and Trans-Generational Value Creation in Family Firms: The Role of Organizational Culture", *International Small Business Journal*, No.28,2010.

⑥ Blumentritt T.P., Keyt A.D., Astrachan J.H., "Creating an Environment for Successful Non-Family CEOs: An Exploratory Study of Good Principals", *Family Business Review*, No.20,2007.

⑦ Hall A., Nordqvist M., "Professional Management in Family Businesses: Toward an Extended Understanding", *Family Business Review*, No.21,2008.

内部继承意向可能会降低有抱负的候选人对申请民营企业职位的热情。并且，因为高质量的有就业意向的候选人数很多，减少民营企业可能性的消极分类可能会聘用最高质量的管理人才，这些管理人才会增加民营企业坚持家族管理者可能性的倾向。

假设2：隔代继承意向对非家族技术管理人员在民营企业中的比例有消极影响。

虽然这些内部假设应该与民营企业有普遍联系，笔者假定这些关系极大程度取决于企业规模。在下文，笔者认为当民营企业规模扩大后，笔者假设家族所有权和隔代继承意向的消极影响会变弱。

三、企业规模、家族所有权和非家族技术管理人员的聘用

理论研究认为，对家族技术管理人员的过度信赖会对企业绩效产生负面影响，因为家族成员在接任管理职位的时候管理技能有限。[1] 这种顾虑在大型的民营企业中显得更加突出。[2] 在越大的企业中管理任务越复杂，企业经理的能力也越重要。久而久之，专业化变得迫切，根据家族中心规则而不是商业条件聘用和提升技术管理人员变得不再可取。[3] 因此，聘用非家族技术管理人员可能会帮助民营企业克服家族管理的遗传限制，提高企业绩效，这对民营企业的扩大尤为重要。[4]

而且，越大的民营企业拥有越多的资源，并设计常规的监管体系以确保技术管理人员顺从业主的管理，并提高激励薪酬体系以调整技术管理人员与业主的利益；潜在地降低聘用非家族技术管理人员的代理矛盾和成本的风险。[5] 较大与较小的规模相比，也可能会影响设计规模经济和体系的执行，导致非家族代理控制的成本降低，绩效上升。[6] 这些策略有利于保护民营企业对抗代理矛盾，有利于聘用非家族技术管理人员，有利于

---

[1] Stewart A., Hitt M., "Why can't a Family Business be more like a Non-Family Business? Modes of Professionalization in Family Firms", *Family Business Review*, No.25, 2012.

[2] Heneman R.L., Tansky J.W., Camp S.M., "Human Resource Management Practices in Small and Medium-Sized Enterprises: Unanswered Questions and Future Research Perspectives", *Entrepreneurship Theory and Practice*, No.25, 2000.

[3] Chrisman J.J., Chua J.H., Litz R., "Comparing the Agency Costs of Family and Non-Family Firms: Conceptual Issues and Exploratory Evidence", *Entrepreneurship Theory and Practice*, No.28, 2004.

[4] Chittoor R., Das R., "Professionalization of Management and Succession Performance: A Vital Linkage", *Family Business Review*, No.20, 2007.

[5] Carlson D., Upton N., Seaman S., "The Impact of Human Resource Practices and Compensation Design on Performance: An Analysis of Family-Owned SMEs", *Journal of Small Business Management*, No.44, 2006.

[6] Grandori A., *Corporate Governance and Firm Organization: Microfoundations and Structural Forms*, Oxford: Oxford University Press, 2004, p.412.

增加有能力的技术管理人员在民营企业工作的吸引力。

总而言之，随着企业的扩大，聘用非家族技术管理人员应该对家族业主更有吸引力。这部分是因为专业化的管理能力比代理成本更重要，而代理成本相比企业的扩大，其比例非常低。另一个原因是社会情感财富的显著性作为决策制订的驱动作用往往随着企业规模的扩大而减弱。[1]

由于业主拥有来自企业绩效的经济利益，以及决定家族所有权股份比例的决策权，本章假设家族所有权与非家族技术管理人员之间呈负相关。然而，规模的调节效果也受技术管理人员绩效的影响，调节效果也会增强民营企业所能接触的劳动力市场的特性。从非家族技术管理人员的角度来看，规模会减缓家族所有权的消极影响。越大的企业拥有越高的社会能见度。对于家族企业，增加企业规模能提高非家族股东的关注度，[2] 这些股东可能会要求规范现行的企业规则，要求各领域如人力资源管理方面拥有更好的实践经验。[3]

此外，越大的民营企业可能会提供更多的就业机会，[4] 并且可能越专业化，从而降低偏好可能性程度。由于大企业的经济目标可能更显著，那么，家族业主和非家族技术管理人员之间的信息不对称的可能性会越低。[5] 由于这些原因，在较大的民营企业就业对非家族技术管理人员更具吸引力。因此，管理劳动力市场会更大，家族业主也更愿意聘用高质量的人才。总的来说，民营企业越大越有机会聘用技术管理候选人，而这些候选人对民营企业家族控制的权威胁性较小，家族业主不愿意聘用非家族技术管理人员的意愿也会降低。

假设3：企业规模会调整家族业主与非家族技术管理人员的关系，并且企业规模越大，其负相关影响越弱。

---

[1] Gómez-Mejía L.R., Cruz C., Berrone P., De Castro J., "The Bind that Ties: Socioemotional Wealth Preservation in Family Firms", *The Academy of Management Annals*, No.5, 2011.

[2] Lepoutre J., Heene A., "Investigating the Impact of Firm Size on Small Business Social Responsibility: A Critical Review", *Journal of Business Ethics*, No.67, 2006.

[3] Parada M.J., Nordqvist M., Gimeno A., "Institutionalizing the Family Business: The Role of Professional Associations in Fostering a Change of Values", *Family Business Review*, No.26, 2010.

[4] Sonfield M.C., Lussier R.N., "Non-Family-Members in the Family Business Management Team: A Multinational Investigation", *International Entrepreneurship and Management Journal*, No.5, 2009.

[5] Chrisman J.J., Memili E., Misra K., "Non-Family Managers, Family Firms, and the Winner's Curse: The Influence of Non-Economic Goals and Bounded Rationality", *Entrepreneurship Theory and Practice*, No.38, 2014.

四、企业规模、继承意向和非家族技术管理人员的聘用

除了家族为了保留家族控制权而表现出利他倾向之外，隔代继承意向也表明长期的策略导向是未来维持企业繁荣，以及家族所有权的换代。这种民营企业的策略特征会加剧影响企业将非家族技术管理人员视作企业的一分子。家族在长期转换中的经济利益或非经济利益，在隔代继承方面由家族业主评估，因为企业的存活和繁荣一般要求企业再投资和创新。① 此外，隔代继承要求家族成员愿意考虑未来的领导权和所有权。因此，聘用非家族技术管理人员的短期社会情感牺牲可能会缩小企业规模并使扩展复杂化，因为社会情感利益与长期乐观的绩效期望有关。

尽管聘用非家族技术管理人员可以说是牺牲个体家族成员短期需求的可能性，但企业和家族的长期需求通常通过聘用有能力的非家族技术管理人员比依赖能力有限的家族技术管理人员更容易实现。② 进一步说，为了维持商业隔代利益，家族可能更愿意聘用非家族技术管理人员以扩大企业规模。总而言之，正如假设2所提出的，在大企业中聘用非家族技术管理人员的社会情感风险较低，在大企业中家族控制的短期风险不会因为非家族技术管理人员为了维持企业存活而忽然出现。

另外，企业规模也会改变偏好非家族技术管理人员的隔代继承意向的效果。比如，随着企业规模扩大，管理的非正式风格不再流行。③ 从这个角度看，家族中心文化和身份矛盾可能会减少，④ 随着民营企业的扩大，非家族技术管理人员的聘用效果也会减弱。同样的，评估经济绩效的长期导向可能更适合非家族技术管理人员，那么与民营企业相匹配的劳动力市场类型就会减少。因此，当隔代继承意向随着企业扩大而减弱，聘用非家族技术管理人员的好处也会增加。综上所述，笔者预计隔代继承意向的消极效果会在较大的民营企业中变得不太突出。

假设4：企业规模会影响隔代继承意向和非家族技术管理人员聘用之间的关系，并使这种负相关关系变弱。

---

① Lumpkin G.T., Brigham K.H.,"Long-Term Orientation and Intertemporal Choice in Family Firms", *Entrepreneurship Theory and Practice*, No.35,2011.
② Vandekerkhof P., Steijvers T., Hendriks W., Voordeckers W.,"The Effect of Organizational Characteristics on the Appointment of Non-Family Managers in Private Family Firms: The Moderating Role of Socioemotional Wealth", *Family Business Review*.2014.
③ Roberts I., Sawbridge D., Bamber G.,"Employee Relations in Small Firms", *Handbook of Industrial Relations Practice*,1992.
④ Shepherd D., Haynie J.M., "Family Business, Identity Conflict, and an Expedited Entrepreneurial Process: A Process of Resolving Identity Conflict", *Entrepreneurship Theory and Practice*, No.33,2009.

第二节　中小企业技术管理人员聘用的
实证分析：美国企业数据

为了检验假设，笔者采用美国小企业发展中心项目中的企业年鉴数据。总体来说，在 2004 年到 2010 年期间，小企业发展中心得到了全美国 67976 个企业的回应，有效回应率达到 18%。调查的主要民营企业指总经理同时还是私人业主的企业。T 检验对比了前后的调查对象，这些对象有不同的利益指数，但数据并未显示其带有明显的偏差性。[1] 而且，事前的聚类分析证明，笔者样本中的企业符合实现研究目标，或者说这些企业既有家族所有权又有很大隔代继承的意向。[2]

为了有效地检验笔者的假设，笔者采取了一些限制条件。笔者排除了缺乏所有权的民营企业，因为这些企业可能根据定义没有家族技术管理人员，样本数减少到 40793 个。由于本章研究目标是那些拥有管理团队的企业，笔者又去除了聘用少于两个技术管理人员的企业，样本数减少到 19862 个。此外，笔者又排除了那些没有商业行为和缺失简洁数据的 10317 个回应对象。最终，笔者将企业规模限制到 5—500 人以确保样本企业拥有足够的员工——经理比例，并最小化非家族技术管理人员的规模所造成的直接影响。采取这些控制之后，最终的分析样本为 7299 个民营中小企业。

一、变量测度

（一）因变量

在民营企业中非家族技术管理人员的绝对数不能完全代表非家族管理水平，因为管理团队的规模是多样化的。因此，为了简化非家族技术管理人员相对家族技术管理人员的存在，笔者将非家族技术管理人员的数量除以每个企业技术管理人员的总人数以计算非家族技术管理水平。在笔者的样本中，企业的非家族技术管理人员比例的平均数接近 42.7%（标准差 =33.2%）。

---

[1] Kanuk L., Berenson C.,"Mail Surveys and Response Rate: A Literature Review", *Journal of Marketing Research*, No.22,1975.
[2] Chrisman J.J., Chua J.H., Litz R., "Comparing the Agency Costs of Family and Non-Family Firms: Conceptual Issues and Exploratory Evidence", *Entrepreneurship Theory and Practice*, No.28,2004.

(二) 自变量

家族所有权用企业中拥有企业所有权人数的百分比来测量。据计算结果，家族所有权的均值为90.6%（标准差=21.0%）。继承意向由提问获得，"你希望企业继承者是你的家族成员吗？"。笔者将回答选项结果设置为"希望=1，不希望=0"。结果显示有53.6%的回应者对该问题表示希望。

(三) 调节变量

在笔者的样本中，在5—500人的企业中，企业员工的平均数是21.83人。根据不对称分布的统计原理，笔者将企业规模做了以下处理：由当前会计年度中员工的自然对数衡量。在本书的稳健性检验中用销售收入的对数作为企业规模的替代衡量方法。

(四) 控制变量

与以前的研究一致，[①] 笔者控制了企业过去的表现、年龄和行业等一系列控制变量的影响。其中，将企业规模的对数除以前一年员工的数量（公司没有销售或雇员的前一年，变量的值被设置为0），从而得到过去的绩效（平均数=10.6；标准差=2.0），以此来衡量企业生产力；企业年龄（平均值=14.1；标准差=17.2）表征了企业成立以来的年数。尽管回归分析似乎没有受到多重共线性的影响，因为企业年龄明显与企业规模相关（r=0.25），笔者进行了事后四分位分析以确保规模和年龄之间的关系不会影响结果有效性。

笔者设计了三个理论模型分别代表零售、服务和制造业的情况，而其他行业的企业的变量编码为0。此外，笔者使用一系列的虚拟变量来测量这两个时期，在调查中笔者控制量这两个时期（2004—2010年）周期波动的可能性，并且企业分布要尽可能在不同的地理区域。[②]

---

① Chrisman J.J., Chua J.H., Litz R., "Comparing the Agency Costs of Family and Non-Family Firms: Conceptual Issues and Exploratory Evidence", *Entrepreneurship Theory and Practice*, No.28, 2004.
② Chang E.P., Chrisman J.J., Chua J.H., Kellermanns F.K., "Regional Economy as a Determinant of the Prevalence of Family Firms in the United States: A Preliminary Report", *Entrepreneurship Theory and Practice*, No.32, 2008.

二、数据分析

本研究中有关的所有变量（包括因变量、自变量、控制变量和工具变量）的描述性分析和相关模型检验结果都列示在表18—1中。从表中数据可以看出，所有变量（包括自变量、调节变量、控制变量和工具变量）膨胀因素的差异（VIF）都低于10，说明研究模型中的变量均没有显示存在显著的多重线性问题，可以继续开展后续实证分析。

表18—1 描述性分析和相关性分析

	均值	标准差	1	2	3	4	5	6	7	8	9	10	11
1. 非家族管理者	42.72	33.16											
2. 家族管理者	90.55	21.04	−0.29										
3. 代际传承	0.53	0.50	−0.30	0.24									
4. 企业规模	2.61	0.83	0.30	−0.06	0.01								
5. 以往绩效	10.64	2.00	0.06	0.00	−0.02	0.03							
6. 企业年龄	14.11	17.20	0.04	0.06	0.06	0.25	0.20						
7. 零售数据	0.23	0.42	−0.07	0.11	0.05	−0.07	−0.04	−0.06					
8. 服务数据	0.21	0.41	0.00	−0.01	−0.06	−0.02	−0.10	−0.10	−0.28				
9. 制造数据	0.20	0.40	−0.10	−0.08	−0.04	0.16	0.20	0.12	−0.27	−0.26			
10. 创始人控制权	0.76	0.43	−0.01	0.35	−0.02	−0.09	−0.13	−0.05	0.06	0.04	−0.11		
11. 美国小企业局贷款	2.51	4.88	−0.02	0.02	0.05	0.02	−0.12	−0.07	0.10	−0.01	−0.05	0.06	
12. 股权融资	1.78	4.18	0.06	−0.15	−0.03	0.01	−0.13	−0.10	0.03	−0.02	0.01	−0.08	0.14

注：以上所有变量的显著性水平均处于0.05或更优的双尾检验显著性区间内。

三、工具变量：内生性控制

笔者还控制了家族所有权的内生性，因为结果可能会受到模型外的反向因果关系或潜在因素的影响。继汉密尔顿和尼克森的研究，笔者使用了工具变量两阶段回归方法。[1] 控制内生性的关键是要找到那些与关键变量密切相关，但与因变量无关的工具变量。所使用的工具变量是创始人控制，股权融资和小企业局担保贷款。创始人控制权设计为分类变量。若创始人至少有50%企业所有权的份额，则赋值为"1"；创始人

---

[1] Hamilton B.H., Nickerson J.A., "Correcting for Endogeneity in Strategic Management Research", *Strategic Organization*, No.1, 2003.

没有控制权,则赋值为"0"。股权融资和美国小企业局贷款两个变量分别采用股权资本和企业接受美国小企业局担保债务融资额的对数来衡量。在有关期间内没有获得任何股权融资或美国小企业局贷款的企业,这些变量编码为零。

这三个工具变量预计与家族所有权密切相关。该公司的创始人是一个完整的家族利益相关者,当他/她不再在公司后,他/她的控制的影响甚至可能持续。[1] 此外,家族可能宁愿借贷以最小化减少控制权,即债务是企业外资产的首选。[2] 工具变量预计不会与非家族技术管理人员拥有家族所有权或企业成长有密切关系。事实上,如表18—1所示,工具变量和自变量之间的相关性是一致高于工具变量与因变量之间的相关性,这表明笔者对工具变量的选择是合理的。

表18—2 回归分析结果

	家族控制权（第一阶段）	非家族式技术管理人员聘用（第二阶段）			
	最小二乘法	样本选择模型法			
	模型1	模型2	模型3	模型4	模型5
常量	78.82***	27.25***	71.73***	17.90**	50.44***
自变量					
家族管理			−0.29***	−0.75***	−0.49**
代际传承			−26.08***	−26.45***	−34.74***
调节变量					
企业规模	−1.24***			14.35***	−2.57
交乘项					
家族管理 × 企业规模					0.19***
代际传承 × 企业规模					3.35***
控制变量					
以往绩效	−0.09	1.04***	0.89**	1.06***	1.07**
企业年龄	0.15***	−0.03**	−0.12***	−0.09***	−0.09***
零售业数据	4.36***	−2.96	−0.91	−0.86	−0.75
服务业数据	0.04	2.44	−0.67	−1.82	−0.58
制造业数据	−1.24+	8.92***	6.34***	3.27**	3.27**
企业年龄虚拟变量	Yes***	Yes***	Yes***	Yes***	Yes***
国别虚拟变量	Yes***	Yes***	Yes***	Yes***	Yes***

---

[1] Eddleston K.A., "Commentary: The Prequel to Family Firm Culture and Stewardship: The Leadership Perspective of the Founder", *Entrepreneurship Theory and Practice*, No.32, 2008.

[2] Chua J.H., Chrisman J.J., Kellermanns F., Wu Z., "Family Involvement and New Venture Debt Financing", *Journal of Business Venturing*, No.26, 2011.

续表

	家族控制权 （第一阶段）	非家族式技术管理人员聘用 （第二阶段）			
	最小二乘法	样本选择模型法			
	模型 1	模型 2	模型 3	模型 4	模型 5
工具变量					
创始人控制权	16.58***				
美国小企业局贷款	0.08+				
金融状况	−0.59***				
样本总量	7.299	7.299	7.299	7.299	7.299
R^2	0.169				
F-statistic	18.890***				
Log likelihood		−29205.60	−28885.20	−28554.08	−28553.09

注：*** 表示 $P<0.001$；** 表示 $P<0.01$；* 表示 $P<0.05$；+ 表示 $P<0.10$。

四、数据结果分析

（一）内生性测试

在模型 1（第一阶段），工具变量、调节变量和控制变量用于估算民营企业的技术人员聘用情况（见表 18—2 模型 1）。正如预期的那样，笔者发现，无论是创始人的控制权系数（B=16.58，$p<0.001$）还是美国小企业局贷款系数（B=0.08，$p<0.10$）都为显著正相关，而股权融资显著负相关（B=−0.59，$p<0.001$）。此外，以上三个变量超过联合显著性的检验（F 统计量 =466.15，$p<0.001$）。笔者进一步讨论的是，在模型 1 中获得的有关民营企业的估计系数将用于第二阶段回归中所涉及的非民营企业技术管理人员的聘用（见表 18—2 模型 2—5）。但是，家族所有权的实际值最后用在稳定性测试中。

（二）回归结果

由于民营企业往往喜欢家族化管理，在第二阶段的观察显著部分，因变量为 0。因此，普通最小二乘回归可能产生偏颇的结果。为了防止这种可能性，笔者在第二阶段对初步分析使用托比特回归，以产生更精确的预计。对于误差项的方差修正采用怀特（White，1980）的方法，①用于调整第一阶段和第二阶段分析的序列相关性和异方差性的潜在影响。

为了得到回归结果的报告，笔者采取了分阶段方法。在第一步骤中，输入控制变量（表18—2模型2）。在第二阶段数据分析过程中，笔者采用了分步回归的方法来获得回归结果的报告数据。第一步骤，输入控制变量（表18—2模型2）。笔者发现，以往业绩（B=1.04，p<0.001）、企业年龄（B=-0.03，p<0.01）和制造业数据（B=8.92，p<0.001）等三个变量都与非民营企业技术管理人员的聘用有显著性关系。第二步骤，输入自变量（表18—2模型3）。家族控制的系数（B=-0.29，p<0.001）和代际传承的系数（B=-26.08，p<0.001）都显著负相关，所以支持了假设1和假设2。调节变量（企业规模）在第三步骤输入（表18—2模型4），正如预期的，企业规模系数为正，

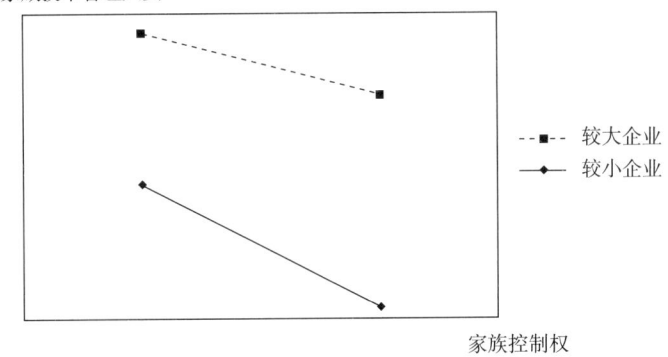

图18—1　家族控制、企业规模和非家族技术管理人员关系示意图

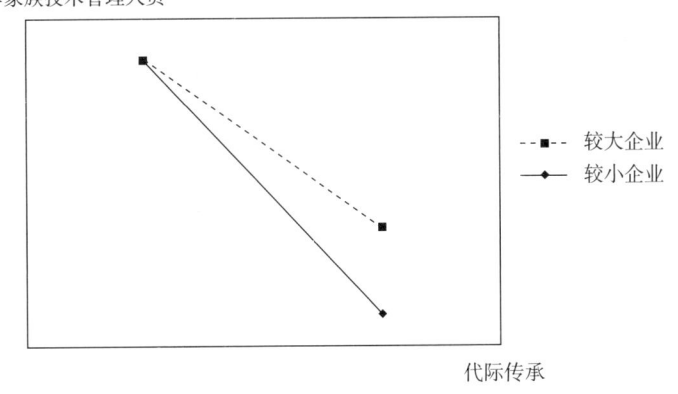

图18—2　代际传承、企业规模和非家族技术管理人员关系示意图

---

① White H., "A Heteroskedasticity-Consistent Covariance Matrix Estimator and a Direct Test for Heteroskedas-ticity", *Econometrica*, No.48, 1980.

且具有较高显著性。第四步骤，自变量和调节变量之间的相互项被输入（表18—2模型5），数据结果显示，企业规模的系数为负，且没有显著性。企业规模分别与家族管理（B=0.19，p<0.001）和代际传承（B=3.354，p<0.001）的交互作用呈现显著正相关，由此假设3和假设4得到支持。这些结果表明，企业规模对于聘用非家族技术管理人员的效果很大程度上取决于其收益和成本之间的权衡，而不是企业家族技术管理人员的供需平衡。

为了说明有关假设3和假设4显著的相互作用，笔者用托比回归的模型5说明企业规模的适度影响。如图18—1所示，笔者的样本中规模较大的企业一般比小公司拥有更高的非家族技术管理人员的水平。与假设3一致，较大的民营企业与较小的民营企业相比，非家族技术管理人员变量的下降斜率随着家族所有权的增长而变平缓，意味着对非家族技术管理人员的需求不会根据家族所有权而变化太多。为了支持假设4（见图18—2），发现了一个类似的适度的效果，关于对非家族技术管理人员接班意愿的消极影响；由于大企业的隔代继承意愿一般低于小企业，企业之间聘用非家族技术管理人员的意愿也会减少。

（三）稳健性检验

为了保证本研究中有关实证结果的稳健性，笔者进行了一些额外的稳健性检验。第一，笔者使用了家族所有权的实际值而不是预测值运行分析。第二，笔者改变了企业规模的测量值，将总员工的对数改成总销售额的对数。第三，笔者改变了企业的阈值，将员工不超过500人改成不超过250人以满足中小企业（欧洲委员会，2003年）的分类替代边界条件。在所有情况下，笔者得到了那些与上面报告的主要分析一致的结果。

此外，笔者还基于企业年龄的分布进行了四分位分析。这一分析表明，笔者的研究结果适用于除新成立公司以外的所有企业年龄段。有趣的是，企业年龄和家族控制之间的关系违反直觉的正相关关系，有人可能会预测企业年龄和非家族技术管理人员广泛流行的正向关系可能只会在创办五年以内的企业中发生。然而，这种关系发生了逆转，因为对年龄大的公司的分析也得到类似结论。笔者认为，本章的研究结果主要涉及两大类企业：第一类是企业主仅在一定程度上有志于隔代传承的企业，它们的管理目标主要希望保持市场销售份额；另一类是那些强烈希望企业发展过程中维持或增强控制权的企业。未来进一步的研究将基于该猜想是有效的基础之上来进行。

第三节 理论成果及对我国中小企业技术人员聘用工作的借鉴

一、主要理论发现

笔者建立并检验了民营企业所有权和非家族技术管理人员聘用决策在隔代继承意图下的影响机制模型,同时讨论了企业规模如何在以上影响过程中起到调节作用。采用托比特回归分析的结果支持了笔者的理论假设,这具有理论和实践意义。

首先,笔者提出的实验证据表明,民营企业聘用非家族技术管理人员的决策过程会受民营企业所有权和隔代继承意向的影响。虽然这些力量在之前有关民营企业的文献中被讨论过,本章主要通过同时考虑代理理论和社会情感财富理论,对已有研究提供了一个更为综合性的分析模型。此外,笔者考虑到非家族技术管理人员的偏好和所导致的管理劳动力资源的质量如何单一地影响以上关系,丰富了此类理论模型的内涵。总体来说,笔者的研究结果表明,与克里斯曼等人的概念性模型一致,民营企业管理者所考虑的经济和非经济目标与市场的供给和需求方面,这两者都需要更充分地考虑到非家族技术管理人员在民营企业中的角色。

其次,笔者的研究结果表明,企业规模可能会影响民营企业选择非家族技术管理人员以控制经济和非经济目标的潜在交易方式。企业规模在民营企业研究中一直被认为是重要的控制变量,戈麦斯梅希亚(Gómez-Mejía)等人也曾认为,规模可能是影响社会情感财富和民营企业决策制订关系的一个重要的权变变量。[1] 事实上,这种假设是合理的,民营企业管理者的企业决策过程会随着企业规模增大和(或)家族涉及的股份变多而变化。然而,很少有研究探讨传统的控制变量,特别如企业规模,是如何影响民营企业行为的细微差别。有关民营企业的研究还处于发展的初期阶段,随着笔者对民营企业关系和理论认识的深入,适应性检验变得越来越有必要,在某种程度上,普通的管理研究的假设被发现也适用于民营企业。也就是说,虽然所有权和控制权的分离随着企业成长越来越有用,但是民营企业两权分离的过程,及其特定指向的管理特征还有待后续研究。规模本身对民营企业的战略决策和业绩成果有重要影响,

---

[1] Gómez-Mejía L.R., Cruz C., Berrone P., De Castro J., "The Bind that Ties: Socioemotional Wealth Preservation in Family Firms", *The Academy of Management Annals*, No.5, 2011.

是因为它的愿望和成就水平不断提高的原因和结果。因此，在特定的民营企业，企业规模的扩大很可能改变民营中小企业的基本目标、企业治理的属性以及对资源的利用情况。表现在最终的计量分析研究结果中意味着，受影响的是斜率而不是截距，笔者的研究结果有助于更好地理解这些关系。

本章的模型实证结果显示，在非民营中小企业管理方面，企业规模的直接影响是非显著的，而民营企业所有权和继承意图相互作用是显著的。这表明，企业规模可能会通过自身与其他重要变量的相互作用的独特方式影响民营企业的管理决策，其中较为重要变量如家族所有权和继承的意图，与目前普通管理研究所探讨的变量具有一定的差异。事实上，通过对企业规模等变量造成影响更为全面的解析，有助于深化目前多数研究中将其视为控制变量的做法，可能更有助于理解民营中小企业在不同竞争环境下的战略形成机制。

最后，本次研究是对民营中小企业的异质性进行了持续讨论。[1] 虽然大量的证据已经表明，非民营中小企业在战略和行为上比较独特，在很多方面有独特的特征，并且在不同的情况下也有不同的特征，这使得民营中小企业成为一个极具异质的企业群体。[2] 笔者的研究结果表明，家族所有权和隔代继承是刺激民营中小企业决策制订本质的两个不同但互补的方面。深化这种说法，笔者断定，民营中小企业的规模会改变他们对聘用非家族技术管理人员的倾向，因为随着企业成长，非家族技术管理人员的威胁会因他们对企业获利能力的增加而降低。因此，通过揭露影响企业目标、治理、资源的影响因素，企业规模可能有助于解释民营中小企业之间的员工数量的异质性，进一步研究可能有助于解释不同规模的民营中小企业如何有策略地追求与平衡经济和非经济目标，特别从一个长远的角度出发。

二、研究局限性

虽然笔者努力确保本次研究的理论和实证的完整性，但仍有必要承认笔者研究的一些局限性。首先，虽然笔者的关注点是中小型民营企业，尽量删除样本中由于家族成员人数不够而不得不聘请非家族技术管理人员的较大企业，但是这并不排除这种可能性。即使互动方面加强，企业规模的效果依旧是非显著性，这符合笔者的假设，笔

---

[1] Stewart A., Hitt M., "Why can't a Family Business be more like a Non-Family Business? Modes of Professionalization in Family Firms", *Family Business Review*, No.25,2012.

[2] Melin L., Nordqvist M., "The Reflexive Dynamics of Institutionalization: The Case of the Family Business", *Strategic Organization*, No.5,2007.

者认识到，有可能是随着企业的成长，家族业主控制管理职位的权威和权利有额外的原因，笔者的研究没有考虑这个问题。

其次，由于数据有限，笔者的变量的内生性的可能性检验也是有限的。因此，颠倒因果关系和遗漏变量偏差不能被完全排除。事实上，这与其他的民营企业的研究不同，参数出现在经济和非经济目标、家族和非家族经理，以及委托人和代理人的观点之中，每个参数都呈现多种内生性威胁。尽管笔者努力确保通过内生性和稳健性检验测量结果的有效性，但是笔者完全认识到这一调查线索还处于萌芽阶段，并需要进一步发展。

再次，样本来自于美国的公共咨询服务提供商的客户，私人持有的中小企业。因此，样本只包括那些寻求咨询服务的企业。虽然笔者看不出样本的性质会影响结果的任何理由，但笔者不能排除选择性偏倚和其他限制对结果造成影响的可能性。

复次，虽然家族控制和继承意向的争议性是民营企业最关注的内容，并已在文献中有广泛研究，但是民营企业的组成、要素、民营企业的社会情感财富需要更全面的理解、发展及检验。此外，虽然隔代继承意图分类测量比较先进，但它不具有和多项目规模同样的内部有效性水平。

最后，虽然已有理论承认非家族技术管理人员在民营企业工作的意愿的重要性，以及民营企业有效地吸引非家族技术管理人员的能力的重要性，但是笔者没有直接测量这些变量。尽管笔者的论点在最新的理论和研究范围内，但是进一步的研究需要更直接地测量民营企业负责人和民营企业考虑的非家族技术管理人员的就业，这可就要进一步完善笔者的模型。

三、未来的理论拓展

未来的研究应该解决这一研究的局限性。不过，也有其他的研究途径能加深笔者的研究结果的理论和实际意义。

首先，尽管笔者把重点放在非家族技术管理人员的招聘上，因为它们代表的民营企业最重要的战略问题之一，但是小企业和大企业在创新和国际化方面存在区别，家族成员或扩展家族的成员的就业、供应链管理、协同网络的管理等主题也是值得研究的。

其次，笔者试图捕捉到小型和大型的民营企业之间的差异。然而，企业成长涉及一个时间维度。虽然这项研究本质上是横截面，但是民营企业行为的其他方面可能需要纵向研究。事实上，笔者发现企业年龄与家族所有权正向相关，与非家族技术管理人员在民营企业中的比例呈负相关。这些发现与以前的工作不一致，[①] 但由于它们都是基于截面数据研究，而不是纵向分析，需要进一步开展工作，以充分理解含义。同样，因为民营企业的年龄或隔代相传的领导权，对中小民营企业的经济和非经济目标的决策与结果的进一步研究是有益的。

再次，笔者的研究理论基本表明了其他可能影响民营企业技术管理人员职位决策的变量，如家族持有者的的数量和参与程度、策略积极性，以及产业环境。这些因素的影响可能是独立的、交互式的或补充的效果，需要进一步研究。

最后，有必要从非家族技术管理人员申请者的角度理解他们在就业前后如何看待民营企业的职业发展的机遇和挑战。关于非家族技术管理人员的聘用、培训、评估、补偿的探索研究也应该被重视。在公司业绩和员工流动率方面这些决定的后果也很重要，以便更好地了解家族业主如何期望非家族经理为企业作出更大的贡献。因此，关于民营企业所采用的人力资源管理实践和战略的跨学科研究可能提供宝贵的额外的观点。

---

① Chua J.H., Chrisman J.J., Chang E.P.C., "Are Family Firms Born or Made? An Exploratory Investigation", *Family Business Review*, No.17, 2004.

第六篇　中小企业技术源开发的全球资源整合问题研究

　　本篇的核心观点认为,全球创新资源的整合正在成为国内中小企业开发技术源的重要途径。从内容架构上主要基于以下五个方面展开:(1) 中国中小企业跨国投资的区位选择;(2) 中国中小企业技术获取型跨国投资绩效问题及投资经验的双重影响;(3) 跨国投资过程中的研发资源全球布局;(4) 政策性银行在中小企业跨国技术合作中的作用;(5) 国际产业分工视角下的中小企业技术并购效率问题。

第十九章　技术获取导向的跨国投资区位研究

近年来，我国企业跨国投资活动的步伐明显加快。数据显示我国对外直接投资额由 2002 年的 27 亿美元跃升至 2015 年的 1180.2 亿美元（非金融类），年均增幅达 33.7%，并且在 2014 年中国对外直接投资流量首次超过吸引外资，成为净输出国。而在对外直接投资区域选择中，除了传统的东南亚国家以及世界主要发达国家外，拉丁美洲也一直是我国企业对外直接投资的重点区域。2014 年，我国在拉丁美洲区域对外直接投资额为 105.5 亿美元，占到了当年对外直接投资总额的 8.57%（2006 年我国对拉丁美洲国家直接投资额一度占到了当年对外直接投资额的 48%），截至 2014 年，我国对拉美直接投资存量接近 1000 亿美元。而近年来国家领导人又密集出访拉美国家，并且习近平主席已经承诺未来十年我国与拉丁美洲国家的贸易额将翻一番至 2500 亿美元，在拉丁美洲新一轮的投资活动浪潮正在兴起。

跨国投资在影响企业生产经营能力的同时，也为企业获取创造性知识提供了机会，[1] 以知识转移的形式获取东道国知识、增加企业的知识存量，是母公司获取海外技术的主要途径。[2] 因而在海外投资企业中，除了传统的以石油、矿产等自然资源为主要目的的投资，近年来以技术获取为主要目的的投资也在逐渐增多，并且随着我国与世界各国合作领域的加深，技术获取型跨国投资活动也会进一步增多。然而，在大规模海外投资的背后，却是国家间文化距离、制度距离以及地理距离等"外来者劣势"[3] 对我国海外投资企业形成的先天竞争劣势，并且这种"外来者劣势"不仅会影

---

[1] 易加斌、张曦：《国际并购逆向知识转移影响因素研究述评与展望》，《外国经济与管理》2013 年第 7 期。
[2] Myers P. S., *Knowledge Management and Organizational Design*, Routledge Press, 1996, p.239. 王诗翔、魏江、路瑶：《跨国技术并购中吸收能力与技术绩效关系研究——基于演化博弈论》，《科学学研究》2014 年第 12 期。
[3] Zaheer S., "Overcoming the Liability of Foreignness", *Academy of Management Journal*, No.2, 1995.

响企业的跨国投资经营，也会影响东道国与母国间的知识传递。本章将从区位选择以及投资经验两个角度探究技术获取型企业的跨国投资活动。

第一节　技术获取型企业跨国投资区位选择的基础理论

在以往的对投资区位选择的研究中，学者们关注的多是我国企业全球范围内的区位选择，而对于在某一区域尤其是拉丁美洲国家间区位选择的研究较少，并且现有的对我国企业投资拉丁美洲的研究中，学者们多是从定性角度分析我国在拉美投资的机遇和风险，[①]对于我国技术获取型企业在拉丁美洲投资的区位选择研究更少。因而，本章希望探究地理、文化以及交通等因素对我国技术获取型企业投资拉丁美洲的影响，并进一步分析拉美各国的优势、劣势，为国内企业规避投资风险、更好地赴拉美投资提供理论依据。

邓宁（Dunning）提出的国际生产折衷理论中首次指出所有权优势、内部化优势和区位优势是企业对外直接投资的先决条件。[②]而在跨国投资的研究中，由于安德森（Anderson）所提出的跨国投资引力模型考虑了国家间的距离因素，常常被学者们使用。[③]在引力模型在跨国投资中的运用上，魏后凯、贺灿飞和王新运用引力模型侧重于分析投资产业、经济类型以及企业是否出口等因素对投资动机的影响。[④]而蒋冠宏、蒋殿春则侧重于分析我国企业对不同国家在投资动机上的差异。[⑤]而在影响企业跨国投资区位选择的因素研究中，鲁明泓将制度因素纳入引力模型，分析制度因素对企业跨国投资区位选择的影响。[⑥]程惠芳、阮翔则侧重于分析非制度因素起到的作用。[⑦]

[①] 王飞：《"中国与拉美：投资机遇与企业社会责任"国际研讨会综述》，《拉丁美洲研究》2014年第6期。

[②] Dunning J.H.,"The Eclectic Paradigm of International Production: A Restatement and some Possible Extensions", *Journal of International Business Studies*, No.1,1977.

[③] Anderson J.,"A Theoretical Foundation for the Gravity Equation", *The American Economic Review*, No.69,1979.

[④] 魏后凯、贺灿飞、王新：《外商在华直接投资动机与区位因素分析——对秦皇岛市外商直接投资的实证研究》，《经济研究》2001年第2期。

[⑤] 蒋冠宏、蒋殿春：《中国对外投资的区位选择：基于投资引力模型的面板数据检验》，《世界经济》2012年第9期。

[⑥] 鲁明泓：《制度因素与国际直接投资区位分布：一项实证研究》，《经济研究》1999年第7期。

[⑦] 程惠芳、阮翔：《用引力模型分析中国对外直接投资的区位选择》，《世界经济》2004年第11期。

第二节 理论模型设计及实证研究：中国对拉美国家投资数据

一、理论模型构建

本章主要参考引力模型的研究工具，将理论研究模型设定为以下基本表达形式：

$$FDI_{it}=FDI_{it}(PGDP_{it}, TRADE_{it}, CITY_{it}, DIS_{it}, EN_{it})$$

为了控制模型的异方差性并且有效改善自相关的问题，进一步将上述公式两端进行对数线性化处理，得到引力模型的对数化表达式：

$$\text{Ln}FDI_{it}=\alpha it+\beta_1\text{Ln}(PGDP_{it})+\beta_2\text{Ln}(TRADE_{it})+\beta_3\text{Ln}(CITY_{it})+\beta_4\text{Ln}(DIS_{it})+\beta_5\text{Ln}(EN_{it})+\delta_{it}$$

其中 i 代表东道国国家，从 1—8 分别为巴西、秘鲁、委内瑞拉、阿根廷、古巴、哥伦比亚、厄瓜多尔、玻利维亚。t 代表年份，从 2003—2012 年。α 代表截距项，β 为各个解释变量的弹性系数，δ 为随机误差。关于解释变量的含义、预期符号及理论的详细说明参见表 19—1。

表 19—1 解释变量的含义、预期符号及理论说明

解释变量	含义	预期符号	理论说明
PGDP	东道国的人均国内生产总值（现价美元）	+	代表了经济发展程度、劳动力成本、市场容量等
TRADE	中国同各国（地区）海关货物进出口总额（万美元）	+	程惠芳和阮翔（2004）认为贸易和投资是互补关系，随着国际资本流向出口部门的增加，贸易和非贸易要素的加强，他们之间具有明显互补关系
CITY	城镇人口（占总人口比例）	+	表明该国的城市化水平，代表劳动力的素质和基础设施完善程度
DIS	两国首都之间的距离成本	−	伯克利（Buckley）和卡森（Casson）认为投资国和东道国之间距离的增加，会造成运输成本及交易费用的上升
EN	能源产量，包括石油、天然气、固体燃料和可燃性可再生能源和废物及一次电力（千吨石油当量）	+	本章认为中国对发展中国家进行投资，大部分是基于获取自然资源的动机。因此能源产量的提高，会加强对 FDI 的吸引力，而以获取自然资源为动机的 FDI 的增加，又会在一定程度上吸引技术获取型企业的跨国投资

二、样本数据与处理

（一）数据来源

由于 2000 年我国正式提出"走出去"战略，而后我国的对外直接投资进入快速发展阶段始于 2003 年，因而本章将 2003 年作为起始时间，借助商务部《境外投资企业机构名录》披露的我国对外投资企业数据，从中筛选出 2003—2012 年间我国以技术获取为主要目的的企业，在巴西、秘鲁、委内瑞拉、阿根廷、古巴、哥伦比亚、厄瓜多尔、玻利维亚这八个国家的投资。

（二）实证结果分析

面板数据模型可以分为：混合回归模型、变截距模型和变系数模型，通过计算分别拒绝了原假设，因而采用变系数面板模型。

表 19—2　模型估计结果

国别	截距项 个体效应	截距项 共同项	LnPGDP	LnTRADE	LnCITY	LnDIS	LnEN
1	−421.7363*	28.4473*	−6.8076*	0.0023*	58.9808*	1.4156*	25.8733*
2	115.6135*	28.4473*	−0.2531*	1.5982*	−24.6432*	−2.4666*	3.3259*
3	−299.3848*	28.4473*	−0.0384*	−0.4073*	54.9750*	0.5513*	−0.7220*
4	338.7606*	28.4473*	−1.4520*	1.7379*	−66.3223*	2.2366*	−20.5524*
5	−444.1825*	28.4473*	−0.4075*	−0.0025*	87.9019*	0.3180*	0.1879*
6	294.6541*	28.4473*	0.7523*	−0.0533*	−71.7220*	−0.5004*	5.2319*
7	406.1922*	28.4473*	3.3614*	−2.5055*	−101.2585*	1.0195*	0.6479*
8	−39.2705*	28.4473*	0.0514*	0.3455*	1.2866*	0.4405*	−1.2278*

注：* 表示 0.01 的显著性水平。

回归结果显示，巴西人均 GDP 会负向影响我国技术获取型企业的区位选择。这主要是由于巴西具有较高的经济发展水平，因而相应的劳动力成本也比较高，而相对廉价劳动力能够降低企业的技术获取成本。而秘鲁的城市化水平对于我国技术获取型企业有负向影响作用，即秘鲁城市化水平的提高不但无法促进我国技术获取型企业直接投资的增加，反而会产生抑制作用。出现这种情况的潜在原因是"伪城市化"现象，即大量城市人口聚集在"贫民窟"，这也就导致虽然城镇人口增加但是却并不能提高生产率也不能促进技术革新。同样的，委内瑞拉的城市化水平对于我国技术获取型企业同样会产生负向影响。

而巴西、古巴、玻利维亚、阿根廷等国的城市化水平却会吸引我国技术获取型企业的投资,进一步分析认为,相对于"伪城市化"真正的城市化能够在一定程度上增加技术型人才的数量,同时也在一定程度上扩充劳动力市场,使得企业能够有机会获取更多的高质量人才,从而有助于企业的技术获取。

第三节 理论成果及对中国企业"走出去"的对策建议

本章克服了以往研究缺陷,在引力模型的基础上加入城市化水平、人均 GDP 等重要变量。通过采用中国对拉美地区八个主要国家投资的面板数据,比较并分析了不同国家吸引我国技术获取型企业对其进行直接投资的影响因素的异同。

研究结果显示,中国企业对拉美进行投资除了传统的获取自然资源考虑,也存在开拓相关国家市场、获取相应先进技术等投资目的,且以上两大类投资驱动因素是同样重要的。对巴西、秘鲁、委内瑞拉、阿根廷、古巴、哥伦比亚、厄瓜多尔、玻利维亚这八个拉美国家来说,不同国家的城市化水平以及部分国家的人均 GDP 都会影响我国技术导向型中小企业的跨国投资绩效。同时由于"伪城市化"以及各国在实际城市化水平上存在差异,最终导致投资东道国的城市化水平的影响存在差异,"伪城市化"会阻碍我国技术导向型中小企业的对外投资。

展望未来发展,随着拉美国家经济发展以及我国与拉美国家合作的不断深化,技术导向型跨国投资活动有望进一步增多,特别是中国企业对于获取国外先进技术、理念、装备等为目的的跨国投资将日益增加。在这一过程中,中小企业的海外投资决策过程要善于识别各类投资风险,毕竟像拉美这样遥远市场国家的进入门槛和消化成本都是非常高昂的。评估投资风险可以具体划分为三个层面:首先,是投资东道国以及投资区域的选择,特殊的地缘结构和人文特征会对技术获取型跨国投资活动造成最为致命的影响。其次,投资东道国的城市化水平也是一个重要的考量点,对于国内的中小企业而言,投资那些都市化水平较高的城市群会有效降低投资风险。最后,选择合适的合作目标企业也是技术获取型跨国投资的微观决定因素,并非技术越先进或者技术代际越超前,其引进后所发挥的绩效就会越高,这一点在之后的篇章中也将给予进一步的阐释。

第二十章　投资经验对中小企业技术获取型跨国投资的影响

第一节　基本理论推演与研究框架设计

中国企业在新兴经济体国家的投资活动日益加强，但受到了各类投资风险的负面影响，学术界多将之归因为初次投资东道国时所承担的"外来者劣势"所致。外来者劣势是指由于东道国与母国间文化、制度、地域等差异造成的投资企业先天的竞争劣势，国家距离越大这种竞争劣势越为明显。随着2013年以来国家领导人密集出访拉美、非洲等国家，以及"一路一带"战略的实施，新一轮跨国投资活动浪潮正在兴起。但这些"遥远"的投资东道国与中国存在巨大的国家差异，造成了大量中国企业投资不成功的案例，而失败原因往往涉及与当地政府的无效沟通、政策错误解读、当地劳动制度纠纷、子公司管理冲突等诸多方面，而其根源问题是缺乏对东道国经验性认知。

结合大量已有研究结果，企业国际投资经验在一定程度上能够弥合这种国家间差异对企业跨国投资绩效造成的负面影响，[1] 已有研究对国际经验在中国企业"走出去"过程中的作用也多持正面态度。但是，随着我国企业国际化步伐的不断加快，越来越多的企业投资实践也显示企业国际投资经验本身就是一柄双刃剑：一方面，企业投资经验展现出了显著的"学习效应"特征，企业通过以往投资过程中对东道国制度环境、行业特性、社会文化等知识的积累，有利于企业在同一东道国进行新的投资时规避相

---

[1] 綦建红、杨丽：《中国OFDI的区位决定因素——基于地理距离与文化距离的检验》，《经济地理》2012年第12期。

关投资风险，进而提升新一轮投资效率。另一方面，这种投资经验的持续积累也容易造成企业投资习惯的固化，尤其是以往成功的投资经验往往会导致企业形成投资经验的锁定效应，即企业受到以往成功投资经验的启发，形成投资观念固化以及投资行为惯性，进而出现跨国企业在不同国家都套用固有投资模式，从而导致一些投资经验的错误使用，即投资经验误用效应。特别针对中国对拉美、非洲这些在地理跨度和人文认知都存在巨大差异的地区进行投资活动，投资经验的两面性体现的尤为明显。

本章首先整合了制度、文化和地理等三维度的国家距离要素，研究东道国与母国的差异性对企业跨国投资绩效的影响；其次将企业在东道国以及非东道国投资经验作为调节变量纳入分析框架，采用136个中国企业对拉美国家的投资数据实证发现东道国投资经验体现出显著的经验学习效应，非东道国投资经验则存在明显的经验误用效应。相关结果对研究我国对外经贸合作机制优化提供了更多理论支撑。

一、国家距离对企业跨国技术获取的负面影响

经济全球化推动越来越多的企业开始实施全球布局战略，而国家距离成为影响企业跨国经营以及跨国知识传递的重要制约因素。国家距离最直观的是由国家间的地理距离造成的，地理距离的概念也被衍生到由于交通运输成本所造成的交流障碍。随着相关研究的发展，关于国家距离的内涵越来越丰富化，包括经济距离、政治距离、管理距离、文化距离、地理距离、知识距离、人口特征距离等在内的多层概念。关于国家距离对于跨国投资绩效的负面影响基本已得到大多数研究者的统一认识，本章内容主要参考利（Li）等人的研究，[1] 选取地理距离、文化距离以及制度距离三个维度对跨国技术获取的负面影响进行分析。

两国家间的地理距离会增大跨国沟通难度，[2] 同时，地理距离的增加意味着母公司对海外信息获取成本的上升，所以地理距离越大，公司获取海外信息的难度越大。地理距离也会减弱知识转移的效果，员工间的联系是企业知识传递的基础，而地理距离会阻碍这种联系，从而影响技术获取型企业对海外技术知识的获取，导致企业海外投资的技术绩效降低。并且由于较大地理距离的存在，东道国与母国存在较长知识传

---

[1] Li Y., Vertinsky I. B., Li J.,"National Distances, International Experience, and Venture Capital Investment Performance", *Journal of Business Venturing*, No.4,2014.

[2] Hutzschenreuter T., Kleindienst I., Lange S.,"Added Psychic Distance Stimuli and MNE Performance: Performance Effects of Added Cultural, Governance, Geographic, and Economic Distance in MNEs' International Expansion", *Journal of International Management*, No.1,2014.

递渠道以及时区差异，这会降低国家间知识传递效率。因而东道国与母国间的地理距离越大，企业获取海外技术的难度越大。

文化距离是由不同的组织、国家以及地区会由于社会、人们的工作存在差异而形成，①对跨国投资活动中的知识产生和知识流动产生阻碍。知识在使用和接受时需要深入的交流、理解，②而文化中包含了对信息的理解，理解的差异会降低知识传递的效率、影响企业对知识的储备，进而导致企业获取海外技术难度增加。因此，国家间文化距离越大，企业东道国知识的获取效率越差。③

制度建设轨迹的不同导致了母国与东道国的制度环境会存在差异。制度差异涵盖了国家之间在认知、规范和管制等方面的差异，相对于文化差异，制度距离（Institutional Distance）对投资活动造成更多的是约束性冲突，这种负向约束会给投资活动带来更多的冲突，降低企业的管理绩效。④制度距离也同样会影响知识的跨国传递，加大知识在国家间的转移难度。⑤并且较大的制度环境差异降低了转接收方与转移方环境的匹配程度，也会阻碍知识的跨国界转移。因此，东道国与母国间的制度距离越大，企业从海外市场获取技术知识的效果越差。所以，制度距离会对企业的跨国投资技术绩效产生负面影响，制度距离越大负向影响作用也就越大。基于以上分析，本章提出以下假设：

假设1a：母国与东道国的文化距离越大，企业跨国技术获取效益越差；相反的两国文化距离越小，技术获取效益越好。也就是说，越大的文化距离对企业跨国技术获取效益的负面影响作用越强。

假设1b：母国与东道国的制度距离越大，企业跨国技术获取效益越差；相反的两国制度距离越小，技术获取效益越好。也就是说，越大的制度距离对企业跨国技术获取效益的负面影响作用越强。

假设1c：母国与东道国的地理距离越大，企业跨国技术获取效益越差；相反的两

---

① Hofstede G. H., Hofstede G., *Culture's Consequences: Comparing Values, Behaviors, Institutions and Organizations across Nations*, Sage Press, 2001, p.116.
② Ambos T. C., Ambos B., "The Impact of Distance on Knowledge Transfer Effectiveness in Multinational Corporations", *Journal of International Management*, No.1, 2009.
③ Teerikangas S., Very P., "The Culture—Performance Relationship in M&A: From Yes/No to How", *British Journal of Management*, No.S1, 2006.
④ Chao M. C. H., Kumar V., "The Impact of Institutional Distance on the International Diversity—Performance Relationship", *Journal of World Business*, No.1, 2010.
⑤ Li S., Scullion H., "Bridging the Distance: Managing Cross-Border Knowledge Holders", *Asia Pacific Journal of Management*, No.1, 2006.

国地理距离越小,技术获取效益越好。也就是说,越大的地理距离对企业跨国技术获取效益的负面影响作用越强。

二、经验学习效应

跨国投资经验是企业学习最重要来的知识来源,在不同国家投资时往往要面对着许多突发状况,而多变的环境中经验等隐性知识非常重要。[①] 尤其是对于初次投资东道国的企业而言,已有的经验知识能够增加企业对东道国制度、文化的熟识程度,有助于组织内知识的传播、吸收,降低知识跨国传递的障碍,从而增强企业获取海外技术的效果。

随着企业跨文化、跨制度、跨区域经营的逐渐增多,企业经验知识的国别多样性在得到丰富的同时,多样化的知识来源也有利于组织内部知识的融合与创新,企业对不同国家间差异的识别能力、企业的跨国风险意识以及企业对不同国家突发状况的应对能力都将得到提升。[②] 并且深入地了解东道国与其他国家间环境的差异,也有助于企业克服"外来者劣势",更多的东道国投资经验也意味着投资者能够更加高效、顺利地处理跨文化知识获取、知识传导等方面的问题,这有利于企业的跨国技术获取效益的提高,因而笔者提出以下假设:

假设 2a:企业在东道国的跨国投资经验会减弱文化距离对跨国技术获取效益的负向影响作用,并且企业在东道国的投资经验越多这种减弱作用越强。

假设 2b:企业在东道国的跨国投资经验会减弱制度距离对跨国技术获取效益的负向影响作用,并且企业在东道国的投资经验越多这种减弱作用越强。

假设 2c:企业在东道国的跨国投资经验会减弱地理距离对跨国技术获取效益的负向影响作用,并且企业在东道国的投资经验越多这种减弱作用越强。

三、经验误用效应

经验误用效应主要是指企业惯性地将不同地点、不同时间获得的投资经验用于新投资活动所造成的对投资绩效的损害。经验误用的主要来源是跨国投资经验知识所存在的国别专用知识、区域专用知识,特别是由于同区域内国家间的文化、制度等因素

[①] 谢运:《跨国并购的知识溢出效应分析》,《财经科学》2012 年第 12 期。
[②] López-Duarte C., Vidal-Suárez M. M.,"Cultural Distance and the Choice between wholly Owned Subsidiaries and Joint Ventures", *Journal of Business Research*, No.66,2013.

的差异性也将造成有用经验知识、无用经验知识的同时产生。① 为了避免经验误用的负面效应产生，企业就必须对已有投资经验知识进行判断，恰当地处理有用经验知识和无用经验知识。经验误用的发生与企业跨国投资活动的管理能力也相关，并随着企业对同一区域、同一类型国家的投资经验知识积累，这种情况会逐渐减少。所以，当企业合理运用投资经验的能力不足时，就容易错误地利用已有的经验知识。

企业在非东道国的国际投资经验更多地表现出经验误用效应。对于跨国公司而言，在区域内多个国家进行类似项目投资有助于实现投资活动的规模效应。在这一过程中，竞争优势的一个重要获取来源在于吸收和整合在不同东道国投资过程中获得的知识，并将其运用到之后的区域投资活动中，这表明非东道国投资经验也会产生普遍的"经验学习效应"。同时，实际投资活动中企业在某些国家的经验知识难以直接运用到初次投资东道国的经营中，企业需要将已有经验知识转移和加工后运用到新的环境中去。② 当企业在区域内其他国家的经验知识对东道国无用时，企业如果错误地将无用经验知识转移到初次投资东道国企业的经营中，那么区域内其他国家的投资经验就会对企业的绩效产生负向影响，③ 也有研究者将这种经验误用的效应归因为"投资惯性"。特别是在对一些国家距离较大的地区进行投资过程中（如中国对拉美、非洲等地区的投资），投资区域内部本身的国别差异较大，如果简单地将第三国投资经验复制到投资东道国，那势必将放大投资经验误用效应的范围和程度。

因而笔者可以认为，相比东道国投资经验而言，企业的非东道国投资经验更大程度上体现出经验的误用效应，非东道国投资经验对减弱国家距离对投资绩效所造成的负向影响能力明显被弱化。基于以上分析本章提出以下假设：

假设3a：非东道国投资经验能够减弱文化距离对投资绩效产生的负向影响，但是相比于东道国投资经验这种调节作用更弱。

假设3b：非东道国投资经验能够减弱制度距离对投资绩效产生的负向影响，但是相比于东道国投资经验这种调节作用更弱。

假设3c：非东道国投资经验能够减弱地理距离对投资绩效产生的负向影响，但是相比于东道国投资经验这种调节作用更弱。

---

① Kostova T., "Transnational Transfer of Strategic Organizational Practices: A Contextual Perspective", *Academy of Management Review*, No.2.1999.
② Schwens C., Eiche J., Kabst R., "The Moderating Impact of Informal Institutional Distance and Formal Institutional Risk on SME Entry Mode Choice", *Journal of Management Studies*, No.2,2011.
③ Li S., Scullion H., "Bridging the Distance: Managing Cross-Border Knowledge Holders", *Asia Pacific Journal of Management*, No.1,2006.

四、研究模型设定

综合以上理论阐释，本章认为国家间的差异是削弱企业跨国投资绩的重要原因，跨国投资经验通常被认为可以有效降低此类负面效果，这是由于"经验学习效应"的普遍存在所造成的结果，而"经验误用效应"的客观存在则能够将以上负面效果进一步放大。进一步地区分企业在东道国的投资经验和非东道国的投资经验，本章认为东道国投资经验主要体现了"经验学习效应"，经验误用效应从理论上来推演也应部分存在，但是其作用强度不大；非东道国投资经验则同时表现出明显的"经验学习效应"和"经验误用效应"，当母国企业对跨国投资管理能力处于较低状态时，这种"经验误用效应"甚至可能超越"经验学习效应"。本章研究目标主要设定为验证以上两种经验效应的真实存在，同时区分不同范围的投资经验实证检验两种效应的综合表现特征。以此构建本章的理论研究框架，如图 20—1 所示。

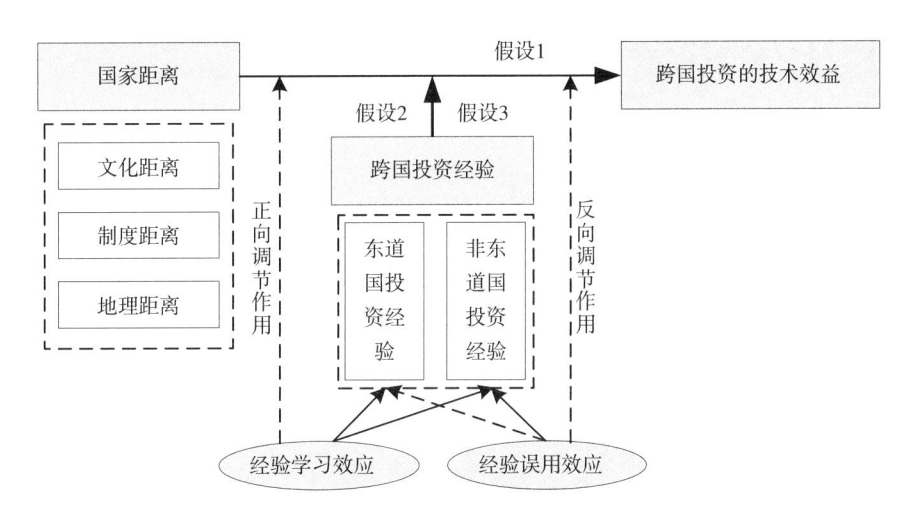

图 20—1 本章内容的研究框架及研究假设

第二节　理论模型设计及实证：基于中国企业对拉美的投资数据

一、变量设定

（一）自变量

1. 文化距离

在跨国并购投资绩效的研究中，学者们运用了不同的方法对文化距离进行测量，最常用的是霍夫斯泰德（Hofstede）文化四维度：权力距离（PD）、不确定性规避（UAI）、男性与女性主义（MVF）、个人与集体主义（IVC）基础上提出的KSI指数，其他测度方法还包括施瓦兹法（Schwartz）、环球项目法（Globe Project）等，但是相较于其他方法，KSI使用的人数更多。因而本章选择KSI指数对国家文化距离的测度，测度采用的公式为：

$$CD_{it} = \left\{ \sum_{i=1}^{4} [(I_{c,j} - I_{i,j})^2 / V_j]/4 \right\} / T_{it}$$

其中，CD_{it}表示t期我国与东道国i之间的文化差异，I_{cj}表示我国在j维度上的得分，I_{ij}表示i国在j维度上的文化得分，V_j表示第j个维度文化得分的方差，T_{it}表示我国与东道国国家建交至投资时的时间间隔。

2. 制度距离

对制度距离的测量，学者们经常采用的数据来源有：《全球竞争力报告》[1]、经济自由度指数（EFI）[2]、《世界竞争力年鉴》和《欧洲货币》[3]，鉴于以上数据覆盖范围没有世界治理指数（WGI）广，本章采用世界银行发布的世界治理指数（WGI）进行度量，测度采用的公式为：

---

[1] Chao M. C. H., Kumar V., "The Impact of Institutional Distance on the International Diversity—Performance Relationship", *Journal of World Business*, No.1, 2010.

[2] Delios A., Beamish P. W., "Survival and Profitability: The Roles of Experience and Intangible Assets in Foreign Subsidiary Performance", *Academy of Management Journal*, No.5, 2001.

[3] Gaur A. S., Lu J. W., "Ownership Strategies and Survival of Foreign Subsidiaries: Impacts of Institutional Distance and Experience", *Journal of Management*, No.1, 2007.

$$I_{it}=\sum_{j=1}^{6}(l_{it,jt})/6$$
$$ID_{cit}=I_{ct}-I_{it}$$

其中，I_{it} 表示 t 期 i 国的制度得分，$I_{it,jt}$ 表示 t 期 i 国在 j 维度上的得分（j=1–6分别代表话语权和责任、政治稳定性和不存在暴力恐怖主义、政府效率、制度政、法以及腐败控制）。IDc_{it} 表示 t 期我国与东道国间的制度距离，I_{ct} 表示 t 期我国的制度得分，I_{it} 表示 t 期东道国制度得分。

3. 地理距离

对地理距离的测量有学者采用航海里程数测量两国间的地理距离，而李等人（Li et al.）采用世界城市数据库（World Cities Database）的数据测度地理距离衡量，同时也有一些学者[1]采用了 CEPII 数据库获取两国首都的经纬度计算两国的地离距离，本章选择 CEPII 数据库以及两国首都间的飞行距离对国家地理距离进行测度。

（二）因变量——跨国投资的技术效益

企业的技术绩效可以通过企业的发明数量、新产品等技术绩效指标反映，而企业的专利数量又与这些指标紧密相关，因而可以通过专利数量很好地测量企业的技术绩效，本章借鉴阿胡亚（Ahuja）和凯蒂拉（Katila）[2]以及王诗翔等人[3]的研究，采用企业申请的专利数量来测量企业的技术绩效，专利数据来源于知网版的中国专利数据库。

（三）调节变量

考虑到投资经验是影响企业跨国投资效益的重要因素，本章选取企业在拉美地区国家的投资经验作为调节变量。在指标的测度上，阎大颖等采用企业境外分支数量与企业所有分支数量的比值进行度量。[4] 而李等人（Li et al.）采用并购活动占所有投资

---

[1] 杨汝岱、朱诗娥：《企业，地理与出口产品价格——中国的典型事实》，《经济学》2013 年第 4 期。

[2] Ahuja G., Katila R.,"Technological Acquisitions and the Innovation Performance of Acquiring Firms: A Longitudinal Study", *Strategic Management Journal*, No.3, 2001.

[3] 王诗翔、魏江、路瑶：《跨国技术并购中吸收能力与技术绩效关系研究——基于演化博弈论》，《科学学研究》2014 年第 12 期。

[4] 阎大颖、洪俊杰、任兵：《中国企业对外直接投资的决定因素：基于制度视角的经验分析》，《南开管理评论》2009 年第 6 期。

活动的比重进行度量,洪(Hong)和李(Lee)采用0/1度量母公司的投资经验。[1] 借鉴阎大颖的研究方法,[2] 本章采用母公司的跨国投资次数衡量企业的投资经验。

(四) 控制变量

企业的投资绩效还会受到其他因素的影响,因而本章还选取以下重要因素作为控制变量:

1. 企业规模

在测量上,洪(Hong)和李(Lee)选取母公司总资产衡量企业规模,贝利(Berry)等人采用总销售额衡量企业的规模。[3] 考虑到企业经济规模会对企业绩效产生影响,本章采用企业规模的增长率控制其对企业绩效增长的影响。

2. GDP增长率

由于宏观经济的变动会对企业绩效产生影响,本章采用东道国GDP增长率作为控制企业绩效增长的变量之一。

3. 市场规模

市场规模在一定程度上能够反映企业在东道国的发展潜能,本章参照洪和李的方法采用东道国人均GDP来度量东道国的市场规模。

4. 东道国吸引外资

杨万平等学者研究表明FDI会对经济增长产生重要影响,[4] 而GDP的波动又会对企业的绩效产生影响,因而本章选取东道国FDI净流量的增长率作为控制变量之一。

5. 企业所有制

有较多学者将企业所有制作为研究变量之一,因而本章将所有制作为研究变量之一,国有企业取值为1,民营中小企业为2,外资企业为3。

6. 央企

央企相对于一般国有企业而言往往能够获得更多的资源,基本上是行业的龙头企业。本章进一步将央企作为控制变量之一,境内投资主体为央企的为1,非央企的为0。

---

[1] Hong S. J., Lee S. H., "Reducing Cultural Uncertainty through Experience Gained in the Domestic Market", *Journal of World Business*, No.3, 2014.

[2] 阎大颖:《制度距离、国际经验与中国企业海外并购的成败问题研究》,《南开经济研究》2011年第5期。

[3] Berry H., Guillen M. F., Zhou N., "An Institutional Approach to Cross-National Distance", *Journal of International Business Studies*, No.41, 2010.

[4] 杨万平、袁晓玲:《从FDI看美国经济波动对我国经济增长的影响——基于广义脉冲响应函数法的实证研究》,《国际贸易问题》2009年第8期。

表 20—1　模型变量的含义、标识以及数据的来源

变量	含义及测度方式	预期符号	数据来源
CD	文化距离	—	http://geerthofstede.com/
ID	制度距离	—	http://www.world-governance.org/
GD	地理距离	—	http://www.google.cn/intl/zh-CN/earth/ 以及 http://www.ctrip.com/
EXP	跨国投资经验，其中 EXPC 表示东道国投资经验，EXPD 表示区域非东道国投资经验，EXPW 表示全球非东道国投资经验	+/−	http://wszw.hzs.mofcom.gov.cn/fecp/fem/corp/fem_cert_stat_view_list.jsp
SIZEGR	企业规模增长率，SIZEGR1 为投资当年的规模增长率，SIZEGR2 为投资后一年的规模增长率		中国工业企业数据库、国泰安数据库、亚太企业数据库、同花顺
GDPGR	GDP 增长率		http://www.worldbank.org.cn/
GDPCP	人均 GDP，用于衡量东道国的市场容量		http://www.worldbank.org.cn/
FDIGR	东道国对外直接投资净流量增长率，FDIGR1 当年的增长率，FDIGR2 投资后一年的增长率		http://www.worldbank.org.cn/
OS	企业所有制属性，其中国有企业取值为 1，民营中小企业为 2，外资企业为 3		结合《境外投资企业机构名录》及全国企业信用信息公示系统 http://gsxt.saic.gov.cn/
CE	央企属性，其中央企取值为 1，非央企取值为 0		http://wszw.hzs.mofcom.gov.cn/fecp/fem/corp/fem_cert_stat_view_list.jsp
YEAR	企业年龄，企业成立年份到投资当年时间间隔，大于 10 年取值为 1，小于等于 10 年取值为 0		结合《境外投资企业机构名录》及全国企业信用信息公示系统 http://gsxt.saic.gov.cn/
INDUSTY	行业属性，自然资源寻找型取值为 1，市场寻求型取值为 2，战略性资产寻求型取值为 3		《境外投资企业机构名录》

二、实证检验与结果讨论

（一）数据来源

本章分析对象主要选取 1999—2014 年在拉美进行投资的中国企业数据，数据来源取自中国商务部发布的《境外投资企业（机构）名录》。根据其披露的海外公司经营内容，笔者首先筛选出以技术获取为主要目的的投资企业。在此基础上，剔除无法获得霍夫斯泰德文化指数以及《世界治理指数》的东道国，确定企业的基本名录。然

后结合《中国工业企业数据库》（1999年—2009年）以及《亚太企业数据库》进行第二轮筛选找出能够获得数据的企业名录。经过对原始数据的扫描，发现部分企业的数据存在严重缺失影响了其使用价值，所以经过进一步筛选，最终确定136个研究对象企业。样本分布为：上市公司49家，占到了36%，非上市公司有87家；央企44家，占总样本的32.4%，而非央企占到了67.6%；国企51家，占总样本的37.5%，民营（非合资）企业66家，占总样本的48.5%，另外，合资类型企业占总样本的14%。

本章主要采用四个企业数据库采集所需企业数据。首先通过国家工商行政管理总局公布的全国企业信用信息系统，以及企业官网获取企业基本信息。然后将企业分为上市公司和非上市公司，对于投资主体未上市而母公司上市，并且投资主体的报表合并在母公司报表中的投资主体，也归为上市公司。对于沪深两地上市的公司，采用国泰安数据库获得企业数据；对于大陆以外上市的公司，则根据同花顺获得相关企业数据；若企业为非上市公司，则根据《中国工业企业数据库》以及《亚太企业数据库》获得企业数据。

（二）数据结果分析

表20—2是关于文化距离变量（CD）、制度距离变量（ID）、地理距离变量（GD）、企业跨国投资经验变量（EXP）以及其他控制变量的相关系数矩阵。文化距离（CD）与地理距离（GD）相关性以及制度距离（ID）与地理距离（GD）的相关性较为显著（P ≤ 5%），为了避免变量之间的多重共线性对模型检验的影响，笔者在随后的回归分析时对文化距离（CD）、制度距离（ID）以及地理距离（GD）同时进行标准化处理后进行分析。

表20—2 变量的Pearson相关系数表

	变量	1	2	3	4	5	6	7	8	9	10	11	12	13	14	15	16
1	GDPPC	1															
2	GDPGR	−0.217*	1														
3	SIZEGR1	0.058	0.011	1													
4	SIZEGR2	0.046	−0.068	0.086+	1												
5	FDIGR1	−0.126	0.419**	0.041	0.412**	1											
6	FDIGR2	−0.122	0.09+	0.012	0.105	−0.039	1										
7	OS	−0.314**	0.228**	−0.199*	0.008	0.211*	0.005	1									
8	CE	0.364**	−0.264**	0.019	0.036	−0.165	−0.079	−0.780**	1								
9	YEAR	0.01	0.13	−0.038	−0.164+	0.003	0.135	−0.068	−0.014	1							
10	IND	0.136	0.00	0.237**	0.127	0.033	0.073+	−0.097	−0.023	−0.017	1						
11	CD	−0.174*	0.117	−0.026	−0.06	0.007	0.008	−0.057	0.056	0.073	−0.019	1					

续表

	变量	1	2	3	4	5	6	7	8	9	10	11	12	13	14	15	16
12	ID	0.069	−0.285**	0.004	0.148	−0.089	0.004	−0.004	0.055	−0.243**	0.011	0.097	1				
13	GD	0.204*	0.169*	−0.103	−0.107	0.053	−0.021	0.075	−0.072	0.224**	0.013	−0.168	−0.733**	1			
14	EXPC	−0.043	0.197*	−0.177*	−0.097	−0.038	−0.07	0.213*	−0.220*	0.051	0.046	−0.092	0.138	0.007	1		
15	EXPD	−0.048	−0.145	0.01	0.027	−0.089	0.15	−0.179*	0.205*	0.134	0.032	0.046	−0.063	−0.009	−0.141	1	
16	EXPW	0.029	−0.197*	0.175*	0.057	−0.134	0.15	−0.185*	0.193*	0.001	−0.019	0.032	−0.009	−0.065	−0.237**	0.502**	1

注：括号内为 t 值，+、*、** 分别表示 0.1、0.05、0.01 显著性水平。

为了检验东道国投资经验和非东道国投资经验的调节效应之间是否存在显著的差异性，本章采用配对样本 T 检验方法来进行验证，检验结果见表 20—3。文化距离、制度距离和地理距离分别与 EXPC、EXPD 以及 EXPW 的交乘项被对应分配为六个对照组，结果显示与 EXPC、EXPD 的交乘项的配对样本 T 检验值分别在 5%、10%、1% 的显著性水平上通过检验。而与 EXPC、EXPW 的交乘项的配对样本 T 检验值中，除了制度距离在 10% 的置信区间显示区别度不够明显，另外两组数据的配对样本 T 检验值也都满足在 5%、1% 显著性水平。所以，三组交乘项所表征调节效果显示由投资学习效应和投资误用效应综合作用后所最终表现出的整体调节效果存在显著差异性。

表 20—3 两类投资经验的调节效应的 T 检验结果

		成对样本相关系数			成对样本检验系数		
		N	相关系数	Sig	df	T 值	Sig（双侧）
对 1	CDEXPC & CDEXPD	136	−0.097	0.262	135	−2.195	0.03
对 2	IDEXPC & IDEXPD	136	0.077	0.375	135	1.695	0.092
对 3	GDEXPC & GDEXPD	136	−0.153	0.076	135	−3.334	0.001
对 4	CDEXPC & CDEXPW	136	−0.092	0.284	135	−2.57	0.011
对 5	IDEXPC & IDEXPW	136	0.075	0.385	135	1.265	0.208
对 6	GDEXPC & GDEXPW	136	−0.237	0.006	135	−6.827	0.000

表 20—4 是国家间文化距离、制度距离以及地理距离分别与滞后一年期企业绩效的回归分析结果以及东道国投资经验（EXPC）、区域非东道国投资经验（EXPD）以及全球非东道国投资经验（EXPW）的调节作用的回归分析结果。其中模型 1、模型 2 数据检验结果表明，文化距离（CD）、制度距离（ID）对企业投资绩效的影响系数分别为 −0.130 和 −0.145（均在 0.1 的水平上显著），这意味着东道国与中国的文化、制度差异越大，企业的投资绩效越差，与预期结果相一致，假设 1a、假设 1b 得到了实证支持。而模型 3 的检验结果表明制度距离地理距离（GD）在模型中的系数虽然

也为负，但是并不显著。继续观察将三个维度距离变量同时放入模型 4 时，地理距离（GD）对企业投资绩效影响的系数为 –0.327（在 0.01 的水平上显著），该结果可以解释为地理距离的单一解释能力过低，对企业投资绩效的影响力并不如文化距离、制度距离，不能够很好地反映企业投资绩效的变化，但是这种负向影响力仍然是存在的，因而认为这一分析结果与预期结果一致，假设 1c 关于地理距离的判断得到了实证支持。以上结果表明，东道国与中国的差异会对企业在拉美地区的投资绩效产生不利影响，并且国家间差异越大，企业的投资绩效越差。同时，制度距离（–0.381）、地理距离（–0.327）相比文化距离（–0.113）对企业跨国投资绩效的影响更大，这说明母国与东道国之间的制度差异和地理差距更加直接地影响投资绩效，而文化差异所带来的影响程度则更不易被察觉。

表 20—4　实证模型的回归分析结果（N=136）

	模型 0	模型 1	模型 2	模型 3	模型 4	模型 5	模型 6	模型 7	模型 8	模型 9
GDPPC	−0.080 (−1.04)	−0.108 (−1.39)	−0.076 (−1)	−0.074 (−0.92)	−0.001 (−0.006)	0.006 (0.071)	−0.014 (−0.175)	−0.018 (−0.222)	−0.003 (−0.041)	−0.02 (−0.248)
GDPGR	−0.146+ (−1.766)	−0.130 (−1.583)	−0.182* (−2.17)	−0.143+ (−1.704)	−0.187* (−2.187)	−0.195* (−2.221)	−0.184* (−2.232)	−0.249** (−3.064)	−0.172* (−2.063)	−0.231** (−2.813)
SIZEGR1	−0.107 (−1.438)	−0.110 (−1.496)	−0.106 (−1.442)	−0.109 (−1.453)	−0.131+ (−1.787)	−0.138+ (−1.856)	−0.139+ (−1.934)	−0.141* (−2.045)	−0.138+ (−1.882)	−0.114 (−1.572)
SIZEGR2	0.217** (2.613)	0.214** (2.604)	0.232** (2.817)	0.215* (2.576)	0.227** (2.841)	0.256** (3.121)	0.229** (2.88)	0.245** (3.198)	0.226** (2.827)	0.228** (2.911)
FDIGR1	0.437** (4.881)	0.433** (4.877)	0.432** (4.877)	0.438** (4.868)	0.441** (5.074)	0.452** (5.123)	0.43** (5.023)	0.402** (4.848)	0.431** (5.005)	0.408** (4.858)
FDIGR2	0.006 (0.079)	0.002 (0.032)	0.013 (0.174)	0.005 (0.073)	0.019 (0.274)	0.028 (0.395)	0.024 (0.344)	0.037 (0.55)	0.013 (0.19)	0.030 (0.435)
OS	0.137 (1.143)	0.131 (1.103)	0.149 (1.255)	0.138 (1.147)	0.177 (1.536)	0.169 (1.393)	0.181 (1.572)	0.273* (2.392)	0.179 (1.542)	0.269* (2.291)
CE	0.231+ (1.938)	0.248* (2.089)	0.236* (2.004)	0.230+ (1.914)	0.240* (2.086)	0.296* (2.438)	0.254* (2.195)	0.291** (2.584)	0.234* (2.027)	0.301* (2.551)
YEAR	−0.177* (−2.443)	−0.169* (−2.357)	−0.205** (−2.809)	−0.173* (−2.336)	−0.184* (−2.579)	−0.16 (−2.218)	−0.169* (−2.368)	−0.136+ (−1.959)	−0.180* (−2.522)	−0.153* (−2.197)
INDUSTRY	0.154* (2.107)	0.157* (2.165)	0.154* (2.123)	0.155* (2.103)	0.155* (2.193)	0.178* (2.499)	0.164* (2.342)	0.174* (2.589)	0.160* (2.264)	0.161* (2.368)
CD		−0.130+ (−1.825)			−0.113 (−1.607)	−0.120+ (−1.7)	−0.119+ (−1.706)	−0.204** (−2.875)	−0.121+ (−1.723)	−0.219** (−2.942)
ID			−0.145+ (−1.966)		−0.381** (−3.358)	−0.385** (−3.304)	−0.371** (−3.396)	−0.625** (−4.867)	−0.361** (−3.28)	−0.604** (−4.51)

续表

	模型0	模型1	模型2	模型3	模型4	模型5	模型6	模型7	模型8	模型9
GD				−0.02 (−0.27)	−0.327** (−2.933)	−0.338** (−2.66)	−0.321** (−2.917)	−0.546** (−4.407)	−0.318** (−2.863)	−0.538** (−4.166)
EXPC					0.051 (0.684)	0.565* (2.274)				
EXPD							−0.083 (−1.173)	−0.122+ (−1.687)		
EXPW									−0.007 (−0.091)	−0.053 (−0.75)
CD×EXPC						0.873* (2.083)				
CD×EXPD								0.188* (2.12)		
CD×EXPW										0.172+ (1.849)
ID×EXPC						0.761+ (1.754)				
ID×EXPD								0.171+ (1.632)		
ID×EXPW										0.198+ (1.626)
GD×EXPC						0.555+ (1.656)				
GD×EXPD								0.206* (2.387)		
GD×EXPW										0.213* (2.142)
R^2	0.401	0.417	0.419	0.401	0.468	0.489	0.472	0.528	0.466	0.516
F	8.370**	8.054**	8.135**	7.560**	7.607**	6.634**	7.729**	7.767**	7.546**	7.399**

注：括号内为t值，+、*、** 分别表示0.1、0.05、0.01的显著性水平。

模型5—模型9是企业的投资经验对国家距离影响投资绩效调节作用的回归分析结果。模型5检验了企业的东道国投资经验EXPC的调节效应，将文化距离、制度距离以及地理距离与EXPC的交乘项分别记为CD×EXPC、ID×EXPC以及GD×EXPC，三个交乘项的系数分别为0.873、0.761以及0.555（分别在5%、10%、10%的置信水平上显著）。以上数据结果表明企业的东道国投资经验会对国家距离对企业投资绩效的负向影响作用产生干扰，表明企业在东道国的投资经验越丰富，国家距离对投资绩效的负向影响作用将变得越弱，这也正是"经验学习效应"的集中体现，因而假设2a至假设2c得到了实证结果支持。同时，结果还显示了东道国投资经验对文化差异（0.873）的调节作用要强于其对制度距离（0.761）以及地理距离（0.555）的调节作用，这说明"经验学习效应"更易于通过缩短文化差异性来提升企业投资绩效。

模型 6—9 检验了区域非东道国投资经验 EXPD 和全球非东道国投资经验 EXPW 的调节效应，国家距离的三个维度与区域非东道国投资经验（EXPD）的交乘项系数分别为 0.188、0.171 以及 0.206（分别在 5%、10%、5%的置信水平上显著），与全球非东道国投资经验（EXPW）的交乘项系数分别为 0.172、0.198 以及 0.213（分别在 10%、10%、5%的置信水平上显著），这首先验证了企业的非东道国投资经验在国家距离对企业投资绩效的影响过程中产生有效调节作用，这体现了"经验学习效应"的普遍性。进一步看，无论是区域非东道国投资经验还是全球非东道国投资经验，其交乘项系数均大幅小于东道国投资经验的交乘项系数，其中，文化距离维度的系数从 0.873 下降到 0.188（0.172，括号内为全球非东道国投资经验的实证数据），制度距离维度的系数从 0.761 下降到 0.171（0.198），地理距离维度的系数从 0.555 下降到 0.206（0.213），并且前者显著性也基本高于或者接近后者。以上数据结果说明非东道国的投资经验相比东道国投资经验存在着更为明显的"经验误用效应"，当然本章获取的企业样本还没有出现"误用效应"覆盖"学习效应"的恶性情况，因此假设假设 3a 至假设 3c 得到了实证结果支持。最后，非东道国投资经验数值（表征投资次数）相比东道国投资经验数值普遍较大，可以认为是由于企业在拉美地区东道国投资不足的前提下借鉴非东道国投资经验，导致企业将非东道国投资经验进行误用的情况发生，最终大大削弱了"经验学习能力"的正向调节能力。

第三节 理论成果及对中国企业技术获取型跨国投资的对策建议

基于国家距离这一概念，本章从文化距离、制度距离以及地理距离这三个维度测量我国与拉美地区国家间的距离，探究国家距离对我国技术导向型企业在拉美地区投资的技术绩效的影响，并以此为基础进一步探究了企业在东道国已有的投资经验对于国家距离与投资绩效间影响的调节作用。本章得到以下一些主要结论：

第一，国家距离对企业的跨国投资绩效具有显著的负向影响。对于企业的跨国经营以及跨国知识获取而言，东道国与中国的文化距离、制度距离以及地理距离差异越小，越有助于企业在投资获得良好的绩效。文化距离相对于制度距离、地理距离而言对企业的经济绩效产生了更强的负向影响，而制度距离相对文化距离对企业技术绩效的影响更大，因此企业在海外投资活动中，应当优先考虑文化距离较小的国家作为投资目的国，或者可以考虑引入本土化管理团队对子公司进行管理。而以战略性资产获取为目的的跨国投资活动，应当优先考虑制度距离更小的国家作为投资目的国，或者可以考虑并购后通过回国建厂的方式将技术转移回国内。

第二，东道国投资经验能够减弱文化距离、制度距离以及地理距离对企业经济绩效的负向作用，但是对于改善企业的技术绩效效果不显著。对于企业的跨国投资而言，企业在东道国的投资经验能够帮助企业了解两国间文化差异、制度制约，使得企业可以根据实际情况优化企业运营，从而有助于提高企业的经济绩效。而技术的获取存在一个技术搜索、技术识别、技术吸收的过程，技术吸收等过程与企业的自身能力有很大的关系，因而导致已有投资经验对技术绩效促进作用无法显现。

第三，本章仍然存在一些不足。首先，由于拉美市场对中国企业而言尚属于新兴市场，大部分企业的投资行为都是发生在最近几年，这极大地限制了对企业投资绩效数据的获取，也限制了本章内容的样本数量。因此，对中国企业在拉美投资行为后续的跟踪研究是一个值得研究命题。其次，本章没有能够跳出绝大多数学者在研究国家距离时的局限性，仅仅选取了国家距离中的几个维度进行研究，而实际上国家距离还有其他的很多维度，例如经济距离、知识距离等，这都有待于后续进一步研究深化。最后，在衡量企业经济绩效、技术绩效时，限于数据的可获得性，本章选取了母公司的数据作为研究对象，深挖企业在东道国的绩效数据应当会有更多有价值的发现。

第二十一章　跨国投资活动中的研发资源全球布局与战略运用

随着科技全球化进程的不断加剧，研发资源作为科技竞争的核心要素被世界各国作为增强科技创新竞争力的主要手段。我国企业在经历早期的以获取海外自然资源、开拓海外市场为主要目的的投资阶段之后，越来越多的企业开始以获取海外先进技术为投资目的。跨国公司之所以进行海外研发，其根本原因在于无法从企业内部获得维持竞争优势的持续资源，而为了保持这种竞争优势，企业必须不断从外部吸取知识并加以利用。并且随着跨国公司研发国际化的不断深入，国家间的技术差距逐渐缩小，企业的研发战略也会有相应调整。

对于新兴国家跨国企业而言，全球产业知识来源可获性是新兴国家企业在海外区位选址早期的主要依据，但是后期东道国知识的互补性是企业选择投资的重要原因，同时东道国已有外商直接投资数量也会对跨国公司海外东道国选择产生影响。而在"一带一路"战略的推动下，相关沿线国家已成为我国外商直接投资的重点区域，因而也会带动我国技术导向型企业到沿线国家投资，本部分将着重探讨国家距离对技术导向性企业在"一带一路"沿线国家布局选址的影响。

第一节　核心理论回顾与研究假设

在影响企业跨国研发投资的众多因素中，国家距离一直被认为是一个重要的因素，① 在对国家距离进行测度时，学者们的选择指标通常局限在地理距离、文化距离、制度距离，而对其他诸如经济、知识、人口等方面的距离关注有限。② 格马沃特（Ghemawat）虽然将经济距离纳入国家距离分析框架，却是从定性角度进行分析的。③ 而史伟等虽然对采用了定量分析，但是只分析了零售业的东道国选址问题。④ 本章在他们研究的基础上，进一步分析这四个维度对我国技术导向型企业对"一带一路"国家投资东道国选择的影响。

两国家间的地理距离会增大跨国沟通难度，地理距离的增加意味着母公司对海外信息获取成本的上升，因而地理距离越大，公司获取海外信息的难度越大。地理距离也会减弱知识转移的效果，员工间的联系是企业知识传递的基础，而地理距离会阻碍这种联系，从而影响技术获取型企业对海外技术知识的获取，导致企业海外投资的技术绩效降低。并且由于较大地理距离的存在，东道国与母国存在较长知识传递渠道以及时区差异，这会降低国家间知识传递效率。因而东道国与母国间的地理距离越大，企业获取海外技术的难度越大。

文化距离是由不同的组织、国家以及地区会由于社会、人们的工作存在差异而形成，对跨国投资活动中的知识产生和知识流动产生阻碍。知识在使用和接受时需要深入的交流、理解，而文化中包含了对信息的理解，理解的差异会降低知识传递的效率、影响企业对知识的储备，进而导致企业获取海外技术难度增加。因此，国家间文化距离越大，企业东道国知识的获取水平越差。

制度建设轨迹的不同导致了母国与东道国的制度环境会存在差异。⑤ 制度差异涵盖了国家之间在认知、规范和管制等方面的差异，相对于文化差异，制度距离（Institutional Distance）对投资活动造成更多的是约束性冲突，这种负向约束会给投资活动带来更多的冲突，降低企业的管理绩效。制度距离也同样会影响知识的跨国传递，加大知识在国家间的转移难度。并且较大的制度环境差异降低了转接收方与转移方环境的匹配程度，也会阻碍知识的跨国界转移。因此，东道国与母国间的制度距离越大，

---

① Li Y., Vertinsky I. B., Li J., "National Distances, International Experience, and Venture Capital Investment Performance", *Journal of Business Venturing*, No.4, 2014.

② Berry H., Guillen M. F., Zhou N., "An Institutional Approach to Cross-National Distance", *Journal of International Business Studies*, No.41, 2010.

③ Ghemawat P., "Distance still Matters", *Harvard Business Review*, No.8, 2001.

④ 史伟、李申禹、陈信康：《国家距离对跨国零售企业东道国选择的影响》，《国际贸易问题》2016 年第 3 期。

⑤ 潘镇、殷华方、鲁明泓：《制度距离对于外资企业绩效的影响——一项基于生存分析的实证研究》，《管理世界》2008 年第 7 期。

企业从海外市场获取技术知识的效果越差。所以,制度距离会对企业的跨国投资技术绩效产生负面影响,制度距离越大负向影响作用也就越大。

东道国与母国在经济发展水平上的差异会形成经济距离,① 经济发展水平的差异会导致两国在要素成本以及技术能力上存在差异,而这两者是影响海外直接投资的重要因素。② 较小的经济距离意味着东道国与母国具有相似的经济发展水平和知识结构,因而有利于企业在东道国复制现有业务模式、获取海外技术知识。③

但是文化距离、制度距离在给企业跨国投资带来"外来者劣势"的同时,也会产生"外来者收益"。企业的跨国投资能够丰富企业的知识储备的多样性,而国际多样性的增加对于提升企业技术能力具有显著作用。东道国与母国间存在的文化和制度距离,能够给企业的产品差异化带来益处、丰富企业的隐形知识储备,这有利于提升企业核心竞争力,相反在文化、制度更相似的东道国投资,则需要面临更加激烈的竞争。④ 而对于经济距离而言,国家的技术水平往往与经济发展状况直接相关,差异性的经济发展水平能够使企业获得特殊的发展优势以及战略性资产,从而使企业更好地发展。但是过大的距离又会导致"外来者劣势"形成的成本超过"外来者收益"。而不同于文化距离、经济距离、制度距离这三个变量同时存在"外来者劣势"与"外来者收益",地理距离对企业经营影响更为线性。基于以上分析,本章提出以下假设:

假设1:地理距离仅会对企业的跨国投资产生"外来者劣势",即母国与东道国的地理距离越大,技术获取型企业投资的数量越少;相反的地理距离越小,投资企业的数量越多。

假设2:企业在跨国投资区位选择时会在母国与东道国文化距离产生的"外来者劣势"与"外来者收益"间权衡,文化距离与投资东道国企业的数量存在倒U型关系,即文化过于相似或者文化距离过大,技术获取型企业投资的数量均较少。

假设3:企业在跨国投资区位选择时会在母国与东道国制度距离产生的"外来者劣势"与"外来者收益"间权衡,制度距离与投资东道国企业的数量存在倒U型关系,即制度差异过小或者差异过大,技术获取型企业投资的数量均较少。

假设4:企业在跨国投资区位选择时会在母国与东道国经济距离产生的"外来者

---

① Ghemawat P.,"Distance Still Matters", *Harvard Business Review*, No.8,2001.
② Tsang E. W. K., Yip P. S. L.,"Economic Distance and the Survival of Foreign Direct Investments", *Academy of Management Journal*, No.5,2007.
③ Carr D. L., Markusen J. R., Maskus K. E.,"Estimating the Knowledge-Capital Model of the Multinational Enterprise", *The American Economic Review*, No.3,2001.
④ Evans J., Mavondo F. T.,"Psychic Distance and Organizational Performance: An Empirical Examination of International Retailing Operations", *Journal of International Business Studies*,2002.

劣势"与"外来者收益"间权衡，经济距离与投资东道国企业的数量存在倒 U 型关系，即经济差异过小或者差异过大，技术获取型企业投资的数量均较少。

第二节　研发资源的全球布局战略：中国对"一带一路"国家投资数据

一、样本来源

本章借助商务部的《境外投资企业机构名录》，将研究对象主要限定在对"一带一路"沿线 65 个国家投资的我国企业，进一步结合霍夫斯泰德（Hofstede）对国家文化指数的研究[①]以及世界银行发布的世界治理指数（Worldwide Governance Indicators），[②]剔除无法获得文化指数以及治理指数的国家样本，由于世界治理指数（WGI）只更新到 2014 年，相关样本以 2014 年为截至时间，最终获得 2002—2014 年我国在"一路一带"沿线 35 个国家[③]技术导向型海外投资样本企业数据。

二、变量测度

（一）被解释变量

在我国对外直接投资（OFDI）区位选择的研究中，学者们常用的是宏观层面我国对东道国对外直接投资额[④]或者微观层面二值变量（0/1）企业对候选东道国投资与否，[⑤]不同于大多数学者的做法陈衍泰等人（2016）采用我国在东道国投资数量进

---

① 见 https://geert-hofstede.com/。

② 见 http://info.worldbank.org/governance/wgi/index.aspx#home。

③ 这 35 个国家分别是土耳其、菲律宾、马来西亚、新加坡、俄罗斯、泰国、乌克兰、越南、斯里兰卡、巴基斯坦、尼泊尔、叙利亚、印度、阿联酋、埃及、科威特、黎巴嫩、沙特、伊拉克、伊朗、以色列、约旦、阿尔巴尼亚、爱沙尼亚、保加利亚、波兰、捷克、克罗地亚、拉脱维亚、立陶宛、罗马尼亚、斯洛伐克、斯洛文尼亚、匈牙利、塞尔维亚。

④ Kang Y., Jiang F.,"FDI Location Choice of Chinese Multinationals in East and Southeast Asia: Traditional Economic Factors and Institutional Perspective", *Journal of World Business*, No.1,2012.

⑤ 邱立成、杨德彬：《中国企业 OFDI 的区位选择——国有企业和民营中小企业的比较分析》，《国际贸易问题》2015 年第 6 期。

行测度，本章借鉴这一做法，根据商务部《境外投资企业（机构）名录》披露的我国对外投资情况进行匹配，选取 2002—2014 年我国在上述国家投资企业数度量我国 OFDI 东道国的选址情况。

（二）解释变量

本章对地理距离、文化距离、制度距离以及经济距离这四个维度的测量方法如下：

1. 地理距离（Geographic Distance，简称 GD）

在度量两国地理距离时，有学者采用两国首都间的直线距离进行测度，[①] 也有学者采用两国间的海运距离，借鉴利等人对地理距离的描述，本章 CEPII 数据库对各国首都经纬度的披露，借助谷歌地球专业版（Google Earth Pro）计算由北京与东道国首都的直线距离，并借鉴蒋冠宏、蒋殿春的研究采用国际货币基金组织披露的当年国际原油价格进行加权，将更真实地反映地理距离对企业跨国经济活动的影响。[②]

2. 文化距离（Cultural Distance，简称 CD）

在跨国投资的研究中，霍夫斯泰德将国家文化划分为：男性与女性主义（MVF）、不确定性规避（UAI）、个人与集体主义（IVC）、权力距离（PD）四个维度。[③] 科格特（Kogut）和辛格（Singh）在霍夫斯泰德的基础上提出了 KSI 指数，帮助研究者规避了文化的复杂性，因而被较多学者采用。本章采用 KSI 指数的同时，借鉴綦建红等的方法将与我国建交时间纳入分析框架，以度量随着两国交往的增加，文化距离的缩小程度。[④] 计算公式如下：

$$CD_{it} = \left\{ \sum_{i=1}^{4} [(I_{c,j} - I_{i,j})^2 / V_j]/4 \right\} / T_{it}$$

其中，CD_{it} 表示 t 期我国与东道国 i 之间的文化差异，I_{cj} 表示我国在 j 维度上的得分，I_{ij} 表示 i 国在 j 维度上的文化得分，V_j 表示第 j 个维度文化得分的方差，T_{it} 表示我国与东道国国家建交至投资时的时间间隔。

[①] 易江玲、陈传明：《心理距离测量和中国的国际直接投资》，《国际贸易问题》2014 年第 7 期。

[②] 蒋冠宏、蒋殿春：《中国对外投资的区位选择：基于投资引力模型的面板数据检验》，《世界经济》2012 年第 9 期。

[③] Hofstede G. H., Hofstede G., *Culture's Consequences: Comparing Values, Behaviors, Institutions and Organizations Across Nations*, Sage Press, 2001, p.116.

[④] 綦建红、李丽、杨丽：《中国 OFDI 的区位选择：基于文化距离的门槛效应与检验》，《国际贸易问题》2012 年第 12 期。

3. 制度距离（Institutional Distance，简称 ID）

对制度距离学者们采用了不同的方法，有学者采用了经济自由度指数。[①] 由于世界治理指数（World Governance Index）涵盖的国家范围更广，本章决定采用世界治理指数衡量国家的制度得分。世界治理指数几乎涵盖了世界上所有的国家和地区政府效率、制度政策、法治、政治稳定性和不存在暴力/恐怖主义、话语权和责任以及腐败控制六个方面的治理得分。参照李等人的研究本章将六个维度的分值取平均值形成一个综合指数，并用我国与东道国该指数的差值衡量两国间的制度距离。[②] 计算公式如下：

$$I_{it}=\sum_{j=1}^{6}(I_{it,jt})/6$$
$$ID_{cit}=I_{ct}-I_{it}$$

其中，I_{it} 表示 t 期 i 国的制度得分，$I_{it,jt}$ 表示 t 期 i 国在 j 维度上的得分（j=1—6 分别代表话语权和责任、政治稳定性和不存在暴力恐怖主义、政府效率、制度政、法以及腐败控制），ID_{cit} 表示 t 期我国与东道国间的制度距离，I_{ct} 表示 t 期我国的制度得分，I_{it} 表示 t 期东道国制度得分。

4. 经济距离（Economic Distance，简称 ED）

在度量一国经济发展水平时，坎尔贝尔等（Campbell et al., 2012）以及史伟等（2016）采用世界银行披露的人均 GDP，借鉴这一做法，本章采用世界银行披露的 2005 年基期人均 GDP 衡量一国经济水平，并采用两国差值度量经济距离。计算公式如下：

$$ED_{cit}=E_{ct}-E_{it}$$

ED_{cit} 表示 t 期我国与东道国间的经济距离，E_{ct} 表示 t 期我国的人均 GDP，E_{it} 表示 t 期东道国人均 GDP。

（三）控制变量

考虑到企业投资区位选择还会受到其他因素的影响，本章选取外资开放度（OPEN）、通讯能力（COMMU）、GDP 增长率（GDPGR）、服务业发展水平（SERVICE）以及东道国技术水平（TECH）等变量作为控制变量。

[①] Berger T., Bristow G.,"Competitiveness and the Benchmarking of Nations—A Critical Reflection", *International Advances in Economic Research*, No.4,2009.

[②] Li Y., Vertinsky I. B., Li J., "National Distances, International Experience, and Venture Capital Investment Performance", *Journal of Business Venturing*, No.4,2014.

表 21—1　模型变量的含义、标识以及数据的来源

变量类型	变量名称	含义	数据来源
因变量	INVEST	投资次数	http://wszw.hzs.mofcom.gov.cn/fecp/fem/corp/fem_cert_stat_view_list.jsp
自变量	CD	文化距离	http://geerthofstede.com/
	ID	制度距离	http://www.world-governance.org/
	GD	地理距离	http://www.cepii.fr/CEPII/en/welcome.asp，http://www.imf.org/，Google Earth Pro
	ED	经济距离	http://www.worldbank.org.cn/
控制变量	OPEN	外资开放度	http://www.worldbank.org.cn/
	COMMU	通信能力	http://www.worldbank.org.cn/
	GDPGR	GDP 增速	http://www.worldbank.org.cn/
	SERVICE	服务业发展水平	http://www.worldbank.org.cn/
	TECH	东道国技术水平	http://www.worldbank.org.cn/

三、模型设定

在以往的对我国对外直接投资区位选择的研究中，学者们常采用的模型有引力模型和 Logistic 二元选择模型。考虑到本章以 2002—2014 年我国对"一带一路"沿线国家投资企业数作为因变量，是非负整数的离散变量，因而需要采用泊松回归模型作为本章内容的分析模型。但是泊松回归模型是建立在样本分布的期望和方差相等的假设前提之下的，经过计算，本章样本方差与均值的比值达到了 44.655，并不满足这一假设，可能存在离散效应。因而需采用负二项分布模型，在期望函数中加入一项个体异质性。所以将本章研究模型设定如下：

$$E(invest_{it}|x_{it}) = exp(a_{it} + \beta_{it}x_{it} + \beta_{it}control_{it} + \xi_{it})$$

其中，$invest_{it}$ 表示 t 期我国在东道国 i 投资的企业数，α 为常数项，xit 表示不同的自变量（包括地理距离 GD、文化距离 CD、制度距离 GD、经济距离 ID），$control_{it}$ 则表示控制变量，ξ_{it} 为其他未观测变量。

四、实证结果与分析

（一）描述性统计及相关分析

在正式回归检验分析之前，为确定模型中是否存在严重的多重共线性，先对主要变量间的相关系数矩阵进行报告。从表 21—2 可以看出，除了 cd 与 id 相关系数

为-0.480（这与制度距离计算方法相关，并不影响实证检验）、id 与 ln（commu）相关系数为-0.498、ln（gd）与 ln（commu）相关系数为 0.482、id² 与 id 相关系数为-0.753（低于 0.8）、ln(gd) 与 ln(gd)² 相关系数为 0.9997、cd 与 cd² 相关系数为 0.942 外，其余变量间的相关系数均远低于 0.5，因而并不存在共线性约束。而 ln(gd) 与 ln(gd)² 以及 cd 与 cd² 间存在严重的共线性，为了控制多重共线性，后面的分析中对 ln(gd)、cd 进行标准化处理，而其他变量不存在多重共线性，因而不进行标准化处理。为了控制异方差，在检验分析时对 gd、ed、commu 以及 tech 均采用自然对数的形式。

表 21—2　变量的描述性统计与相关矩阵

		平均值	方差	1	2	3	4	5	6	7	8	9	10	11	12	13
0	invest	10.52	21.67													
1	cd	1.83	2.05	1												
2	cd²	7.52	16.12	0.942***	1											
3	id	−0.52	0.72	−0.48***	−0.364***	1										
4	id²	0.78	0.94	0.394***	0.297***	−0.753***	1									
5	ln(gd)	20.48	0.78	0.247***	0.114**	−0.109**	0.075	1								
6	ln(gd)²	419.98	31.39	0.244***	0.111**	−0.113**	0.077**	1***	1							
7	ed	−0.62	1.59	−0.398***	−0.289***	0.669***	−0.457***	−0.101**	−0.1**	1						
8	ed²	2.92	8.04	−0.009	0.015	0.074	0.14***	0.057	0.057	0.52***	1					
9	open	0.04	0.06	0.006	−0.005	−0.317***	0.315***	0.027	0.027	−0.228***	−0.068	1				
10	ln(commu)	4.47	0.83	0.302***	0.2**	−0.498***	0.348***	0.482***	0.484***	−0.382***	0.032	0.221***	1			
11	service	52.00	20.10	0.018	−0.06	−0.337***	0.138***	0.071	0.073	−0.187***	−0.378***	0.294***	0.144***	1		
12	ln(tech)	4.96	2.88	0.149***	0.116**	−0.205**	0.06	−0.029	−0.028	−0.148***	−0.263***	0.011	0.223***	0.32***	1	
13	gdpgr	4.19	4.97	0.052	0.063	0.023	−0.008	−0.104**	−0.106**	−0.044	−0.011	0.042	−0.124**	0.001	0.045	1

注：*、**、*** 分别表示 0.1、0.05、0.01 显著性水平。

（二）全样本检验

对于面板数据的检验，有混合面板、固定效应面板以及随机效应面板，在经过拉格朗日乘数（LM）检验以及豪斯曼检验后，检验结果拒绝了模型采用混合估计以及随机效应的假设。因而，本章采用固定效应面板进行检验。

作为基准，首先进行全样本回归，检验结果如表 21—3 所示。其中模型 2 中地理距离（GD）对投资区位影响系数为 0.419（在 0.01 的水平上显著），这意味着东道国与中国的地理差异越大，企业投资数量越多，与预期结果不一致。但是模型 5 中地理距离（GD）对投资区位影响系数为 0.418（在 0.01 的水平上显著），而地理距离（GD）

的平方项并不显著，也就意味着假设 1 中对地理距离不具备给企业带来"外来者收益"能力的假设成立，假设 1 得到了部分实证支持。出现这种情况，进一步分析发现主要是由于我国海外投资国家中除了传统的亚洲国家，主要集中在阿联酋、俄罗斯、沙特、伊朗、埃及、乌克兰、波兰等国家，这些国家在地理距离上远大于中国与传统亚洲国家的距离，在这些国家的投资间接带动了我国技术导向型企业在上述国家的投资，也导致地理距离对投资区位选择呈现出的正向影响关系。

在模型 3 中，文化距离（CD）对投资区位影响系数为-0.818（在 0.01 的水平上显著），而文化距离（CD）的平方项对投资区位影响并不显著，也就意味着文化距离在跨国投资中的"外来者收益"被投资决策者所忽略，并且东道国与中国的文化差异越大，技术导向型企业投资数量少，假设 2 未得到实证支持。在模型 4 中，制度距离（ID）对投资区位影响系数为-0.334 并不显著，而制度距离（ID）的平方项对投资区位影响系数为-0.582（在 0.01 的水平上显著），也就意味着企业在跨国投资决策时会在制度距离产生的"外来者劣势"与"外来者收益"间权衡，制度距离对企业东道国选择存在倒 U 型关系，假设 3 成立。在模型 5 中，经济距离（ID）对投资区位影响系数为 0.583（在 0.01 的水平上显著），并且经济距离（ID）的平方项对投资区位影响系数为 –0.090（在 0.01 的水平上显著），也表明经济距离（ID）对企业跨国投资产生的"外来者劣势"与"外来者收益"同时存在，并且"外来者收益"的作用更强。进一步分析也认为，经济发展水平差异较小的国家有着与我国相似的知识水平，因而更利于企业对知识的获取与吸收，而经济发展水平差距过大，知识储备水平差异较大，企业难以获得相应的知识。

表 21—3　全样本回归结果

	模型 1	模型 2	模型 3	模型 4	模型 5	模型 6
open	−1.676 (−1.48)	−0.625 (−0.63)	−1.655 (−1.47)	−0.945 (−0.84)	−0.63 (−0.63)	0.254 (0.25)
commu	0.988*** (9.97)	0.724*** (6.77)	1.012 (10.62)	1.078*** (10.93)	0.725*** (6.74)	1.035*** (12.21)
service	−0.009 (−1.73)	−0.007 (−1.36)	−0.009 (−1.95)	−0.00781 (−1.53)	−0.007 (−1.36)	−0.006 (−1.04)
tech	−0.011 (−0.37)	−0.044 (−1.58)	−0.019 (−0.63)	−0.026 (−0.97)	−0.044 (−1.57)	−0.088*** (−3.27)
gdpgr	−0.030*** (−3.52)	−0.027*** (−3.33)	−0.025 (−2.93)	−0.027*** (−3.37)	−0.027*** (−3.33)	−0.016* (−1.9)

续表

	模型 1	模型 2	模型 3	模型 4	模型 5	模型 6
cd			−0.818*** (−3.79)			
cd^2			0.098 (−3.14)			
id				−0.334 (−1.44)		
id^2				−0.582*** (−3.76)		
gd		0.419*** (5.37)			0.418*** (4.9)	
gd^2					−0.002 (−0.04)	
ed						0.583*** (7.99)
ed^2						−0.090*** (−7.14)
常数项	−3.299*** (−6.62)	−1.771*** (−3.2)	−3.088*** (−6.25)	−3.374*** (−6.88)	−1.771*** (−3.2)	−2.465*** (−4.8)
样本量	453	453	453	453	453	453
Log likelihood	−921	−906.095	−910.293	−910.00	−906.094	−875.900
Wald chi^2	120.87***	169.13***	151.87***	147.880***	168.98***	271.51***

注：*、**、*** 分别表示 0.1、0.05、0.01 显著性水平；括号内为相应的 t 值。

第三节　理论成果及对中小企业参与"一带一路"战略的对策建议

本章利用 2002—2014 年我国对"一带一路"沿线 35 个国家直接投资的数据，基于负二项回归面板模型，考察了国家距离中的地理距离、文化距离、制度距离以及经济距离对我国技术导向型企业与这些国家投资区位选择的影响。本章得到以下一些主要结论：

首先，地理距离对企业跨国投资仅存在"外来者劣势"。本章进行了地理距离对企业跨国投资区位选择影响的验证，结果显示对于企业的跨国经营而言，东道国与我国的地理距离差异越大，投资的企业反而越多；反之，东道国与我国的地理距离越小，投资的企业反而越少，进一步分析发现这是由于我国企业的跨国投资主要是以资源利用为主要目的的，而这些投资同时也带动了我国技术导向型企业在上述国家的投资，而这些国家又恰恰离我国较远。

其次，制度距离、经济距离对企业跨国投资同时存在"外来者收益"与"外来者劣势"。本章通过对制度距离以及经济距离的实证分析发现，东道国与我国的制度距离、经济距离过大或者过小，我国企业在相应国家投资的数量均较少。这也就表明企业在跨国投资时，对于东道国的制度以及经济状况所带来的"外来者收益"与"外来者劣势"是有所考量的。所以，在进行东道国选择时，相关技术导向型企业应当优先考虑位于拐点附近的国家，并根据实际情况选择投资重点国家。

最后，文化距离对企业跨国投资的"外来者收益"存在被忽视的现象。本章通过实证分析发现，对于企业的跨国投资而言，东道国与我国的文化差异越大，在相应国家投资的企业数量越少，反之文化距离越小，投资的企业数量越多。进一步分析发现，文化差异存在的"外来者优势"被投资者所忽视，因而在进行东道国选择时，企业应当增强对"一带一路"沿线国家尤其是与我国存在较大文化国家的了解，克服对文化形成的"外来者劣势"的恐惧，积极利用文化差异产生的"外来者优势"，将其转化为自身的竞争优势。

当然，本章内容仍然存在一些不足，主要体现在以下方面：首先，两国间的距离远不是地理、文化、制度以及经济这几个维度就能概括的，本章没有能够跳出绝大多数学者在研究国家差异时的局限性，仅仅选取了国家差异中的几个维度进行研究，这都有待于后续进一步研究深化扩展。其次，本章仅选取了2002—2014年的面板数据进行分析，而"一带一路"战略是2013年由习近平主席提出的，因而无法分析"一带一路"战略提出前后，国家距离对技术导向型企业跨国投资东道国选择影响是否发生变化。最后，跨国投资东道国选择虽然是对"外来者收益"与"外来者劣势"权衡后的结果，但是却无法体现企业在跨国投资中实际的技术获取绩效情况，因而基于"外来者收益"与"外来者劣势"分析国家距离对企业微观层面的绩效影响，并探究这两者间的转换条件，这些具有理论及现实意义，值得进一步研究。

第二十二章　政策性银行对中小企业跨国技术合作的影响

第一节　政策性银行对中小企业跨国技术合作的功能和作用

政策性金融有广义和狭义之分，广义的政策性金融包括政府金融等在内，与商业性金融活动相互对称；而狭义的政策性金融是指在政府或政府部门的支持和策划下，以国家信用为基础，采用投资、担保、贴现、信用保险、利息补贴等一系列特殊性资金融通行为，贯彻和执行国家特定的经济和社会发展政策的政策性金融机构。

中小企业在实施跨国技术合作过程中受到多方面因素的限制和影响，对最终的合作绩效产生了许多负面效应，主要包括以下一些方面：跨国技术合作过程中的制度差异巨大，不同国家在对国内主导产业、核心企业、技术领先企业等都设置了不同程度的保护政策，这就使得中小企业在跨国技术合作的过程中会面临许多潜在的政策局限，很多合作失败的案例都是源自对东道国相关政策不理解。跨国技术合作过程中的企业管理方式不兼容导致许多合作项目停滞不前，特别是中西方的管理上的巨大差异导致在组织架构、合作项目运行方式、员工激励方式等多个方面存在错位，这也是中小企业跨国技术合作项目搁浅的现实性问题。最后，跨国技术合作的企业诉求差异也是导致许多合作项目无法达成的重要原因。调查显示，中国等发展中国家的中小企业开展跨国技术合作的战略性目的多为引进先进技术、利用知名品牌、学习技术管理方法等诉求，而这些战略性诉求很多时候和发达国家的技术源提供企业的技术保护战略是会产生冲突的，如果在具体合作方式方法上没有能够迈出创新的一步，很多技术合作项目就面临谈判破裂的局面。

政策性银行作为表达国家意志的投资性金融机构，其根本性使命是推动本国企业战略性国际（技术）投资的成功率和绩效。政策性银行主要具有以下一些特征：（1）其出资主体是国家；（2）赢利性目标受到国家政策目标的约束；（3）充当信用中介，实现有偿借贷是政策性金融的基本原则；（4）政策性金融是金融与财政、市场性与行政性、宏观和微观、有偿和无偿的有机结合。[①] 与商业性金融承办存贷款及其他盈利性业务不同，政策性金融机构是向商业性银行无意或着无力提供资金的领域进行投资或贷款，保证经济的协调发展，两者形成一种互补而非替代的关系。

在工作实践中，政策性银行更多地是支持大型企业"走出去"进行跨国投资，实现国家战略性资产布局。但是在国家"一带一路"战略提出和实施以来，中国开发银行对于中小企业积极开展跨国投资活动，特别是技术合作活动的支持力度不断加强。中小企业在对一些发达国家的技术合作活动中，不仅得到来自于政策性银行的贷款、担保等金融性支持，更是受益于诸如东道国投资领域、技术优势、投资风险警示等重要信息，而这些正是政策性银行的功能属性和公共性服务职能体现。所以在未来不断深化的经济科技全球化进程中，政策性银行对于中小企业跨国技术合作的支撑作用将得到进一步的体现和强化。

第二节　中小企业技术合作的现实发展及需求对接：中、意数据

一、意大利中小企业发展现状

意大利中小企业数量占比呈绝对多数，目前意大利境内正在运营的企业有530万家，其中99.9%为中小企业，中小企业吸纳了全国81.7%的员工。同时，中小企业在意大利国民经济起到了重要支撑作用，2013年，意大利国内生产总值中由中小企业实现的份额在50%以上。并且意大利大小型企业合作关系较紧密。以制造业为例，大约有40%的中小企业采用了"下承包"方式（即为大企业生产零部件），从而使大企业与中小企业形成一种稳定的产业链关系。

意大利银行贷款主要向国民经济建设及大型企业倾斜，中小企业融资需求虽得到银行业部分支持，但仍面临一些问题。2011年，意大利全国银行业总体贷款规模达

[①] 瞿强：《信息经济学与现代金融理论的发展》，《经济学动态》2000年第2期。

到 22000 亿欧元，其中向企业发放的商业贷款总额为 10997.2 亿欧元，而向中小企业贷款总额为 2016.8 亿欧元，占比仅 18.9%。OECD 中小企业融资报告显示意大利中小企业的平均贷款利率达到 5% 左右，高于大型企业贷款利率。

金融危机中，意大利政府采取了多项措施扶持国内中小企业渡过难关，特别是长期借款担保方面。意大利主要通过中央担保基金（Central Guarantee Fund）以及一些区域性的金融机构向中小企业提供公共支持，包括互助担保计划等财政资源分配项目。2010 年，中央担保基金大幅提高对中小企业的支持力度，帮助超过 50000 家企业应对经济普遍不景气，担保贷款超过 91 亿欧元；2011 年，进一步增加了 84 亿欧元的担保贷款，其中对小微型企业的支持比例超过 73%。2013 年，中央担保基金的担保政策继续改进，规定必须预留担保基金的一定份额向小型创业企业进行发放，2014—2016 年的配额数量为 12 亿欧元。

另一项提高中小企业获得信贷机会的措施是利用存贷款基金，由意大利银行业协会（ABI）与意大利国民银行（CDP）签署协议，两家机构拟提供总规模为 100 亿欧元的信贷额度，以支持该国中小企业发展。截至 2011 年年底，意大利国民银行向中小企业发放贷款总额已达 61 亿欧元。2014 年 3 月，意大利最新颁布的 Sabatini 法案则准备了最高可达 50 亿欧元的资金，对中小型企业购置生产性设备予以 2.75% 的优惠利率支持，支持的建设或融资租赁期最长可达 5 年。

二、意大利中小企业发展需求

近几年在意大利经济内需持续疲弱的形势下，中小企业强劲出口已成为推动意大利经济发展的关键，也展示出"意大利制造"正在焕发的新活力，其发展具有以下明显的需求。

（一）加深企业国际化程度的趋势明显

意大利的经济结构与德国类似，以制造业为基础。近年来，意大利借鉴德国中小企业国际化的方法，鼓励中小企业走出去、让意大利制造走向国际化，在政策上特别重视中小企业的需求。意大利对外贸易委员会（ICE）鼓励意大利中小企业以项目为载体主动参与国际化经营，并且已设立一套成熟的筛选标准，用于选择符合标准并提出申请的意大利企业抱团参加国际展会，或者由意大利对外贸易委员会先了解国际项目需求后，在意大利发布机关信息寻找对口企业。

（二）扩大内需和吸引国外优质资本双管齐下

近年来，由于受到主权债务危机的影响，意大利经济及投资表现长期疲弱，经济前景的不确定使得中小企业和消费者信心下滑。同时，意大利经济依赖出口，受全球经济波动的影响较大。长期来看，必须通过深层次的结构性改革来提振内需，激发经济活力。而在提振国内中小企业生产信心的同时，经济也需要外国优质企业的参与，结合意大利本土品牌、技术、管理等优势资源，意大利本土企业将获得更为广阔的市场资源。当前以我国为代表的新兴国家正在开展新一轮的海外投资热潮，如何利用好这一合作发展机遇，将为意大利经济持续健康发展产生重大而深远的影响。

三、我国中小企业发展现状

近年来，我国中小企业运行总体保持平稳态势。截至 2013 年 3 月底，我国实有中小型私营企业 1096.67 万户，注册资本（金）32.27 万亿元。个体工商户（小微型）实有 4062.92 万户，资金总额达 2.04 万亿元，中小微企业已形成了一支庞大的经济力量。我国中小企业在以下方面具备一定竞争优势：（1）劳动力成本优势。与发达国家相比，我国在产业、技术等各方面领域都不占据明显的优势，但低廉的劳动力成本使我国在劳动密集型产业上具有比较优势。（2）巨大市场规模优势。我国巨大的消费市场为中小企业发展提供了巨大的舞台，宏观上扩大内需政策的推进又进一步提升了我国巨大市场规模的发展潜力。（3）积累了大量的海外投资经验与能力。随着我国对外开放的深入和我国企业自身实力的不断增强，越来越多的国内企业开始开展直接投资活动。在我国海外投资主体中有近六成企业是中小企业，它们已成为我国跨国经营的重要组成部分。（4）中小企业受到政策支持。由于中小企业在支撑经济增长、缓解就业压力、保持社会稳定以及科技创新和新技术应用等方面发挥着越来越重要的作用，国家先后出台有关措施鼓励和支持中小企业的发展。

四、我国中小企业发展需求

（一）获取国外先进技术

由于我国中小企业发展落后于西方发达国家，大部分中小企业技术能力处于一个较低的水平。同时，集群式的中小企业发展模式使得我国中小企业之间存在着严重的技术模仿和抄袭，极大地限制了我国中小企业技术水平的提升。因而，引进国外技术是实现当前我国中小企业产业结构转型、缩短与发达国家距离的有效途径。

（二）获取国际品牌与先进经营管理经验

我国部分中小企业在产品及服务上具有一定的国际竞争优势，然而大部分产品的品牌影响力远不如一些欧美产品，因而当前已有一部分中小企业通过和国外优势企业的合作将品牌推向国际化。虽然有一些中小企业通过 OEM 等方式不断获取跨国公司先进的经营管理理念从而提升企业竞争力，吸收了专业厂家在管理和技术方面的先进经验，使得产品、生产工艺及品质上逐渐做到了与发达国家接轨的水平，但是推动更多中小企业与国外优势企业展开全方面合作、吸收国外先进的经营管理理念、形成自主品牌优势，成为当下我国中小企业发展的诉求之一。

（三）获取国际市场话语权

近年来随着外资的不断涌入以及民营中小企业的快速增长，我国国内市场竞争日趋激烈，而相比国内，国际市场具有更为多元化和广阔的需求空间，我国一些中小企业通过海外投资开始逐渐进军国际市场，在国外已开设品牌连锁店，从而拓展了产品、业务的国际销售渠道。

第三节　政策性银行对跨国中小企业技术合作的功能和作用

近年来，中意中小企业的合作领域开始由简单的品牌植入，向引进意方先进的生产技术以及成套设备转移，并且纺织、服装等行业引进意大利纺织机械获得了较好的生产效益。与此同时，中意中小企业在研发设计等方面的合作也在逐步兴起，在服装行业，越来越多中小企业与意大利服装设计师、工业设计所开展合作，聘请意大利设计师在国内工作的中小企业也在增加。与此同时，意大利企业也开始在上海等地设立工业设计院。并且，两国官方研究组织机构间的合作也在深化，如上海佛罗伦萨—中意设计交流中心落户上海，为当地中小企业输出优秀的创意及方案。

一、未来合作重点及空间及模式

中意中小企业间的合作项目主要涉及机械制造、皮革制品、纺织服装、家具制品以及部分农产品生产，合作内容也主要在技术合作、品牌合作以及互补合作。意大利在专业机床制造、纺织机械制造、环保机械制造等自动化机械产品，家具、陶瓷等家居产品，珠宝首饰等个人用品，以及葡萄酒、橄榄油等食品饮料等领域具有国际一流的生产技术和工艺水平，双方在这些产品领域内的深度合作有助于中小企业共同提升自主创新能力，保持世界领先的生产技术水平。另外，意大利企业在铁路安全控制技术领域掌握了较为前沿的技术，而我国目前对铁路建设的数量和质量都具有提升空间，这也是双方未来技术合作的重要领域之一。意大利拥有众多较强竞争力的国际品牌，特别是部分服装、皮革产品的奢侈品品牌具有极强的市场领导力。在皮革处理、环保技术、面料市场等领域，意方拥有较为前进的处理技术和更高层次的技术，而国内则拥有广阔的产品推广市场；在服装、鞋类、家电、五金等日常生活用品领域，国内市场占据着明显的成本优势和量能优势，而意大利方面则面对较高的人力资源成本及产品市场规制，双方可以开展一系列互补合作。

表 22—1　意中小企业重点合作领域基本情况

基本领域	主要涉及产业	主要合作方式
意方技术优势领域	专业机械、安全技术、家具、农产品等	以技术引进、装备购买为主
意方品牌优势领域	皮革、服装等	以兼并收购、合资经营为主
中国优势发展领域	服装、鞋类、家电、五金、面料等	以营销合作、产品项目为主

中意中小企业技术合作可以考虑以下四种合作模式：

（一）基于研发设计等资源的赴意本土投资模式

我国中小企业可通过直接到意大利开设研发机构或者办事处等渠道，以并购、股权收购等为合作方式，谋求中意企业共同发展。如我国国际航空公司早在 1986 年就设立了驻罗马办事处；我国华为技术有限公司 2004 年在意大利开始设立分公司，拓展意大利电信市场。此类投资模式适用于中方部分具有资本优势，在产品设计，研发和测试等方面希望整合国外先进资源的企业。

（二）基于技术和管理扩散的意方企业赴华投资模式

我国对于优质外资的引进目前仍有较大需求，特别是携带先进技术和管理理念的海外企业。意大利中小企业中仅有 9000 家在国外开设分公司，250 万家企业不定期地与国外公司有商业往来，所以意大利政府鼓励更多中小企业走向海外市场。目前我国很多地区对于纯资本进入式投资模式已经降温，所以，此类合作模式主要是面向意方需要打开我国以及周边亚洲市场的优质企业，技术和管理模式是中方企业合作的关注点。

(三) 基于市场技术 (品牌) 交换的合资公司模式

结合我国与意大利中小企业的双方诉求，意方企业提供技术及品牌，中方企业提供生产基地与市场渠道，这样的互惠式合作模式可以为规模相当的企业间达成合作提供最大的可能性，国内已有部分先行的中小企业在这一合作模式道路上作出了良好的探索。这类合作模式的关键点一是双方处于相近的产品领域内，二是双方企业能力匹配度高，三是在技术品牌和市场两方面存在较强互补性。

(四) 基于共同发展愿景的第三国联合投资模式

意大利本土企业越来越重视开拓海外市场项目，目的地国家多选择发展中国家及新兴市场。意方企业在海外投资项目中具有明显的技术优势，同时在北非、拉美、东欧等部分国家也具备较深的先行投资经验及与当地文化较高的融合度；而国内企业则可以发挥自身资金充裕、劳动力资源丰富、工程施工技术领先等优势，积极开展联合投资合作项目。基于双方共同的市场开拓及业务延伸的诉求，此类共同开发型项目具有更好的合作契机和更高的合作成功率。

二、政策性银行（国家开发银行）的功能和作用

国家开发银行在中—意中小企业经贸合作过程中扮演着中间平台以及资金供给的角色，对于来自两国中小企业的合作意向以及合作过程应该建立专业的合作项目数据库。无论以上四种合作模式中的哪一种，对于项目匹配信息需求要求较高，并且其中部分模式对于资本有一定的要求。因此，一方面，政策性银行可以依托已有的政策优势，建立中意双方合作项目数据库。通过国内较强的信息网络渠道，采集在对意经贸合作方面有较强意向的中小企业入库，识别其行业属性和投资需求，作为重点合作项目企业数据；而对于一些在中长期内具有"走出去"或引进来意向的中小企业，则作为潜在合作企业数据入库备案。同时，可以借助政府层面要求意大利政府设立正式的管理办公室，负责收集、处理和汇总意大利方面有合作意向的中小企业资讯入库。通过双方的持续建设工作，可以建立起一个专业性程度较高、企业信息对接性较强、项目层次性较为分明的合作项目数据库。另一方面，政策性银行可以充分发挥其投资、贷款作用，为需要资金的企业以及项目提供资金支持，以推动中意中小企业技术合作。发达国家与地区中小企业发展经验显示，中小企业发展到一定阶段以后，必然会从单纯产品出口向资本输出转变，因而需要让政策性银行扮演支持中小企业"走出去"的护盾角色。

第二十三章 产业国际分工、技术并购战略与跨国并购成败

随着我国整体经济实力的进一步增强,在国内资源供需矛盾日益紧张、生产成本不断增加的背景下,积极实施"走出去"的发展战略是保持我国经济社会持续稳定发展的重要战略,而企业跨国技术并购作为一种有效的企业国际化战略,相对于"绿地投资"等其他对外投资形式,企业跨国技术并购具有规避市场门槛、有效整合目标企业现有资源、容易获得融资等优势,近年来在我国实施的"走出去"经济发展战略中占据越来越重要的地位。据统计,2012 年,我国企业跨国技术并购金额占据同期对外投资总额的三分之一还多,这其中不乏经典的技术并购案:大连万达以 26 亿美元收购美国 AMC 影院公司、三一重工以约 4.2 亿美元收购德国普茨迈斯特、中海油 151 亿美元技术并购加拿大尼克森公司等等。[①] 虽然近年来我国企业对外跨国技术并购活动非常活跃,技术并购规模更是令人刮目相看,但技术并购效率并不高。同样是 2012 年,德勤会计师事务所通过对 69 个典型案例的抽样调查发现,我国企业跨国技术并购的成功率不到 20%,大多数企业都认为自身的跨国技术并购并未达到预期目标。事实上,我国企业海外技术并购成功率不高的现状由来已久:一方面,跨国技术并购作为一种地理、社会及文化跨度相对较大的企业空间拓展模式,往往受到经济利益纠纷、政治体制分歧、文化认同偏见以及人际交往习惯等因素的影响,这些因素将成为推动跨国技术并购活动的重要阻碍因素。另一方面,我国当前的跨国企业主要以国有大型企业为主导,而这种具有浓厚政府背景的企业在开展跨国技术并购时,往往很难得到技术并购目标所在国家监管和审查机构的认可,经常遭遇目标所在国家严苛的审批程序或者政治刁难,从而导致技术并购失败,2005 年中海油竞购美国优尼科公司失败就是典型的例子。

---

① 张菲:《中国式跨国并购喜中带忧》,《中国经济导报》2013 年第 2 期。

近几年，我国部分基础较为扎实的民营中小企业也开始加入跨国技术并购大潮。相对于国有大型企业，我国民营中小企业在跨国技术并购方面具有天然优势：首先，我国民营中小企业大多数出身于草根，从而在跨国技术并购中更容易得到技术并购标的所在国家监管和审查机关的认可，也较容易被当地舆论和公众所接受。其次，我国民营中小企业崛起于改革开放之后，完全是市场经济发展的结果，这就意味着民营中小企业跨国技术并购更多的是一种基于企业国际化经营需要而实施的企业持续发展战略。最后，我国民营中小企业由于是完全市场化经营模式，在企业技术并购目标和技术并购方式选择等战略决策方面相对更加自由，无须复杂的审批手续，跨国技术并购战略实施的效率也相对较高。因此，笔者认为，我国民营中小企业跨国技术并购与国有大型企业跨国技术并购在技术并购模式及其战略决策机制方面具有本质上的差异，然而，当前国内外关于我国企业跨国技术并购的研究还是主要以国有大型企业为主，[1]或者并未对国有大型企业与民营中小企业的跨国技术并购进行比较分析，[2]针对我国民营中小企业的跨国技术并购研究还十分缺乏。

在技术进步的大力推动下，如今的产品工艺／生产过程已经被分解为许多不同的工序和区段，并依据不同国家（地区）的资源优势（技术、劳动力等）形成了空间上的专业化分工体系。这就意味着企业跨国技术并购作为一种重要的全球化资源配置方式，也是国际分散化生产的必然要求。国内外的大量研究表明，产业国际分工对于促进企业技术进步、管理模式改善、产业结构调整、提升企业劳动生产率等都具有重要的影响。[3]我国民营中小企业主要是劳动密集型企业，一直以来依靠的都是廉价的劳动力和资源优势，在当前我国资源日益紧缺、劳动力成本不断提高以及经济全球化浪潮下，民营中小企业通过有针对性的跨国技术并购将企业生产经营活动纳入全球化生产体系中，为企业拓宽资源获取渠道、获取先进技术和管理经验、开拓市场等提供了捷径，能够对企业竞争力提升产生显著的促进作用。因此，产业国际分工能够对我国民营中小企业的跨国技术并购战略产生积极的影响作用。

从技术并购所涉及产业来看，企业跨国技术并购主要可以划分为单一技术并购和多元化技术并购两类。企业实施单一化技术并购模式可以发挥企业本身的知识和技

---

[1] Sun S. L., Mike W. Peng, Bing Ren, Daying Yan, "A Comparative Ownership Advantage Framework for Cross-Border M & As: The Rise of Chinese and Indian MNEs", *Journal of World Busines*, No.47, 2012.

[2] 魏江、寿柯炎、冯军政：《高管政治关联、市场发育程度与企业并购战略》，《科学学研究》2013年第6期。

[3] 钱学锋、陈勇兵：《国际分散化生产导致了集聚吗：基于中国省级动态面板数据GMM方法》，《世界经济》2009年第12期。

能力,通过技术并购活动将企业的知识和能力在地理空间上实现尽可能的扩展,以获得企业规模经济效益。而企业多元化技术并购则可以有效降低企业经营风险,通过不同产业知识、技术等资源的整合,创造出独特且难以模仿的异质性资源,维持企业持久竞争力。[1] 此外,通过多元化技术并购活动,企业不仅可以有效降低机会主义行为,提升企业组织学习效果,而且可以拓展企业的技术和产品范围,改变原有的技术、知识积累路径,保持企业柔性能力,因此,跨产业技术并购也一直被学者们认为是企业实施组织学习的最佳途径。[2] 那么,这种基于产业视角的跨国技术并购是否会对我国不同类型(国有或者民营)企业的跨国技术并购策略造成影响呢?我国近些年来大量民营中小企业跨国技术并购活动所展现出来的差异性是否受到企业这种企业产业技术并购模式的影响呢?

第一节 核心理论构建与研究框架设计

一、产业国际分工

当前国内外关于这种分布在不同国家(地区)的生产工序和区段体系所构成的产品生产过程称为"国际分工",这种国际分工生产过程导致了此后全世界贸易流量和性质的急剧变化,并由此形成了经济全球化发展的浪潮。纵观国内外关于这种基于地理空间分布的生产体系国际分工理论的研究,主要存在两种观点。一种观点聚焦在企业国际分工形成动力方面,传统的交易成本理论强调,近距离的地理区位分布总是能够有效降低企业的交易成本,这不仅体现在交易者之间运输费用、信息沟通效率以及时间成本方面,还体现在近距离的地理环境使得交易者之间在价值观、文化习惯等方面具有异质性,容易形成信任、和谐的社会关系。那么,这种区域性分布更有竞争优势的企业实施跨地区分布的动力来自于哪里呢?安特魏莱尔(Antweiler)和特勒副勒尔(Trefler)认为,技术的不断进步导致了产品生产的复杂化,企业单独生产这种复杂化的产品将极大提高企业的生产成本,而各国之间市场门槛的逐渐降低则为企业分

---

[1] Cassiman B., Colombo M. G., Garrone P., Veugeler R., "The Impact of M&A on R&D Process: An Empirical Analysis of the Role of Technological- and Market- Relatedness", *Research Policy*, No.2, 2005.

[2] 杜晓君、刘赫:《跨国并购战略类型、组织因素与企业成长——基于中国海外上市公司的实证研究》,《国际贸易问题》2010 年第 6 期。

离产品生产工艺、整合生产模式提供了可能,这种产品工艺的跨空间分布也称为"阶段性生产"。① 格罗斯曼(Grossman)和赫尔普曼(Helpman)则探讨了不同地理区位所生产的中间产品的竞争力问题,并从产品外包的视角论证了这种生产工序地理分布的可行性,产品生产线在空间距离上的增加并不会造成产品总生产成本的上升;相反,这种跨越地理空间的产品生产工序分布有效地整合了不同地区的企业优势,形成了紧密、高效的产品价值链。② 因此,这种产业国际分工模式也是一种企业的外包行为。

另一种观点则主要是考虑到产业国际分工所带来的整体经济效益问题。随着国际物流、运输、信息等服务成本的快速下降,为产品不同生产区段投放到地理距离较远的不同国家进行生产成为了可能,以充分利用当地独特的要素禀赋优势,降低产品的总体生产成本。从企业跨国技术并购的视角来看,这种企业之间的国际分工行为是一种企业寻求成本降低的战略行为,由于世界各国生产要素差异化非常明显,使得不同的产品工序总是能够匹配特定的国家从而达到生产要素消耗的最小化。安多(Ando)和基穆拉(Kimura)也指出,处于不同发展阶段的世界各国在生产要素价格方面是存在显著差异的,③ 即需要同样要素消耗量的生产环节转移到特定国家将能够获得最佳经济效益,具体表现在全要素生产率的提升、产业结构升级以及员工工资增加等方面。另外,这种产业国际分工行为也是促使地区产业技术结构升级、具有地区特色的产业集聚形成的重要原因之一。④

二、跨国技术并购战略

早期学者们关于企业跨国技术并购战略的理论研究主要聚焦于企业实施跨国技术并购的动力机制方面。总体来说,获取更多资源、降低交易费用、抵御外部行业冲击、发挥企业间协同效应以及扩展企业市场势力范围是企业实施跨国技术并购的主要

---

① Antweiler W., Trefler D.,*Increasing Returns and all that: A View from Trade*,University of British Columbia and University of Toronto Press, 1997, p.236.

② Grossman G., Helpman E., "Integration Versus Outsourcing in Industry Equilibrium", *Quarterly Journal of Economics,*No.117,2002.

③ Mitsuyo Ando, Fukunari Kimura, "Fragmentation in East Asia: Further Evidence", *Hitotsubashi University Working Paper*, 2007.

④ 陈晓华、刘慧:《国际分散化生产约束了我国出口技术结构升级? 基于省级动态面板数据 GMM 方法》,《科学学研究》2013 年第 8 期。

动力来源。① 外部环境的持续变化使得企业面临行业冲击变得更加频繁,进而引发企业的技术并购浪潮。然而,处于技术并购浪潮中的企业之间技术并购效益差别非常大,因此,在后续的研究当中,学者们更加关注企业技术并购的价值创造,并着重探讨不同技术并购类型对技术并购绩效的影响机制问题。② 相对于国内(区域)技术并购而言,跨国技术并购无论在技术并购空间还是技术并购程序上都更加复杂,企业在实施跨国技术并购时也将更加谨慎。从主并企业与目标企业所处产业的差异来看,企业跨国技术并购主要分为单一化技术并购和多元化技术并购两种类型。

企业单一化跨国技术并购战略是指主并企业与目标企业来自于同一产业。企业在高速成长过程中往往积累了大量专有性资源,为了使专属资源效益最大化,企业必然需要通过国际化战略来扩大企业的市场范围,而企业单一化技术并购战略则为企业的专属资源市场效益最大化提供了捷径。罗宾斯(Robins)等人对这种企业的单一化跨国技术并购行为进行了详细的阐述,企业以自身具有的专有资源和核心能力为基础,通过跨国技术并购策略实现企业的全球化布局,并将企业专有资源和核心能力延伸到不同国家(地区)的相同产业当中,以获得最佳规模经济效益。③ 总体来说,企业实施单一化跨国技术并购来自于企业自身内外部资源的不平衡状态,具体表现为两种状态:(1)企业自身资源相对不足,需要通过国际合作来获得资源的补充,以满足企业的进一步发展需要。(2)企业自身实力制约使得企业在实施跨国技术并购战略时不仅仅要考虑资源利用效益的最大化,还需要考量技术并购完成后的整合问题,因此,实施单一化跨国技术并购是较为保险的战略。

企业多元化技术并购战略则是主并企业与目标企业来自于不同的产业。从企业资本市场构建的角度来看,多元化技术并购战略能够有效克服企业之间的信息非对称性,有利于企业降低交易成本费用,进而克服外部市场行为的非完全性。这种观点也为大量的企业跨国技术并购实践所证实,即实施多元化跨国技术并购的企业总是向相关产业链的上游或下游整合,实现资源从绩效差的价值链上向好的环节转移。另一种较为普遍的观点是企业实施多元化战略是为了尽可能地有效规避经营风险。在行业外部的剧烈冲击下,具备强大实力的企业往往会实施多元化发展以分散企业的经营风

---

① 苏敬勤、刘静:《中国企业并购潮动机研究:基于西方理论与中国企业的对比》,《南开管理评论》2013年第2期。

② King M. D. R., Dan R. D., Daily C. M., et al., "Meta-Analysis of Post-Acquisition Performance: Indications of Unidentified Moderators", *Strategic Management Journal*, No.25, 2004.

③ Robins J. A., Tallman S., Fladmoe-Lindquist K., "Autonomy and Dependence of International Cooperative Ventures: An Exploration of the Strategic Performance of U.S. Venture in Mexico", *Strategic Management Journal*, No.10, 2002.

险，同时也利于企业解决低效益部门与高效益部门投资转移的高成本问题。[①] 而从企业内部来看，企业实施多元化技术并购战略来自于企业代理行为产生的管理者与股东利益冲突问题。通过多元化技术并购战略企业更容易获得快速成长，同时也容易给企业带来声誉、品牌等无形资本，从而增加管理者在企业中的地位和权力。但这种横向的多元化跨国技术并购战略需要企业具备足够的实力，且技术并购绩效也更难预测和评估，因此，理论界对此褒贬不一。

第二节 产业国际分工下技术并购战略影响并购绩效的实证研究

一、样本选择与数据来源

本章的数据来源于国际知名的全球并购交易分析（Zephyr）数据库，全球并购交易分析数据库是一个能够提供全球技术并购信息的专业数据库，对于每一项交易都记录了详细的信息，包括收购方、卖方、目标公司以及技术并购法律、融资等几乎所有的资料。根据本章的研究目的，本章在获取样本数据时主要遵循以下原则：(1) 技术并购企业必须位于中国大陆，且技术并购目标公司不在大陆地区；(2) 能够对交易结果进行界定：即交易成功或失败；(3) 能够明确主并公司的所有权属性，即能够划分国有大型企业（或国有控股企业）还是民营中小企业（或民营控股企业）。[②]

本章的样本数据搜集具体步骤如下：首先，进入全球并购交易分析数据库选择高级检索，选择地理目录下的国家选项，将中国设为主并购方国家，并将西欧、北美和非洲设为技术并购目标方所在国家，这样一共获得3044个跨国技术并购数据。其次，在所获得的技术并购案例列表中增加技术并购企业的产业和所有权信息，并增加交易过程概况、交易日期、交易状态以及交易金额等信息。通过对所获得的数据进行初步分析，最终选择了2001年到2012年的技术并购数据，根据比利亚隆加（Villalonga）

---

① 李善民、毛雅娟、赵晶晶：《高管持股、高管的私有收益与公司的并购行为》，《管理科学》2009年第6期。
② 本章研究内容将具体将国有大型企业和民营中小企业作为对照组，特别探讨民营中小企业的技术并购绩效及其受产业国际分工的影响程度。

和麦加恩（McGahan）的观点，[1] 本章将技术并购企业取得技术并购目标50%以上的股权的技术并购作为分析样本，并剔除所有权不明确、交易状态不明朗的数据，最后共搜集到2365份数据。其中，交易成功的技术并购案例占55.4%，交易失败的技术并购案例占44.6%。而从技术并购企业的所有权分布来看，46.7%的技术并购企业属于国有大型企业，而53.3%的技术并购企业属于民营中小企业。

二、变量测量

（一）因变量：技术并购成败

在本章的研究中，本章关注的是跨国技术并购交易是否最终完成，而对于技术并购完成后对于主并企业的绩效影响则不作为评价技术并购成败的考量指标。因此，本章中笔者将因变量划分为两类，技术并购成功和技术并购失败。其中，技术并购成功赋值为1，技术并购失败则赋值为0。

（二）自变量：产业国际分工

当前国内外对于产业国际分工的测度主要通过投入产出比实现，而这种方法由于存在时间滞后上的缺陷性，一直存在争议。结合我国跨国技术并购在不同地区的差异，本章采用我国各省级区域加工贸易额在其总贸易中的比重来表示不同地区参与国际分工的程度。

（三）调节变量：技术并购战略

本章中的技术并购战略划分为单一化战略和多元化战略两种类型。单一化战略仅仅是指同一产业内企业之间的技术并购行为，而多元化战略则包括主导、相关和非相关产业之间的企业技术并购等。参照李善民和周小春的处理方法，[2] 本章将技术并购战略定义为虚拟变量，单一化技术并购战略赋值为1，多元化技术并购赋值为0。

（四）控制变量

1. 产业类型

大量跨国技术并购实践表明，跨国技术并购所在产业对于企业跨国技术并购成败

---

[1] Villalonga B., McGahan A.,"The Choice among Acquisitions, Alliances and Divestitures", *Strategic Management Journal*, No.26, 2005.

[2] 李善民、周小春：《公司特征、行业特征和并购战略类型的实证研究》，《管理世界》2007年第3期。

具有显著的影响。跨国技术并购并不会直接增加东道国的资产存量，而且对于东道国的产业竞争力、战略资源造成可能的威胁。因此，对于外资企业技术并购目标国家具有核心利益的产业中的企业时，当地政府总是会提高警惕甚至直接给予否决。从跨国技术并购经验来看，容易引起东道国政府阻挠的产业主要分布在能源、资源以及高科技行业，即所谓的敏感性产业。本章将这一类产业赋值为1，而将制造业、服务业等其他类型的产业技术并购赋值为0。

2. 东道国外资开放程度

一般来讲，东道国对外资开放程度越高意味着跨国公司在该国实施跨国技术并购的可能性越高，东道国对于外资的管控也较为宽松。所以，东道国外资开放度越高，海外技术并购也更容易获得成功。参照阎大颖的方法，[1] 技术并购交易年份东道国外资流入量与其 GDP 比重来衡量投资目标国家的外资开放度。

3. 技术并购交易方式

当前的跨国技术并购交易方式包括现金、股票、债券以及组合式支付等交易方式。不同的技术并购交易方式对于技术并购进程的影响差异非常大，例如股价变动、股东权益变化以及控制权博弈等。一般来说，现金支付是最能够促成企业跨国技术并购的支付方式。因此，本章中笔者将现金占据一半以上的技术并购方式赋值为1，其他技术并购支付方式技术并购为0。

4. 技术并购经验

企业的海外技术并购经验对于企业跨国技术并购能否成功也具有显著的影响，因此，本章参考迪克瓦（Dikova）等人的处理方法，[2] 将主并企业之前完成的海外技术并购次数来衡量该企业的海外技术并购经验。

表23—1　模型变量的含义、标识及数据来源

变量类型	变量名称	变量界定	数据来源
因变量	技术并购成败（PER）	以最终宣布完成交易结果为准，即 Completed\Announced\Pending 表示成功，Rumor-Expired\Withdrawn 等其他方式表示失败	全球并购交易分析数据库

---

[1] 阎大颖：《制度距离、国际经验与中国企业海外并购的成败问题研究》，《南开经济研究》2011年第5期。

[2] Dikova D., Sahib P. R., Van Witteloostuijn A., "Cross-Border Acquisition Abandonment and Completion: The Effect of Institutional Differences and Organizational Learning in the International Business Service Industry, 1981—2001", *Journal of International Business Studies*, No.2, 2010.

续表

变量类型	变量名称	变量界定	数据来源
自变量	国际分工（IDI）	对外加工贸易额在对外贸易额中所占的比重	《中国统计年鉴》《中国商务统计年鉴》
调节变量	技术并购战略（STR）	同一行业内的技术并购为单一化战略；不属于同一行业的技术并购为多元化战略	全球并购交易分析数据库
控制变量	产业类型（TYP）	能源、资源以及高科技等敏感性行业，其他行业	全球并购交易分析数据库
	东道国外资开放程度（HFI）	东道国外资流入量与其GDP比重	《中国统计年鉴》《中国商务统计年鉴》
	技术并购交易方式（TRA）	现金支付为主；其他支付为主	全球并购交易分析数据库
	技术并购经验（EXP）	以往技术并购次数计算	全球并购交易分析数据库

三、分析方法设计

由于本章的因变量是二分类变量，因此，本章将使用多项逻辑回归检验方法进行假设检验。一般来说，多项逻辑回归对于数据样本的分布状况要求相对宽泛（不要求正太分布），是进行判别分析的重要方法。另外，逻辑回归中容易被忽略的问题是多重共线性问题。在本章的逻辑回归中，由于还涉及调节作用的检验，因此，本章将对自变量和调节变量进行标准化处理，以消除共线性可能对研究结果造成的影响。

四、实证研究结果

（一）相关分析

本章首先利用SPSS17.0对各变量的均值、标准差以及它们之间的相关性水平进行了描述性统计分析，具体分析结果如表23—2所示。

表 23—2　变量描述性统计及相关系数

变量	均值	标准差	1	2	3	4	5	6
1.PER	0.55	0.37						
2.IDI	0.32	0.21	0.136**					
3.STR	0.27	0.18	0.107*	0.103*				
4.TYP	0.33	0.49	−0.172**	0.024	−0.108*			
5.HFI	0.67	3.27	0.114*	0.106*	0.032	0.004		
6.TRA	0.36	0.28	0.023	0.003	0.021	−0.036	0.029	
7.EXP	1.46	6.37	0.094*	0.042	0.101*	−0.027	0.001	0.057

由表 23—2 可知，企业跨国技术并购成败与产业国际分工状况、企业技术并购战略实施具有显著的相关关系（$r_1=0.136$，$p<0.01$；$r_2=0.107$，$p<0.05$），并且产业类型、东道国外资开放程度、技术并购经验等均与企业跨国技术并购效率具有显著相关关系（$r_3=-0.172$，$p<0.01$；$r_4=0.114$，$p<0.05$；$r_5=0.094$，$p<0.05$）。这初步论证了本章提出的相关观点。

（二）回归分析

在逻辑回归方程中，本章首先检验控制变量对于企业跨国技术并购的影响，然后让自变量产业国际分工进入方程检验其对跨国技术并购的影响，最后让自变量与调节变量的交互项进入方程，分别检验其对企业跨国技术并购的影响机制。

1. 国有大型企业跨国技术并购回归分析

我国国有大型企业跨国技术并购的回归结果如表 23—3 所示。表 23—3 的各个模型卡方值和似然比值的显著性检验水平均显著，表明各模型的整体解释力较强，回归方程成立。而 Hosmer–Lemeshow 检验水平不显著则说明本章所获得我国国有跨国技术并购预测情况与实际情况不存在显著的差异，从而进一步验证了模型的拟合度较好。

表 23—3　国有大型企业跨国技术并购回归结果

	模型 1 β	模型 1 Wald-statistic	模型 2 β	模型 2 Wald-statistic	模型 3 β	模型 3 Wald-statistic
IDI			0.107*	4.012	0.049	1.546
			0.035		0.126	
STR					0.035	1.154
					0.078	

续表

	模型 1		模型 2		模型 3	
	β	Wald-statistic	β	Wald-statistic	β	Wald-statistic
IDI×STR					0.133*	4.674
					0.239	
TYP	−0.231**	10.351	−0.179**	6.351	−0.119*	5.045
	0.072		0.156		0.167	
HFI	0.112*	6.433	0.084*	3.237	0.071	2.984
	0.026		0.043		0.109	
TRA	0.014	0.091	0.013	0.108	0.011	0.106
	0.007		0.005		0.005	
EXP	0.056	0.104	0.054	0.113	0.051	0.112
	0.107		0.103		0.104	
N	1261		1261		1261	
Wald χ^2	39.45**		45.67**		69.43**	
Log likeli–hood	897.32		768.44		723.29	
LR χ^2	44.78**		67.65**		72.48**	

由表23—3中模型2可知，我国国有大型企业国际分工对于国有大型企业跨国技术并购成败具有显著的积极影响（β=0.107，p<0.05）。而模型3的检验结果则表明，在加入技术并购战略作为调节变量之后，国有大型企业国际分工对于企业跨国技术并购成败的影响不再显著。因此，国有大型企业的跨国技术并购战略对国际分工和企业跨国技术并购成败具有显著的调节作用（β=0.133，p<0.05）。此外，控制变量产业类型在表23—3中的三个模型中均显著。这说明，产业类型对于我国国有大型企业跨国技术并购成败也具有显著的影响作用，而东道国外资开放程度在模型3中不显著，因此，东道国外资开放程度对于我国国有大型企业跨国技术并购成败的影响则与企业跨国技术并购战略实施具体情况有关。

2. 民营中小企业跨国技术并购回归分析

我国民营中小企业跨国技术并购的回归结果则如表23—4所示。正如表23—4所示，所有模型的卡方值和似然比值显著性检验都达到了理论要求的水平，表明各模型的拟合效果较好，回归方程成立。而Hosmer–Lemeshow检验水平不显著则说明本章所获得的关于我国民营跨国技术并购的预测情况与实际情况并不存在显著的差异，从而进一步验证了模型的拟合度较好。

表 23—4　民营中小企业跨国技术并购回归结果

	模型 1		模型 2		模型 3	
	β	Wald-statistic	β	Wald-statistic	β	Wald-statistic
IDI			0.217**	9.769	0.129*	7.498
			4.458		4.126	
STR					0.125*	8.343
					5.438	
IDI×STR					0.112*	6.332
					2.254	
TYP	−0.214**	12.649	−0.108**	9.587	−0.106*	7.649
	3.568		3.876		2.433	
HFI	0.072	2.637	0.064	3.775	0.064	3.774
	1.149		1.811		2.197	
TRA	0.011	0.578	0.011	0.577	0.010	0.587
	0.013		0.012		0.018	
EXP	0.114*	5.254	0.087*	3.198	0.078*	2.985
	1.237		1.678		2.089	
N	1104		1104		1104	
Wald χ^2	43.89*		63.64**		71.39**	
Loglikelihood	927.44		901.36		886.43	
LR χ^2	51.77*		72.58**		79.73**	

由表 23—4 模型 2 可以看出，我国民营中小企业国际分工对于国有大型企业跨国技术并购成败具有显著的正向影响（β=0.217，p<0.01）。而模型 3 的检验结果则表明，在加入技术并购战略作为调节变量之后，民营中小企业的跨国技术并购战略对国际分工与企业跨国技术并购成败起到显著的调节作用（β=0.112，p<0.05），但民营中小企业国际分工对于企业跨国技术并购成败的影响仍然显著（β=0.129，p<0.05）。此外，控制变量中，产业类型和企业技术并购经验在表 23—4 的 3 个模型中都显著，这说明，产业类型和企业跨国技术并购经验对于我国民营中小企业跨国技术并购成败都产生显著的影响作用。

第三节　理论成果及对中国中小企业跨国技术并购的对策建议

本章基于产业国际分工和企业技术并购战略决策的视角对我国国有大型企业和民营中小企业跨国技术并购活动进行了比较分析，研究发现：（1）产业国际分工状况对于民营中小企业跨国技术并购成败的影响要比对于国有大型企业跨国技术并购成败的影响更加显著。（2）企业技术并购战略在产业国际分工与国有大型企业跨国技术并购之间起到的调节作用要比产业国际分工与民营中小企业跨国技术并购之间起到调节作用更加显著。（3）产业类型是影响国有大型企业跨国技术并购成败的重要控制因素，而影响民营中小企业跨国技术并购成败的控制因素则包括产业类型和企业技术并购经验两方面。

首先，国际产业分工对于民营中小企业跨国技术并购成败的影响要大于其对于国有大型企业跨国技术并购成败的影响。这从另一角度验证了我国民营中小企业嵌入全球产业价值链的程度要高于国有大型企业。作为我国市场经济发展的重要成果之一，民营中小企业无论在市场化程度还是参与全球竞争方面都要高于国有大型企业，这就意味着我国民营中小企业实施跨国技术并购活动更可能是一种基于全球产业价值链调整与整合的企业跨国经营行为。而国有大型企业在实施跨国技术并购战略时，基于价值链重构或拓展的企业层面的战略意图则并不明显，这与我国国有大型企业（尤其是特大型国有大型企业）特殊的企业地位、政治使命是密切相关的。

其次，企业技术并购战略对于国有大型企业跨国技术并购成败的调节作用要显著强于其对民营中小企业跨国技术并购成败的调节作用。我国国有大型企业由于特殊的历史地位和政府背景，其在实施跨国技术并购决策时主要是从国家利益和政治使命的视角去考虑，在技术并购目标的选择上更加具有针对性。目的性强、技术并购抱负大以及专注于企业自身产业或领域的拓展是我国国有大型企业跨国技术并购战略的显著特征。此外，国有大型企业的技术并购战略决策过程复杂、手续冗长以及决策效率相对低下则是我国国有大型企业跨国技术并购战略进程中的另一个显著特征，这就使得企业技术并购战略形成了影响我国国有大型企业跨国技术并购成败的一个重要的调节效应。从民营中小企业来看，其技术并购战略决策则更加灵活多样化，技术并购战略的实施更加重视企业自身禀赋积累以及企业发展的需要，因此，其跨国技术并购战略对于跨国技术并购成败的影响并没有国有大型企业那么显著。

再次，本章的实证结果还表明，跨国技术并购交易所在的产业类型对于国有大型企业跨国技术并购成败的影响要大于其对于民营中小企业跨国技术并购成败的影响。本章认为主要有以下两个方面的原因：第一，我国国有大型企业的跨国技术并购主要专注于能源、矿产等资源类和先进制造技术等产业的海外技术并购，这类跨国技术并购交易活动涉及的产业不但政治敏感度高，而且交易额通常十分巨大，跨国技术并购产生的经济和舆论效应十分强烈，再加上国有大型企业具备浓厚的政府背景，这些都将成为国有大型企业跨国技术并购成功的消极因素。相对于国有大型企业来说，我国民营中小企业跨国技术并购活动所涉及的行业则更加广泛，这是由我国民营中小企业积极融入全球产业链、全面参与市场竞争的企业经营战略决定的。此外，我国民营中小企业受市场因素的影响更为显著，来自于政策方面的扶持和红利相较大型国有企业非常薄弱，因此也培育了民营中小企业更加尊重市场竞争的国际准则，这些都成为了促进我国民营中小企业跨国技术并购相对成功的积极影响因素。

最后，本章还发现，民营中小企业以往的技术并购经验对于其跨国技术并购成功也具有显著的积极影响。笔者认为，这可以从以下两个方面来解读：一方面，相对于国外技术并购目标企业来说，我国大多数民营中小企业实力并不占据绝对的优势，这种情况的存在使得国外被并企业在被"弱势"的中国民营中小企业兼并的同时总是会存在一定程度的心理落差，进而在技术并购谈判过程中故意"为难"实施技术并购的我国民营中小企业。另一方面，我国民营中小企业的跨国技术并购时间并不长，从国家对外投资促进的宏观政策方面来说，我国中央政府以及各级部门对于民营中小企业实施"走出去"的跨国技术并购政策支持力度十分薄弱，使得我国民营中小企业在融资、法律以及谈判方面所能够获得的支持和帮助十分有限。因此，以往的跨国技术并购经验越丰富，民营中小企业取得跨国技术并购成功的几率就越高。

参考文献

[1] 白俊红、蒋伏心:《协同创新,空间关联与区域创新绩效》,《经济研究》2015 年第 7 期。

[2] 蔡宁、潘松挺:《网络关系强度与企业技术创新模式的耦合性及其协同演化——以海正药业技术创新网络为例》,《中国工业经济》2008 年第 4 期。

[3] 曹勇、赵莉:《专利获取,专利保护,专利商业化与技术创新绩效的作用机制研究》,《科研管理》2013 年第 8 期。

[4] 陈红花、王宁:《开放式创新模式下企业合作博弈分析——基于互联网的视角》,《科技管理研究》2013 年第 24 期。

[5] 陈劲、戴凌燕、李良德:《突破性创新及其识别》,《科技管理研究》2002 年第 5 期。

[6] 陈劲、李飞:《中小企业全面创新管理模式关键维度的研究》,《管理工程学报》2009 年增刊。

[7] 陈良文、杨开忠:《产业集聚,市场结构与生产率——基于中国省份制造业面板数据的实证研究》,《地理科学》2008 年第 3 期。

[8] 陈涛、王铁男、朱智洺:《知识距离、环境不确定性和组织间知识共享——一个存在调节效应的实证研究》,《科学学研究》2013 年第 10 期。

[9] 陈晓华、刘慧:《国际分散化生产约束了我国出口技术结构升级？基于省级动态面板数据 GMM 方法》,《科学学研究》2013 年第 8 期。

[10] 陈钰芬:《探求与企业特质相匹配的开放式创新模式》,《科研管理》2013 年第 9 期。

[11] 程聪、谢洪明、杨英楠、曹烈冰、程宣梅:《理性还是情感:动态竞争中企业"攻击—回应"竞争行为的身份域效应》,《管理世界》2015 年第 8 期。

[12] 程惠芳、阮翔:《用引力模型分析中国对外直接投资的区位选择》,《世界经济》2004 年第 11 期。

[13] 池仁勇、周丽莎、张化尧:《企业外部技术联系渠道与技术创新绩效的关系》,《技术经济》2010 年第 10 期。

[14] 池仁勇:《区域中小企业创新网络的结点联结及其效率评价研究》,《管理世界》2007 年第 1 期。

[15] 池仁勇:《区域中小企业创新网络形成、结构属性与功能提升:浙江省实证考察》,《管理世界》2005 年第 10 期。

[16] 戴小勇、成立为:《财政补贴政策对企业研发投入的门槛效应》,《科研管理》2014 年第 6 期。

[17] 杜晓君、刘赫:《跨国并购战略类型、组织因素与企业成长——基于中国海外上市公司的实证研究》,《国际贸易问题》2010 年第 6 期。

[18] 樊霞、赵丹萍:《技术属性对中小企业技术获取策略选择影响的实证研究》,《科学学与科学技术管理》2012 年第 10 期。

[19] 范德成、孙丹:《产学研结合的技术创新权变模式的构建》,《科技进步与对策》2009 年第 15 期。

[20] 范钧、郭立强、聂津君:《网络能力、组织隐性知识获取与突破性创新绩效》,《科研管理》2014 年第 1 期。

[21] 范如国、叶菁、李星:《产业集群复杂网络中的信任机制研究——以浙江永康星月集团与双健集团合作创新为例》,《学习与实践》2012 年第 2 期。

[22] 方红生、张军:《中国地方政府竞争、预算软约束与扩张偏向的财政行为》,《经济研究》2009 年第 12 期。

[23] 方远平、谢蔓:《创新要素的空间分布及其对区域创新产出的影响》,《经济地理》2012 年第 9 期。

[24] 付玉秀、张洪石:《突破性创新:概念界定与比较》,《数量经济技术经济研究》2004 年第 3 期。

[25] 盖文启、王缉慈:《论区域的技术创新型模式及其创新网络——以北京中关村地区为例》,《北京大学学报》(哲学社会科学版) 1999 年第 5 期。

[26] 高丽娜、蒋伏心:《创新要素集聚与扩散的经济增长效应分析——以江苏宁镇扬地区为例》,《南京社会科学》2011 年第 10 期。

[27] 郭晓川:《企业网络合作化技术创新及其模式比较》,《科学管理研究》1998 年第 5 期。

[28] 韩晓琳、马鹤丹:《面向新产品开发的企业间合作知识创造机理研究》,《科技进步与对策》2014 年第 4 期。

[29] 郝莹莹、陈洁:《芬兰国家技术研究中心的发展与运行机制》,《中国科技论坛》2009 年第 2 期。

[30] 何昌:《基于博弈的中小企业合作技术创新问题研究》,广西大学,硕士学位论文,2007 年。

[31] 何伟:《基于网络经济条件下的公司治理》,《企业经济》2003 年第 8 期。

[32] 何郁冰:《产学研协同创新的理论模式》,《科学学研究》2012 年第 2 期。

[33] 贺灵、单汨源、邱建华:《创新网络要素及其协同对科技创新绩效的影响研究》,《管理评论》2012 年第 8 期。

[34] 洪进、洪嵩、赵定涛:《技术政策,技术战略与创新绩效研究——以中国航空航天器制造业为例》,《科学学研究》2015 年第 2 期。

[35] 胡军燕、刘炜、朱璟莹:《中小企业产学研合作存在的问题及对策》,《科技管理研究》2010 年第 14 期。

[36] 胡明勇、周寄中:《政府资助对技术创新的作用理论分析与政策工具选择》,《科研管理》2001 年第 1 期。

[37] 胡志国、严成樑、龚六堂:《政府研发政策的经济增长效应与福利效应》,《财贸经济》2013 年第 9 期。

[38] 黄鲁成:《关于区域创新系统研究内容的探讨》,《科研管理》2000 年第 2 期。

[39] 黄元生:《技术创新社会动因的经济分析》,华北电力大学,博士学位论文,2005年。

[40] 季丹、郭政:《破坏性创新概念比较与识别》,《经济与管理》2009年第5期。

[41] 季松磊、朱跃钊、汪霄:《产业技术研究院:一种新型的产学研合作组织模式》,《南京工业大学学报》(社会科学版)2011年第1期。

[42] 贾军、张卓:《企业技术范围选择:技术多元化还是技术专业化》,《科学学与科学技术管理》2012年第11期。

[43] 江兴:《德国开展"CoSiP"研究项目》,《半导体信息》2010年第2期。

[44] 蒋冠宏、蒋殿春:《中国对外投资的区位选择:基于投资引力模型的面板数据检验》,《世界经济》2012年第9期。

[45] 雷宏振、刘海东:《网络嵌入性、粘滞知识转移与企业合作创新》,《经济与管理》2012年第9期。

[46] 李柏洲、周森:《企业外部知识获取方式与转包绩效关系的研究——以航空装备制造企业为例》,《科学学研究》2012年第10期。

[47] 李纪珍:《共性技术供给与扩散的模式选择》,《科学学与科学技术管理》2011年第10期。

[48] 李明珍、宁建荣:《构建综合性工业技术研究机构助推地方经济转型升级——浙江省工业技术研究院构建思路及路径研究》,《科技管理研究》2014年第3期。

[49] 李善民、毛雅娟、赵晶晶:《高管持股、高管的私有收益与公司的并购行为》,《管理科学》2009年第6期。

[50] 李善民、周小春:《公司特征、行业特征和并购战略类型的实证研究》,《管理世界》2007年第3期。

[51] 李世杰、胡国柳、高健:《转轨期中国的产业集聚演化:理论回顾、研究进展及探索性思考》,《管理世界》2014年第4期。

[52] 李维安、周建:《网络治理:内涵、结构、机制与价值创造》,《天津社会科学》2005年第5期。

[53] 李伟铭、崔毅、陈泽鹏、王明伟:《技术创新政策对中小企业创新绩效影响的实证研究——以企业资源投入和组织激励为中介变量》,《科学学与科学技术管理》2008年第9期。

[54] 李新春:《专业镇与企业新网络》,《广东社会科学》2000年第6期。

[55] 刘金全、刘志刚:《我国经济周期波动中实际产出波动性的动态模式与成因分析》,《经济研究》2005年第3期。

[56] 刘兰剑:《网络嵌入性与技术创新间关系实证研究》,《工业技术经济》2012年第7期。

[57] 刘立、李正风、刘云:《国家创新体系国际化的一个研究框架:功能—阶段模型》,《河海大学学报》(哲学社会科学版)2010年第3期。

[58] 刘林峰、刘业、庄艳艳:《高效能耗传感器网络的模型分析与路由算法设计》,《电子学报》2007年第3期。

[59] 刘强:《应用技术公共研究机构:作用、特征与构建》,《科学学研究》2002年第6期。

[60] 刘群慧、李丽:《关系嵌入性、机会主义行为与合作创新意愿》,《科学学与科学技术管理》2013年第7期。

[61] 刘小鲁:《知识产权保护,自主研发比重与后发国家的技术进步》,《管理世界》2011年第10期。

[62] 刘志迎、单洁含：《技术距离，地理距离与大学—企业协同创新效应——基于联合专利数据的研究》，《科学学研究》2013 年第 9 期。

[63] 刘志迎、李芹芹：《产业链上下游链合创新联盟的博弈分析》，《科学学与科学技术管理》2012 年第 6 期。

[64] 柳卸林：《不连续创新的第四代研究开发兼论跨越发展》，《中国工业经济》2000 年第 9 期。

[65] 卢仁山：《不同产学研合作模式的利益分配研究》，《科技进步与对策》2011 年第 17 期。

[66] 鲁明泓：《制度因素与国际直接投资区位分布：一项实证研究》，《经济研究》1999 年第 7 期。

[67] 鲁若愚、张鹏、张红琪：《产学研合作创新模式研究——基于广东省部合作创新实践的研究》，《科学学研究》2012 年第 2 期。

[68] 罗肖肖：《面向产学研合作的大学工业技术研究院研究》，浙江大学，硕士学位论文，2010 年。

[69] 马继洲、陈湛匀：《德国弗朗霍夫模式的应用研究——一个产学研联合的融资安排》，《科学学与科学技术管理》2005 年第 6 期。

[70] 欧庭高、邓旭霞：《创新系统的要素与纽带》，《系统科学学报》2007 年第 3 期。

[71] 潘松挺、郑亚莉：《网络关系强度与企业技术创新绩效——基于探索式学习和利用式学习的实证研究》，《科学学研究》2011 年第 11 期。

[72] 潘镇、殷华方、鲁明泓：《制度距离对于外资企业绩效的影响——一项基于生存分析的实证研究》，《管理世界》2008 年第 7 期。

[73] 彭正银、杨静、汪爽：《网络治理研究：基于三层面的评述》，第八届（2013）中国管理学年会——公司治理分会场论文集，2013 年 12 月。

[74] 彭正银：《网络治理：理论与模式研究》，经济科学出版社 2003 年版。

[75] 綦建红、李丽、杨丽：《中国 OFDI 的区位选择：基于文化距离的门槛效应与检验》，《国际贸易问题》2012 年第 12 期。

[76] 綦建红、杨丽：《中国 OFDI 的区位决定因素——基于地理距离与文化距离的检验》，《经济地理》2012 年第 12 期。

[77] 钱丽娜：《奥的斯：为中国高度而造》，《商学院》2014 年第 115 期。

[78] 钱学锋、陈勇兵：《国际分散化生产导致了集聚吗：基于中国省级动态面板数据 GMM 方法》，《世界经济》2009 年第 12 期。

[79] 秦辉、傅梅烂：《渐进性创新与突破性创新：科技型中小企业的选择策略》，《软科学》2005 年第 1 期。

[80] 秦剑：《高绩效工作实践系统知识扩散与突破性创新》，《科研管理》2012 年第 1 期。

[81] 邱立成、杨德彬：《中国企业 OFDI 的区位选择——国有企业和民营中小企业的比较分析》，《国际贸易问题》2015 年第 6 期。

[82] 瞿强：《信息经济学与现代金融理论的发展》，《经济学动态》2000 年第 2 期。

[83] 任胜钢、胡春燕、王龙伟：《我国区域创新网络结构特征对区域创新能力影响的实证研究》，《系统工程》2011 年第 2 期。

[84] 盛济川、吉敏、朱晓东：《内向和外向开放式创新组织模式研究——基于技术路线图视角》，《科学学研究》2013 年第 8 期。

[85] 石小琼：《泰国的食品业——赴泰国考察见闻与感想》，福建省绿色食品暨冷藏技术研讨

会论文资料集，2002 年。

[86] 史伟、李申禹、陈信康：《国家距离对跨国零售企业东道国选择的影响》，《国际贸易问题》2016 年第 3 期。

[87] 寿涌毅、孙宇：《集群企业创新来源、技术能力及创新绩效关系研究》，《管理工程学报》2009 年增刊。

[88] 苏敬勤、刘静：《中国企业并购潮动机研究：基于西方理论与中国企业的对比》，《南开管理评论》2013 年第 2 期。

[89] 孙凯：《基于 DEA 的区域创新系统创新效率评价研究》，《科技管理研究》2008 年第 3 期。

[90] 孙玉涛、苏敬勤：《G7 国家创新体系国际化模式演化及对中国的启示》，《科学学研究》2012 年第 4 期。

[91] 王大洲：《企业创新网络的进化与治理：一个文献综述》，《科研管理》2001 年第 5 期。

[92] 王道平、李树丞：《论区域创新网络与湖南中小企业技术创新》，《湖南社会科学》2001 年第 5 期。

[93] 王发明、蔡宁、朱浩义：《基于网络结构视角的产业集群风险研究——以美国 128 公路区产业集群衰退为例》，《科学学研究》2006 年第 6 期。

[94] 王飞：《"中国与拉美：投资机遇与企业社会责任"国际研讨会综述》，《拉丁美洲研究》2014 年第 6 期。

[95] 王庆喜：《多维邻近与我国高技术产业区域知识溢出——一项空间面板数据分析（1995—2010）》，《科学学研究》2013 年第 7 期。

[96] 王赛芳、汤英汉：《网络嵌入性对企业创新能力的影响研究》，《特区经济》2012 年第 10 期。

[97] 王诗翔、魏江、路瑶：《跨国技术并购中吸收能力与技术绩效关系研究——基于演化博弈论》，《科学学研究》2014 年第 12 期。

[98] 王文岩、孙福全、申强：《产学研合作模式的分类、特征及选择》，《中国科技论坛》2005 年第 2 期。

[99] 王志玮：《企业外部知识网络嵌入性对破坏性创新绩效的影响机制研究》，浙江大学，博士学位论文，2010 年。

[100] 王忠宏：《把握全球技术创新的机遇》，《经济日报》2013 年 9 月 15 日。

[101] 魏后凯、贺灿飞、王新：《外商在华直接投资动机与区位因素分析——对秦皇岛市外商直接投资的实证研究》，《经济研究》2001 年第 2 期。

[102] 魏江、寿柯炎、冯军政：《高管政治关联、市场发育程度与企业并购战略》，《科学学研究》2013 年第 6 期。

[103] 卫龙宝、史新杰：《浙江特色小镇建设的若干思考与建议》，《浙江社会科学》2016 年第 3 期。

[104] 吴建国：《国立科研机构经费管理效益比较研究》，西南交通大学，博士学位论文，2011 年。

[105] 吴金希：《论公立产业技术研究院与战略新兴产业发展》，《中国软科学》2014 年第 3 期。

[106] 吴伟伟、梁大鹏、于渤：《不确定性条件下企业技术管理运作的过程模式研究》，《科学学与科学技术管理》2009 年第 10 期。

[107] 吴玉鸣：《县域经济增长集聚与差异：空间计量经济实证分析》，《世界经济文汇》2007 年

第 2 期。

[108] 谢攀、李静:《劳动报酬、经济周期与二元劳动力市场——基于周期性反应函数的估计》,《数量经济技术经济研究》2010 年第 9 期。

[109] 谢运:《跨国并购的知识溢出效应分析》,《财经科学》2012 年第 12 期。

[110] 许庆瑞、蒋健、郑刚:《各创新要素全面协调程度与企业特质的关系实证研究》,《研究与发展管理》2005 年第 3 期。

[111] 阎大颖、洪俊杰、任兵:《中国企业对外直接投资的决定因素:基于制度视角的经验分析》,《南开管理评论》2009 年第 6 期。

[112] 阎大颖:《制度距离、国际经验与中国企业海外并购的成败问题研究》,《南开经济研究》2011 年第 5 期。

[113] 杨东奇、张春宁、徐影等:《企业研发联盟伙伴选择影响因素及其对联盟绩效的作用分析》,《中国科技论坛》2012 年第 5 期。

[114] 杨蕙馨、王硕、王军:《技术创新、技术标准化与市场结构——基于 1985—2012 年"中国电子信息企业百强"数据》,《经济管理》2015 年第 6 期。

[115] 杨汝岱、朱诗娥:《企业,地理与出口产品价格——中国的典型事实》,《经济学》2013 年第 4 期。

[116] 杨叔子、丁洪:《机械制造的发展及人工智能的应用》,《机械工程》1988 年第 1 期。

[117] 杨万平、袁晓玲:《从 FDI 看美国经济波动对我国经济增长的影响——基于广义脉冲响应函数法的实证研究》,《国际贸易问题》2009 年第 8 期。

[118] 杨兴全、曾义:《现金持有能够平滑企业的研发投入吗?——基于融资约束与金融发展视角的实证研究》,《科研管理》2014 年第 7 期。

[119] 易加斌、张曦:《国际并购逆向知识转移影响因素研究述评与展望》,《外国经济与管理》2013 年第 7 期。

[120] 易江玲、陈传明:《心理距离测量和中国的国际直接投资》,《国际贸易问题》2014 年第 7 期。

[121] 于明洁、郭鹏、张果:《区域创新网络结构对区域创新效率的影响研究》,《科学学与科学技术管理》2013 年第 8 期。

[122] 余浩、陈劲:《基于知识创造的技术集成研究》,《科学学与科学技术管理》2004 年第 8 期。

[123] 余永泽、刘大勇:《创新要素集聚与科技创新的空间外溢效应》,《科研管理》2013 年第 1 期。

[124] 原长弘、孙会娟:《政产学研用协同与高校知识创新链效率》,《科研管理》2013 年第 4 期。

[125] 张宝建、胡海青、张道宏:《企业创新网络的生成与进化——基于社会网络理论的视角》,《中国工业经济》2011 年第 4 期。

[126] 张保隆、燕千资:《产业科技与工研院——看得见的脑》,台湾工研院 2003 年版。

[127] 张菲:《中国式跨国并购喜中带忧》,《中国经济导报》2013 年第 2 期。

[128] 张洪石、卢显文:《突破性创新和渐进性创新辨析》,《科技进步与对策》2005 年第 2 期。

[129] 张炯、余祖伟:《产学研合作创新模式的案例探讨——基于韵升集团创新模式的分析》,《重庆行政》(公共论坛)2011 年第 2 期。

[130] 张连城、韩培:《中国潜在经济增长率分析》,《经济与管理研究》2009 年第 3 期。

[131] 张秀娥、姜爱军、张梦琪:《网络嵌入性、动态能力与中小企业成长关系研究》,《东南学术》2012年第6期。

[132] 张幼文、梁军:《要素集聚与中国在世界经济中的地位》,《学术月刊》2007年第3期。

[133] 中国中小企业国际合作协会、玉林市人民政府:《中国中小企业健康发展报告(2012年度)》,中国人民大学出版社2014年版。

[134] 朱剑英:《智能制造的意义、技术与实现》,《机械制造与自动化》2013年第3期。

[135] 朱勇国、李晨曦:《用什么方式搜募海外高层次人才》,《中国人才》2012年第21期。

[136] 朱苑秋、谢富纪:《长三角大都市圈创新要素整合》,《科学学与科学技术管理》2007年第1期。

[137] Acs Z. J., Braunerhjelm P., Audretsch D. B., Carlsson B., "The Knowledge Spillover Theory of Entrepreneurship", *Small Business Economics*, No.32,2009.

[138] Acs Z. J., Szerb L., "Entrepreneurship, Economic Growth and Public Policy", *Small Business Economics*, No.28,2007.

[139] Agarwal R., Audretsch D. B., Sarkar M. B., "The Process of Creative Construction: Knowledge Spillovers, Entrepreneurship, and Economic Growth", *Strategic Entrepreneurship Journal*, No.1,2007.

[140] Aghion P., Angeletos G., Banerjee A., K. Manova, "Volatility and Growth: Credit Constraints and Productivity-Enhancing Investment", *Journal of Monetary Economics*, No.3,2010.

[141] Aghion P., Askenazy P., Berman N., "Credit Constraints and the Cyclicality of R&D Investment: Evidence from France", *Journal of the European Economic Association*, No.5,2012.

[142] Ahuja G., Katila R., "Technological Acquisitions and the Innovation Performance of Acquiring Firms: A Longitudinal Study", *Strategic Management Journal*, No.3,2001.

[143] Albarran P., Carrasco R., Holl A., "Domestic Transport Infrastructure and Firms' Export Market Participation", *Small Business Economics*, No.4,2013.

[144] Ambos T. C., Ambos B., "The Impact of Distance on Knowledge Transfer Effectiveness in Multinational Corporations", *Journal of International Management*, No.1,2009.

[145] Anderson A. L., Nielsen W., *Fiscal Transparency and Procyclical Fiscal Policy*, Working Paper, University of Copenhagen, 2007.

[146] Anderson J., "A Theoretical Foundation for the Gravity Equation", *The American Economic Review*, No.69,1979.

[147] Anselin L., "Spatial Externalities, Spatial Multipliers, and Spatial Econometrics", *International Regional Science Review*, No.2,2003.

[148] Ansoff H. L., "Strategies for Diversification", *Harvard Business Review*, No.8,1957.

[149] Antweiler W., Trefler D., *Increasing Returns and all that: A View From Trade*, University of British Columbia and University of Toronto Press, 1997.

[150] Arellano M., *Panel Data Econometrics: Advanced Texts in Econometrics*, Oxford University Press, 2003.

[151] Astrachan J. H., Shanker M. C., "Family Businesses' Contribution to the US Economy: A Closer Look", *Family Business Review*, No.3,2003.

[152] Barnett T., Long R.G., Marler L.E., "Vision and Exchange in Intra-Family Succession: Effects on Procedural Justice Climate Among Non-family Managers", *Entrepreneurship Theory and Practice*, No.36,2012.

[153] Belderbos R., Carree M., Lokshin B, et al., "Heterogeneity in R&D Cooperation Strategies", *International Journal of Industrial Organization*, No.22,2004.

[154] Bennedsen M., Nielsen K.M., Pérez-González F., Wolfenzon D., "Inside the Family Firm: The Role of Families in Succession Decisions and Performance", *The Quarterly Journal of Economics*, No.122,2007.

[155] Berger T., Bristow G., "Competitiveness and the Benchmarking of Nations—A Critical Reflection", *International Advances in Economic Research*, No.4,2009.

[156] Bernardi C.B., Guadalupe S.D., "Innovation and R&D Spillover Effects in Spanish Regions: A Spatial Approach", *Research Policy*, No.9,2007.

[157] Berrone P., Cruz C., Gomez-Mejia L. R., Larraza-Kintana M., "Socioemotional Wealth and Corporate Responses to Institutional Pressures: Do Family-controlled Firms Pollute Less?", *Administrative Science Quarterly*, No.1,2010.

[158] Berrone, P., Cruz, C., Gómez-Mejía, L.R., "Socioemotional Wealth in Family Firms: Theoretical Dimensions, Assessment Approaches and Agenda for Future Research", *Family Business Review*, No.25,2012.

[159] Berry H., Guillen M. F., Zhou N., "An Institutional Approach to Cross-National Distance", *Journal of International Business Studies*, No.41,2010.

[160] Blackman A. W., Seligman E. J., Sogliero G. C., "An Innovation Index Based on Factor Analysis", *Technological Forecasting and Social Change*, No.3,1973.

[161] Block J. H., "R&D Investments in Family and Founder Firms: An Agency Perspective", *Journal of Business Venturing*, No.2,2012.

[162] Blumentritt T.P., Keyt A.D., Astrachan J.H., "Creating an Environment for Successful Non-Family CEOs: An Exploratory Study of Good Principals", *Family Business Review*, No.20,2007.

[163] Bonaccorsi A., Piccaluga A., "A Theoretical Framework for the Evaluation of University-Industry Relationships", *R&D Management*, No.3,1994.

[164] Bond S., "Dynamic Panel Data Models: A Guide to Micro Data Methods and Practice", *Portuguese Economic Journal*, No.2,2002.

[165] Bozeman B., Corley E., "Scientists' Collaboration Strategies: Implications for Scientific and Technical Human Capital", *Research Policy*, No.33,2004.

[166] Brannon D. L., Wiklund J., Haynie J. M., "The Varying Effects of Family Relationships in Entrepreneurial Teams", *Entrepreneurship Theory and Practice*, No.1,2013.

[167] Bromiley P., "Testing a Causal Model of Corporate Risk Taking and Performance", *Academy of Management Journal*, No.1,1991.

[168] Brunel J., et al., "Investigating the Factors that Diminish the Barriers to University-Industry Collaboration", *Research Policy*, No.39,2010.

[169] Cabrera-Suárez K., De Saá-Pérez P., García-Almeida D., "The Succession Process from a

Resource-and Knowledge-based View of the Family Firm", *Family Business Review*, No.1,2001.

[170] Caloghirou Y., Kastelli I., Tsakanikas A., "Internal Capability and External Knowledge Sources: Complements or Substitutes for Innovative Performance?", *Technovation*, No.24,2004.

[171] Carlson D., Upton N., Seaman S., "The Impact of Human Resource Practices and Compensation Design on Performance: An Analysis of Family-Owned SMEs", *Journal of Small Business Management*, No.44,2006.

[172] Carney M., "Corporate Governance and Competitive Advantage in Family-Controlled Firms", *Entrepreneurship Theory and Practice*, No.3,2005.

[173] Carpenter M. A., Westphal J. D., "The Strategic Context of External Network Ties: Examining the Impact of Director Appointments on Board Involvement in Strategic Decision Making", *The Academy of Management Journal*, No.4,2001.

[174] Carr D. L., Markusen J. R., Maskus K. E., "Estimating the Knowledge-Capital Model of the Multinational Enterprise", *The American Economic Review*, No.3,2001.

[175] Cassiman B., Colombo M. G., Garrone P., Veugeler R., "The Impact of M&A on R&D Process: An Empirical Analysis of the Role of Technological and Market- Relatedness", *Research Policy*, No.2,2005.

[176] Chang E.P., Chrisman J.J., Chua J.H., Kellermanns F.K., "Regional Economy as a Determinant of the Prevalence of Family Firms in the United States: A Preliminary Report", *Entrepreneurship Theory and Practice*, No.32,2008.

[177] Chao M. C. H., Kumar V., "The Impact of Institutional Distance on the International Diversity—Performance Relationship", *Journal of World Business*, No.1,2010.

[178] Chen H. L., Hsu W. T., "Family Ownership, Board Independence, and R&D Investment", *Family Business Review*, No.4,2009.

[179] Chen W. R., "Determinants of Firms' Backward-and Forward-looking R&D Search Behavior", *Organization Science*, No.4,2008.

[180] Cheng L.K., Kwan Y.K., "What are the Determinants of the Location of Foreign Direct Investment? The Chinese Experience", *Journal of International Economics*, No.2,2000.

[181] Chesbrough H.W., "The Era of Open Innovation", *Sloan Management Review*, No.3,2003.

[182] Chirico F., Nordqvist M., "Dynamic Capabilities and Trans-Generational Value Creation in Family Firms: The Role of Organizational Culture", *International Small Business Journal*, No.28,2010.

[183] Chittoor R., Das R., "Professionalization of Management and Succession Performance: A Vital Linkage", *Family Business Review*, No.20,2007.

[184] Chrisman J. J., Chua J. H., Pearson A. W., Barnett T., "Family Involvement, Family Influence, and Family Centered Non-Economic Goals in Small Firms", *Entrepreneurship Theory and Practice*, No.2,2012.

[185] Chrisman J. J., Patel P. J., "Variations in R&D Investments of Family and Non-Family Firms: Behavioral Agency and Myopic Loss Aversion Perspectives", *Academy of Management Journal*, No.4,2012.

[186] Chrisman J.J., Chua J.H., Litz R., "Comparing the Agency Costs of Family and Non-Family

Firms: Conceptual Issues and Exploratory Evidence", *Entrepreneurship Theory and Practice*, No.28,2004.

[187] Chrisman J.J., Memili E., Misra K., "Non-Family Managers, Family Firms, and the Winner's Curse: The Influence of Non-Economic Goals and Bounded Rationality", *Entrepreneurship Theory and Practice*, No.38,2014.

[188] Christensen C. M., Bower J. L., "Customer Power, Strategic Investment, and the Failure of Leading Firms", *Strategic Management Journal*, No.3,1996.

[189] Chua J. H., Chrisman J. J., Sharma P., "Defining the Family Business by Behavior", *Entrepreneurship Theory and Practice*, No.4,1999.

[190] Chua J.H., Chrisman J.J., Bergiel E.B., "An Agency Theoretic Analysis of the Professionalized Family Firm", *Entrepreneurship Theory and Practice*, No.33,2009.

[191] Chua J.H., Chrisman J.J., Chang E.P.C., "Are Family Firms Born or Made? An Exploratory Investigation", *Family Business Review*, No.17,2004.

[192] Chua J.H., Chrisman J.J., Kellermanns F., Wu Z., "Family Involvement and New Venture Debt Financing", *Journal of Business Venturing*, No.26,2011.

[193] Chua J.H., Chrisman J.J., Sharma P., "Succession and Non-Succession Concerns of Family Firms and Agency Relationship with Non-family Managers", *Family Business Review*, No.16,2003.

[194] Chua J.H., Chrisman J.J., Steier L.P., Rau S.B., "Sources of Heterogeneity in Family Firms: An Introduction", *Entrepreneurship Theory and Practice*, No.36,2012.

[195] Colombo M.G., De Massis A., Piva E., Rossi-Lamastra C., Wright M., "Sales and Employment Changes in Entrepreneurial Ventures with Family Ownership: Empirical Evidence from High-tech Industries", *Journal of Small Business Management*, No.52,2014.

[196] Connell J., Kriz A., Thorpe M., "Industry Clusters: An Antidote for Knowledge Sharing and Collaborative Innovation?", *Journal of Knowledge Management*, No.18,2014.

[197] Cruz C. C., Gomez-Mejia L. R., Becerra M., "Perceptions of Benevolence and the Design of Agency Contracts: CEO-TMT Relationships in Family Firms", *Academy of Management Journal*, No.1,2010.

[198] Cruz C., Nordqvist M., "Entrepreneurial Orientation in Family Firms: A Generational Perspective", *Small Business Economics*, No,1,2012.

[199] Cummings J. L., Teng B. S., "Transferring R&D Knowledge: The Key Factors Affecting Knowledge Transfer Success", *Journal of Engineering Technology Management*, No.1,2003.

[200] Cyert R. M., March J. G., *A Behavioral Theory of the Firm*, Englewood Cliffs, NJ: Prentice-Hall Press,1963.

[201] David J. Teece, "Firm Organization, Industrial Structure, and Technological Innovation", *Journal of Economic Behavior & Organization*, No.31,1996.

[202] De Massis A., Chirico F., Kotlar J., Naldi L. "The Temporal Evolution of Proactiveness in Family Firms: The Horizontal S-Curve Hypothesis", *Family Business Review*, No.1,2014.

[203] De Massis A., Frattini F., Lichtenthaler U., "Research on Technological Innovation in Family Firms: Present Debates and Future Directions", *Family Business Review*, No.1,2013.

[204] De Massis A., Kotlar J., Chua J.H., Chrisman J.J., "Ability and Willingness as Sufficiency

Conditions for Family-Oriented Particularistic Behavior: Implications for Theory and Empirical Studies", *Journal of Small Business Management*, No.52,2014.

[205] Delios A., Beamish P. W., "Survival and Profitability: The Roles of Experience and Intangible Assets in Foreign Subsidiary Performance", *Academy of Management Journal*, No.5,2001.

[206] Dikova D., Sahib P. R., Van Witteloostuijn A., "Cross-Border Acquisition Abandonment and Completion: The Effect of Institutional Differences and Organizational Learning in the International Business Service Industry, 1981—2001", *Journal of International Business Studies*, No.2,2010.

[207] Dixit A. K., Stiglitz J. E., "Monopolistic Competition and Optimum Product Diversity", *American Economic Review*, No.67,1975.

[208] Donckels R., Fröhlich E., "Are Family Businesses really Different? European Experiences From STRATOS", *Family Business Review*, No.2,1991.

[209] Dunn B., "Family Enterprises in the UK: A Special Sector?", *Family Business Review*, No.2,1996.

[210] Dunning J.H., "The Eclectic Paradigm of International Production: A Restatement and some Possible Extensions", *Journal of International Business Studies*, No.1,1977.

[211] Duysters G., Heimeriks K., Lokshin B., et al., "Do Firms Learn to Manage Alliance Portfolio Diversity? The Diversity Performance Relationship and the Moderating Effects of Experience and Capability", *European Management Review*, No.3,2012.

[212] Dyer J. H., Singh H., "The Relational View: Cooperative Strategy and Sources of Inter-organizational Competitive Advantage", *Academy of Management Journal*, No.4,1998.

[213] Eddleston K. A., "Commentary: The Prequel to Family Firm Culture and Stewardship: The Leadership Perspective of the Founder", *Entrepreneurship Theory and Practice*, No.32,2008.

[214] Eddleston K. A., Otondo R.F., Kellermanns F.W., "Conflict, Participative Decision-Making, and Generational Ownership Dispersion: A Multilevel Analysis", *Journal of Small Business Management*, No.46,2008.

[215] Eisenhardt K.M., "Agency Theory: An Assessment and Review", *The Academy of Management Review*, No.14,1989.

[216] Ejermo O., Karlsson C., "Interregional Inventor Networks as Studied by Patent Coinventorships", *Research Policy*, No.3,2006.

[217] Enkel E., Gassmann O., Chesbrough H., "Open R&D and Open Innovation: Exploring the Phenomenon", *R&D Management*, No.4,2009.

[218] Evans J., Mavondo F. T., "Psychic Distance and Organizational Performance: An Empirical Examination of International Retailing Operations", *Journal of International Business Studies*,2002.

[219] Fama E.F., Jensen M.C., "Separation of Ownership and Control", *Journal of Law and Economics*, No.26,1983.

[220] Fare R., Grosskopf S., "Slacks and Congestion: A Comment", *Socio-Economic Planning Sciences*, No.1,2000.

[221] Fawcett S., Jones S., Fawcett A., "Supply Chain Trust: The Catalyst for Collaborative Innovation", *Business Horizons*, No.2,2012.

[222] Fiegenbaum A., Hart S., Schendel D., "Strategic Reference Point Theory", *Strategic Management Journal*, No.3,1996.

[223] Francois P., Lloyd-Ellis, "Animal Spirits through Creative Destruction", *American Economic Review*, No.3,2003.

[224] Frecka T. J., Lee C. F., "Generalized Financial Ratio Adjustment Processes and Their Implications", *Journal of Accounting Research*, No.1,1983.

[225] Freel M. S., "Strategy and Structure in Innovative Manufacturing SMEs: The Case of an English Region", *Small Business Economics*, No.1,2000.

[226] Frye M. B., "Equity-Based Compensation for Employee: Firm Performance and Determinants", *Journal of Financial Research*, No.1,2004.

[227] Gaur A. S., Lu J. W., "Ownership Strategies and Survival of Foreign Subsidiaries: Impacts of Institutional Distance and Experience", *Journal of Management*, No.1,2007.

[228] George G., "Slack Resources and the Performance of Privately Held Firms", *Academy of Management Journal*,No.4,2005.

[229] Ghemawat P., "Distance Still Matters", *Harvard Business Review*, No.8,2001.

[230] Giancarlo Barbiroli, "Elaborating a Technological Index for the Evaluation of Innovation Quality", *Technovation*, No.1, 1989.

[231] Giuliant E., Arza V., "What Drives the Formation of Valuable, University Industry Linkages? Insights from the Wine Industry", *Research Policy*, No.38,2009.

[232] Giuseppe Bruno, GianpaoloGhiani, GennaroImprota, "Dynamic Positioning of Idle Automated Guided Vehicle", *Journal of Intelligent Manufacturing*, No.2, 2000.

[233] Go mez-Mejí a L. R., Haynes K. T., Nu´n~ez-Nickel M., Jacobson K. J. L., Moyano-Fuentes J., "Socioemotional Wealth and Business Risks in Family-controlled Firms: Evidence from Spanish Olive Oil Mills", *Administrative Science Quarterly*, No.1,2007.

[234] Gomez-Mejía L. R., Makri M., Larraza-Kintana M., "Diversification Decisions in Family-controlled Firms", *Journal of Management Studies*, No.2,2010.

[235] Gómez-Mejía L.R., Cruz C., Berrone P., De Castro J., "The Bind that Ties: Socioemotional Wealth Preservation in Family Firms", *The Academy of Management Annals*, No.5,2011.

[236] Gómez-Mejía L.R., Cruz C., Berrone, P., De Castro, J., "The Bind that Ties: Socioemotional Wealth Preservation in Family Firms", *The Academy of Management Annals*, No.5,2011.

[237] Gómez-Mejía L.R., Haynes K.T., Núñez-Nickel M., Jacobson K.J., Monyano-Fuentes H., "Socio-Emotional Wealth and Business Risk in Family-Controlled Firms: Evidence from Spanish Olive Oil Mills", *Administrative Science Quarterly*, No.52,2007.

[238] Grandori A., *Corporate Governance and Firm Organization: Microfoundations and Structural Forms*, Oxford: Oxford University Press,2004.

[239] Granovetter M., *Problems of Explanation in Economic Sociology*, Boston: Harvard Business School Press. 1992.

[240] Greve H. R., "A Behavioral Theory of Firm Growth: Sequential Attention to Size and Performance Goals", *Academy of Management Journal*, No.3,2008.

[241] Greve H. R., "A Behavioral Theory of R & D Expenditures and Innovations: Evidence from Shipbuilding", *Academy of Management Journal*, No.6,2003.

[242] Greve H. R., "Performance, Aspirations, and Risky Organizational Change", *Administrative Science Quarterly*, No.1,1998.

[243] Griffith R., Redding S., Simpson H., "Technological Catch-up and Geographic Proximity", *Journal of Regional Science*, No.49,2009.

[244] Grossman G., Helpman E., "Integration Versus Outsourcing in Industry Equilibrium", *Quarterly Journal of Economics*, No.117,2002.

[245] Hagedoorn J., "Understanding the Cross-level Embeddedness of Interfirm Partllership Formation", *Academy of Management Review*, No.3,2006.

[246] Hall A., Nordqvist M., "Professional Management in Family Businesses: Toward an Extended Understanding", *Family Business Review*, No.21,2008.

[247] Hamilton B.H., Nickerson J.A., "Correcting for Endogeneity in Strategic Management Research", *Strategic Organization*, No.1,2003.

[248] Hardaker G., Ahmed P. K., Graham G., "An Integrated Response towards the Pursuit of Fast Time to Market of NPD in European Manufacturing Organizations", *European Business Review*, No.3,1998.

[249] Harkavy I., Zuckerman H., *Eds and Meds: Cities' Hidden Assets,* The Brookings Institution Survey Series Press, 1999.

[250] He Z., Wong P., "Reaching out and Reaching within: A Study of the Relation between Innovation Collaboration and Innovation Performance", *Industry and Innovation*, No.7,2012.

[251] Heckman J. J., "Sample Selection Bias as a Specification Error", *Econometrica Journal of the Econometric Society*, No.47,1979.

[252] Helena N.R., Tanja M., "Intellectual Capital in the Hotel Industry: A Case Study form Slovenia", *International Journal of Hospitality Management*, No.1,2007.

[253] Helmi Ben Rejeb, Laure Morel-Guimarães, Vincent Boly, N' Doli Guillaume Assiélou, "Measuring Innovation Best Practices: Improvement of an Innovation Index Integrating Threshold and Synergy Effects", *Technovation*, No.12,2008.

[254] Helson H., "Adaption-Level Theory: An Experimental and Systematic Approach to Behavior", *Psychological Record*, No.2,1964.

[255] Heneman R.L., Tansky J.W., Camp S.M., "Human Resource Management Practices in Small and Medium-Sized Enterprises: Unanswered Questions and Future Research Perspectives", *Entrepreneurship Theory and Practice*, No.25,2000.

[256] HennyRomijn, Manuel Albaladejo, "Determinants of Innovation Capability in Small Electronics and Software Firms in Southeast England", *Research Policy*, No.7,2002.

[257] Hewitt Dundas N., "The Role of Proximity in University Business Cooperation for Innovation", *The Journal of Technology Transfer*, No.2,2013.

[258] Hofstede G. H., Hofstede G., *Culture's Consequences: Comparing Values, Behaviors, Institutions and Organizations across Nations*, Sage Press, 2001.

[259] Holmes R. M., Bromiley P., Devers C. E., Holcomb T. R., McGuire J. B., "Management Theory Applications of Prospect Theory: Accomplishments, Challenges, and Opportunities", *Journal of Management*, No.4, 2011.

[260] Hong S. J., Lee S. H., "Reducing Cultural Uncertainty through Experience Gained in the Domestic Market", *Journal of World Business*, No.3, 2014.

[261] Hu S., Blettner D., Bettis R. A., "Adaptive Aspirations: Performance Consequences of Risk Preferences at Extremes and Alternative Reference Groups", *Strategic Management Journal*, No.13, 2011.

[262] Hutzschenreuter T., Kleindienst I., Lange S., "Added Psychic Distance Stimuli and MNE Performance: Performance Effects of Added Cultural, Governance, Geographic, and Economic Distance in MNEs' International Expansion", *Journal of International Management*, No.1, 2014.

[263] Ilias N., "Families and Firms: Agency Costs and Labor Market Imperfections in Sialkot's Surgical Industry", *Journal of Development Economics*, No.80, 2006.

[264] Isabel Maria BodasFreitas, Nick von Tunzelmann, "Mapping Public Support for Innovation: A Comparison of Policy Alignment in the UK and France", *Research Policy*, No.9, 2008.

[265] Jan Nill, René Kemp, "Evolutionary Approaches for Sustainable Innovation Policies: From Niche to Paradigm?", *Research Policy*, No.4, 2009.

[266] Jarunee Wonglimpiyarat, "Innovation Index and the Innovative Capacity of Nations", *Futures*, No.3, 2010.

[267] Jensen M.C., Meckling W.H., "Self-interest, Altruism, Incentives, and Agency Theory", *Journal of Applied Corporate Finance*, No.7, 1994.

[268] Jensen M.C., Meckling W.H., "Theory of the Firm: Managerial Behavior, Agency Costs, and Economic Organization", *Journal of Financial Economics*, No.4, 1976.

[269] JianChengguan, Kai Huachen, "Measuring the Innovation Production Process: A Cross-Region Empirical Study of China's High-tech Innovations", *Technovation*, No.5, 2010.

[270] Jian Fang, Yugeng Xi., "A Rolling Horizon Job Shop Rescheduling Strategy in the Dynamic Environment", *The International Journal of Advanced Manufacturing Technology*, No.3, 1997.

[271] Kang Y., Jiang F., "FDI Location Choice of Chinese Multinationals in East and Southeast Asia: Traditional Economic Factors and Institutional Perspective", *Journal of World Business*, No.1, 2012.

[272] Kanuk L., Berenson C., "Mail Surveys and Response Rate: A Literature Review", *Journal of Marketing Research*, No.22, 1975.

[273] Katila R., "New Product Search over Time: Past Ideas in Their Prime?", *Academy of Management Journal*, No.5, 2002.

[274] Kaul M., Bin Yang, Jensen C.S., "Building Accurate 3D Spatial Networks to Enable Next Generation Intelligent Transportation Systems", *IEEE 14th International Conference on Mobile Data Management* (MDM), 2013.

[275] Ke S.Z., Feser E., "Count on the Growth Pole Strategy for Regional Economic Growth? Spread-Backwash Effects in Greater Central China", *Regional Studies*, No.9, 2010.

[276] Keizer J. A., Halman J. I. M., "Risks in Major Innovation Projects, a Multiple Case Study within a World's Leading Company in the Fast Moving Consumer Goods", *International Journal of*

Technology Management, No.4,2009.

[277] Keller W., "Geographic Localization of International Technology Diffusion", *American Economic Review*, No.1,2002.

[278] Kellermanns F. W., Eddleston K. A., Sarathy R., Murphy F., "Innovativeness in Family Firms: A Family Influence Perspective", *Small Business Economics*, No.1,2012.

[279] Kieron Flanagan, Elvira Uyarra, Manuel Laranja, "Reconceptualising the 'Policy Mix' for Innovation", *Research Policy*, No.5,2011.

[280] Kilkenny M., "Urban/Regional Economics and Rural Development", *Journal of Regional Science*, No.1,2010.

[281] Kim H., Kim H., Lee P. M., "Ownership Structure and the Relationship Between Financial Slack and R&D Investments: Evidence from Korean Firms", *Organization Science*, No.3,2008.

[282] King M. D. R., Dan R. D., Daily C. M., et al., "Meta-Analysis of Post-Acquisition Performance: Indications of Unidentified Moderators", *Strategic Management Journal*, No.25,2004.

[283] Knight D., Durham C. C., Locke E. A., "The Relationship of Team Goals, Incentives, and Efficacy to Strategic Risk, Tactical Implementation, and Performance", *Academy of Management Journal*, No.2,2001.

[284] Knott A. M., "Persistent Heterogeneity and Sustainable Innovation", *Strategic Management Journal*, No.8,2003.

[285] König A., Kammerlander N., Enders A., "The Family Innovator's Dilemma: How Family Influence Affects the Adoption of Discontinuous Technologies by Incumbent Firms", *Academy of Management Review*, No.3,2013.

[286] Kostova T., "Transnational Transfer of Strategic Organizational Practices: A Contextual Perspective", *Academy of Management Review*, No.2.1999.

[287] Kotey B. Folker C., "Employee Training in SMEs: Effect of Size and Firm Type Family and Non-Family", *Journal of Small Business Management*, No.45,2007.

[288] Kotlar J., De Massis A., "Goal setting in Family Firms: Goal Diversity, Social Interactions, and Collective Commitment to Family-centered Goals", *Entrepreneurship Theory and Practice*, No.6,2013.

[289] Kotlar J., De Massis A., Frattini F., Bianchi M., Fang H., "Technology Acquisition in Family and Non-Family Firms: A Longitudinal Analysis of Spanish Manufacturing Firms", *Journal of Product Innovation Management*, No.6,2013.

[290] Kotlar J., Fang H., De Massis A., Frattini F., "Profitability Goals, Control Goals, and the R&D Investment Decisions of Family and Non-Family Firms", *Journal of Product Innovation Management*, No.31,2014.

[291] Kotlar, J., De Massis, A., Frattini, F., Bianchi, M., Fang, H., "Technology Acquisition in Family and Non-Family Firms: A Longitudinal Analysis of Spanish Manufacturing Firms", *Journal of Product Innovation Management*, No.6,2013.

[292] Kotter J. P., "Managing External Dependence", *Academy of Management Review*, No.2,1979.

[293] Koufteros X., "Black Box and Gray Box Supplier Integration in Product Development:

Antecedents, Consequences and the Moderating Role of Firm Size", *Journal of Operations Management*, No.4,2007.

[294] Krugman P., "Increasing Returns and Economic Geography", *National Bureau of Economic Research*, No.3,1990.

[295] Lall Sanjaya, Morris Teubal, "'Market-Stimulating' Technology Policies in Developing Countries: A Framework with Examples from East Asia", *World Development*, No.8,1998.

[296] Le Breton-Miller I., Miller D., Lester R.H., "Stewardship or Agency? A Social Embeddedness Reconciliation of Conduct and Performance in Public Family Businesses", *Organization Science*, No.22,2011.

[297] Lepoutre J., Heene A., "Investigating the Impact of Firm Size on Small Business Social Responsibility: A Critical Review", *Journal of Business Ethics*, No.67,2006.

[298] Lhuillery S., Pfister E., "R & D Cooperation and Failure in Innovation Projects: Empirical Evidence from French CIS Data", *Research Policy*, No.1,2009.

[299] Li S, Scullion H, "Bridging the Distance: Managing Cross-Border Knowledge Holders", *Asia Pacific Journal of Management*, No.1,2006.

[300] Li Y., Vertinsky I. B., Li J., "National Distances, International Experience, and Venture Capital Investment Performance", *Journal of Business Venturing*, No.4,2014.

[301] Lichtenthaler U., "Outbound Open Innovation and Its Effect on Firm Performance: Examining Environmental Influences", *R & D Management*, No.4,2009.

[302] Lichtenthaler U., "Technology Exploitation in the Context of Open Innovation: Finding the Right 'Job' for Your Technology", *Technovation*, No.7,2010.

[303] Lieberman M. B., Asaba S., "Why do Firms Imitate each other?", *Academy of Management Review*, No.2,2006.

[304] Lin Xingzhi, "Design and Realization of the Logistic Storage Temperature Control Unified Information System Based on Internet of Things", *2011 International Conference on Business Management and Electronic Information* (BMEI), 2011.

[305] Liu J. S., Lu W. M., Mei H. C. H., "National Characteristics: Innovation Systems from the Process Efficiency Perspective", *R&D Management*, No.4,2015.

[306] López-Duarte C., Vidal-Suárez M. M., "Cultural Distance and the Choice between wholly Owned Subsidiaries and Joint Ventures", *Journal of Business Research*, No.66,2013.

[307] Lumpkin G., Steier L., Wright M., "Strategic Entrepreneurship in Family Business", *Strategic Entrepreneurship Journal*, No.4.2011.

[308] Lumpkin G.T., Brigham K.H., "Long-Term Orientation and Intertemporal Choice in Family Firms", *Entrepreneurship Theory and Practice*, No.35,2011.

[309] Manuel Laranja, Elvira Uyarra, Kieron Flanagan, "Policies for Science, Technology and Innovation: Translating Rationales into Regional Policies in a Multi-level Setting", *Research Policy*, No.5,2008.

[310] Maria I., Freitas B., Tunzelmann N., "Mapping Public Support for Innovation: A Comparison of Policy Alignment in the UK and France", *Research Policy*, No.9,2008.

[311] Maria Kapsali, "How to Implement Innovation Policies through Projects successfully", *Technovation*, No.12,2011.

[312] Matsuyama K., "Growing through Cycles in an infinitely Lived Agent Economy", *Journal of Economic Theory*, No.2,2001.

[313] Melin L., Nordqvist M., "The Reflexive Dynamics of Institutionalization: The Case of the Family Business", *Strategic Organization*, No.5,2007.

[314] Mendonca L. T., Sutton R., "Succeeding at Open-Source Innovation: An Interview with Mozilla's Mitchell Baker", *The McKinsey Quarterly*, No.7,2008.

[315] Michael E. Porter, "Clusters and the New Economics of Competition", *Harward Business Review*, No.6,1998.

[316] Michael L. Tushman, "Philip Anderson. Technological Discontinuities and Organizational Environments", *Administrative Science Quarterly*, No.3,1986.

[317] Miller D., Le Breton-Miller I., Lester R. H., Cannella A. A, Jr., "Are Family Firms really Superior Performers?" *Journal of Corporate Finance*, No.5,2007.

[318] Miller K. D., Bromiley P., "Strategic Risk and Corporate Performance: An Analysis of Alternative Risk Measures", *Academy of Management Journal*, No.4,1990.

[319] Mishra A., Shah R., "In Union lies Strength: Collaborative Competence in New Product Development and its Performance Effects", *Journal of Operations Management*, No.4,2009.

[320] Mitchell R.K., Morse E.A., Sharma P., "The Transacting Cognitions of Non-Family Employees in the Family Businesses Setting", *Journal of Business Venturing*, No.18,2003.

[321] Mitsuyo Ando, Fukunari Kimura, "Fragmentation in East Asia: Further Evidence", Hitotsubashi University Working Paper, 2007.

[322] Mohr J., Spekman R., "Characteristics of Partnership Success: Partnership Attributes, Communication Behavior, and Conflict Resolution Techniques", *Strategic Management Journal*, No.2,2006.

[323] Moore J. F., "Predators and Prey: A New Ecology of Competition", *Harvard Business Review*, No.3,1993.

[324] Morck R., Yeung B., "Family Control and the Rentseeking Society", *Entrepreneurship Theory and Practice*, No.4,2004.

[325] Morck R., Yeung B., "Family Control and the Rentseeking Society", *Entrepreneurship Theory and Practice*, No.4,2004.

[326] Munari F., Oriani R., Sobrero M., "The Effects of Owner Identity and External Governance Systems on R&D Investments: A Study of Western European Firms", *Research Policy*, No.8,2010.

[327] Myers P. S., *Knowledge Management and Organizational Design*, Routledge Press, 1996.

[328] Nissen H., Evald M., Clarke A., "Knowledge Sharing in Heterogeneous Teams through Collaboration and Cooperation: Exemplified through Public—Private Innovation Partnerships", *Industrial Marketing Management*, No.3,2014.

[329] Oliver C., "Strategic Responses to Institutional Processes", *Academy of Management Review*, No.1,1991.

[330] Parada M.J., Nordqvist M., Gimeno A., "Institutionalizing the Family Business: The Role of Professional Associations in Fostering a Change of Values", *Family Business Review*, No.26,2010.

[331] Patel P. C., Chrisman J. J., "Risk Abatement as a Strategy for R&D Investments in Family Firms", *Strategic Management Journal*, No.19,2013.

[332] Perroux F., "Economic Space: Theory and Applications", *The Quarterly Journal of Economics*, No.1,1950.

[333] Petersen K., "Supplier Integration into New Product Development: Coordinating Product, Process and Supply Chain Design", *Journal of Operations Management*, No.3,2005.

[334] Pfeffer J., "Interorganizational Influence and Managerial Attitudes", *Academy of Management Journal*, No.3,1972.

[335] Polidoro F., Ahuja G., Mitchell W., "When the Social Structure Overshadows Competitive Incentives: The Effects of Network Embeddedness on Joint Venture Dissolution", *Academy of Management Journal*, No.54,2011.

[336] Pollak R.A., "A Transaction Cost Approach to Families and Households", *Journal of Economic Literature*, No.23,1985.

[337] Popescu M., Ungureanu-Anghel D., Filip I., "Designing Complex Petri Nets Using Submodels with Application in Flexible Manufacturing Systems", 2013 *IEEE 8th International Symposium on Applied Computational Intelligence and Informatics* (SACI), 2013.

[338] Poppo L., Zenger T., "Do Formal Contracts and Relational Governance Function Substitutes or Complements?", *Strategic Management Journal*, No.23,2002.

[339] Porter M. E., *Competitive Strategy*, New York: Free Press,1980.

[340] PoyagoTheotoky J., Beath J., Siegel D., "Universities and Fundamental Research: Reflections on the Growth of University Industry Partnerships", *Oxford Review of Economic Policy*, No.1,2002.

[341] Quyang M., "On the Cyclicality of R&D", *Review of Economics and Statistics*, No.2,2011.

[342] Ravn M., Uhlig H., "On Adjusting the HP-Filter for the Frequency of Observations", *Review of Economics and Statistics*, No.2,2002.

[343] Roberts I., Sawbridge D., Bamber G., "Employee Relations in Small Firms", *Handbook of Industrial Relations Practice*,1992.

[344] Robins J. A., Tallman S., Fladmoe-Lindquist K., "Autonomy and Dependence of International Cooperative Ventures: An Exploration of the Strategic Performance of U.S. Venture in Mexico", *Strategic Management Journal*, No.10,2002.

[345] Rosenkopf L., Nerkar A., "Beyond Local Search : Boundary-Spanning, Exploration, and Impact in the Optical Disk Industry", *Strategic Management Journal*, No.4,2001.

[346] Rowley T. J., "Moving beyond Dyadic Ties: A Network Theory of Stakeholder Influence", *Academy of Management Review*, No.4,1997.

[347] Sakakibara M., "Heterogeneity of Firm Capabilities and Cooperate Research and Development: An Empirical Examination of Motives", *Strategic Management Journal*, No.18,1997.

[348] Sammarra A., Biggiero L., "Heterogeneity and Specificity of Inter Firm Knowledge Flows in Innovation Networks", *Journal of Management Studies*, No.4,2008.

[349] Schulze W. S., Lubatkin M. H., Dino R. N., Buchholtz A. K., "Agency Relationships in Family Firms: Theory and Evidence", *Organization Science*, No.2,2001.

[350] Schumpeter J., *Business Cycles, A Theoretical, Historical and Statistical Analysis of the Capitalist Process*, New York Toronto London: McGraw-Hill, 1939.

[351] Schwens C., Eiche J., Kabst R., "The Moderating Impact of Informal Institutional Distance and Formal Institutional Risk on SME Entry Mode Choice", *Journal of Management Studies*, No.2,2011.

[352] Sharma P., Hoy F., Astrachan J. H., Koiranen M., "The Practice-Driven Evolution of Family Business Education", *Journal of Business Research*, No.10,2007.

[353] Sharma P., Salvato C., Reay T., "Temporal Dimensions of Family Enterprise Research", *Family Business Review*, No.27,2014.

[354] Shepherd D., Haynie J.M., "Family Business, Identity Conflict, and an Expedited Entrepreneurial Process: A Process of Resolving Identity Conflict", *Entrepreneurship Theory and Practice*, No.33,2009.

[355] Shinkle, G. A. "Organizational Aspirations, Reference Points, and Goals", *Journal of Management*, No.1,2012.

[356] Smith K., Collins C., Clark K., "Existing Knowledge, Knowledge Creation Capability, and the Rate of New Product Introduction in High Technology Firms", *The Academy of Management Journal*, No.2,2005.

[357] Sonfield M.C., Lussier R.N., "Non-Family-Members in the Family Business Management Team: A Multinational Investigation", *International Entrepreneurship and Management Journal*, No.5,2009.

[358] Staw B. M., Sandelands L. E., Dutton J. E., "Threat Rigidity Effects in Organizational Behavior: A Multilevel Analysis", *Administrative Science Quarterly*, No.4,1981.

[359] Stenbacka R., Tombak M.M., "Technology Policy and the Organization of R&D", *Journal of Economic Behavior & Organization*, No.4,1998.

[360] Stewart A., Hitt M., "Why Can't a Family Business be More Like a Non-Family Business? Modes of Professionalization in Family Firms", *Family Business Review*, No.25,2012.

[361] Sun S. L., Mike W. Peng, Bing Ren, Daying Yan, "A Comparative Ownership Advantage Framework for Cross-Border M&As: The Rise of Chinese and Indian MNEs", *Journal of World Busines*, No.47,2012.

[362] Sydow J., Schreyög G., Koch J, and J.Koch, "Organizational Path Dependence: Opening the Black Box", *Academy of Management Review*, No.4,2009.

[363] Tappeiner G., Hauser C., Walde J., "Regional Knowledge Spillovers: Fact or Artifact?", *Research Policy*, No.5,2008.

[364] Tassey G., "Underinverstment in Public Good Technologies", *Journal of Technology Transfer*, No.1,2005.

[365] Teece D. J., Pisano G., Shuen A., *Dynamic Capabilities and Strategic Management, Dynamic Capabilities and Strategic Management*, Oxford University Press, 2009.

[366] Teerikangas S., Very P., "The Culture Performance Relationship in M&A: From Yes/No to

How", *British Journal of Management*, No.S1,2006.

[367] Thurik R., Wennekers S., "Entrepreneurship, Small Business and Economic Growth", *Journal of Small Business and Enterprise Development*, No.1,2004.

[368] Tsai K., "Collaboration Networks and Product Innovation Performance: Toward a Contingency Perspective", *Research Policy*, No,5,2009.

[369] Tsang E. W. K., Yip P. S. L., "Economic Distance and the Survival of Foreign Direct Investments", *Academy of Management Journal*, No.5,2007.

[370] Uzzi B., "The Sources and Consequences of Em-beddedness for the Economic Performance of Organizations", *American Sociological Review*,No.61,1996.

[371] Vandekerkhof P., Steijvers T., Hendriks W., Voordeckers W., "The Effect of Organizational Characteristics on the Appointment of Non-Family Managers in Private Family Firms: The Moderating Role of Socioemotional Wealth", *Family Business Review*.2014.

[372] Verbeke A., Kano L., "The Transaction Cost Economics Theory of the Family Firm: Family-based Human Asset Specificity and the Bifurcation Bias", *Entrepreneurship Theory and Practice*, No.36,2012.

[373] Verdery A.M., Entwisle B., Faust K., Rindfuss R.R., "Social and Spatial Networks: Kinship Distance and Dwelling Unit Proximity in Rural Thailand", *Social Networks*, No.1,2012.

[374] Veugelers R., "Internal R&D Expenditures and External Technology Sourcing", *Research Policy*, No.3,1997.

[375] Villalonga B., McGahan A., "The Choice among Acquisitions, Alliances and Divestitures", *Strategic Management Journal*, No.26,2005.

[376] Walde K., "The Economic Determinants of Technology Shocks in a Real Business Cycle Model", *Journal of Economic Dynamics and Control*, No.27,2002.

[377] Walde K., Woitek U., "R & D Expenditure in G7 Countries and the Implications for Endogenous Fluctuations and Growth", *Economics Letters*, No.1,2004.

[378] Wales W. J., Parida V., Patel P. C., "Too Much of a Good Thing? Absorptive Capacity, Firm Performance, and the Moderating Role of Entrepreneurial Orientation", *Strategic Management Journal*, No.5,2013.

[379] Wei Tan, Behrokh Khoshnevis, "Integration of Process Planning and Scheduling— A Review", *Journal of Intelligent Manufacturing*, No.1, 2000.

[380] Wennekers S., Thurik R., "Linking Entrepreneurship and Economic Growth", *Small Business Economics*, No.1,1999.

[381] West J., Vanhaverbeke W., Chesbrough H., "Open Innovation : A Research Agenda", *Research Policy*, No.11,2005.

[382] White H., "A Heteroskedasticity-Consistent Covariance Matrix Estimator and a Direct Test for Heteroskedasticity", *Econometrica*, No.48,1980.

[383] Wilbon A.D., "An Empirical Investigation of Technology Strategy in Computer Software Initial Public Offering Firms", *Journal of Engineering and Technology Management*, No.16,1999.

[384] Wu S., James M.X., Wang B., Jung J.Y., "An agency Approach to Family Business Success in

Different Economic Conditions", *International Journal of Management Practice*, No.5, 2012.

[385] Zaheer S., "Overcoming the Liability of Foreignness", *Academy of Management Journal*, No.2, 1995.

[386] Zellweger T.M., Kellermanns F.W., Chrisman J.J., Chua J.H., "Family Control and Family Firm Valuation by Family CEOs: The Importance of Intentions for Trans-generational Control", *Organization Science*, No.23, 2012.

[387] Zhou K. Z., Yim C. K., Tse D. K., "The Effects of Strategic Orientations on Technology and Market-Based Breakthrough Innovations", *Journal of Marketing*, No.2, 2005.